Vicens Vives
Educación Secundaria

Lengua Castellana y Literatura

en Red LCL 4

CONTIENE LICENCIA DIGITAL

en Red

Cómo es este libro

El libro se estructura en los bloques siguientes: **Comunicación** **Lengua** **Literatura** **Anexo de Ortografía**

ESTRUCTURA GENERAL DE LOS TEMAS

Introducción

La fase de presentación incluye elementos gráficos que se trabajan con una rutina de pensamiento que permite al alumnado activar sus conocimientos previos y lo motiva a expresar sus ideas oralmente.

Título interrogativo.

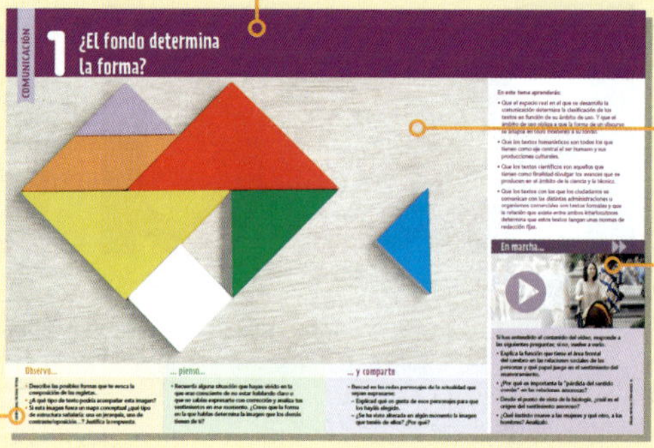

Imágenes para comentar en gran grupo.

Rutina de pensamiento: observo, pienso, comparto.

Vídeo introductorio con preguntas relacionadas con el tema.

Contenidos del tema

En los temas de Comunicación se ofrece una lectura con actividades para afianzar la competencia lectora.

Los temas de Lengua incluyen documentos con contenido de la *Nueva gramática de la lengua española* de la RAE y del *Glosario de términos gramaticales* (GTG) de la ASALE-RAE.

Las actividades se clasifican según los procesos cognitivos (conocer, aplicar, razonar) y las competencias clave.

Competencia lectora.

Actividades para trabajar los conocimientos previos del alumnado.

Contenidos del tema.

Actividades competenciales sobre el contenido.

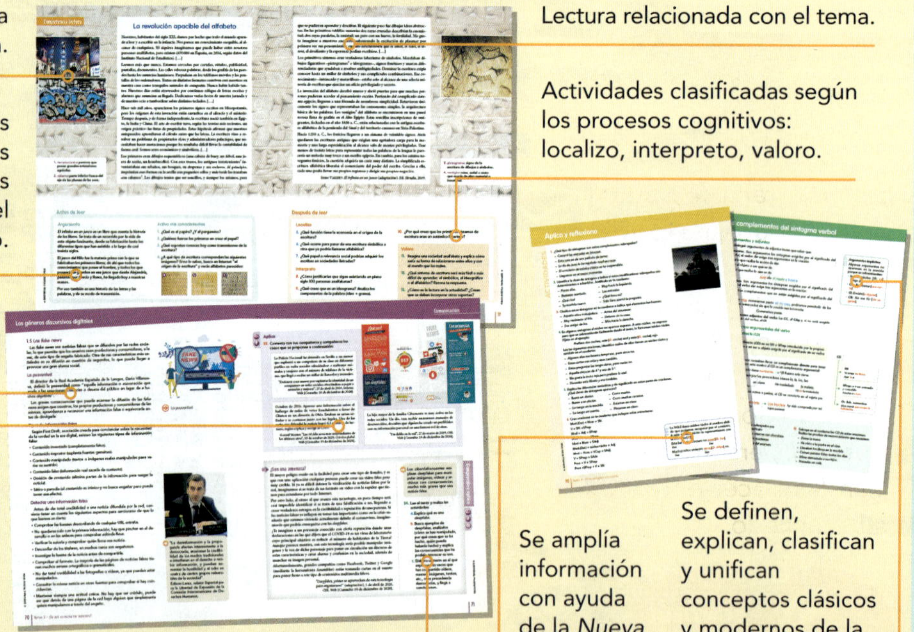

Lectura relacionada con el tema.

Actividades clasificadas según los procesos cognitivos: localizo, interpreto, valoro.

Ficha de actividades competenciales relacionadas con uno o varios textos.

Se amplía información con ayuda de la *Nueva gramática* de la RAE.

Se definen, explican, clasifican y unifican conceptos clásicos y modernos de la gramática del español (GTG).

Inicio y final del tema

La Literatura contiene los apartados "Descubro", para situar el contexto histórico, y "Aprendo a mirar", con una obra artística para trabajar el movimiento literario.

La Comunicación presenta los apartados "Escribo...", para crear diferentes tipos de textos, y "Aplico y reflexiono", para practicar lo aprendido.

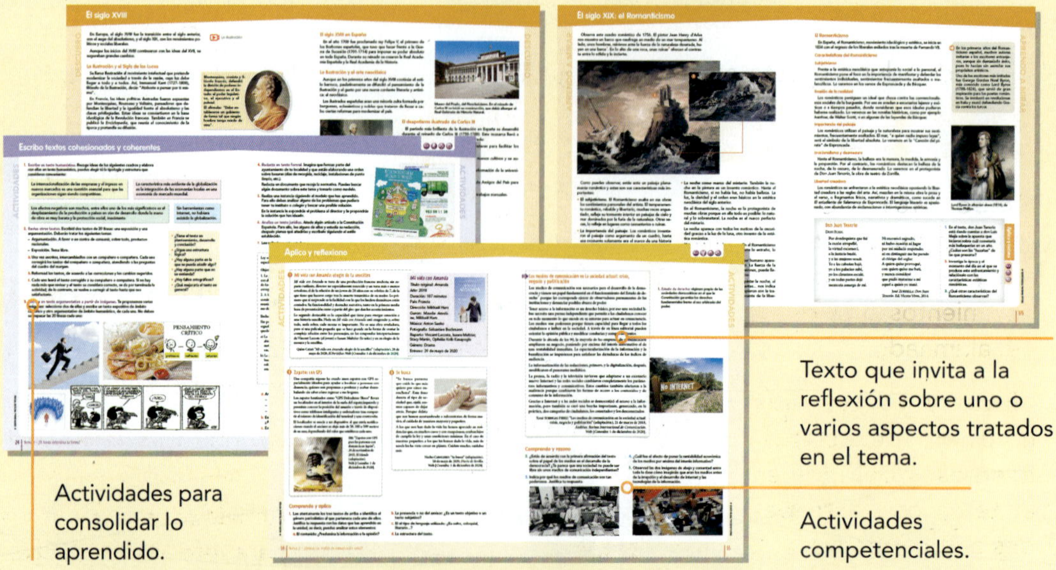

Actividades para consolidar lo aprendido.

Texto que invita a la reflexión sobre uno o varios aspectos tratados en el tema.

Actividades competenciales.

PÁGINAS ESPECIALES

Comunicación

Los temas de Comunicación incluyen los apartados de "Escucho, hablo y escribo" y páginas dedicadas a la adquisición de nuevo vocabulario.

Lengua

En el último tema de Lengua encontramos un apartado dedicado a la diversidad lingüística.

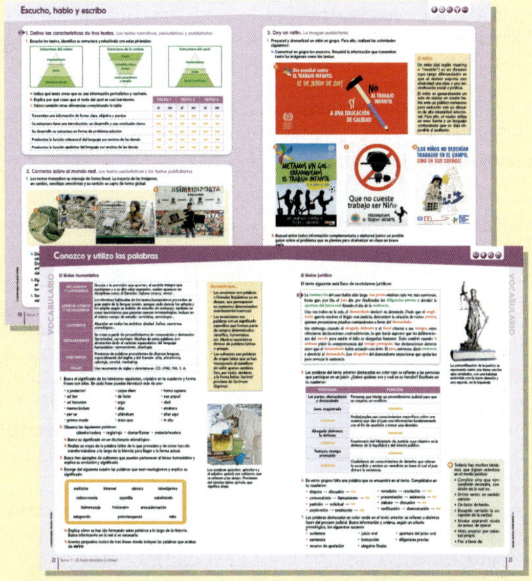

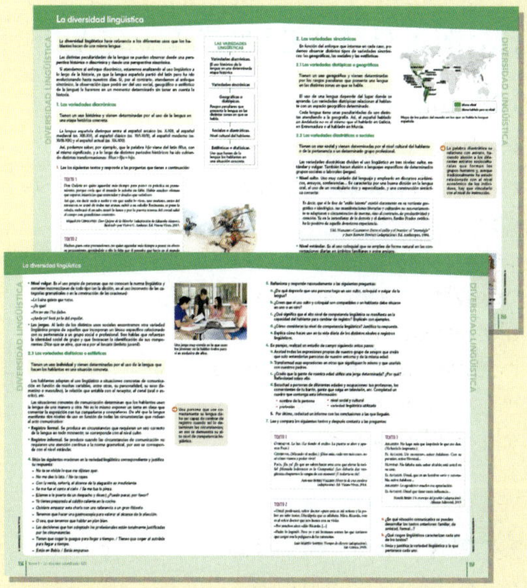

Ortografía

La Ortografía se presenta como un anexo muy completo que ofrece normas ortográficas, numerosos ejemplos y actividades competenciales que los docentes pueden personalizar según las necesidades de su alumnado.

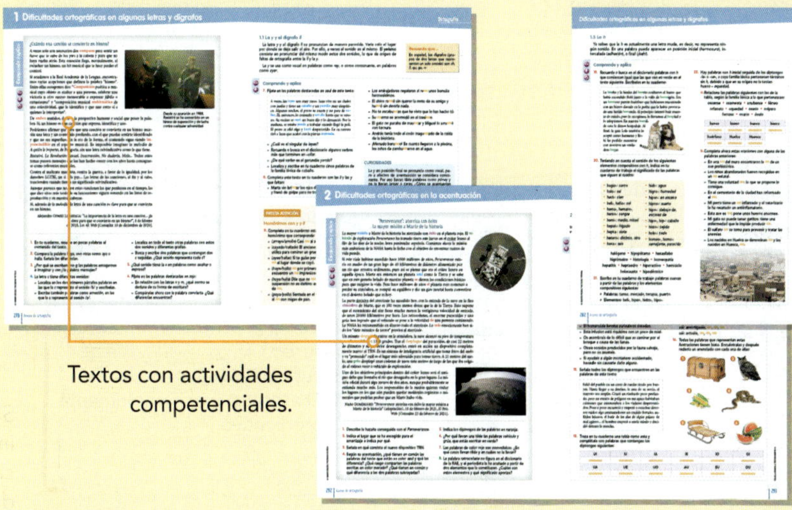

Textos con actividades competenciales.

Actividades competenciales sobre el contenido.

Proyecto digital

Contenidos del proyecto en formato digital:

Vídeos y pódcast

Vídeo motivador que introduce el tema y activa los conocimientos previos del alumnado.

Vídeos y pódcast que amplían los conocimientos adquiridos en el tema con actividades autocorrectivas.

Entrevista a una *booktuber*

Jovellanos y su tiempo

edubook BASIC

Activa la licencia impresa en este libro en **activa.vicensvives.com**

ticching.com

Enlaces a Internet que permiten ampliar algún contenido del tema.

Actividades digitales

Actividades digitales abiertas y autocorrectivas para reforzar los procesos de aprendizaje.

Índice

Las actividades del libro están clasificadas según los procesos cognitivos que trabajan:

- **Conocer**: en ellas el alumnado trabaja directamente el contenido.
- **Aplicar**: estas actividades relacionan el contenido trabajado con los conocimientos previos del alumnado y con el entorno, es decir, que trabajan con el contexto.
- **Razonar**: estas actividades tienen como objetivo que el alumnado reflexione, explique y razone los porqués de sus respuestas.

Las actividades pueden incluir competencias clave, que se indican con los símbolos siguientes:

- Comunicación lingüística (en algunos casos no se indica porque se trabaja de forma transversal)
- Competencia matemática y competencias básicas en ciencias y tecnología
- Aprender a aprender
- Conciencia y expresiones culturales
- Sentido de iniciativa y espíritu emprendedor
- Competencias sociales y cívicas
- Competencia digital

1 ¿El fondo determina la forma?

Observo...

- Describe las posibles formas que te evoca la composición de las regletas.
- ¿A qué tipo de texto podría acompañar esta imagen?
- Si esta imagen fuera un mapa conceptual ¿qué tipo de estructura señalaría: una en jerarquía, una de contraste/oposición…? Justifica la respuesta.

... pienso...

- Recuerda alguna situación que hayas vivido en la que eras consciente de no estar hablando claro o que no sabías expresarte con corrección y analiza tus sentimientos en ese momento. ¿Crees que la forma en la que hablas determina la imagen que los demás tienen de ti?

En este tema aprenderás:

- Que el espacio real en el que se desarrolla la comunicación determina la clasificación de los textos en función de su ámbito de uso. Y que el ámbito de uso obliga a que la forma de un discurso se adapte en todo momento a su fondo.
- Que los textos humanísticos son todos los que tienen como eje central el ser humano y sus producciones culturales.
- Que los textos científicos son aquellos que tienen como finalidad divulgar los avances que se producen en el ámbito de la ciencia y la técnica.
- Que los textos con los que los ciudadanos se comunican con las distintas administraciones u organismos comerciales son textos formales y que la relación que existe entre ambos interlocutores determina que estos textos tengan unas normas de redacción fijas.

En marcha...

Si has entendido el contenido del vídeo, responde a las siguientes preguntas; si no, vuelve a verlo:

- Explica la función que tiene el área frontal del cerebro en las relaciones sociales de las personas y qué papel juega en el sentimiento del enamoramiento.
- ¿Por qué es importante la "pérdida del sentido común" en las relaciones amorosas?
- Desde el punto de vista de la biología, ¿cuál es el origen del sentimiento amoroso?
- ¿Qué instinto mueve a las mujeres y qué otro, a los hombres? Analízalo.

... y comparto

- Buscad en las redes personajes de la actualidad que sepan expresarse:
  - Explicad qué os gusta de esos personajes para que los hayáis elegido.
  - ¿Se ha visto alterada en algún momento la imagen que tenéis de ellos? ¿Por qué?

Sobre el mito del amor romántico

¿Qué es el amor? El amor forma parte de una emoción que emerge en los niños al poco de su nacimiento, junto a otras emociones básicas para la supervivencia que le predisponen para una determinada actuación; emociones que van adquiriendo complejidad a lo largo del desarrollo infantil mediante el aprendizaje social en la relación con las personas significativas en el entorno del niño. El amor romántico, desde la etimología[1] griega, coincidiría con el amor *eros* (enamoramiento, amor pasional) y vendría definido por la "pasión amorosa" que se basa en la idealización, erotización del otro, deseo de intimidad y expectativa. Sin embargo, sabemos que existen otros tipos de amor, que corresponden al amor *filias* (amistad con deseo, de pareja...), el amor *agápe* (compasión, amor desinteresado...).

Social e históricamente hemos aceptado el concepto de "amor" y "amor romántico" como un sentimiento universal, ahistórico, inmutable, eterno... Sin embargo, ese supuesto amor "singular" y "universal" se configura en un contexto sociocultural determinado, y hombres y mujeres son educados en el amor –romántico–, el afecto y las emociones de formas distintas.

El mito del amor romántico encuentra parte de su fundamentación en *El Banquete* de Platón, donde se narra la historia de unos seres que podían reunir características de ambos sexos, dando lugar a: hombre-hombre, mujer-mujer o hombre-mujer. Estos seres, duales y completos en sí mismos, intentaron invadir el Monte Olimpo cuando Zeus lanzó un rayo que hizo que cada ser se dividiera en dos mitades incompletas y castigadas eternamente a buscar su otra mitad.

De esta aceptación y asunción de concepción diferencial y complementaria de hombres y mujeres nacen los estereotipos[2], roles y mandatos de género cuya visibilidad en la sociedad no hace más que reproducir estos esquemas desiguales. Desde la infancia nos educan en la diferenciación por sexos: azul/rosa, muñecas-bebés/armas, guapas/fuertes... Al atribuir a unos y a otras características y roles sociales diferentes, limitan las potencialidades de niños y niñas en función de las normas y prescripciones que dicta la sociedad y la cultura sobre el comportamiento femenino y masculino, sobre lo que se acepta en cada uno y sobre lo que cada uno puede llegar a ser. En la socialización y el aprendizaje del amor, los me-

1. **etimología**: origen de las palabras, de su significación y de su forma.
2. **estereotipos**: imágenes o ideas aceptadas por un grupo o sociedad con carácter inmutable.

Antes de leer

Platón y *El banquete*

Platón fue un filósofo griego, discípulo de Sócrates y maestro de Aristóteles, que fundó en el año 367 la Academia de Atenas. Se le considera el padre de la filosofía occidental. Se conservan todos sus textos, la mayor parte de ellos escritos en forma de diálogos. Sus obras tratan temas de política, ética, psicología, filosofía, etc., y en ellas desarrolla sus doctrinas filosóficas a través de los mitos.

El banquete es un diálogo que versa sobre el amor y que conformó la teoría del amor platónico. En él se rememora una cena en la que los comensales mantienen un discurso sobre el amor, definido como el deseo de lo bueno y el deseo permanente del bien.

Activo mis conocimientos previos

1. Reflexiona sobre tu concepción sobre el amor y explícalo en tu cuaderno. Después comparte tus ideas con tus compañeros.
2. Haz memoria sobre libros que hayas leído y cuyo tema central sea el amor. Explica en unas líneas cómo se trata dicho tema.
3. Recuerda películas que hayas visto en las que, también, el tema central sea el amor. Explica cómo son los personajes, qué relación entablan, cómo evolucionan y analiza el final. ¿Crees que responden a estereotipos marcados por la sociedad? ¿Son rupturistas? Escribe tus reflexiones en el cuaderno.

dios de comunicación y los productos culturales tienen un gran impacto e influencia en la construcción de identidad y subjetividad de niños y niñas.

Las producciones audiovisuales se han convertido en un elemento central en la socialización, con un mayor peso durante la infancia y adolescencia. ¿Por qué tienen tanta fuerza e influencia? Uno de los elementos destacables es que apelan a la emoción y no siempre de forma clara y perceptible, transmitiendo o creando estructuras imaginarias y sentimentales. Es decir, inducen y trabajan sobre nuestros mapas afectivos.

El incremento de la autoconciencia que tiene lugar en la adolescencia, hace a estos más sensibles a las imágenes de los medios, que emplean como fuente de información y comparación en la búsqueda de su identidad. Cuando un medio tan poderoso como el relato audiovisual se convierte en herramienta de orientación y modelaje, la revisión y análisis de este se convierte en imprescindible. Algunos estudios señalan que la "fuerza analógica y emotiva de la imagen es la consecuencia de un trabajo oculto que realizan los códigos audiovisuales, que, mediante una serie de mecanismos, consiguen introducir a los espectadores en el relato ofreciéndoles un mundo cuya estructura es redonda y satisfactoria. Todo ello sirve para anular el despego de los espectadores, provocar su identificación y suspender su incredulidad".

Se ha demostrado cómo a medida que crecen, chicos y chicas muestran grandes diferencias en lo que se refiere a entender y vivir el amor y el enamoramiento. Así, mientras ellos viven el enamoramiento con calma y felicidad y consideran el amor la consecución de una meta, ellas asocian al amor sentimientos de dolor y frustración, demostrando cierta supeditación al otro y una disminución de su autoestima. Por otro lado, señalan cómo se mantienen y reproducen formas idílicas e irreales, fruto de las falacias y mitos del amor romántico, en los y, sobre todo, en las adolescentes como el "príncipe azul" o la "media naranja".

Es nuestra obligación trabajar en profundidad con los adolescentes para mostrarles hasta qué punto los procesos de socialización nos afectan en nuestra vida cotidiana y especialmente, en las relaciones amorosas y románticas.

Alicia Pascual Fernández: "Sobre el mito del amor romántico. Amores cinematográficos y educación" (adaptación), 10 de marzo de 2016, *Dialnet.unirioja*. Web [Consulta: 10 de diciembre de 2020].

Después de leer

Localizo

4. Etimológicamente, ¿con qué término se relaciona la palabra *amor*?

5. ¿Qué diferencia hay entre *filias* y *agápe*?

6. ¿Qué son los roles de género?

Interpreto

7. Explica con tus palabras el origen del amor que refleja Platón en *El banquete.*

8. ¿Qué es la *socialización* según el texto? Pon ejemplos.

9. ¿En la adolescencia es más importante el mundo audiovisual? ¿Por qué?

Valoro

10. ¿Crees que realmente se transmiten roles (o comportamientos estereotipados) de género a través de la educación? ¿Estás de acuerdo con lo que se dice en el texto? Reflexiona y explica qué roles de género han podido transmitirte a ti.

11. ¿Recuerdas alguna película en la que se haya transmitido un concepto del amor romántico contrario al que tú tienes? Razona tu respuesta.

12. ¿Cómo podríamos estar menos determinados a la hora de generar nuestros propios sentimientos?

1 Los textos humanísticos

1.1 Ámbitos de uso

Los **textos humanísticos** estudian temas relacionados con el ser humano: el pensamiento, las relaciones sociales, la historia, la lengua... Las disciplinas humanísticas son especulativas, es decir, persiguen la reflexión, de ahí que en muchos de estos textos se deje entrever la postura subjetiva del autor.

Estos textos pueden dividirse en dos grandes grupos:

Ciencias sociales	Ciencias humanas
Son textos que analizan y explican la realidad social (Derecho, Sociología, Economía). Son técnicos y específicos.	Son textos que analizan y explican al mismo individuo (Filosofía, Psicología, Filología). Son especulativos y abstractos.

Entre las disciplinas humanísticas destacan: la antropología, la economía, la filosofía, la historia, la filología, la crítica literaria, la geografía, el derecho, etc.

1.2 Tipos de discursos humanísticos

Los discursos humanísticos pueden ser:

- **Argumentativos**. Defienden una idea con argumentos:

> Hoy está demostrado que el humor facilita la descarga de la tensión emocional y nos hace resistentes al estrés. Una dosis adecuada de gracia y ocurrencia, además de facilitar un reconfortante y terapéutico distanciamiento psicológico de la situación que nos amenaza y abruma, también es una excelente herramienta para conectarnos con los demás.
>
> Luis ROJAS MARCOS: *Superar la adversidad* (adaptación). Ed. Espasa, 2011.

- **Expositivos**. Persiguen transmitir conocimientos objetivamente:

> La longevidad es la duración de la vida de una persona. Se mide mediante el concepto de esperanza de vida. La esperanza de vida es la media de la duración de la vida de una persona.
>
> J. C. MARTÍNEZ COLL: "Demografía" (adaptación), en *La economía de mercado, virtudes e inconvenientes*, 23 de mayo de 2007, *Eumed.net*. Web [Consulta: 24 de noviembre de 2020].

- **Argumentativo-expositivos**. Combinan la argumentación y la exposición.

Recuerda que...

Los distintos tipos de argumentos son:

- **Argumento de autoridad:** se citan palabras de expertos.
- **Argumento de conocimiento general:** se defiende una idea que es ampliamente aceptada.
- **Argumento emotivo:** se intenta conmover al receptor.
- **Argumento de experiencia personal:** se citan experiencias propias.
- **Argumento de causa-efecto:** se ofrecen razones de un hecho probado científicamente.

1.3 Estructura de los textos humanísticos

TÍTULO	INTRODUCCIÓN	CUERPO	CONCLUSIÓN
Resume la idea principal	Se ponen de manifiesto los datos, criterios o aspectos que se van a tratar...	Se desarrollan los contenidos de manera argumentativa, expositiva o argumentativo-expositiva.	Se recogen las ideas tratadas o se incluye una idea nueva con la que finaliza el texto.

La estructura habitual de los textos humanísticos, si se sigue el orden de las ideas, suele ser la siguiente:

- **Deductiva**. Primero está la idea principal y después, los argumentos.
- **Inductiva**. La idea principal aparece al final.
- **Encuadrada**. La idea principal se repite al principio y al final.
- **Paralela**. Hay varias ideas principales o una que se repite.

1.4 Lenguaje de los textos humanísticos

El lenguaje de los textos humanísticos se caracteriza por la subjetividad, lo que implica un uso connotativo del lenguaje dirigido, esencialmente, a la persuasión.

La mayor diferencia de un texto humanístico de otro que no lo es se manifiesta en el nivel **léxico-semántico** de la lengua:

- Dado el carácter especulativo de muchos textos humanísticos, la abstracción es otro de sus rasgos más característicos al moverse en el mundo de las ideas.
- No obstante, junto a los términos abstractos, no es extraño encontrar tecnicismos o neologismos (muchos de ellos formados a partir de una raíz a la que se añaden morfemas derivativos: *impresionismo*, *fatalismo*...).
- Se hace uso de un léxico valorativo en el que, en algunas ocasiones, hay llamadas directas al receptor (*querido lector*...) con la aparición de recursos retóricos (metáforas, comparaciones, hipérboles, etc.).

En el aspecto **morfológico** y **sintáctico**:

- Destaca el uso de la primera persona del verbo, tanto en singular como en plural, para marcar ese sesgo de subjetividad; se usa, asimismo, la tercera persona con valor impersonal y es muy habitual el uso del tiempo presente con carácter atemporal: *Se mide mediante el concepto de esperanza de vida.*
- La estructura oracional es larga dado que este tipo de oraciones se adapta bien a actitudes reflexivas.

En el aspecto **textual**, los textos humanísticos desarrollan una organización lógica de las ideas con una marcada progresión del contenido. Para ello, utilizan instrumentos que favorecen la cohesión: conectores, comillas, cursivas, etc.

No hay que olvidar que las estructuras argumentativas vienen acompañadas, en ocasiones, con otras expositivas y más objetivas y, por tanto, el lenguaje va integrando los rasgos de ambas.

Bodegón con botella de Burdeos (1919), de Juan Gris. El sufijo ***-ismo*** forma sustantivos que suelen significar "doctrina", "sistema", "escuela" o "movimiento". ¿A qué movimiento artístico pertenece este cuadro?

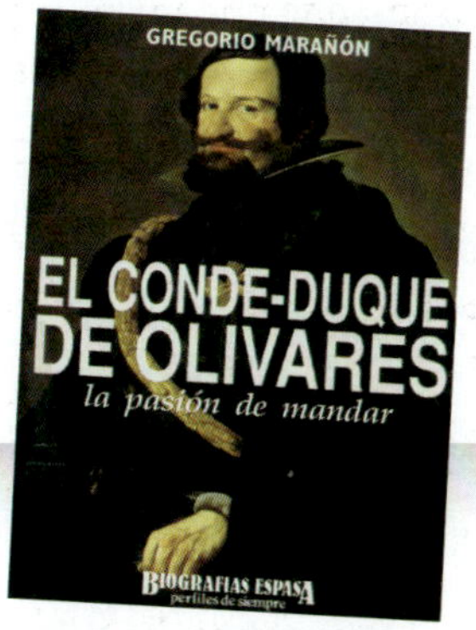

Hemos de tratar ahora el elemento ambiental que más suele influir en la vida de los hombres, incluso en la vida pública de los políticos: de su hogar. Hay hombres virtualmente sin hogar, y en ellos la influencia del medio se reduce al ambiente social, que no es nunca, ni aun en las épocas más favorables de la Historia, austero; y por ello, estos hombres propenden a la frivolidad y a la falta de espíritu de sacrificio y de rectitud moral.

Hay otros seres humanos que viven en un hogar hostil; en ellos esta influencia adquiere carácter reaccional y propenden a la misantropía, al escepticismo y a todas las formas sociales de resentimiento; para ellos, todas las mujeres son como la propia mujer, necia o casquivana; o todos los hombres como el marido, egoísta y brutal; la sociedad entera, pura ficción, como lo es la familia en que viven, hervidero de pasiones y no remanso de paz.

Finalmente, hay otros hombres que llegan a su madurez en un hogar favorable, en el que se aprende a juzgar a los demás hombres a través de los únicos sentimientos veraces y también a través de los únicos sinsabores profundos: los que por no afectar a la vanidad, sino directamente al alma, noblemente la modelan. De esta última categoría fue el hogar del Conde-Duque, severo, recto y pródigo en las dos eficaces influencias –los hondos afectos y las desgracias entrañables– que tanto influyeron en su vida y que importa dar a conocer.

Gregorio MARAÑÓN: *El CondeDuque de Olivares*, Ed. Espasa Calpe, 1936.

Comprendo y aplico

13. Gregorio Marañón emplea en este texto un vocabulario rico y preciso. Busca el significado de los siguientes términos: frivolidad, propender, reaccional, misantropía, casquivana.
14. Analiza la estructura del siguiente texto y clasifícalo desde su ámbito de uso y tipo de discurso. ¿Es un ensayo?
15. Analiza el lenguaje utilizado de acuerdo a los rasgos del lenguaje de los textos humanísticos.

1.5 Clasificación de los textos humanísticos

Existen dos géneros en los textos humanísticos: el *ensayo* y el *estudio*.

- El **ensayo** es un tipo de escrito en prosa, generalmente breve, en el que el autor aborda temas diversos del ámbito humanístico: filosófico, histórico, científico, etc.

  Es un género híbrido, es decir, es un género que combina la **objetividad** con la **subjetividad**.

  Se considera un **género literario** cuando manifiesta un especial gusto por la disposición de la lengua escrita. Sin embargo, otras veces solo persigue mostrar, sin más pretensiones, un estudio especializado sobre un tema concreto, reflexiones, críticas sobre circunstancias que nos rodean, etc., de ahí que también pueda ser considerado como un **género discursivo**.

- El **estudio** es un texto donde el autor se enfrenta al tema desde una postura precisa. Se distinguen distintos tipos de estudios:
  - **Artículo humanístico**: es un escrito de corta extensión que se publica en revistas, periódicos... y tiene un tono divulgativo y personal porque su destinatario es un público amplio.
  - **Reseña**: se trata de un texto crítico donde se analiza un acto cultural, una obra literaria o artística, etc.
  - **Tratado monográfico**: es un estudio extenso sobre un asunto concreto.
  - **Ponencia**: es un texto preparado para ser leído en un congreso ante un auditorio de especialistas en el tema tratado.

Portadas de diferentes revistas de filosofía, historia y literatura.

Entrevista a una *booktuber*

Aplico

16. Lee esta reseña e indica qué estructura tiene:

Un Lope muy divertido

Mujeres y criados, la obra inédita[1] de Lope de Vega encontrada por Alejandro García Reidy en enero en la Biblioteca Nacional, llegará al Teatro Español el 29 de abril de 2015.

Hasta hace muy poco, *Mujeres y criados* era una de las obras de la ingente[2] producción dramática de Lope de Vega, de la que solo se conocía el título. Sin embargo, el reciente y feliz hallazgo de un manuscrito del siglo XVII en la Biblioteca Nacional nos ha permitido por fin conocer esta elegante comedia de enredo concebida por su autor en pleno período de madurez creativa.

La obra, escrita y representada hacia 1613, explica la historia de dos hermanas que intentan deshacerse de sendos pretendientes para poder estar con sus amados. Posee todos los elementos que convirtieron a Lope en un maestro de los dilemas de honor y de los conflictos entre jerarquías sociales.

La Fundación Siglo de Oro, fundada por Rodrigo Arribas, es la encargada de poner en escena la comedia de Lope en una coproducción con el Teatro Español y Pentación Espectáculos. En mayo, la Fundación Siglo de Oro fue la encargada de la presentación del manuscrito en la BNE y en octubre realizaron una lectura dramatizada en el Teatro Español.

"Mujeres y criados" (adaptación), 28 de abril de 2015, *Madridesteatro*. Web [Consulta: 8 de febrero de 2016].

1. **inédito**: escrito y no publicado.
2. **ingente**: muy grande.

17. Busca información sobre las reseñas: qué son, dónde se publican, quién las escribe y para qué, y a quién van dirigidas. Escribe un breve resumen en tu cuaderno.

18. Escribe dos reseñas: una de algún espectáculo al que hayas asistido o de alguna película, y otra sobre un libro que te haya gustado (infórmate sobre el autor, la aceptación que ha tenido, las ventas, etc.).

Los suecos están más solos que la una. Este es mi escueto resumen del documental titulado "La teoría sueca del amor" que trata sobre el origen de la soledad en esta sociedad nórdica. Más allá de los idílicos clichés sobre los países escandinavos, el documental muestra una sociedad solitaria en la que las personas no se relacionan entre ellas y los cadáveres de los ancianos permanecen meses o años en sus casas sin que nadie los reclame.

El origen de este problema, según el documental, está causado por el plan impulsado por el Gobierno sueco en la década de los setenta del siglo XX, sumado a los valores fuertemente individualistas de su sociedad. El Gobierno quería que los lazos afectivos entre las personas fueran libres y voluntariamente elegidos. Para ello potenció la independencia personal de cada individuo mediante un Estado que proveía las bases económicas y materiales a todos sus conciudadanos.

La teoría es perfecta, nada que objetar, pero la praxis derivó en otra cosa. Los suecos optaron por romper los vínculos de interdependencia y liberarse de toda amarra humana para gozar de una "libertad" plena. Creyeron que ya no era necesario ni familia, ni pareja, ni amigos para sobrevivir. El lazo social se diluyó, dando lugar a una frágil coexistencia de individuos.

Pero una sociedad basada en individualidades puras, separadas de toda pulsión comunitaria, no tiene futuro. Lo expresó José Agustín Goytisolo en su poema "Palabras para Julia": "Un hombre solo, una mujer así, tomados de uno en uno, son como polvo, no son nada".

¿Puede pasar algo parecido en nuestro país? Parece ser que el individualismo y el aislamiento social son una epidemia global y no estamos vacunados ante estas plagas. Hay indicios preocupantes de soledad en las grandes ciudades y los ayuntamientos de Madrid, Barcelona o Zaragoza ya han iniciado proyectos de prevención de la soledad no deseada. No obstante, este problema afecta más a los países nórdicos y anglosajones.

La mejor receta contra el aislamiento y la fragmentación de la sociedad es hablar en primera persona del plural: cuidar el tejido social y familiar, practicar el apoyo mutuo, participar del lazo vecinal, sindical o asociativo; a fin de cuentas, hacer comunidad. La comunidad se convierte en una barricada hecha de afectos y cuidados que nos protege de la intemperie. Un refugio, no para ocultarse del mundo, sino para desafiarlo.

Dicho esto, a mi juicio, no creo que haya que elegir entre tener una red de protección pública o tener unas relaciones sociales enraizadas, como intenta sugerir el documental anteriormente citado. Es importante contar con un Estado de Bienestar fuerte, promover la emancipación personal, garantizar escuelas infantiles y tener una Ley de Dependencia con los recursos necesarios, pero siempre sin perder de vista el sentido del prójimo y la calidez de los vínculos sociales. Ya lo dijo Terencio: "Nada de lo humano nos es ajeno".

"El placer de estar juntos" (adaptación), 13 de octubre de 2019, *elDiario.es*. Web [Consulta: 2 de diciembre de 2020].

19. ¿Crees que este texto es exclusivamente argumentativo u observas algunas secuencias expositivas? Si es así, señala qué parte es más puramente argumentativa y cuál, expositiva.

20. ¿Reconoces algún tipo de argumento: emotivo, de autoridad, etc.? Señálalo y explícalo.

21. Analiza en el texto algunos rasgos propios de los textos humanísticos y pon siempre ejemplos.

22. Realiza un comentario guiado del texto anterior conectando correctamente las ideas y siguiendo el mismo orden propuesto en las siguientes preguntas:

a. ¿Qué tipo de texto es y por qué?

b. Clasifícalo en función de: su ámbito de uso, su tipo de discurso, cómo es su estructura y cómo son sus rasgos lingüísticos.

c. En función de las respuestas anteriores: ¿es un artículo, una reseña, un tratado monográfico o una ponencia? Justifica la respuesta.

d. ¿Estás de acuerdo con lo que dice el texto? Analiza la situación social y familiar que te rodea y escribe una pequeña opinión sobre ello. Trata de no repetir los mismos argumentos que has leído.

Escucho, hablo y escribo

1. Entiendo una entrevista. Los textos humanísticos orales

1. Escucha el texto siguiente y responde en tu cuaderno a las preguntas que tienes a continuación:
   - ¿Cuáles son los miedos más comunes entre los seres humanos?
   - ¿Qué motivos son los que empujan al ser humano a tener miedo?
   - ¿Qué se produce en el cerebro cuando el ser humano recibe un estímulo de estas características?
   - ¿Cómo desarrolló un niño al que llamaron "el pequeño Albert" su miedo a las ratas? ¿Nació con ese miedo?
   - ¿Por qué los monos a los que hace referencia el texto tienen miedo de una flor?
   - Explica de qué dos maneras puede actuar nuestro cerebro ante un estímulo relacionado con el miedo.
   - ¿Se pueden combatir los miedos? ¿Cómo?
   - Resume oralmente el texto.

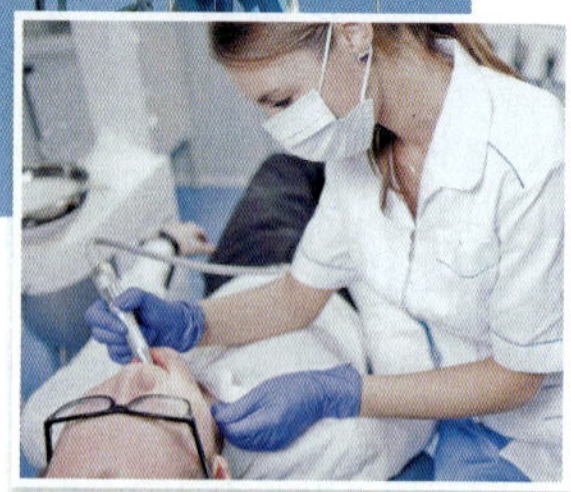

tiching.com/727073
Para saber más sobre la entrevista.

2. Participo en un debate. Los textos humanísticos orales

1. Vais a debatir sobre la importancia de la actitud con la que se encara el día a día. Para ello, os vais a ayudar de un corto de animación titulado *Cuestión de actitud:* www.tiching.com/782899
   a. Una vez visualizado el corto, escoged un moderador.
   b. Estableced el tiempo de intervención de cada participante.
   c. Otra persona será el secretario o secretaria e irá anotando en la pizarra durante el desarrollo del debate, las ideas que considere más importantes.
   d. El debate debe durar 20 minutos.
   e. Pasado ese tiempo, intentad llegar a conclusiones comunes.
   f. Evaluad vuestra participación individual (he respetado el turno de palabra, he levantado la mano, no he gritado...).

El debate

El debate consiste en la discusión sobre un tema por parte de dos grupos que defienden posturas contrarias. El grupo que defiende el tema debe estar convencido de los argumentos a favor, y el otro grupo, de los argumentos en contra.

El moderador debe asegurarse de que la discusión se desarrolle siguiendo un orden lógico y no se aparte del objetivo. Al iniciar la reunión debe presentar el tema y explicar la técnica que se va a seguir.

Antes de empezar el debate, debéis reuniros por grupos para aclarar y unificar posturas.

3. Escribo un texto. El texto argumentativo

Recuerda que...

Algunas claves de los textos argumentativos son las que siguen:

Argumentar sirve para:

- Convencer de mis razones o ideas.
- Refutar o rebatir las ideas de otra persona.
- Justificar, aclarar o explicar mis ideas palabras o acciones.
- Llegar a posibles acuerdos.
- Realizar comentarios críticos sobre ideas o situaciones.

Tipos de argumentos:

- Ejemplos: son casos concretos y reales que se aportan como prueba y permiten hacer una transferencia al tema que se está tratando.
- Hechos: son acontecimientos que se han sucedido relacionados con el tema que se está tratando.
- Datos: son cifras o datos concretos relacionados con el tema.
- Citas de autoridad: son argumentos basados en afirmaciones hechas por personas o instituciones de prestigio.

Rasgos lingüísticos

Léxico

- Es subjetivo, por lo que utiliza un léxico connotativo.
- Abunda el vocabulario abstracto.
- Es frecuente la creación de tecnicismos y la proliferación de sinónimos.

Morfosintaxis

- Dominan las construcciones largas con predominio de la subordinación.
- Abundan las explicaciones de los términos y expresiones empleados.
- Es frecuente la creación de tecnicismos y la proliferación de sinónimos.
- Abundan los elementos de cohesión.

La **postura** es el punto de vista personal del autor de un texto en torno a un tema polémico. Se puede presentar explícita o implícitamente:

- La postura **explícita** se manifiesta a través de una oración con sentido afirmativo y sintácticamente correcta. Se formula de forma breve y se evitan términos ambiguos.
- La postura **implícita**, en cambio, no se presenta específicamente en una oración, sino que se tiene que deducir de la tesis. El objetivo del autor al exponer así su postura es generar en el lector una mayor participación a fin de motivar la aceptación de su punto de vista.

En sus artículos, Juan José Millás expresa su punto de vista sobre temas de actualidad de forma muy personal y no siempre sin polémica.

1. A partir de las siguientes tesis, busca toda la información que puedas sobre cada tema propuesto y escribe dos textos argumentativos, uno con estructura inductiva y otro con estructura deductiva:

> La competitividad académica, laboral o social enrarece las relaciones personales entre los individuos y a la larga provoca el aislamiento y egocentrismo.

> La sociedad actual exige una mayor inversión en el desarrollo digital en zonas rurales para mitigar el efecto de la *España vaciada*.

2. Una vez redactados, dáselos a un compañero o compañera para que los lea. Todos debéis evaluar vuestra argumentación y la de un compañero atendiendo a los puntos siguientes:

- Tiene una estructura clara.
- Tiene una tesis clara.
- Aporta diferentes argumentos.
- Las frases y los párrafos están cohesionados.
- La expresión es clara y correcta.

> Es muy importante utilizar los conectores necesarios que den cohesión a las frases y a los párrafos. Añadir ideas, contraponerlas, explicarlas de otra manera... son acciones que requieren sus propios conectores.

2 Los textos científicos y técnicos

2.1 Ámbito de uso

Los **textos científicos y técnicos** tratan temas relacionados con las ciencias de la naturaleza y con las técnicas utilizadas por el ser humano:

Ciencias de la naturaleza	Técnicas
Física, Geología, Astronomía, Biología, Medicina...	Ingeniería, Informática, Matemáticas, Arquitectura...

Son textos objetivos y claros. Su finalidad es la difusión de los distintos saberes de estos campos para que se conozcan y se apliquen. El emisor, por tanto, debe ser especialista en dicho campo y el receptor puede tener diferente grado de conocimiento del mismo; en función de esto último, los textos de ámbito científico podrían tener carácter **divulgativo** o **especializado**.

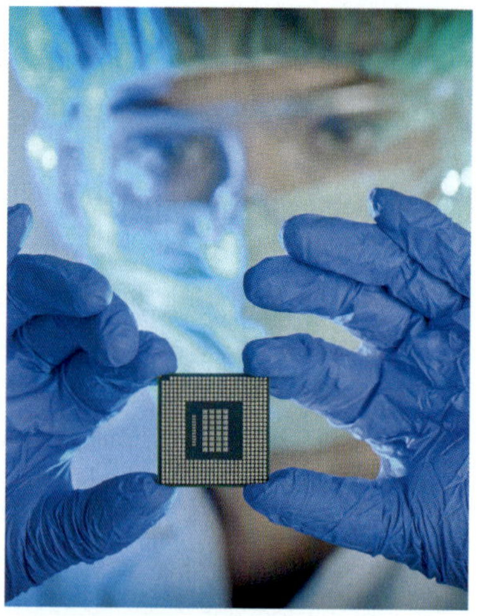

En los últimos años, la ciencia ha incorporado múltiples ramas desconocidas hace unas pocas décadas: nanotecnología, robótica, genómica, etc., así como técnicas enormemente desarrolladas en el campo de la Medicina o la Física.

2.2 Tipos de textos científicos

- **Divulgativos**: van dirigidos a un público no especializado en la materia tratada.
- **Especializados**: van dirigidos a un público conocedor de la materia que se trata, lo que permite la utilización de un vocabulario mucho más específico.

2.3 Estructura de los textos científicos

Al igual que los textos humanísticos, los textos científicos pueden adoptar la forma **expositiva** o **argumentativa**, o ambas a la vez. Su estructura, generalmente se acomoda al siguiente esquema:

INTRODUCCIÓN	CUERPO EXPOSITIVO	CONCLUSIÓN
Presentación del tema que se va a abordar	Explicación de conceptos. Pueden presentarse de diferente forma: • **Causal**: explicación de causas y consecuencias. • **Cronológica**: hechos que se desarrollan en el tiempo. • **Enumerativa**: análisis de diferentes aspectos.	Recopilación de la información expuesta.

Si se sigue el orden de las ideas, la estructura puede ser:

- **Deductiva**: el tema se plantea y presenta al principio.
- **Inductiva**: se dan primero los datos o las ideas y el tema cierra el texto.
- **Encuadrada**: el texto se inicia y se cierra con el tema principal.
- **Paralela**: las ideas se ofrecen sin una estructura jerarquizada.

Aplico

23. Busca un texto científico divulgativo y otro especializado, imprímelos o cópialos en tu cuaderno y explica por qué los has clasificado de esa manera.

24. Visualiza el vídeo sobre algunas mujeres científicas pioneras y después realiza las actividades:

a. Busca información y añade a la lista algunas científicas más, de distintas ramas: genética, matemáticas, astrofísica, informática, etc.

b. Busca información sobre cada una de ellas y explica cuál fue su descubrimiento.

c. ¿Qué significaron esos descubrimientos para el mundo de la ciencia? Explícalo brevemente con algunos de los términos técnicos que hayas aprendido en tus investigaciones.

Texto 1

Para acelerar la ganancia de peso en los animales y prevenir enfermedades, muchas granjas de cría intensiva suministran antibióticos a los animales. Entre 2001 y 2009, el consumo de antibióticos en la producción animal fue en aumento en un 45 %, y más del 80 % de los antibióticos recetados fueron utilizados en el sector porcino.

Si se administran antibióticos de forma indiscriminada a los animales destinados al consumo humano, estos animales desarrollarán cepas comensales resistentes a los antibióticos, que posteriormente podrían pasar al ser humano a través de los diferentes productos alimentarios. Es decir, la propia flora comensal del animal se vuelve resistente a la acción de la mayor parte de los antibióticos de uso común, y cuando el ser humano consume la carne, por diferentes mecanismos, estas bacterias multirresistentes podrían causar enfermedad en el individuo.

En 2006, la Unión Europea prohibió el uso de antibióticos como agentes promotores del crecimiento del ganado, pero se siguen utilizando de forma profiláctica para prevenir enfermedades. En general, la ganadería industrial utiliza muchos más antibióticos que la medicina humana. En 2014, un tercio de todos los antimicrobianos utilizados en la Unión Europea en ganadería fueron vendidos a España. Si no se resuelve el problema de la resistencia antibiótica, encontraremos en el futuro más muertes en personas por bacterias mutadas e inmunes a cualquier antibiótico que por cáncer o por accidentes de tráfico. A día de hoy la administración de antibióticos en animales no está sujeta a un control real en nuestro país.

Ángela PRADO: "Riesgos para la salud pública relacionados con la instalación de macrogranjas porcinas" (adaptación), 10 de marzo de 2017, *albacetecapital*. Web [Consulta: 3 de diciembre de 2020].

Texto 2

Los aceites esenciales o esencias vegetales son mezclas de un número variable de sustancias orgánicas olorosas. Se obtienen generalmente por destilación, por arrastre de vapor, aunque también existen otras técnicas. Son empleados en perfumería, en la industria alimentaria o como fuentes de materias primas; por ejemplo, el citral obtenido del zacate limón se ha usado para sintetizar la vitamina A.

Respecto a su distribución, un aceite esencial puede localizarse en un determinado órgano vegetal: flores, hojas, frutos y hasta raíces. Estas esencias se producen en glándulas especiales formadas por células secretoras arregladas para formar una bolsa donde se acumula el aceite esencial. El rendimiento de esencia obtenido de una planta varía de unas cuantas milésimas por ciento del peso del vegetal hasta valores que van desde el 1 % al 3 %. La composición de una esencia puede cambiar con la época de recolección, el lugar geográfico o pequeños cambios genéticos.

En gimnospermas y angiospermas es donde aparecen las principales especies que contienen aceites esenciales, distribuyéndose dentro de unas 60 familias. Son particularmente ricas en esencias las pináceas, lauráceas, mirtáceas, labiáceas, umbelíferas, rutáceas y compuestas.

Las actividades fisiológicas de los aceites esenciales aún no son del todo claras. Se mencionan entre las principales: ayudar a la polinización, ser alimentos de reserva, proteger los tejidos contra la acción de los agentes atmosféricos.

Los métodos de extracción varían según la naturaleza de la esencia, de sus propiedades, y en qué parte de la matriz vegetal se encuentra; los métodos tradicionales son extracción por destilación, mediante grasas, por solventes y con fluidos supercríticos.

P. NORIEGA RIBERA: "Extracción, química, actividad biológica, control de calidad y potencial económico de los aceites esenciales" (adaptación), 30 de diciembre de 2009, *forosecuador*. Web [Consulta: 3 de diciembre de 2020].

25. Clasifica cada uno de los textos de acuerdo a su ámbito de uso.

26. Analiza la estructura de ambos.

27. ¿Ambos son textos expositivos? Justifica tu respuesta.

28. Explica razonadamente cuál de ellos podría situarse entre la argumentación y la exposición.

29. Extrae algunos tecnicismos de cada texto, busca información sobre ellos y explica su significado desde un punto de vista divulgativo.

2.4 Lenguaje de los textos científicos

El lenguaje de los textos científicos debe ajustarse a las máximas de **objetividad** y **universalidad**, es decir, deben ser textos alejados de consideraciones valorativas que puedan tener un alcance global. Esto no significa que el emisor no deba posicionarse nunca ante lo que está desarrollando puesto que ya sabemos que la ciencia se manifiesta muchas veces a través de la **exposición** y **argumentación** de manera conjunta. El emisor, por tanto, podrá emitir un juicio sobre determinados aspectos científicos.

Las revistas científicas tienen como objetivo divulgar las nuevas investigaciones a la comunidad. El grado de complejidad científica vendrá determinado por el tipo de público al que van dirigidas.

Características del lenguaje científico

Los rasgos que marcan el carácter objetivo del lenguaje científico son:

- Uso de la tercera persona gramatical para ocultar al emisor. En ocasiones también se usa la pasiva refleja con este mismo objetivo: *Se determinó el origen de la enfermedad.*
- Valor atemporal de las formas verbales para responder al carácter universal: *Se administra una dosis.*
- Léxico denotativo y técnico con neologismos, tecnicismos o palabras monosémicas: *antibiótico.*
- Uso de adjetivos con carácter especificativo.
- Frases largas con predominio de la oración compuesta y sobre todo de la oración subordinada para dar cabida a todo tipo de explicaciones que faciliten la información: *Se trata de una molécula compuesta por tres átomos de oxígeno que surge al descomponerse los dos átomos que componen el oxígeno.*
- Empleo de ejemplos, comparaciones, definiciones o enumeraciones con carácter objetivo.
- En algunos momentos, pueden aparecer secuencias descriptivas que precisen el objeto o hecho que se está explicando.

La teoría de la relatividad especial

Comprendo y aplico

Es importante conocer las leyes básicas de la herencia genética para comprender cómo se transmiten las enfermedades dentro de una familia. Los antecedentes médicos de una familia representan una valiosa herramienta para determinar cómo se transmiten las enfermedades de generación en generación.

Todas las personas tienen dos copias de casi todos los genes, una copia de la madre y la otra del padre. Los científicos han estudiado los genes humanos para comprender su funcionamiento normal y cómo los cambios en los genes cambian la forma en que funcionan. Algunos cambios son muy pequeños y no afectan el funcionamiento normal del gen. Por lo general, estos cambios se denominan *polimorfismos en un solo nucleótido* (SNP, por sus siglas en inglés, pronunciado "snips") o variantes de un gen. Otro tipo de modificación son las *mutaciones*, que pueden afectar el funcionamiento de un gen y desencadenar una enfermedad.

En algunas afecciones, los miembros de una familia con la misma mutación genética pueden no tener los mismos síntomas. En otros casos, algunos individuos con diferentes mutaciones genéticas pueden tener características similares. Esto es porque la expresión genética no solo depende de los genes, sino también del medio ambiente.

Las enfermedades causadas por mutaciones en un solo gen por lo general se transmiten genéticamente en un patrón simple, según la ubicación del gen y si se necesitan una o dos copias normales del gen. Esto se conoce normalmente como *herencia mendeliana* ya que fue Gregor Mendel quien descubrió por primera vez estos patrones en plantas de guisantes. La mayoría de los trastornos de un solo gen son poco comunes, pero, afectan a millones de personas en los Estados Unidos.

"Patrones hereditarios" (adaptación), 2008, *NCBI*. Web [Consulta: 3 de diciembre de 2020].

30. Haz un análisis del lenguaje del siguiente texto y redacta las conclusiones en una pequeña exposición de unas diez líneas. No olvides poner ejemplos de todas tus afirmaciones.

Recursos propios de la exposición

- Definición: *El ozono se trata de una molécula compuesta por tres átomos...*
- Comparación: *El motor recién ajustado permitía al nuevo prototipo alcanzar una velocidad supersónica como antes nunca se había visto.*
- Ejemplificación: *La contaminación del acuífero se produciría si no se controlan los vertidos indiscriminados de nitratos, como ejemplo de esta contaminación tenemos algunos pueblos del territorio español donde ya no hay agua potable.*
- Pregunta-respuesta: *¿Es posible encontrar otras formaciones geológicas? Los científicos así lo han demostrado.*
- Problema-solución: *El problema generado por las extensas plagas que atacan a la planta del arroz se soluciona utilizando los transgénicos.*

Recuerda que...

Los textos expositivos cumplen la función de explicar una información de forma clara y amena, para que esta llegue correctamente al receptor.

Por tanto, si deseas escribir un texto expositivo debes aprender a manejar recursos que te ayudarán a cumplir este objetivo: define, introduce comparaciones y ejemplos, realiza preguntas retóricas y plantea problemas para, finalmente, dar una solución.

Aplico

31. Analiza los recursos propios de la exposición en el siguiente texto:

Biodiversidad amenazada

La biodiversidad en el planeta se está perdiendo a un ritmo sin precedentes.

La biodiversidad –la vida en toda su variedad y sus formas de organización, lo que incluye especies pero también poblaciones y ecosistemas– es fundamental para mantener a los seis mil millones de personas del planeta. Se estima que cada día desaparece un centenar de especies debido a factores como la polución. La pérdida de biodiversidad supone una amenaza para el abastecimiento de comida, energía y medicinas.

"La ESA lanza un nuevo proyecto" (adaptación), 17 de enero de 2007, *The European Space Agency*. Web [Consulta: 14 de diciembre de 2020].

Se llama "Seis grados de separación" a la hipótesis que intenta probar que cualquiera en la Tierra puede estar conectado a cualquier otra persona del planeta a través de una cadena de conocidos que no tiene más de cinco intermediarios, algo que se ve representado en la popular frase "el mundo es un pañuelo". La teoría fue inicialmente propuesta en 1930 por el escritor húngaro Frigyes Karinthy en un cuento llamado "Chains". También la recoge en una de sus obras, el sociólogo Duncan Watts que asegura que es posible acceder a cualquier persona del planeta en tan solo seis "saltos".

Según esta teoría, cada persona conoce de media a unas 100 personas. Si cada uno de esos amigos o conocidos se relaciona con otras 100 personas, cualquier individuo puede pasar un recado a 10 000 personas más tan solo pidiendo a sus amigos que pasen el mensaje a sus amigos. Estos 10 000 individuos serían contactos de segundo nivel a los que se suele recurrir para ocupar un puesto de trabajo o realizar una compra. Esto significa que el número de contactos de segundo nivel será sustancialmente menor a 10 000 pues es muy usual tener amigos comunes. Si esos 10 000 conocen a otros 100, la red ya se ampliaría a 1 000 000 de personas y así sucesivamente.

En seis pasos, y con las tecnologías disponibles, se podría enviar un mensaje a cualquier individuo del planeta. Por ejemplo, imaginemos que un limpiabotas de la calle conoce a un portero de un hotel de dos estrellas; dicho portero conoce al dueño del hotel y este al dueño de un hotel más prestigioso; el dueño de este hotel conoce a una persona que trabaja en la Casa Blanca y esta persona conoce al presidente de los Estados Unidos. En unos pocos enlaces se ha conseguido ligar un limpiabotas con el presidente de los Estados Unidos.

" Seis grados de separación " (adaptación), 9 de noviembre de 2020, *Wikipedia*. Web [Consulta: 15 de enero de 2021].

Aplico y razono

32. ¿Reconoces en el texto algunos de los recursos que hemos mencionado anteriormente: definición, comparaciones...? Identifícalos y explícalos.

33. Justifica por qué se trata de un texto expositivo, atendiendo a las características de este tipo de textos que ya conoces.

Escucho, hablo y escribo

1. Extraigo información oral. Los textos científicos orales

1. El tema central de la exposición de Gemma Galdón es la ética de la tecnología. Escucha su charla y responde las siguientes cuestiones en tu cuaderno de trabajo:
   a. ¿Por qué vivimos en un mundo en el que es más caro olvidar que recordar?
   b. ¿Qué es el "registro digital"?
   c. ¿Por qué habla de que esa huella digital podría arruinarte la vida? ¿Qué ejemplos pone?
   d. ¿En qué campo de la tecnología dice que ha trabajado la oradora?
   e. ¿Qué significa la "automatización del paso de fronteras"?
   f. ¿Por qué una cuestión como la automatización del paso de fronteras no fue debatida en el Parlamento Europeo?
   g. Reflexiona y explica qué significa, entonces, el concepto de "ética de la tecnología".
   h. ¿Cómo podría aplicarse la ética de la tecnología en la vida cotidiana? ¿Sería difícil? ¿Quién debería hacerlo?
   i. ¿Conoces algún caso donde ya se regule el uso de la tecnología de acuerdo a principios éticos?
   j. Una vez respondidas estas cuestiones, explica qué es la ética de la tecnología en un texto argumentativo que incluya secuencias expositivas.

La ética de la tecnología está relacionada con muchos aspectos de nuestra vida de cada día.

2. Presento un trabajo científico. Los textos científicos orales

Imagina que eres un científico o científica que ha encontrado una vacuna con efectos verdaderamente importantes para la humanidad. Como una investigación científica no se considera terminada hasta que no se publica, tú ya has publicado tu trabajo y ahora vas a explicarlo.

1. Debes preparar una exposición oral que presentarás en clase:
   - Las fases del trabajo serán las siguientes:
     - Documentación
     - Organización de materiales
     - Elaboración final
   - Elige una estructura, que podrá ser:
     - Narrativa o de ordenación cronológica. Son hechos que suceden en un tiempo y se cuentan tal y como sucedieron.
     - Descriptiva. Predomina la descripción y se introducen elementos de comparación/contraste o de simple enumeración.
     - Argumentativa. Se exponen razones o datos obtenidos para defender una opinión final y que esta sea aceptada. Muchas exposiciones científicas siguen esta estructura y normalmente se adaptan a la causa-efecto (se analizan las causas de un asunto y sus consecuencias) o bien la de problema-solución.
2. Una vez que tengas organizado todo el material, haz la exposición oral en clase con todo lo que has preparado. Tu exposición durará unos 5 minutos.

Recuerda que...

El público destinatario van a ser tus propios compañeros y compañeras; por tanto, debes hacer una exposición adaptada a ellos.

3. Escribo un texto. El texto expositivo

1. Escribe un texto expositivo a partir de la siguiente infografía:
   - Debes incluir todos los apartados y ampliar todo aquello que consideres conveniente para tu texto.
   - Elige la estructura que mejor consideres y recuerda que solo debes hacer una exposición, sin aportar ideas personales.
   - El texto debe tener unas 300 palabras.

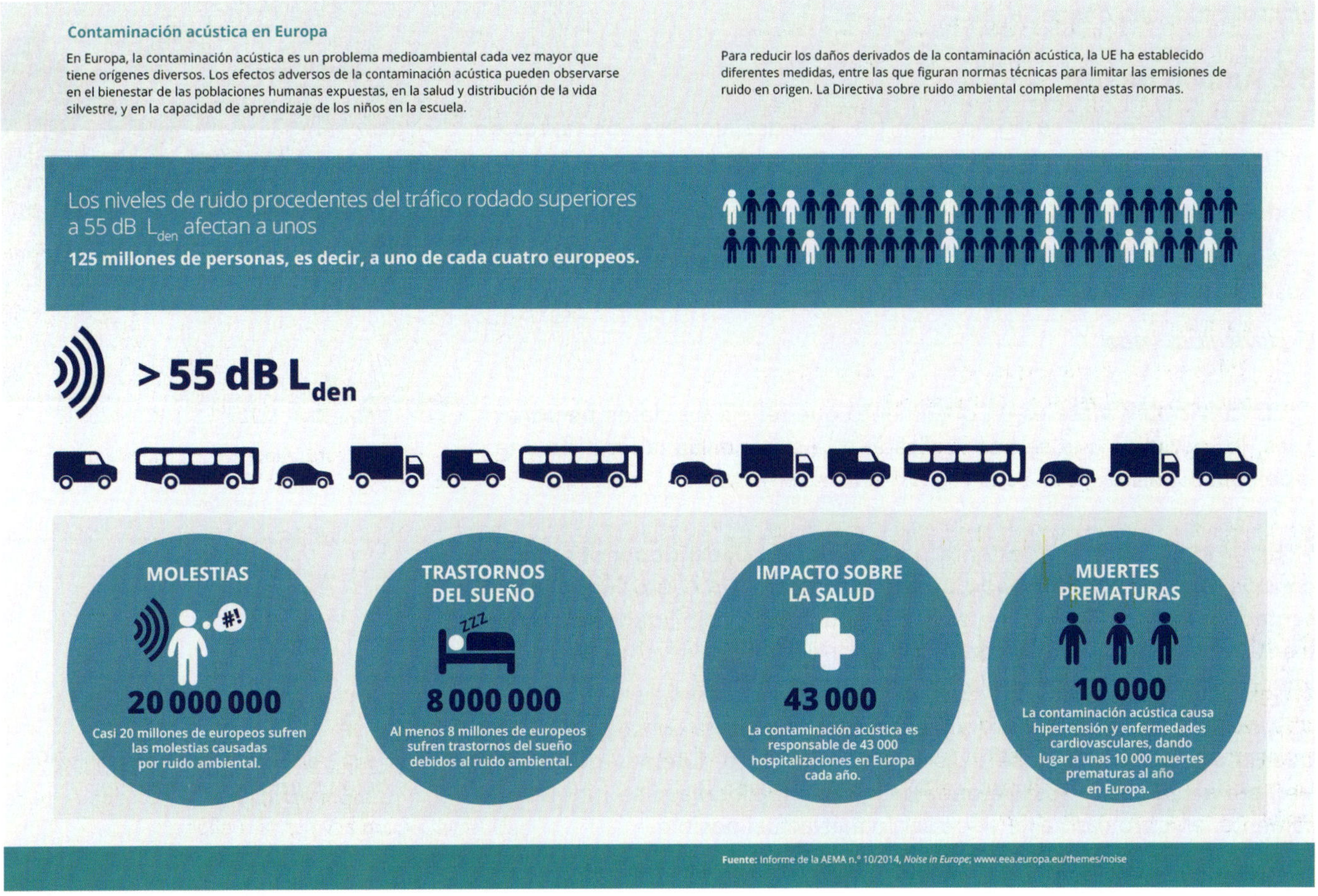

2. A partir de esta noticia aparecida en la prensa, elabora un texto expositivo ampliando la información:

La sobreexplotación de acuíferos hunde 100 milímetros al año el valle del Guadalentín en Lorca

- Algunos datos o ideas que podrías buscar e introducir en tu texto expositivo:
  - Estrés hídrico.
  - El agua subterránea sostiene nuestra vida.
  - El 40 % de los alimentos que cultivamos se riegan con aguas del subsuelo.
  - Muchos acuíferos han tardado milenios en llenarse.
  - El cambio climático agrava las sequías.
  - El ser humano está esquilmando y contaminando acuíferos.

3 Los textos formales

3.1 Tipos de textos formales

Los **textos formales** son aquellos con los que los ciudadanos y las distintas administraciones u organismos comerciales y laborales solicitan o dan a conocer información. La relación formal que existe entre ambos interlocutores determina que estos textos estén sometidos a unas normas de redacción muy rígidas.

Son textos formales, por ejemplo, un contrato de trabajo, una reclamación, un *curriculum vitae*, una instancia, un acta, una ley, un certificado, una solicitud, una denuncia, etc.

¿Una receta de cocina es un texto formal? Si no lo es, ¿de qué tipo crees que es?

3.2 Ámbito de uso

Los textos formales se agrupan en tres grandes ámbitos: los textos de *ámbito laboral*, los textos *jurídicos* y los textos *administrativos*.

Textos laborales

Se utilizan en las empresas y sirven para la comunicación entre empleados y directivos. El currículum es un ejemplo.

El *curriculum vitae*

El ***curriculum vitae*** es un documento que refleja los datos personales, los estudios que se han realizado y la experiencia laboral de una persona.

Es un documento importante porque de él puede depender que se consiga, o no, un determinado puesto de trabajo. Un currículum mal presentado o con datos incompletos disminuirá las posibilidades de selección. Deben destacarse los datos de uno mismo que se consideren más importantes y que mejor se ajusten a lo que se solicita.

Es conveniente redactar el currículum para una oferta concreta de forma que se adapte a lo que se exija en ese momento; además debe estar siempre actualizado. Solo se debe incluir una fotografía si se pide expresamente, en cuyo caso esta debe ser lo más actual posible.

tiching.com/782901
Para saber más sobre la redacción de un *curriculum vitae*.

Textos administrativos

Se emplean para establecer comunicación entre los diferentes organismos de la Administración, o entre los ciudadanos y la Administración (instancia, acta…).

La instancia y el acta

Son documentos que sirven para dar a conocer a otras personas unos hechos en concreto:

La **instancia** tiene como objetivo exponer un problema y solicitar una solución al mismo. Va dirigida a cargos.

El **acta** es un escrito que resume los acuerdos a los que se ha llegado en una reunión, ponencia, etc.

Estos dos documentos tienen unas características comunes:

- Siguen un modelo de documento predeterminado en función del objetivo que se busca.
- Se utiliza la 3.ª persona como marca de objetividad, aunque se hable de uno mismo.

Otros documentos administrativos son los contratos, los certificados, las cartas de cobro o pago y las denuncias.

Textos jurídicos

Se emplean en los tribunales de justicia y están relacionados con las leyes y su aplicación (sentencia, ley, decreto...).

Las leyes

Las **leyes** son normas dictadas por una autoridad pública, que rigen nuestra conducta social.

Esta función recae, generalmente, sobre los legisladores que trabajan en los Congresos de los distintos países. Antes de llegar a la redacción del texto definitivo, se debate para llegar a acuerdos. Una vez aprobadas las leyes, estas son de obligado cumplimiento por parte de todos los ciudadanos.

La aprobación de una ley requiere la elaboración, discusión, reformulación y aprobación en el Congreso de los Diputados, trás un ingente trabajo jurídico.

3.3 Características del lenguaje jurídico-administrativo

- El lenguaje debe ser preciso, se deben evitar las ambigüedades y las repeticiones innecesarias.
- Se utilizan tratamientos de cortesía: *usted, ustedes.*
- Se usa la voz pasiva: *había sido dado...*
- Se evitan los términos que podrían tener connotaciones negativas. Por ejemplo, se prefiere: *Les pido que me devuelvan el dinero cobrado indebidamente, a Les pido que me devuelvan el dinero que me han robado.*
- Se suelen usar muchos sustantivos abstractos.
- Los adjetivos que se utilizan sirven para individualizar al nombre y determinarlo: *ayudas económicas, prestaciones familiares...* y pueden ir antepuestos o pospuestos al nombre.
- A veces se emplea el plural oficial que marca cierto distanciamiento con la persona que escribe: *pensamos que...*

Aplico y razono

34. Escribe tu *curriculum vitae* con una herramienta digital y siguiendo el modelo propuesto. No olvides reflexionar muy bien sobre tus competencias personales. Preséntalo con una fotografía y en color.

35. Busca alguna de las últimas leyes que se hayan aprobado en el Parlamento:
- Selecciona algún artículo, cópialo y explica su significado en tu cuaderno de trabajo.
- ¿Crees que la redacción es clara? Transfórmalo de manera que sea más divulgativo pero sin cambiar su esencia.
- Analiza los rasgos lingüísticos empleados.

36. Analiza y explica el artículo 47 de la Constitución española:

Todos los españoles tienen derecho a disfrutar de una vivienda digna y adecuada. Los poderes públicos promoverán las condiciones necesarias y establecerán las normas pertinentes para hacer efectivo este derecho, regulando la utilización del suelo de acuerdo con el interés general para impedir la especulación. La comunidad participará en las plusvalías que genere la acción urbanística de los entes públicos.

CURRICULUM VITAE

Lucas Santana Barneda
30 de mayo de 2006
Formentera, 43. 1.° – 1.ª, Las Rozas, Madrid
91 234 56 789
lsantanab@mail.com

Formación académica
Cursando 3.° de la ESO en el Centro Educativo Punta Galea, Madrid.
Educación Primaria en el Colegio Mario Vargas Llosa, Madrid.
Nota global: Notable. Año 2018.

Otros cursos
Curso de Escritura en el Ateneo de Madrid. Año 2019.
Curso de Inglés en English School. Nivel Intermediate. Desde 2018.
Dominio del Word, Excel, Wordpress, Internet...

Idiomas
Castellano nativo
Inglés nivel Intermediate
Francés nivel inicial

Formación profesional
En verano, ayudo a mi abuelo en su panadería: atiendo a clientes, cojo el teléfono y reparto a domicilio.

Otros datos de interés
Soy una persona sociable, emprendedora, atenta, despierta e inquieta, aprendo muy deprisa y trabajo bien en equipo. Me gusta mucho leer y escribir, el cine, la fotografía y también los animales de compañía.

Escucho, hablo y escribo

1. Entiendo cómo funciona un juicio. Las leyes

1. ¿Qué conoces del mundo del Derecho? ¿Sabes cómo funcionan los juicios? ¿Tienes algún conocimiento sobre el tema? Escucha este audio y responde a las siguientes preguntas:

   a. ¿Todas las personas que cometen delitos o faltas son detenidas?

   b. ¿Quién puede ordenar una detención y por qué?

   c. Describe en qué consiste la primera fase de un procedimiento penal –fase de instrucción– y qué personas participan en ella.

   d. ¿Qué diferencia hay entre un juez y un fiscal? ¿Quién pone fin a la fase de instrucción?

   e. Explica qué son los autos de sobreseimiento. ¿Quién los ordena?

   f. ¿Todos los juicios llegan a la segunda fase, la fase de enjuiciamiento?

   g. Si ya se han mostrado las pruebas en la primera fase del juicio, ¿son necesarias de nuevo en la fase de enjuiciamiento?

   h. ¿Quiénes dictan la sentencia? ¿Son de cumplimiento obligatorio o pueden recurrirse?

   i. ¿Ante quién se puede recurrir una sentencia si no se está de acuerdo con ella?

   j. ¿Qué es una sentencia firme? ¿Esta sentencia es definitiva o puede recurrirse de forma excepcional de algún modo?

   k. ¿Cuándo se ejecuta una sentencia?

Escena de la película *Cuestión de justicia* (2020), dirigida por Destin Daniel Cretton.

2. Debato sobre la justicia. Los textos jurídicos orales

1. En grupos, leed los siguientes casos reales de sentencias del juez Emilio Calatayud:

> **Juicio 1**: Enrique, de 16 años, fue detenido por circular en ciclomotor sin tener el seguro obligatorio. En los interrogatorios, el menor le confesó al juez que le encantaba dibujar tebeos.
>
> **Sentencia**: Dibujar un cómic sobre la infracción que había cometido y acompañar a tetrapléjicos al cine o a pasear por la ciudad.

> **Juicio 2**: Un adulto y un menor dan un tirón y arrebatan el bolso a una ciudadana griega, apropiándose de joyas por un valor de unos 325 000 €, que vendieron por menos de 300 €.
>
> **Sentencia**: Tres años de libertad vigilada en los que el menor debía obtener el graduado en ESO y acceder a un ciclo formativo de grado medio de mecánica.

2. Buscad en periódicos, Internet... más información sobre el tipo de sentencias que se dictan a menores de edad.

3. Debatid sobre los beneficios o perjuicios de penas como las que suele dictar el juez Emilio Calatayud u otras más usuales, como la reclusión en centros de menores, por ejemplo:
   - Dividid la clase entre un grupo que apoye las sentencias educativas y otro grupo que prefiera otras más punitivas.
   - Elegid un moderador y un secretario. El moderador pondrá orden en las intervenciones de los dos grupos y el secretario leerá las conclusiones que surjan y establecerá qué grupo ha defendido mejor su postura durante el debate.

> Si lo creéis necesario, podéis introducir otro rol en el grupo, el guardián del tiempo. Uno o una de los integrantes del debate se encargará de vigilar que todos los alumnos participen por igual.

3. Escribo un texto administrativo. Los textos formales

1. Completa una instancia como la siguiente en tu cuaderno. Piensa a qué concejal se la dirigirías y qué pedirías. Recuerda que si es un texto formal, debes adaptarte a ello:

....

....

EXPONE:

Que ....

....

Por ello,

SOLICITA:

Que ....

....

.........................., a .... de .... de 20.... ....

Firma

SR. CONCEJAL DE .... DEL EXCMO.

AYUNTAMIENTO DE ....

2. Debes escribir una carta al director o directora de tu colegio o instituto porque deseas cambiarte de optativa y te has decidido demasiado tarde: ¿qué le dirías? Fíjate en la estructura que debe seguir y redacta la carta en tu cuaderno:

(lugar), a *(fecha)*

(nombre del destinatario)

(datos de identificación del destinatario)

PRESENTE

Estimado Director: por medio de la presente *(motivo de la carta)*

....

....

....

....

Sin más por el momento y agradeciendo de antemano su colaboración y pronta respuesta, quedo de usted.
Saludos cordiales.

Atentamente

(nombre del remitente)

3. Fíjate en la estructura que debe tener un acta. Imagina que has tenido una reunión de vecinos para tratar dos temas muy importantes que afectan a la comunidad. Dibuja una plantilla semejante en tu cuaderno y complétala:

NOMBRE DE LA ORGANIZACIÓN				
ACTA REUNIÓN DEFINICIÓN DE FUNCIONES				
Fecha:		Hora de inicio:		Hora de cierre:
1	Federico Martínez - Director General		Firma	
2	Riqui Martin		Firma	
3	Pedro Picapiedra		Firma	
4	Shakira Fernández		Firma	
TEMAS TRATADOS				
1	*En estos campos ingresa la descripción detallada de cada tema tratado, uno por campo.*			
2				
COMPROMISOS DE ESTA REUNIÓN				
Ítem	Asunto	Responsable	Fecha máxima de cumplimiento	Cumplido sí/no
1	*En estos campos deben ir los compromisos y tareas fruto de la reunión y se debe de usar un campo para cada uno.*	Pedro Picapiedra	29 abril	Sí
2				

VOCABULARIO

El léxico humanístico

ARCAISMOS Y LATINISMOS	Gracias a la **precisión** que aportan, al sentido íntegro que mantienen y a su alto valor expresivo, suelen aparecer en disciplinas como el Derecho: *habeas corpus, otrosí...*
LENGUA COMÚN Y TECNICISMOS	Los términos habituales de los textos humanísticos proceden en gran parte de la lengua común, aunque cada ciencia los adopta y los amplia según su ámbito de estudio; sin embargo, también se crean tecnicismos que generan **nuevas terminologías**, incluso en el mismo campo de estudio: *semiótica, semiología...*
CULTISMOS	Abundan en todos los ámbitos: *deidad, bélico, castrense, cronológico...*
NEOLOGISMOS	Se crean a partir de procedimientos de composición y derivación: *literariedad, narratología.* Muchas de estas palabras son **abstractas** dado el carácter especulativo del lenguaje humanístico: *razonamiento, ideología.*
PRÉSTAMOS	Presencia de palabras procedentes de diversas lenguas, especialmente del **inglés** y del **francés**: *elite, plataforma, sabotaje, comité, marketing.*
SIGLAS	Uso recurrente de siglas y abreviaturas: *CD, ONU, IVA, S. A.*

Recuerda que...

- Los **arcaismos** son palabras o fórmulas lingüísticas ya en desuso, que permanecen en contextos determinados: *asaz-bastante/cuasi-casi.*
- Los **tecnicismos** son palabras con un significado específico que forman parte de campos determinados: *científico, humanístico,* etc. Muchos tecnicismos derivan de palabras latinas o griegas.
- Los **cultismos** son palabras de origen latino que se han incorporado al castellano sin sufrir apenas cambios. Son, por tanto, similares a la forma latina: *lacrimal* proviene de *lacrimam.* (lágrima).

1. Busca el significado de los latinismos siguientes, cópialos en tu cuaderno y forma frases con ellos. En cada frase puedes introducir más de uno:

- *a posteriori*
- *ad hoc*
- *ad honorem*
- memorándum
- *per se*
- *grosso modo*
- *carpe diem*
- *de facto*
- *ergo*
- alias
- ultimátum
- *statu quo*
- *homo sapiens*
- *vox populi*
- *dixit*
- etcétera
- *alter ego*
- *in situ*

2. Observa las siguientes palabras:

cátedra/cadera • regla/reja • clamar/llamar • materia/madera

a. Busca su significado en un diccionario etimológico.

b. Realiza un mapa de la palabra latina de la que proceden y de cómo han ido transformándose a lo largo de la historia para llegar a la forma actual.

3. Busca tres ejemplos de cultismos que puedan pertenecer al léxico humanístico y explica su evolución y significado.

4. Escoge del siguiente cuadro las palabras que sean neologismos y explica su significado:

multicine · Internet · cámara · teleobjetivo · videoconsola · zapatilla · sabelotodo · hidromasaje · fotómetro · encuadernación · estupendo · psicoterapeuta · mito

a. Explica cómo se han ido formando estas palabras a lo largo de la historia. Busca información en la red si es necesario.

b. Inventa pequeños textos de tres líneas donde incluyas las palabras que acabas de definir.

Los nombres *apicultor, apicultura* y el adjetivo *apícola* son cultismos que se refieren a las abejas. Provienen del término latino *apicula,* que significa *abeja.*

El léxico jurídico

El texto siguiente está lleno de tecnicismos jurídicos:

La instrucción del caso había sido larga. Las partes estaban cada vez más nerviosas, hasta que, por fin, el juez dio por finalizadas las diligencias previas y decidió la apertura del juicio oral fijando el día de la audiencia.

Una vez todos en la sala, el demandante declaró su demanda. Dado que el magistrado quería resolver el litigio con justicia, determinó la citación de varios peritos, quienes presentaron pruebas contundentes a favor del demandado.

Sin embargo, cuando el abogado defensor y el fiscal citaron a sus testigos, estos ofrecieron declaraciones contradictorias, lo que hacía suponer que las deliberaciones del jurado para emitir el fallo se alargarían bastante. Todo cambió cuando la defensa pidió la comparecencia del testigo protegido. Sus declaraciones dejaron claro que el demandante había actuado con dolo. El juez, entonces, dictó sentencia y absolvió al demandado. Los abogados del demandante anunciaron que apelarían para revocar la sentencia.

La personificación de la justicia se representa como una dama con los ojos vendados, con una balanza sostenida con la mano derecha y una espada, en la izquierda.

5. Las palabras del texto anterior destacadas en color rojo se refieren a las personas que participan en un juicio. ¿Sabes quiénes son y cuál es su función? Escríbelo en tu cuaderno:

PERSONAS	FUNCIÓN
Las partes, demandante y demandado	Personas que inician un procedimiento judicial para que se resuelva un conflicto.
Juez, magistrado	
	Profesionales con conocimientos específicos sobre una materia que dan al juez una información fundamentada con el fin de ayudarle a tomar una decisión.
Abogado defensor, la defensa	
	Funcionario del Ministerio de Justicia cuyo objetivo es la defensa de la legalidad y del interés público.
Testigos, testigo protegido	
	Ciudadanos sin conocimientos de derecho que valoran lo sucedido y emiten un veredicto en base al cual el juez dictará la sentencia.

6. En estos grupos falta una palabra que se encuentra en el texto. Complétalos en tu cuaderno:

- disputa → discusión →
- convocatoria → llamamiento →
- petición → solicitud →
- explicación → testimonio →
- veredicto → resolución →
- presentación → asistencia →
- debate → discusión →
- verificación → demostración →

7. Las palabras destacadas en color verde en el texto anterior se refieren a distintas fases del proceso judicial. Busca información y ordena, según un criterio cronológico, los siguientes sucesos:

- audiencia
- sentencia
- recurso de apelación
- juicio oral
- instrucción
- alegatos finales
- apertura del juicio oral
- diligencias previas

Todavía hay muchos latinismos que siguen usándose en el medio jurídico:

- *Conditio sine qua non*: condición necesaria, condición sin la cual no.
- *Stricto sensu*: en sentido estricto.
- *De facto*: de hecho.
- *Exceptio veritatis*: la excepción de la verdad.
- *Modus operandi*: modo de actuar, de operar.
- *Motu proprio*: por voluntad propia.
- Pro: a favor de.

Escribo textos cohesionados y coherentes

1. **Escribe un texto humanístico.** Recoge ideas de los siguientes cuadros y elabora con ellas un texto humanístico, puedes elegir tú la tipología y estructura que consideres conveniente:

> La internacionalización de las empresas y el ingreso en nuevos mercados es una cuestión esencial para que las organizaciones sigan siendo competitivas.

> La característica más evidente de la globalización es la integración de las economías locales en una economía de mercado mundial.

> Los efectos negativos son muchos, entre ellos uno de los más significativos es el desplazamiento de la producción a países en vías de desarrollo donde la mano de obra es muy barata y la protección social, inexistente.

> Sin herramientas como Internet, no hubiera existido la globalización.

2. **Revisa otros textos.** Escribid dos textos de 20 líneas: una exposición y una argumentación. Deberán tratar los siguientes temas:
   - Argumentación. A favor o en contra de consumir, sobre todo, productos nacionales.
   - Exposición. Tema libre.

   a. Una vez escritos, intercambiadlos con un compañero o compañera. Cada uno corregirá los textos del compañero o compañera, atendiendo a las preguntas del cuadro del margen.

   b. Reformad los textos, de acuerdo a las correcciones y los cambios sugeridos.

   c. Cada uno leerá el texto corregido a su compañero o compañera. Si no hay nada más que revisar y el texto se considera correcto, se da por terminada la actividad; de lo contrario, se vuelve a corregir el texto hasta que sea satisfactorio.

> - ¿Tiene el texto un planteamiento, desarrollo y conclusión?
> - ¿Sigue una estructura lógica?
> - ¿Hay alguna parte en la que se pueda añadir algo?
> - ¿Hay alguna parte que no se entienda?
> - ¿Hay fallos ortográficos?
> - ¿Qué mejoraría el texto en general?

3. **Escribe un texto argumentativo a partir de imágenes.** Te proponemos varias imágenes: selecciona dos de ellas y escribe un texto expositivo de ámbito científico y otro argumentativo de ámbito humanístico, de cada una. No deben sobrepasar las 20 líneas cada uno:

4. **Redacta un texto formal.** Imagina que formas parte del ayuntamiento de tu localidad y que estáis elaborando una orden sobre basuras (días de recogida, reciclaje, instalaciones de *punto limpio*, etc.).

   Redacta un documento que recoja la normativa. Puedes buscar algún documento sobre este tema y tomarlo como modelo.

5. Realiza una instancia siguiendo el modelo que has aprendido. Para ello debes analizar alguno de los problemas que pudiera tener tu instituto o colegio y buscar una posible solución.

   En la instancia le expondrás el problema al director y le propondrás la solución que has ideado.

6. **Analiza un texto jurídico.** Añade algún artículo a la Constitución Española. Para ello, lee alguno de ellos y estudia su redacción, después piensa qué añadirías y escríbelo siguiendo el estilo establecido.

7. Lee reflexivamente esta ley:

Ley sobre potestades administrativas en materia de determinadas actividades de ocio en los espacios abiertos de los municipios de Andalucía.

Objeto y ámbito de aplicación

1. La presente Ley tiene por objeto la ordenación de potestades administrativas relacionadas con el desarrollo de determinadas actividades de ocio en los espacios abiertos de los municipios de Andalucía, al objeto de garantizar el normal desenvolvimiento de la convivencia ciudadana y corregir actividades incívicas incompatibles con la normal utilización de dichos espacios.

2. A los efectos de la presente Ley, se entiende por actividad de ocio toda distracción que consista en la permanencia y concentración de personas en espacios abiertos del término municipal, que se reúnan para mantener relaciones sociales entre ellas, mediante el consumo de bebidas de cualquier tipo.

Exclusiones

Sin perjuicio del cumplimiento de las normas aplicables en materia de orden público y de seguridad ciudadana, así como las relativas a espectáculos públicos y actividades recreativas, quedan excluidos de la presente Ley:

a) La permanencia durante el horario establecido normativamente de personas en espacios abiertos del núcleo urbano destinados a terrazas y veladores de establecimientos públicos sometidos a la normativa aplicable en materia de espectáculos públicos y actividades recreativas.

b) La permanencia de personas en espacios abiertos del término municipal destinados a la celebración de fiestas y ferias locales, verbenas populares, así como manifestaciones de carácter religioso, político, sindical, docente, turístico, cultural o análogas. A tales efectos, solo tendrán esta consideración las que se encuentren reconocidas oficialmente por el Ayuntamiento.

Parlamento de Andalucía (adaptación), 24 de octubre de 2006.
Web [Consulta: 4 de diciembre de 2020].

a. Analiza su lenguaje:
   - ¿Hay tecnicismos?
   - ¿Aparecen muchos adjetivos? ¿De qué clase son?
   - ¿Las frases son largas o cortas? ¿El orden de las frases es claro?

b. En el texto no se nombra la actividad de ocio que dio origen a esta regulación. ¿A qué crees que se refiere?

c. Explica los eufemismos que sustituyen esta actividad de ocio.

ACTIVIDADES

Comprendo y aplico

1. Lee los textos siguientes y contesta las preguntas:

   a. ¿Qué rasgos de los que ya conoces se manifiestan en los textos siguientes? Propón una clasificación razonada de los mismos.

   b. ¿En qué ámbito crees que pueden aparecer cada uno de estos textos? Justifica tus respuestas.

Texto 1

Jefe de personal Mantas Mora
Avda. Dos de Maig 10
Ontinyent (València,
CP 46 870)

Burjassot, 24 de abril de 2000.

Distinguido Sr./Sra.:

Le escribo con el fin de solicitar el puesto de Ingeniero Textil en su empresa.

Tengo veintiocho años y terminé la carrera de Ingeniería Superior en la Universidad de València hace cuatro años. En la actualidad estoy realizando un máster en Diseño textil y Aerografía.

Poseo un año de experiencia laboral como Profesora Agregada en la Universidad de Castellón y ocho meses como ingeniero en Aerograf, en Alcoy, el gerente de la cual, ha elaborado un informe sobre mi trabajo en dicha empresa.

Estoy especiamlente interesada en su empresa debido a que en mi anterior trabajo me dieron muy buenos informes sobre sus investigaciones y resultados en el campo de la aerografía textil.

Adjunto, le remito mi *curriculum vitae* y fotocopia de mis certificaciones académicas.

Quedo a la espera de sus noticias.

Atentamente,
Rosa Picó

Texto 2

Estoy preparada, con muchas ideas. Tengo titulación en secretariado médico y experiencia en archivo. He sido secretaria durante 10 años en una misma empresa en la que realizaba atención telefónica, así como organización de agenda y eventos. También he trabajado otros 10 años en atención al cliente, demostrable. En los últimos años he montado mi propia empresa de belleza, la cual tuve que cerrar por la situación. Soy activa y emprendedora, entre otras cualidades.

Texto 3

La energía sostenible es aquella capaz de satisfacer la creciente demanda actual sin comprometer la demanda de las personas que lo requieran en el futuro. Todas las fuentes de energía renovables como la solar, eólica, geotérmica, hidroeléctrica, de onda y de las mareas son formas de energía sostenible.

Texto 4

El amor platónico es un sentimiento de amor idealizado, en el que se abstrae el elemento sexual, caracterizado por ser irrealizable o no correspondido. Se entiende como un amor basado en la idealización, donde el objeto del amor es el ser perfecto, que posee todas las buenas cualidades y sin defectos.

2. Lee el siguiente texto y responde a las preguntas:

La hematología estudia el diagnóstico de enfermedades, tratamientos y evaluación de órganos relacionados con el sistema circulatorio. No debe confundirse *hematología* con *hemograma*: el primer término se refiere a la disciplina y el segundo, a un análisis médico.

La hematología permite generar diagnósticos y trata las enfermedades de la sangre y de sus componentes celulares. Cubre la composición celular y sérica de la sangre, el proceso de coagulación, la formación de células sanguíneas, la síntesis de la hemoglobina y todos sus trastornos relacionados. El profesional encargado de estos estudios es el hematólogo y puede identificar y recetar tratamientos para la anemia, trombolilia y hemofilia, entre otras enfermedades comunes.

El rápido avance de la Medicina obliga a buscar palabras nuevas, como los neologismos surgidos con el prefijo hemo-: *hemocomponente*, *hemocultivo*, *hemoderivado*, etc.

   a. ¿Qué tipo de texto es? Justifica tu respuesta

   b. Explica las características lingüísticas del texto.

   c. Explica el significado de los tecnicismos que aparecen y relaciónalos con la raíz de la que proceden. Si es necesario, utiliza el diccionario.

El vínculo entre el ser humano y los animales

Si tenemos en consideración la amplia presencia de animales de compañía en nuestro entorno, tiene sentido que se preste atención a la influencia que estos animales ejercen en la sociedad, desde los problemas generados por la convivencia entre propietarios y no propietarios de animales de compañía, hasta los beneficios que aportan a nivel individual y social.

Existen diferentes teorías y mecanismos que pueden explicar la base de estos efectos de la interacción humano-animal entre personas y animales de compañía. Entre las principales explicaciones tenemos, en primer lugar, la teoría de la biofilia, que nos indica el necesario interés innato del ser humano por la naturaleza y, por tanto, por los animales, ya que en los inicios de la historia humana este tipo de conocimientos podría haber tenido consecuencias en la supervivencia de los humanos. Es decir, a mayor conocimiento tuviera el ser humano en cuanto al funcionamiento de las dinámicas de la naturaleza y el comportamiento de los animales, más fácil le resultaría predecir los peligros que podían acaecer del entorno o aprovechar los recursos que el entorno le ofreciera.

En segundo lugar, como base de la interacción humano-animal, el sistema de comportamiento de cuidados a terceros que es inherente al ser humano y parece activarse también por la interacción con los animales. Es decir, la tendencia innata por parte del ser humano a cuidar de otros puede trasladarse a querer cuidar de otros animales para satisfacer esa necesidad etológica humana.

Si nos centramos, entonces, en los aspectos positivos que aportan los animales de compañía, encontramos que su presencia en el entorno humano va asociada a beneficios para las personas tanto psicológicos como fisiológicos, ya que se ha visto, por ejemplo, cómo la interacción con perros reduce los niveles de estrés.

Pero también existen aspectos negativos por la presencia de animales de compañía en nuestra sociedad. Así, las carencias en tenencia responsable de un animal de compañía pueden llevarnos a situaciones de crueldad o maltrato hacia ellos. Esta crueldad puede ser producida por la violencia ejercida en algunos entornos familiares donde el animal de compañía se convierte en una víctima más; o, simplemente, por omisión, empezando por el abandono de perros y gatos, que tiene serias implicaciones económicas y sociales.

Paula Calvo Soler: *El vínculo entre el ser humano y los animales: aspectos psicológicos y psicopatológicos* (adaptación), 2017, *UAB*. Web [Consulta: 27 de noviembre de 2020].

Aplico y razono

3. Justifica qué tipo de texto es y a qué ámbito pertenece.
4. Analiza su estructura.
5. Explica los rasgos lingüísticos.
6. Elabora un comentario en el que incluyas las reflexiones de las preguntas anteriores de forma cohesionada y dando una estructura coherente a tu redacción.
7. Si tienes un animal de compañía, explica los beneficios que te aporta su presencia. Si no lo tienes piensa en alguna película, libro, etc. que hayas visto o leído y responde la misma pregunta pero pensando en algún personaje.
8. ¿Por qué crees que la gente abandona a los animales de compañía? Escribe y rechaza esta actitud en un breve texto de unas diez líneas.

2 ¿Conoces los medios de comunicación social?

Observo...

- Observa los diferentes iconos de la ilustración y enumera uno a uno los que aparecen.
- Si fueras locutor o locutora de un programa de radio, ¿qué elementos de la imagen tendrías que utilizar para llevar a cabo tu programa? Elige al menos tres de ellos.

... pienso...

- Imagina qué significado pueden tener, en relación a la comunicación social, el globo terráqueo y la antena parabólica.
- ¿Te parecen inventos útiles los micrófonos, los auriculares y los ordenadores portátiles? Justifica tu respuesta.

En este tema aprenderás:

- Qué es la comunicación social y cuáles son las principales características del lenguaje periodístico.
- En qué consiste el periodismo informativo (la noticia, el reportaje y la infografía).
- Cómo nos llega la información a través de los medios audiovisuales.
- En qué consiste el periodismo mixto o de interpretación (la crónica y la entrevista).
- En qué consiste el periodismo de opinión (el editorial y la crítica).
- Cuáles son las características principales de la comunicación publicitaria.
- Cuáles son los tipos de anuncios publicitarios.

En marcha...

- Indica qué tres amenazas ponen en peligro el destino de la humanidad, según el periodista.
- ¿Cuáles son, según él, las manifestaciones de que el cambio climático ya es una realidad?
- Ramonet habla también de las causas de los desplazamientos migratorios masivos: ¿cuáles son?
- Si en las décadas de 1980 y 1990 las nuevas tecnologías se veían como algo positivo que aportarían soluciones a la humanidad, ¿por qué en la actualidad se destacan sus aspectos negativos? ¿Cuáles son estos?
- Busca noticias que se refieran a cada una de estas tres realidades y valora la importancia de los retos que la humanidad tiene que enfrentar para solucionarlas.

... y comparto

- Comentad entre todos los compañeros y compañeras cómo imagináis la comunicación social en la época en que no había ordenadores ni Internet.
- ¿Qué ventajas o inconvenientes encontráis en la variedad de medios para la comunicación que existen en la actualidad? Debatidlo en clase.

Internet como medio de comunicación

Del monólogo al diálogo, del diálogo a la conversación global. Así ha cambiado la red nuestra forma de relacionarnos con el mundo

La red ha supuesto una revolución visceral[1] a la hora de almacenar conocimientos y conectar personas. Al principio, los datos se colgaban en páginas que los usuarios leían, porque solo había texto e hipertexto, y la interacción entre el emisor y el receptor del mensaje era más bien escasa. Poco a poco se añadieron imágenes, gráficos, *gifs* y vídeos, y surgieron nuevas herramientas que permitían un mayor nivel de interactividad, desde el correo electrónico hasta las plataformas para relacionarse con otros usuarios como MSN. [...]

En tan solo diez años hemos pasado de ser sujetos pasivos a usuarios activos, y nos hemos convertido en generadores de contenido, opinadores, *influencers* y viralizadores.

Internet ha pasado de tener 2 000 a 5 000 millones de usuarios y ha cambiado las reglas del juego en categorías como el *retail*, la productividad, el entretenimiento, la educación o la comunicación. A pesar de este impresionante despliegue, todavía estamos en la mañana del día digital: se están incorporando nuevas tecnologías y tendencias como el 5G.

La comunicación ha pasado de ser unidireccional a bidireccional, y de bidireccional a omnidireccional, omnicanal y global. La red ha democratizado el acceso a la información, a la cultura y a la educación; y las redes sociales han permitido que cualquiera pueda expresarse y opinar. Algunos utilizan estas herramientas de forma responsable y civilizada, con la intención de mantener el contacto con sus seres queridos, estar informados, aprender o entretenerse; pero también han proliferado las malas hierbas de los troles, los egocéntricos ávidos[2] de atención mediática, los *haters* o los anónimos cobardes que utilizan Twitter para descargar su ira cuando a lo mejor deberían plantearse ir al psicólogo.

1. **visceral**: aquí significa "profundo", desde las vísceras.
2. **ávido**: ansioso.

Antes de leer

Activo mis conocimientos

Internet es nuestro medio de comunicación cotidiano. Con un solo clic podemos conectarnos con nuestros mejores amigos, escribir un correo electrónico, leer periódicos de cualquier parte del mundo o acceder a los contenidos de emisoras de radio y televisión.

Internet ha hecho que el usuario transforme su tradicional papel de receptor pasivo en una actitud activa: él decide qué información desea recibir, cómo y cuándo.

En la primera década del siglo XXI, el desarrollo de la llamada Web 2.0 supuso una importante revolución, permitiendo el nacimiento e implantación de redes sociales. En la actualidad, el nacimiento y desarrollo de la Web 3.0, relacionada con la inteligencia artificial, permitiría a los sitios web conectarse entre sí de acuerdo a los intereses del usuario. De esta forma, acceder a la información resulta mucho más sencillo. Internet se convierte así en una especie de computador universal.

1. ¿Sabrías definir con tus palabras qué es Internet? ¿Recuerdas desde cuándo utilizas los distintos servicios que ofrece la red?
2. Explica tus usos más frecuentes de la red (correo electrónico, búsqueda de información, comunicación con los amigos y amigas a través de mensajes o distintas redes sociales, etc.).
3. Pregunta a tus padres o familiares cómo fueron los comienzos de Internet. ¿Cómo eran los ordenadores? ¿Qué eran los disquetes? ¿Dónde se conectaba la gente a Internet cuando no era habitual disponer de wifi en casa?
4. ¿Te parece útil Internet como medio de comunicación social? Enumera dos o tres ventajas y algún inconveniente.

Las noticias falsas o *fake news* no son una concepción original de Internet. Ha habido numerosas a lo largo de la historia: el rapto de Helena como motivo de la guerra de Troya, la explosión del Maine para convencer al pueblo americano de entrar en la guerra de Cuba, el incendio del Reichstag atribuido a los comunistas para afianzar el poder de Hitler, o la existencia de armas de destrucción masiva para justificar la invasión de Iraq.

En el pasado, estas *fake news* se distribuían a través de los medios de la época, que tenían un alcance y volumen limitado. Lo que Internet aporta es un medio de distribución global, instantáneo, y con una capacidad de propagación geométrica[3] que permite alimentar a una audiencia ávida de inmediatez, entregada a la polémica, que no conoce de fuentes de autoridad y no está entrenada para contrastar la información. Estamos sobreexpuestos a una avalancha de contenidos sin filtrar y somos nosotros quienes tenemos que procesar directamente ese material e interpretarlo.

Este nuevo ecosistema nos hace muy vulnerables a la hora de atribuir veracidad a la información y de participar en la difusión de contenidos malintencionados. La tecnología ha sido el motor del cambio en la historia de las civilizaciones, desde el fuego hasta la rueda, pasando por la imprenta o la máquina de vapor. Todos estos inventos revolucionaron la forma de entender el mundo, de comunicarnos o de producir, pero todos fueron sustituidos en algún momento por una tecnología más avanzada. Tal vez deberíamos preguntarnos: "¿Y después de Internet, qué?".

Leonor CARNICER: "Internet como medio de comunicación" (adaptación), 4 de octubre de 2019, *Forbes*. Web [Consulta: 27 de noviembre de 2020].

3. propagación geométrica: aquí se refiere a que una *fake new* multiplica su popagación.

Después de leer

Localizo

5. Busca en Internet y define, en tu cuaderno, estos términos del texto: *gif*, *retail*, *influencer*, trol y *hater*.
6. La autora nombra algunas ventajas que ofrece la red y algunos de sus malos usos. Anótalos en tu cuaderno.
7. Enumera las distintas *fake news* históricas que aparecen en el texto. Busca información y resume en qué consistieron esos hechos históricos.

Interpreto

8. ¿Qué diferencia hay entre un texto y un hipertexto?
9. ¿A qué se refiere la autora cuando habla de opinadores y viralizadores?
10. Indica qué es lo que diferencia a estas formas de comunicación que aparecen citadas en el texto:

unidireccional • bidireccional • omnidireccional
omnicanal • global

11. En el texto se habla de recursos de Internet para el entretenimiento y la comunicación. ¿Podrías nombrar algunos ejemplos de cada una de ellos?

Valoro

12. ¿Estás de acuerdo con la idea de que a través de Internet estamos sobreexpuestos a un gran número de contenidos sin filtrar? ¿Por qué?
13. ¿De qué forma crees que podemos atribuir veracidad o falsedad a las informaciones que nos llegan de Internet? Justifica tu respuesta.
14. Explica qué opinión te merecen las personas que usan Internet para difundir bulos y noticias falsas.

1 Los textos periodísticos

1.1 La comunicación social

La prensa, la radio y la televisión son los tradicionales **medios de comunicación social.**

En su origen fueron medios escritos, sonoros o audiovisuales, pero tras el nacimiento y desarrollo de Internet, todos se han adaptado a este nuevo soporte.

Actualmente existen ediciones digitales de todos los periódicos en papel y también hay diarios solo digitales. Por otro lado, muchas emisoras de radio y televisión poseen plataformas digitales donde ofrecen sus contenidos.

La importancia de Internet en la difusión de información y las redes sociales han transformado la comunicación unidireccional propia de los medios tradicionales en una compleja red que conecta a los usuarios de forma multidireccional.

1.2 Características del lenguaje periodístico

Los medios de comunicación informan a un público amplio y heterogéneo, por lo que su mensaje debe adoptar un estilo que, además de facilitar la comprensión, sea capaz de **captar y mantener la atención del receptor**.

Rasgos generales de los mensajes mediáticos

- La **claridad** obliga al redactor a adoptar un tono objetivo y neutral, y un nivel medio de lenguaje.
- La **precisión** busca que el lector capte la idea de forma inmediata, por lo que se deben escoger las palabras más adecuadas, precisas y concretas.
- La **concisión** obliga al redactor a elaborar mensajes breves.
- La **corrección** exige al periodista ceñirse a las normas del idioma; este es el objetivo de los libros de estilo de los periódicos y las agencias de comunicación.
- La **amenidad** consiste en utilizar un estilo ágil y vivaz que huya de la repetición y la monotonía. Para ello, los buenos periodistas:
  - Alternan oraciones cortas y largas.
  - Cambian la forma, el orden y los elementos de las oraciones.
  - Evitan el uso excesivo de adjetivos y gerundios.
  - Emplean, por regla general, la voz activa frente a la pasiva.
  - Prefieren una afirmación a una negación.
  - Introducen citas, imágenes y comparaciones.

  La amenidad también consiste en dar colorido y plasticidad a los hechos narrados tratando de hacerlos visibles al lector.

  Observa cómo se consigue la amenidad en este texto:

> Basta unir las palabras *mujer* y *ciencia* para que, ¡bum!, el tópico machista nos estalle en el cerebro como una carga de *kriptonita*, debilitándonos el raciocinio y dejándonos las neuronas hechas papilla.
>
> Rosa MONTERO: "El problema de llamarse Jennifer" (adaptación), 22 de noviembre de 2015, *El País*. Web [Consulta: 29 de febrero de 2016].

Comprendo y aplico

15. Observa estas portadas de la prensa escrita: *Personal Computer & Internet*, y digital: *Muy interesante*, y responde a las preguntas:

a. Indica a qué tipo de destinatario se dirige cada una de ellas.

b. Señala los elementos de los distintos códigos presentes en las portadas: tipo de ilustraciones, tipografía de los titulares (variedad de tipos de letras, tamaño...), uso de los colores (colores vivos, uso de grises...), etc.

c. ¿Qué elemento puede observarse a simple vista que diferencia la versión en papel de la digital?

1.3 Los géneros periodísticos

La evolución del lenguaje periodístico dio lugar a una gran variedad de opciones de escritura que se fueron definiendo y diferenciando a lo largo del tiempo hasta configurar los **géneros periodísticos**, es decir, modalidades de creación relacionadas con la información de actualidad y destinadas a ser difundidas a través de los medios de comunicación.

La diferenciación de géneros empezó en los medios escritos hacia finales del siglo XIX. Posteriormente, se adaptaron a la radio y a la televisión a medida que se desarrollaron los nuevos medios de información. Observa, a continuación, cuáles son los distintos tipos de géneros periodísticos.

1.4 El periodismo informativo

El **periodismo informativo** es aquel que tiene como finalidad dar cuenta de la actualidad transmitiendo datos y hechos concretos que son de interés para el público.

El lenguaje del periodismo informativo se caracteriza por ser **objetivo y directo**, ya que su finalidad es informar, y la información no admite opiniones personales ni juicios de valor. Lee atentamente el cuadro del margen.

La noticia

La **noticia** busca reflejar la realidad de manera escueta con un estilo frío e impersonal que evita cualquier lucimiento literario del redactor.

Una buena noticia se caracteriza por ser clara, concisa y completa, y debe responder con la mayor veracidad posible a las seis preguntas básicas: **¿qué?**, **¿quién?**, **¿cómo?**, **¿cuando?**, **¿dónde?** y **¿por qué?**

Su **estructura** básica es la de **pirámide invertida**: los datos importantes se ofrecen al comienzo, dejando los detalles secundarios para el final.

Todos los mensajes mediáticos tienen, sin excepción, un **titular**, que puede ser **simple**: una sola frase, o **complejo**: el título va acompañado de antetítulos o subtítulos que aclaran o delimitan su significado.

El lenguaje del periodismo informativo

Nivel morfosintáctico:

- Uso de la tercera persona verbal.
- Predominio del presente y del pretérito perfecto simple.
- Escasa adjetivación, generalmente especificativa.
- Dominio de las oraciones enunciativas y de los sintagmas nominales extensos.
- Sintaxis sencilla.

Nivel léxico-semántico:

- Léxico denotativo.
- Abundancia de sustantivos concretos.
- Presencia de tecnicismos propios del tema que se trate.
- Riqueza de siglas y acrónimos.
- Ausencia de ambigüedad en la interpretación del discurso.

tiching.com/746153

Entra para saber más sobre la estructura de la noticia.

Comprendo y aplico

Por qué los gatos viven mal los cambios de rutina

La transformación del entorno altera el comportamiento del felino y le provoca estrés

Un estudio reciente publicado en la revista *PLOS ONE* ha analizado el comportamiento de 233 gatos mientras están solos mediante la observación minuciosa de los dueños. Los resultados obtenidos sugieren que los felinos sufren una ansiedad por separación. El comportamiento destructor fue el más notable con un 67 %, seguido de cerca por un incremento excesivo de maullidos y micciones.

Además de eso, algunos demostraron una cierta apatía o depresión, agresividad o ansiedad. Esta variación del comportamiento del gato se asocia también a la cantidad de hembras que viven en la residencia, a la ausencia de juguetes y a la presencia de otros animales.

Agathe CORTES: "Por qué los gatos viven mal los cambios de rutina" (adaptación), 21 de mayo de 2020, *El País*. Web [Consulta: 27 de noviembre de 2020].

16. ¿Qué persona y tiempos verbales se utilizan en el texto? Haz la actividad en tu cuaderno.
17. Copia en tu cuaderno los adjetivos que hay en el texto. ¿Van pospuestos o antepuestos?
18. ¿Qué informaciones concretas ofrece este texto al lector? Responde en tu cuaderno.
19. ¿Es sencilla la sintaxis? ¿Cómo has llegado a esa conclusión? Pon algún ejemplo.

El reportaje

El **reportaje** es una noticia ampliada. A los datos objetivos se añaden declaraciones de los protagonistas, descripciones de los lugares, los ambientes o las personas que participan en los hechos.

tiching.com/745885
Entra para saber más sobre el reportaje y la noticia.

En el reportaje, el periodista, aunque también debe ceñirse a los hechos objetivos, goza de una mayor libertad expresiva que en la noticia.

Un buen reportaje tiene, al menos, estos cuatro componentes: **noticia**, **descripción**, **interpretación** y **estilo**.

Comprendo, aplico y razono

Una ola de voluntarios para trasladar en 4x4 a sanitarios y enfermos y limpiar el acceso a los hospitales tras la nevada

La intensa nevada caída durante el viernes y el sábado en Madrid a causa de la borrasca Filomena ha dejado numerosos ejemplos de solidaridad ciudadana, con voluntarios que en las últimas horas han colaborado en el traslado de enfermos y sanitarios a hospitales con sus vehículos todoterreno o en la limpieza de los accesos a los servicios de urgencias, bloqueados por la nieve.

A través de la iniciativa SOS 4x4 Madrid numerosos voluntarios se organizaron desde la mañana del sábado a través de Telegram para coordinarse con los equipos de emergencia y rescatar a las personas que estaban atrapadas en sus vehículos desde la noche del viernes, una labor que continúa este domingo. Es el caso de Javier Granja y Mario Santiago Bravo, que ya desde la noche del viernes, y viendo la intensidad del temporal, prepararon su 4x4 para colaborar en las tareas. "Salimos a las 9 de la mañana, repostamos y llenamos un bidón de carburante por si a alguien le hacía falta y nos pusimos a ayudar a la gente que lo necesitaba", señala Javier Granja. Lo que encontraron fue de una magnitud mayor de lo esperado: gente atrapada en sus coches, personas que intentaban llegar a pie a su destino, un paciente que iba a diálisis a un hospital…

Emergencias y traslados a hospitales

Los voluntarios de los 4x4 han tenido un papel esencial a la hora de trasladar a los equipos médicos en casos de emergencia. La doctora Sandra Sánchez Lozano es uno de los profesionales que ha utilizado este método para atender urgencias domiciliarias. "Nos hemos apuntado al grupo SOS 4x4 para llevar y traer pacientes al hospital. Estuvimos trabajando toda la noche y hoy seguiremos", cuenta la sanitaria. A través del teléfono atiende a los pacientes y utiliza el mismo triaje que en el centro de salud: "Si es alguien que está para diálisis, va a esperar, pero si es un parto, hay que correr", dice.

También ha sido esencial la labor de estos voluntarios a la hora de llevar a los sanitarios a los centros hospitalarios, ya que algunos han tenido que duplicar y triplicar turnos ante la imposibilidad de regresar a sus casas y de que llegaran sus relevos. Así le ha sucedido a Patricia Mellado, que, tras 50 horas de trabajo, ha sido trasladada a su domicilio por un voluntario al volante de su 4x4.

Palas y cubos para despejar los accesos

Otros muchos ciudadanos se han armado de palas, cubos y sal, y han acudido a las puertas de los centros hospitalarios de Madrid para desbloquear de nieve los accesos. Es el caso del Hospital Gregorio Marañón, en cuyas inmediaciones grupos de vecinos han retirado la nieve acumulada.

"Gracias a la ciudadanía por su ayuda", asegura Bomberos de Madrid en su cuenta de Twitter.

Alberto León: "Una ola de voluntarios para trasladar en 4x4 a sanitarios y enfermos y limpiar el acceso a los hospitales tras la nevada" (adaptación), 10 de enero de 2021, *RTVE*. Web [Consulta: 12 de enero de 2021].

20. ¿Cuál crees que es la noticia que sirve de base a este reportaje? Copia las principales informaciones.
21. Localiza algún fragmento descriptivo e indica a qué o a quién se refiere.
22. ¿Cómo se denomina la iniciativa solidaria? ¿Quiénes son las personas que prestan su ayuda?
23. ¿Qué personas emiten declaraciones en el texto?
24. Identifica la estructura del reportaje. ¿Tiene un primer párrafo en el que se resume el contenido?
25. El autor del texto no expresa abiertamente su opinión ante esta iniciativa solidaria, pero presenta los hechos de manera que los lectores saquen unas conclusiones y no otras. ¿Cuál es la frase que, puesta en boca de algunos de los participantes, resume el sentir del periodista?

La infografía

El predominio de la imagen es cada vez mayor en los medios impresos y los periódicos digitales.

La **infografía**, como sabes, transmite la información (un hecho, el desarrollo de un acontecimiento, la descripción de un objeto, etc.) a través de imágenes acompañadas de textos breves.

Algunas infografías son más narrativas y otras son más descriptivas. No obstante, en una infografía puede haber narración y descripción a la vez.

Aplico

26. Observa atentamente esta infografía y deduce de qué tipo es.

27. Explica si crees que es narrativa o descriptiva. Justifícalo en tu cuaderno.

1. **electroimán**: imán artificial que consta de un núcleo de hierro dulce rodeado por una bobina por la que pasa una corriente eléctrica.

Infografía: José Antonio Peñas (adaptación).

Fuente: www.agenciasinc.es

La información en los medios audiovisuales

El **informativo** es el principal programa radiofónico que ofrece la información de actualidad tres o cuatro veces durante la jornada. Dentro de él está la **noticia radiofónica**, una breve narración de los hechos. Puede leerla un solo locutor o presentarse en forma de diálogo. Generalmente, también incluye declaraciones de los protagonistas o testigos de los hechos.

Los **telediarios** son los informativos audiovisuales por excelencia que las distintas cadenas de televisión ofrecen entre dos y cuatro veces al día. La **noticia audiovisual** refleja también la realidad de forma escueta. Se narran los hechos con la mayor objetividad posible: los micrófonos y las cámaras recogen lo que ocurre, y el informador solo interviene cuando es necesario aclarar los hechos.

Tanto las noticias radiofónicas como las audiovisuales se estructuran en cuatro partes:

- La **apertura o arranque**: frase inicial para llamar la atención del oyente o del telespectador.
- La **entrada**: fragmento que se asemeja a los titulares de las noticias de prensa.
- El **desarrollo**: parte en la que se explican todos los pormenores del hecho narrado.
- El **cierre o repetición**: resumen de las noticias más destacadas.

El buen periodista debe evitar las expresiones vagas y oscuras, los términos ambiguos, las abstracciones y las generalidades.

Escucho, hablo y escribo

1. Extraigo información. La comunicación social

1. Escucha atentamente el audio y contesta a las preguntas. Realiza la actividad en tu cuaderno:
   a. Comenta con tus compañeros y compañeras de clase los cuatro bulos de los que se habla en este audio.
   b. ¿De qué forma se han podido desmentir estos bulos?
   c. ¿Qué creéis que persiguen los que difunden estas noticias falsas?
   d. ¿Qué pasa con la web que se nombra? ¿Es del organismo que dice ser (Ministerio de Sanidad)?
   e. ¿Qué consejos se da al receptor para que no crea estos bulos? ¿En qué fuentes de información debe documentarse?

Los bulos o *fake news* son informaciones falsas o engañosas creadas con el objetivo de provocar en los receptores confusión y engaño. Internet y las redes sociales han facilitado su difusión: una noticia falsa puede replicarse miles de veces en cuestión de segundos.

Fake news

2. Comento críticamente imágenes de actualidad. La noticia

1. Las informaciones visuales que encuentras en Internet sobre la actualidad dicen mucho del mundo en que vivimos. Pero ¿qué pueden querer decirte precisamente a ti? Observa estas imágenes tomadas de varias noticias de distintos medios de comunicación, y comenta con tus compañeros y compañeras las ideas, emociones y sensaciones que os han provocado:

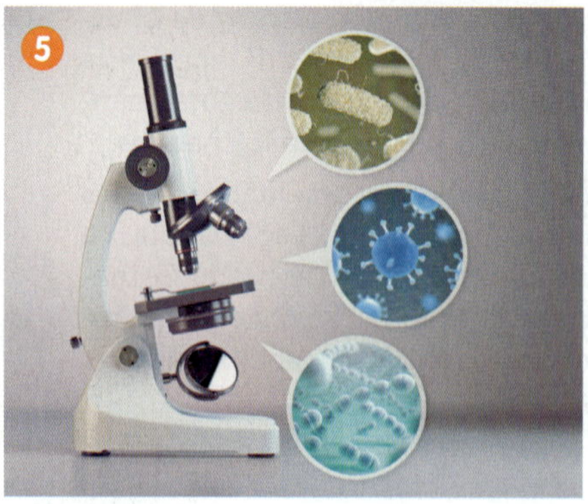

2. Ahora, realiza las actividades que tienes a continuación:
   a. Escribe en tu cuaderno el tema que evoca cada una de las imágenes.
   b. ¿Con qué hechos de la actualidad cotidiana se relacionan?
   c. Escribe un titular para la noticia que podría acompañar a cada una de las imágenes.
   d. Elige una de las fotos y redacta la noticia (en tres párrafos) que te sugiere.

3. Completo imágenes. La noticia y el reportaje

1. Las imágenes que acompañan a las noticias y a los reportajes son solo una parte de la realidad. En gran grupo, observad de nuevo las imágenes de la página anterior e intentad deducir los siguientes aspectos:
   - ¿Qué suponéis que puede haber fuera de la imagen que no ha entrado en el encuadre?
   - ¿Dónde está colocado el fotógrafo con su cámara?
   - ¿Qué ven delante de ellos los protagonistas de cada imagen?
   - ¿Qué creéis que ha deseado expresar el fotógrafo con este tipo de toma?
   - ¿Qué ha podido interesar al medio de información para reproducir y difundir esta imagen en lugar de otra?

4. Realizo un foro. La comunicación social

1. Realizad un foro acerca de los sucesos de actualidad que habéis visto en la actividad 2.

El foro

Un foro es una exposición colectiva acerca de un tema. Varias personas expertas o con conocimientos en una materia determinada debaten ante un auditorio que, en ocasiones, interviene en el foro.

Preparación del foro

a. Elegid a un representante de cada grupo, quienes serán los ponentes. El profesor o la profesora hará de moderador.

b. Los ponentes de los grupos, junto con el moderador, elegirán un aspecto de la actualidad reflejado en las imágenes de la actividad 2. Este será el tema del foro.

c. Una vez conocido el tema, y de acuerdo con el profesor o la profesora, decidiréis el tiempo exacto que se va a emplear para realizar el foro, teniendo en cuenta que hay que distribuirlo en tres partes: **presentación** de la actividad, **exposición** de los ponentes y **preguntas** del auditorio.

d. Después, los ponentes se pondrán de acuerdo en qué aspecto del tema va a profundizar cada grupo.

e. Los grupos prepararán el tema ampliando el contenido accediendo a diversas fuentes de información.

f. En base a la información que habéis obtenido, redactad el guion de la intervención oral de vuestro ponente-representante.

Realización del foro

g. El moderador o la moderadora abre la sesión anunciando el tema general, determina el tiempo que cada ponente tiene para hablar, y va cediendo los distintos turnos de palabra. Tras cada intervención, expone la idea principal de lo que ha dicho el ponente y cede la palabra al siguiente.

h. El resto de la clase (el auditorio) irá anotando las posibles preguntas que formulará al final de la sesión.

i. Seguidamente, el moderador invita al auditorio a hacer preguntas concretas.

j. Para finalizar, el moderador cierra la sesión enumerando algunas conclusiones generales importantes y agradeciendo a todos los asistentes su colaboración.

1.5 El periodismo mixto o de interpretación

El **periodismo mixto o de interpretación** busca profundizar en la información y relacionar los hechos de actualidad con su contexto tanto temporal como espacial.

Tanto en la **crónica** como en la **entrevista** hay un cierto grado de subjetividad, ya que el periodista aparece como un testigo cualificado de los hechos que ofrece su interpretación o analiza sus posibles consecuencias.

La crónica

La **crónica** es una noticia ampliada y comentada sobre un tema de actualidad que lleva la firma de su autor, un corresponsal o un enviado especial.

ticing.com/782572

Entra para saber más sobre la crónica.

En ella se informa, se interpreta y se valoran los hechos. El cronista resalta lo que le interesa y aporta sus propias impresiones. Está, por tanto, a caballo entre la información y la opinión, entre lo objetivo y lo subjetivo.

Hay diversos tipos de crónicas, según el tema que tratan: política, de sucesos, de sociedad, de viajes, deportiva…

Observa este ejemplo de crónica deportiva, en la que se narra muy pormenorizadamente lo que sucede antes del evento deportivo, describiendo el ambiente y las propias impresiones personales del cronista:

Eran las diez de la mañana y las puertas del estadio ya estaban llenas. Se podía sentir la pasión de los aficionados esperando a su equipo favorito. Pasadas algunas horas, a las doce del mediodía, el sol comenzó a brillar con mayor fuerza y el calor no se hizo esperar.

A las cuatro de la tarde abrieron las puertas. La pasión de la gente se dejó ir, todos querían encontrar el mejor lugar donde poder disfrutar de ese partido de fútbol que tanto habían estado esperando. A las seis comenzó el primer tiempo. El silbato sonó y los gritos de pasión de los aficionados se escucharon en todo el estadio.

Redacción Ejemplode.com: "Ejemplo de crónica deportiva" (adaptación), septiembre de 2015, *Ejemplode.com*. Web [Consulta: 27 de noviembre de 2020].

Comprendo y aplico

28. Escribe una crónica siguiendo estos pasos:

a. Elige un tema de actualidad.

b. Recoge información: del lugar de los hechos, de las personas protagonistas, de periódicos y de revistas, de libros, de Internet, etc.

c. Si vas a hacer una crónica deportiva o de espectáculos, debes añadir al comienzo una ficha técnica con los datos del evento.

d. Redacta la crónica con la información objetiva de los hechos, intercalando tus impresiones personales, anécdotas curiosas, descripciones, etc.

e. Elige un estilo sencillo y ameno.

f. Relee, corrige tu escrito y ponle un título.

La entrevista

La **entrevista** consiste en una serie de preguntas y respuestas a un personaje de interés que se transcriben con la máxima **claridad** y **precisión**.

Por lo general, su estructura suele ser la siguiente:

- Una **introducción**, en la que el periodista describe al personaje y, a veces, también el ambiente en que se produce la conversación. También puede describir las reacciones del entrevistado ante sus preguntas.
- La **serie de preguntas y respuestas**.
- Una **valoración final** del periodista sobre el personaje y sus declaraciones.

En el lenguaje periodístico, *on the record* es la información obtenida en una entrevista que puede ser publicada. En cambio, lo que se dice *off the record* es información que no puede ser publicada.

Rafa Nadal: "He estado encerrado 20 días, triste, sin ser ajeno a los problemas de la pandemia"

El mismo torneo distinto, con idéntico final a casi siempre: el campeón habla de un Roland Garros excepcional, en todos los sentidos

¿En qué ha cambiado el drama que nos toca vivir la celebración después del triunfo?

Bueno, hubo mucha menos gente en la cena, que fue muy familiar, más tranquila si cabe.

¿Cómo trastocó su vida durante el torneo?

Fue todo mucho más triste. Hemos estado encerrados durante 20 días, en un ambiente triste, como digo. No puedes ser ajeno a todos los problemas que atraviesa el mundo, y en particular España.

¿Se hizo largo el tiempo, cuando no estaba entrenando o jugando?

Fueron horas en la habitación, siguiendo la actualidad, mirando series, compartiendo ratos con mi equipo...

¿Le sorprendió la facilidad con la que dominó a Djokovic, en particular en los dos primeros sets?

Claro, nadie podía esperar eso. Fue uno de esos días en los que tenía las sensaciones perfectas, veía bien la bola, leía sus golpes, sentía la pelota en el interior de mi raqueta. Un día especial en el partido más difícil. Necesitaba mi mejor partido, y lo hice.

Todo ello ante el número 1 del mundo, un jugador que siempre le ha creado dificultades.

El tenista Rafael Nadal en el momento de ganar su 13.° Roland Garros.

Yo jugué especialmente bien y eso hizo que a él le afectase. Fue el caso contrario al de la final del Abierto de Australia. Así es el deporte. Cuando alguien está a un nivel muy alto y en su terreno favorito, puede complicarle mucho las cosas a su adversario.

Javier MARTÍNEZ: Entrevista a Rafa Nadal: "He estado encerrado 20 días, triste, sin ser ajeno a los problemas de la pandemia" (adaptación), 12 de octubre de 2020, *El Mundo*. Web [Consulta: 15 de diciembre de 2020].

29. Señala la estructura de esta entrevista. ¿Mantiene las tres partes o falta alguna? Realiza la actividad en tu cuaderno.
30. Indica qué recurso tipográfico se ha empleado para diferenciar las preguntas del periodista de las respuestas de Rafa Nadal. Anota la respuesta en tu cuaderno.
31. ¿Crees se ofrece al receptor el contenido de la entrevista con claridad y precisión? Justifica la respuesta en tu cuaderno.
32. ¿Qué actitud personal ante la vida se vislumbra a través de las contestaciones del deportista? ¿Te parece una actitud inteligente? Realiza la actividad en tu cuaderno.

1.6 El periodismo de opinión

En el **periodismo de opinión**, el periodista, además de informar e interpretar, toma partido ante los hechos, expresa claramente su opinión e intenta convencer de ello al receptor.

El **lenguaje** del periodismo de opinión –cercano al ensayo– se caracteriza por gozar de una mayor libertad de estilo. El nivel de lenguaje y el tipo de léxico dependen, en general, del tema tratado.

Por otro lado, los mensajes mediáticos, cada vez más, buscan entretener e interesar al destinatario. Cuando esto ocurre, los textos presentan un lenguaje más cercano a la lengua coloquial y literaria. Este estilo, más ameno y vivaz, es frecuente en las crónicas y columnas.

El editorial

El **editorial** es un texto en el cual se comenta, analiza, interpreta y valora un hecho de especial trascendencia local, nacional o internacional.

Refleja el punto de vista del periódico. Sus funciones son, por tanto, explicar un hecho, situarlo en su contexto político, social y cultural, ofrecer la visión del periódico sobre el asunto y formular juicios que orienten al lector.

Los editoriales desarrollan un discurso argumentativo, pues intentan convencer al lector. Aparecen siempre en un lugar fijo del periódico y, aunque nunca va firmado, suele redactarlo el director o el consejo editorial.

Géneros periodísticos de opinión

- **Artículo**: un periodista analiza un tema de actualidad desde un punto de vista subjetivo.
- **Columna**: ocupa una columna y tiene periodicidad fija.
- **Editorial**: expresa la línea ideológica del periódico. No va firmado (lo redacta el director asesorado por su equipo editorial).
- **Cartas al director**: cartas de los lectores en las que dan su opinión sobre asuntos de actualidad.
- **Crítica**: valoración de un experto sobre un evento cultural.
- **Fotomontaje**: fotografía manipulada con intención de dignificar o caricaturizar algo o a alguien.
- **Viñeta o tira**: dibujos realizados por humoristas gráficos que tratan temas de la actualidad.

Estructura del editorial

Un calendario de vacunas único y más transparencia

La muerte de tres bebés por tosferina desde octubre plantea varias cuestiones que el Ministerio de Sanidad y las Comunidades Autónomas tendrán que abordar para evitar que fallezcan más niños a causa de enfermedades que se pueden prevenir. La tardía reacción de varios gobiernos regionales a esta amenaza ha puesto de manifiesto la necesidad de imponer un calendario de vacunación único y obligatorio que no dependa de las arbitrariedades o presupuestos de las Comunidades.

En junio, la Comisión de Salud Pública recomendó a las 17 consejerías del ramo que vacunaran a las embarazadas ante el aumento de casos de tosferina. Sin embargo, algunos gobiernos autonómicos obviaron la recomendación hasta que la muerte de los tres bebés, difundida por los medios, les ha obligado a rectificar.

No es de recibo que la salud de los españoles esté sometida a decisiones aleatorias en función del territorio en el que nazcan. El calendario de vacunación debería ser único y obligatorio para toda España. La decisión de inmunizar o no a los menores no debe quedar a merced de los padres, como quedó demostrado con la muerte de un niño en Olot por difteria después de que optaran por no vacunarle.

Quedan varios interrogantes por aclarar. El primero es cuántos bebés han muerto en lo que va de año a causa de esta enfermedad. También es preciso explicar a qué se debe la falta de suministro de la vacuna. La comunidad científica especula con que su producción no es rentable. Pero, para evitar la alarma social, es preciso contar con una información clara que acabe con las elucubraciones.

"Un calendario de vacunas único y más transparencia" (adaptación), 21 de noviembre de 2015, *El Mundo*. Web [Consulta: 30 de noviembre de 2020].

- **Título**: suele ser un sintagma nominal que presenta el hecho que se va a analizar.
- **Introducción**: expone los hechos que justifican que la noticia se trate en el editorial.
- **Desarrollo**: parte que contiene los argumentos y los juicios.
- **Cierre o conclusión**: se realiza una recapitulación que recoge la postura y la opinión del periódico ante el hecho analizado.

La crítica

La **crítica** es el punto de vista de un periodista en torno a un libro, una obra de teatro, una película, un concierto o cualquier otra manifestación cultural. Es un género de autor, por tanto, siempre va firmada.

El crítico, que está especializado en el tema que trata, **analiza** y **elogia o censura** –ya sea en parte o en todo– la obra artística con el fin de orientar al público, que es para quien escribe.

Aunque goza de libertad expresiva, la crítica tiene, generalmente, estas partes: título, ficha técnica, cuerpo (tesis y análisis) y conclusión.

Estructura de la crítica

Star Wars: El despertar de la fuerza: "Chewie, hemos vuelto"

Director: J. J. Abrams — Duración: 135 min.
País y año: Estados Unidos, 2015 — Puntuación: 4/5

Todo parece familiar en *Star Wars: El despertar de la fuerza,* como si hubiéramos regresado a una galaxia que hacía décadas que no visitábamos. Tras las, para muchos, insatisfactorias precuelas de los años 2000 de la saga que inició George Lucas en 1977, J. J. Abrams nos regala dos horas de puro entretenimiento y aventura que supone un potente resurgir de la saga 38 años después de su estreno.

J. J. Abrams, fan confeso de George Lucas, construye *El despertar de la fuerza* sobre los pilares clásicos de la primera saga. La historia de Luke Skywalker, la princesa Leia, Han Solo y Chewbacca se mezcla con naturalidad con una nueva generación, encabezada por Rey (Daisy Ridley). La actriz, casi una desconocida, es la mejor elección entre las caras nuevas de la película. La acompañan John Boyega, Oscar Isaac y un adorable –aún más que R2-D2, aunque parezca increíble– androide, BB-8, el juguete favorito para reventar las ventas de Navidad.

La falta del "malo" más icónico del cine, Darth Vader, se deja notar, generando un vacío de carisma en el lado oscuro, encabezado por un nuevo antagonista, Kylo Ren (Adam Driver). Para suplir esta difícil ausencia, la película vuelve a los villanos un poco más humanos desde el comienzo, y rasca, aunque por ahora de forma superficial, en los dilemas morales en las elecciones entre el bien y el mal.

A pesar de los rumores sobre la trama que han rodeado a *Star Wars: El despertar de la fuerza* durante meses, las sorpresas que aguarda impresionan y las estratosféricas expectativas quedan cumplidas. Y quizá el mejor síntoma de éxito es que, tras dos horas de viajes galácticos, zumbidos de sables láser y, por supuesto, la incesante y maravillosa música de John Williams, uno no pueda evitar quedarse con ganas de más cuando la película toca a su fin. *Star Wars,* por fin, ha vuelto.

Rocío MANZANEQUE: "Crítica de *Star Wars: El despertar de la fuerza*: '*Chewie, hemos vuelto*'" (adaptación), 18 de diciembre de 2015, *La Gaceta.* Web [Consulta: 30 de noviembre de 2020].

- **Título**: suele ser breve.
- **Ficha técnica**: recoge los datos objetivos del espectáculo. No siempre aparece.
- **Cuerpo**: refleja la valoración que hace el experto. Se suele organizar en:
  - **Tesis**: se presenta la opinión que el crítico va a desarrollar.
  - **Análisis**: se analizan y exponen las características fundamentales.
- **Conclusión**: se sintetizan los argumentos que ha ido exponiendo el crítico y se da el **veredicto** sobre la obra juzgada.

Aplico y razono

33. Los periódicos reservan los editoriales para temas trascendentes ante los cuales consideran necesario hacer pública su postura. Indica cuál es el tema de actualidad del editorial de la página anterior.

34. En los **editoriales abiertos o implícitos** se analizan los hechos, pero no se da una opinión explícita para que el lector saque sus propias conclusiones. En cambio, en los **editoriales cerrados o explícitos**, la opinión del medio se declara abiertamente. ¿A qué clase pertenece el texto de la página anterior? Justifícalo en tu cuaderno.

35. Escribe una crítica siguiendo estos pasos:

a. Elige un libro, una película, una obra teatral...

b. Redacta la ficha técnica y elabora tu crítica.

c. Escribe un título que exprese tu valoración.

Escucho, hablo y escribo

1. Comprendo un texto oral. La imagen en los medios de comunicación

1. Escucha el audio y escribe en tu cuaderno cuáles de las siguientes afirmaciones realiza el autor y cuáles no:
   - Las imágenes son un testimonio fidedigno de la realidad.
   - Las imágenes representan un punto de vista único y universal.
   - Las imágenes son representaciones aisladas de un hecho total seleccionadas y realizadas por individuos.
   - Las imágenes representan ideas y opiniones subjetivas.
2. Indica, según el audio, qué rasgos y condicionamientos propios de un medio influyen en la forma de sus mensajes.
3. Según el audio, los medios de comunicación ofrecen al público la posibilidad de satisfacer algunos impulsos y necesidades a través de la identificación con algunos de los elementos de sus mensajes:

   a. ¿Con qué puede identificarse el receptor? Recuerda al menos dos o tres elementos y anótalos en tu cuaderno.

2. Redacto un reportaje. El periodismo informativo

1. Escribe un reportaje siguiendo estos pasos:

   a. Elige una noticia sobre un tema de tu interés.

   b. Amplía la información y consigue datos complementarios sobre los temas relacionados.

   c. Consulta a algún experto para extraer una declaración. Ponla entre comillas y nombra la fuente.

   d. Redacta un texto y acompáñalo de imágenes y/o infografías que aclaren su contenido. Procura que el primer y último párrafo sean originales y atractivos.

   e. Escribe el titular. Puede ser más creativo que el de la noticia y contener algún recurso literario (antítesis, metáfora, hipérbole...).

   f. Revisa y corrige el texto.

Recuerda que...

Los géneros periodísticos se dividen en tres tipos:

- Entre los **informativos** se encuentran la noticia, el reportaje informativo, la entrevista informativa, la fotonoticia, el pie de foto, las infografías, el boletín informativo y el telediario.
- Entre los **mixtos** están la entrevista y la crónica.
- Entre los de **opinión** figuran el editorial, el artículo, la columna, la carta al director, la crítica, el fotomontaje, la viñeta o tira de opinión, y las tertulias y debates de radio y televisión.

3. Estudio de caso. El debate

1. Leed este texto y realizad el estudio de un caso:

Seis soluciones imaginativas para limpiar la basura espacial

Atajar el problema de la basura espacial requiere soluciones rápidas y efectivas. El gobierno de EE.UU. acaba de lanzar un concurso de ideas para reducir parte de los 35 000 objetos que flotan alrededor de nuestro planeta.

Hace solo unos meses, en la V Cumbre Europea sobre Basura Espacial, los expertos reclamaron soluciones activas y pusieron encima de la mesa algunas ideas innovadoras:

1. Cables de reentrada a la Tierra. Consiste en un cable de acero de varios kilómetros de longitud que se desplegaría al final de la vida del satélite, le haría perder energía y provocaría su reentrada en la atmósfera.

2. Dispositivos de aumento de arrastre. Al final de su vida útil, los satélites desplegarían un mecanismo como alerones, globos o incluso velas solares, que los arrastraría a órbitas más bajas hasta entrar en la atmósfera.

3. Recogedor de basura. Se trata de un vehículo espacial que se aproximaría al objeto orbital, lo atraparía con un cable y lo soltaría a una altura más baja.

4. Atrapa-objetos de aerogel. Consiste en soltar en la órbita baja un vehículo con paneles cubiertos de un aerogel altamente adhesivo que funcionaría como una especie de atrapamoscas.

5. Minicohetes. Se acoplarían a la chatarra espacial de gran tamaño para impulsarla de vuelta a la Tierra o fuera de nuestro sistema.

6. Láser destructor. La NASA desarrolló en la década de 1990 un programa que pretendía utilizar un láser para desintegrar desde tierra los restos de basura espacial.

Muchas de estas propuestas suponen un coste demasiado elevado o insuperables dificultades técnicas, pero pueden orientar a los especialistas en la búsqueda de un método realista y eficaz para limpiar las órbitas. Los expertos temen que el nivel de basura espacial alcance pronto un punto irreversible y que se acabe, por tanto, el plazo para tener buenas ideas.

Antonio SÁNCHEZ: "Seis soluciones imaginativas para limpiar la basura espacial" (adaptación), 21 de septiembre de 2009, *La Información*. Web [Consulta: 30 de noviembre de 2020].

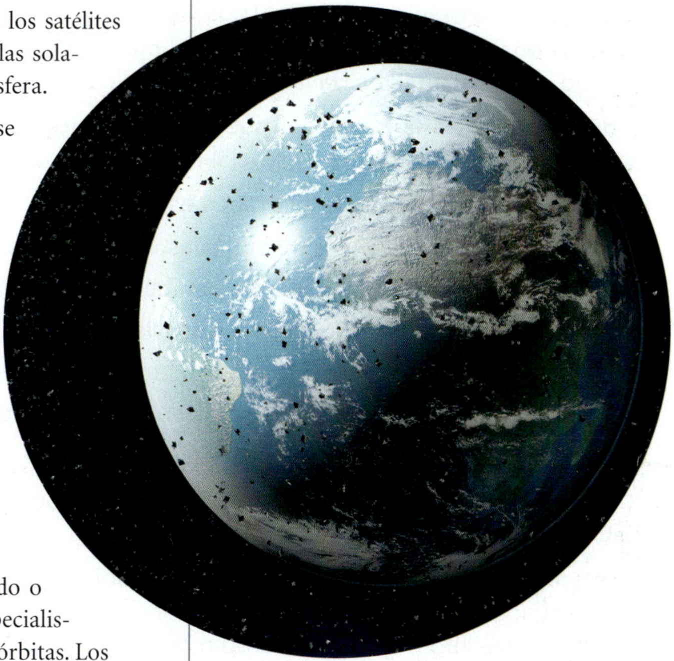

El estudio de caso

Es una técnica de discusión oral que consiste en estudiar y analizar en grupo diversas situaciones problemáticas de la vida real con el fin de aportar posibles soluciones.

2. Dividíos en grupos de 4 o 5 e intercambiad opiniones. Para ello, seguid estas fases:

- Fase de toma de contacto con el problema. Intentad expresaros lo más libremente posible, aportando vuestro punto de vista y tomando conciencia de los demás.
- Fase de análisis. Dejad a un lado lo subjetivo y analizad la información disponible. Se trata de determinar los hechos verdaderamente significativos. Para ello podéis intentar contestar entre todos las siguientes preguntas:
  - ¿Qué aspectos positivos y negativos para la vida en la Tierra puede producir la basura espacial?
  - ¿Qué riesgos puede implicar esta basura para la Estación Espacial Internacional y para los viajes tripulados al espacio?
  - ¿Qué pros y contras tienen las soluciones aportadas hasta ahora? ¿Qué otras soluciones podría haber para este problema?
- Fase de conceptualización. Una vez analizado todo lo anterior, formulad de forma consensuada propuestas concretas de acción en relación a este tema y sacad conclusiones generales que puedan aplicarse a otras situaciones diferentes.

3. Realizad una puesta en común de vuestras conclusiones con toda la clase.

2 Los textos publicitarios

2.1 La comunicación publicitaria

La publicidad es producto del capitalismo y la sociedad de consumo, y constituye uno de los más importantes elementos que configuran la cultura de masas.

La **comunicación publicitaria** es un fenómeno social complejo. Además de un proceso comunicativo, es un producto artístico y una técnica comercial.

La actividad publicitaria, por tanto, involucra las más variadas disciplinas: la lingüística, la retórica, el diseño, la música, la psicología, el márquetin, etc.

LA COMUNICACIÓN PUBLICITARIA

- empresa
- agencias de publicidad
  - campaña publicitaria (múltiples códigos)
  - mensaje (distintos anuncios)
  - canal (diferentes soportes y medios de comunicación)
  - consumidor potencial

2.2 Aspectos pragmáticos

- El **emisor** de la publicidad es doble, pues la empresa que ofrece el producto o servicio encarga la realización del mensaje a una agencia de publicidad, que diseña y realiza la campaña publicitaria.
- El **destinatario** es la parte del público que la agencia de publicidad considera como consumidor potencial del producto o servicio.
- El **código** de los mensajes publicitarios es múltiple:
  - El código lingüístico, en los mensajes escritos y orales.
  - El código paralingüístico, en los elementos de tipografía, diseño y color.
  - El código icónico, en las imágenes fijas y las imágenes en movimiento.
  - El código sonoro, en la música y los efectos especiales.
  - El código audiovisual, en los anuncios del cine y la televisión.

  Todos estos códigos convergen en la publicidad que se emite en Internet.
- El **mensaje** es el anuncio publicitario, el producto artístico que varía en función del soporte, el canal y el destinatario.
- La **intención comunicativa** de los mensajes publicitarios es, en primer lugar, persuadir al receptor para que adquiera el producto o servicio, y, en segundo lugar, informar sobre el propio producto o servicio de forma que el destinatario recuerde la marca. Según prevalezca una u otra intención, predominarán en el mensaje los valores connotativos o denotativos.

➜ El **código paralingüístico** es el conjunto de signos no verbales (elementos de diagramación y diseño en los medios impresos o los efectos sonoros de los medios audiovisuales, por ejemplo) que sirven de apoyo al código lingüístico y complementan la información.

• canal: es un medio de difusión → tv, radio, internet, paneles publicitarios, prensa escrita.

Aplico

36. Observa el anuncio de la derecha y contesta:

a. ¿Quién es el emisor o los emisores de este mensaje?

b. La agencia de publicidad que diseñó la campaña seguramente pensó diferentes anuncios para los distintos medios y soportes: prensa, radio, televisión, vallas publicitarias... ¿Para cuáles de estos medios crees que está pensado este anuncio? ¿Por qué?

c. Teniendo en cuenta la imagen y el mensaje, ¿a qué tipo de destinatario se dirige? ¿Por qué?

d. ¿Cuántos códigos diferentes están interactuando?

e. ¿Cuál es la intención comunicativa que predomina: la de informar o la de persuadir? Razónalo.

2.3 Aspectos lingüísticos

El uso de la lengua en los textos publicitarios viene determinado por la intención comunicativa de convencer y persuadir al destinatario. A esta finalidad se subordinan todos los recursos expresivos.

tiching.com/746437

Entra para saber más sobre la redacción y la elaboración de un mensaje publicitario.

Nivel fónico

Los mensajes publicitarios buscan ser **recordados con facilidad**, por eso se suelen usar aliteraciones, onomatopeyas y rimas en los eslóganes: *A mí plin... Yo duermo en Pikolin.* (colchones Pikolin)

Nivel morfosintáctico

La necesidad de **brevedad** determina la presencia de recursos de condensación del mensaje como, por ejemplo, la elipsis o las construcciones nominales y las aposiciones: *Raid. Mata moscas y mosquitos.* (matamoscas Raid)

En general, la **sintaxis** es **muy sencilla**. Para llamar la atención del destinatario, los mensajes publicitarios utilizan a menudo oraciones imperativas, exclamativas e interrogativas; oraciones enunciativas que incluyen al receptor; u oraciones dubitativas y de posibilidad que pretenden conseguir la benevolencia del público: *¡El algodón no engaña!* (limpiadores Tenn)

El deseo de exaltar las cualidades del producto provoca el uso frecuente de la **gradación del adjetivo**: comparativo de superioridad, superlativo relativo y superlativo absoluto (sufijo *-ísimo* y prefijos *multi-*, *super-*, *extra-*, etc.): *Caro... pero el mejor.* (televisores Grundig)

Con esta misma intención de exaltar las cualidades, generalmente **se repiten palabras**: *Buena como los cereales. Buena como el yogur.* (papillas Nestlé)

Nivel léxico-semántico

Para **sorprender al receptor** y **mantener su atención**, los anuncios publicitarios utilizan:

- Extranjerismos, neologismos y tecnicismos: *Afterbite nos alivia las picaduras del **abejonejo*** (neologismo). (solución antimosquitos Afterbite)
- Juegos de palabras: *O limpia o no es jabón.* (jabón Olimpia)
- Numerosos recursos retóricos: anáforas, comparaciones, metáforas, antítesis, paradojas...: *Hacemos del cielo el mejor lugar de la tierra* (paradoja). (aerolínea Air France)
- Términos polisémicos y expresiones con fuerte valor connotativo. Las palabras se escogen por su capacidad de evocar valores positivos como libertad, alegría, vitalidad, amor...: *Los reyes de la casa se merecen lo mejor* (amor). (Aceites de Oliva)
- Tópicos y estereotipos, valores que los mensajes publicitarios utilizan y difunden, como excepcionalidad, originalidad, novedad, experiencia, progreso...: *UNED 1972-2012: 40 años innovando en educación a distancia* (experiencia y novedad). (Universidad Nacional de Educación a Distancia)

Aplico

37. Observa los anuncios de la derecha y señala cuáles de las características anteriores observas en cada uno de ellos. Realiza la actividad en tu cuaderno.

2.4 Aspectos estructurales

El canal o medio de comunicación por el que se difunde un mensaje publicitario determina su **forma** y su **estructura**.

Históricamente, la publicidad se comenzó a insertar en las páginas de los diarios, convirtiéndose en un elemento fundamental para la financiación del medio.

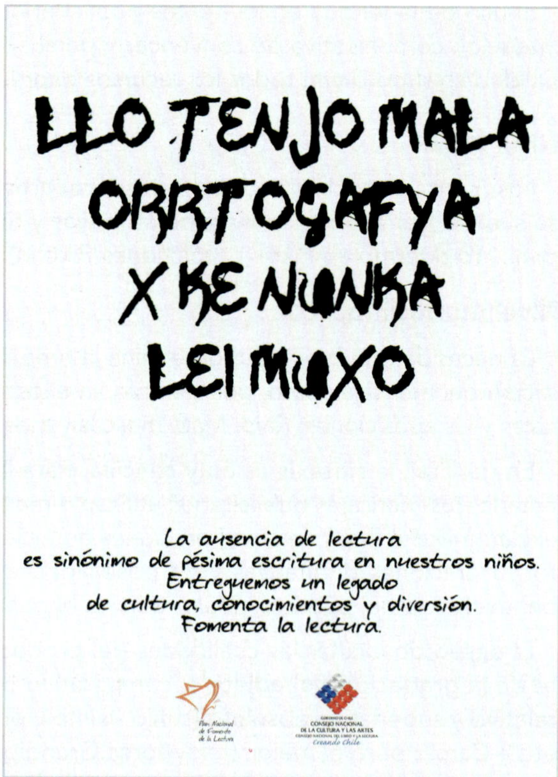

Principales tipos de anuncios

- **Anuncios impresos**. Son los que se insertan en las páginas de los diarios. Pueden ser de varias clases:
  - **Anuncios por palabras**. Son textos muy breves, sin imagen, que ofrecen o demandan productos o servicios y que se insertan en una sección concreta del diario. Su denominación se debe a que el coste del anuncio se mide a tanto por palabra. Esto hace que su estilo sea telegráfico.
  - **Anuncios gráficos**. Son anuncios que aparecen en diarios y revistas en los que la imagen es muy importante. Esta imagen suele ir acompañada de un titular que pretende llamar la atención del lector, un texto en el que se exaltan las cualidades del producto, y un eslogan breve y fácil de recordar. También aparecen en un lugar visible el nombre o el logotipo de la marca. Son anuncios impresos también los que aparecen en carteles y vallas publicitarias, pasquines (hoja de papel con publicidad), trípticos, etc.
- **Anuncios sonoros**. Este tipo de anuncios se crearon cuando se desarrolló la radio. El anuncio radiofónico por excelencia es la **cuña**, que se estructura en cuatro partes (que no siempre aparecen y que pueden variar de orden):
  - **Llamada**: frase original o recurso sonoro sorprendente que capta la atención del oyente.
  - **Presentación**: información sobre el producto.
  - **Argumentación**: argumentos que justifican la necesidad de adquirirlo.
  - **Implicación**: cierre del texto publicitario que apela a los oyentes para que compren el producto.
- **Anuncios audiovisuales o *spots***. Son vídeos, de unos veinte o treinta segundos de duración, que se suelen insertar entre distintos programas o entre partes de un mismo programa audiovisual. La mayoría de los *spots* se estructuran en tres partes:
  - La **entrada o comienzo** suele ser una imagen, un dilema, un misterio, etc., que atrae la atención del espectador.
  - El **desarrollo**, en el que se narra una breve historia o se desarrolla una breve argumentación. Algunos anuncios describen escenas de la vida real, otros presentan personajes que ofrecen un testimonio o hacen una demostración del producto, otros exponen un problema que el producto ayuda a solucionar, etc.
  - El **cierre o final** es la solución o la resolución. A veces consiste en un giro inesperado justo cuando se muestra la marca.

Esta estructura clásica convive en los últimos años con anuncios extravagantes. Esta publicidad "rara" tiene el peligro de que el espectador recuerde la extravagancia, pero no el producto ni la marca.

tiching.com/746438

Entra para saber más sobre los anuncios gráficos.

Publicidad no permitida

Junto a la publicidad legal, hay otras formas de publicidad no permitidas:

- **Publicidad engañosa**: intenta engañar al destinatario ofreciendo datos falsos.
- **Publicidad desleal**: trata de confundir al consumidor comparando el producto o el servicio anunciado con otros de otras empresas a las que implícita o explícitamente se menosprecia o denigra.
- **Publicidad subliminal**: busca influir en la conducta del receptor sin que él sea consciente de ello.

Publicidad subliminal engañosa

2.5 La imagen publicitaria

La **publicidad** utiliza un código mixto de comunicación que incluye textos e imágenes, ya sean estáticas o en movimiento.

En el anuncio, ya sea gráfico, audiovisual o radiofónico, el **texto** y la **imagen** forman un todo que se relaciona íntimamente entre sí:

- En el **anuncio gráfico**, las imágenes son fotografías o ilustraciones en las que desempeñan un papel importante el tipo de encuadre, el plano, el ángulo o punto de vista de la cámara, la composición de la imagen (uso del color, las luces y las sombras, la textura, la posición de los elementos, etc.).

  Generalmente, en toda imagen existe un centro de interés o un elemento que se quiere destacar. Alrededor de este centro de interés gravitan los demás elementos de la composición.

- En el **anuncio audiovisual**, los publicistas tienen en cuenta todos los elementos anteriores, a los que hay que añadir la fuerza de seducción de la música y la imagen en movimiento.

  Según la disposición de todos estos elementos, el anuncio publicitario consigue atraer la mirada del receptor donde le interesa.

- En el **anuncio radiofónico**, la imagen sonora depende de la música, la palabra y los efectos especiales.

¿Qué elemento destaca en este anuncio publicitario?

Aplico

38. Selecciona varios anuncios gráficos de revistas o de Internet. Busca aquellos en los que el mensaje se transmita fundamentalmente a través de una imagen impactante y señala en qué reside la fuerza de esta.

39. Busca y escucha dos anuncios radiofónicos, y diferencia la palabra y la imagen sonora creada por la música y los efectos especiales. Identifica también la llamada, la presentación, la argumentación y la implicación.

40. Selecciona dos anuncios audiovisuales y analiza estos elementos:

a. Producto que se anuncia.

b. Duración total del *spot*.

c. Descripción de los principales planos y movimientos de la cámara.

d. Descripción de la banda sonora: ¿hay narración?, ¿hay argumentación?, ¿hay diálogos?, ¿hay música o ruidos?

e. Lenguaje: ¿qué registro utiliza: alto, medio, bajo?, ¿predomina la denotación o la connotación?

f. Destinatarios: ¿a qué segmento del público se dirige?

g. Estereotipos: ¿qué valores se refuerzan?

h. Elementos de seducción: ¿a qué motivaciones del receptor se apela?

i. Partes en que se estructura.

41. Observa el anuncio de la derecha y analiza el texto ("Las palabras matan las guerras") y la imagen, e indica su estructura.

tiching.com/746439

Entra para saber más sobre cómo crear un anuncio.

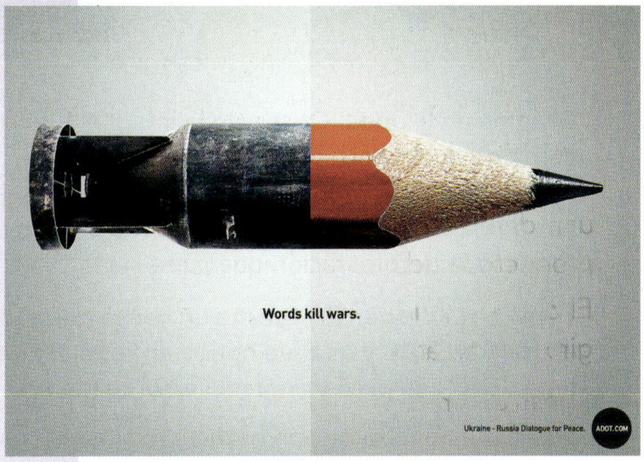

Escucho, hablo y escribo

1. Defino las características de tres textos. Los textos narrativos, periodísticos y publicitarios

1. Escucha los textos, identifica su estructura y relaciónala con estas pirámides:

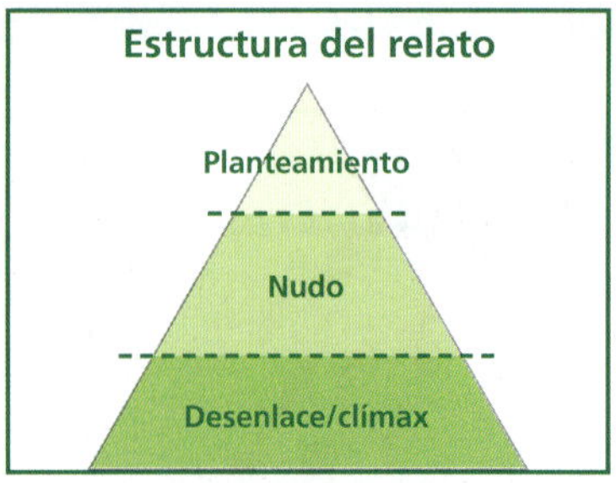

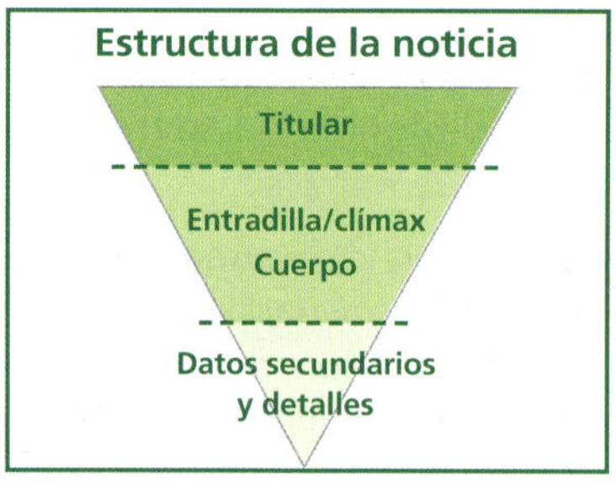

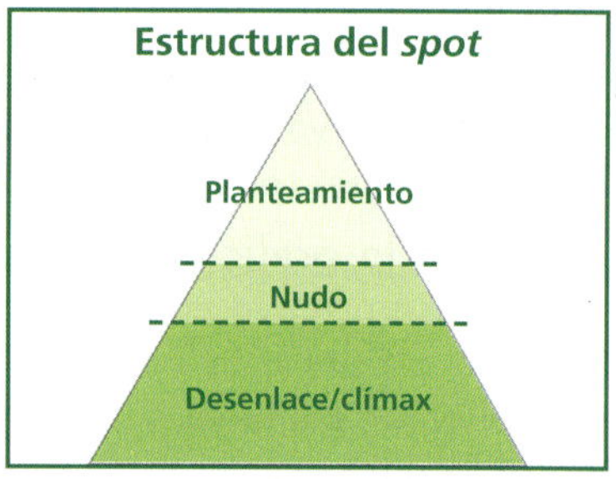

a. Indica qué texto crees que es una información periodística y razónalo.
b. Explica por qué crees que el nudo del *spot* es casi inexistente.
c. Valora también otras diferencias completando la tabla:

	TEXTO 1		TEXTO 2		TEXTO 3	
	sí	no	sí	no	sí	no
Transmiten una información de forma clara, objetiva y precisa.						
Su estructura tiene una introducción, un desarrollo y una conclusión claros.						
Su desarrollo se estructura en forma de problema-solución.						
Predomina la función referencial del lenguaje por encima de las demás.						
Predomina la función apelativa del lenguaje por encima de las demás.						

2. Converso sobre el mundo real. Los textos periodísticos y los textos publicitarios

1. Los textos transmiten su mensaje de forma lineal. La mayoría de las imágenes, en cambio, movilizan emociones y su sentido se capta de forma global:

a. Dividíos en grupos. Observad la imagen 1, una foto aérea de la frontera entre Haití y República Dominicana, y comentad la diferencia de paisaje entre un país y otro. Pensad y debatid a qué puede deberse la deforestación que sufre Haití.

b. Fijaos en la imagen 2. Muestra un hecho que sucedió en Haití en 2010 y que fue noticia en todo el mundo. Investigad qué pasó y anotadlo en el cuaderno.

c. Sucede a menudo que un hecho importante, como en este caso de Haití, es noticia solo durante un tiempo, para caer luego en el olvido desplazado por otros acontecimientos de actualidad. ¿Qué sentido descubrís ahora en el titular del anuncio de la imagen 3?

d. Reflexionad e investigad en Internet. ¿Se publican actualmente noticias sobre Haití? ¿Se reconstruyeron las casas? ¿Ha llegado toda la ayuda humanitaria que se prometió?

e. Observad la imagen 4 e investigad el contenido del cortometraje *9 días en Haití*, de J. A. Bayona. ¿Qué mensaje quiere transmitir el autor?

3. Doy un mitin. La imagen publicitaria

1. Preparad y dramatizad un mitin en grupo. Para ello, realizad las actividades siguientes:

   a. Comentad en grupo los anuncios. Resumid la información que transmiten tanto las imágenes como los textos:

El mitin

Un mitin (del inglés *meeting* = "reunión") es un discurso cuyo rasgo diferenciador es que el emisor expone con efusividad una idea o una reivindicación social o política.

El mitin es generalmente un acto de masas: un orador habla ante un público numeroso para seducirlo con un discurso de alta intensidad emocional. Para ello, el orador utiliza un tono fuerte y un lenguaje contundente que no deja impasible al auditorio.

1

2

3

4

   b. Buscad entre todos información complementaria y elaborad juntos un posible guion sobre el problema que se plantea para dramatizar en clase un breve mitin.

   c. La escenografía es importante. Diseñad carteles y eslóganes para enmarcar y potenciar el mensaje.

   d. Nombrad a la persona del grupo que dará el mitin en nombre de todo el grupo.

   e. Valorad las intervenciones según estas pautas:
      - Expresión verbal del orador (claridad, coherencia, dicción, ritmo...).
      - Lenguaje no verbal (postura, gesticulación de cara y manos, movimiento en el espacio...).
      - Capacidad de convicción: ¿ha sabido emocionar?, ¿ha conseguido que el auditorio empatice?

Conozco y utilizo las palabras

1. El léxico del periodismo

Los diarios comienzan la misma labor cada 24 horas: la elaboración de un nuevo periódico.

El **director** cuenta con las informaciones que sirven las **agencias de noticias** a las que el medio está **abonado**; con las **previsiones** del propio periódico, que sabe de antemano los actos importantes que se han de cubrir ese día; con las informaciones que envían su propia **red de corresponsales** y sus **enviados especiales**; y, por supuesto, con las noticias de última hora, a veces imprevisibles.

Para seleccionar todo ello tiene lugar al comienzo de la jornada la **reunión de planificación**, a la que asisten el director, el **subdirector**, los **redactores jefe** y los **jefe de sección**. Con lo que allí se decide, la **mesa de redacción** y los jefes de sección definen el número de páginas que ocupará cada **sección**, los **anuncios** que irán en cada página, etc., con lo que elaboran un esquema que recibe el nombre de **planillo**.

Estas instrucciones pasan a la redacción, integrada por el conjunto de periodistas, redactores, **fotógrafos** y profesionales de la información que, sabiendo el espacio del que disponen, proceden a la redacción de los textos.

1. Los mensajes que aparecen en los distintos medios de comunicación utilizan términos específicos. Relee el texto de arriba e indica en tu cuaderno el significado de los términos destacados en color. Observa que hay dos colores que los diferencian: en azul están los términos relacionados con la labor que realizan los trabajadores y trabajadoras de un diario, y en verde, los términos generales relacionados con un periódico.

2. Existen determinadas expresiones que se refieren a asuntos relacionados con los medios de comunicación o con el periodismo. Son las expresiones mediáticas. Aquí tienes algunas de ellas:

   free lance • *off the record* • línea editorial
   secreto periodístico • prensa amarilla

   a. Completa en tu cuaderno estas frases colocando el término que corresponde, y escribe después su significado:
   - Ginés hace reportajes fotográficos por todo el mundo y luego los vende a las revistas. Es un ____
   - La periodista no quiso revelar quién se lo había dicho. Argumentó que se acogía al ____
   - Este periódico exagera las noticias. Pertenece a la ____
   - El político dio el dato a la periodista, pero le pidió que no revelara su nombre. Fue una información ____
   - Este periódico tiene una ____ de defensa de los derechos y las libertades.

3. Relaciona en tu cuaderno las siguientes palabras del lenguaje cotidiano con lo que quieren decir en el lenguaje periodístico:

   tirada • cierre • fuente • sábana • destacado • avance

   - Parte de una información que se adelanta y que posteriormente será ampliada.
   - Número de ejemplares que se imprimen.
   - Hora en que los redactores deben terminar de escribir la información para poder mandar el producto a imprimir.
   - Formato de periódico de grandes dimensiones.
   - Personas o documentos de los que los redactores y las redactoras del periódico extraen la información.
   - Extractos del texto que se recuadran para atraer al lector.

El léxico de la economía en las noticias periodísticas

4. Frecuentemente, aparecen en los diarios y los medios audiovisuales numerosos términos económicos, como por ejemplo: *crédito* y *préstamo*.

Completa los enunciados siguientes con la palabra que le corresponda:

- El banco facilitó el ____ a mis primas para poner su negocio.
- Abriré una cuenta en el banco y pediré un ____
- Raúl no tiene trabajo y no puede devolver el ____
- Esta entidad financiera ha cerrado el grifo del ____

> El léxico de la economía aparece también en el lenguaje cotidiano. Por ejemplo, lo podemos encontrar en frases hechas: *Dar crédito a alguien* ("creer").

5. Busca las palabras siguientes en el diccionario y observa qué acepción tienen en el ámbito de la economía. Después, cópialas donde corresponda:

subrogar • condonar • cancelar

- Hemos vendido el apartamento gracias a que el comprador ha podido ____ la deuda.
- ¡Es increíble! El banco ha ____ la deuda de las personas más perjudicadas por la estafa.
- Después de veinte años pagando, por fin hemos ____ la hipoteca.

6. Lee con atención los términos siguientes, que forman parte del léxico de las hipotecas. Después, lee el texto, deduce el significado de las palabras y escríbelas donde corresponda:

cuota • plazo de amortización • tipo de interés

> He conseguido una hipoteca muy ventajosa, el ____ es muy bajo, apenas un 0,5 %, pero el ____ es muy largo, pues tengo 25 años para pagarlo, con lo cual, la ____ mensual no supera el 20 % de mis ingresos.

7. Relaciona los acrónimos siguientes con los organismos económicos a los que se refieren. Puedes ayudarte del texto de más abajo, donde podrás observar en qué contexto suelen utilizarse estos acrónimos:

CNMV • AEB • CECA • Unacc

- Confederación Española de Cajas de Ahorro
- Unión Nacional de Cooperativas de Crédito
- Asociación Española de Banca
- Comisión Nacional del Mercado de Valores

> Uno de cada seis jóvenes españoles tiene problemas para manejarse con una tarjeta de crédito o reconocer para qué sirve una factura. Además, el 84 % de los centros españoles no imparten formación en educación financiera, frente al 48 % de media de los países de la OCDE.
>
> Con esto, las principales instituciones implicadas –el Banco de España, la **CNMV** y el Ministerio de Economía– junto a las patronales[1] bancarias –**AEB**, **CECA** y **Unacc**– asumieron en 2008 el compromiso de implantar[2] programas de educación financiera en los centros de enseñanza.
>
> Íñigo de Barrón: "La educación financiera, antídoto contra la crisis de 2008" (adaptación), 5 de octubre de 2015, *El País*. Web [Consulta: 16 de diciembre de 2020].

1. **patronal**: colectividad de los empresarios o patronos.
2. **implantar**: establecer.

Escribo textos periodísticos y textos publicitarios

1. Escribe una noticia. Para ello, sigue las siguientes recomendaciones:

   a. Elige un hecho interesante y consigue información sobre él. Recuerda las seis preguntas básicas a las de debe responder una noticia.

   b. Ordena la información siguiendo un orden lógico. Recuerda que la noticia debe ser veraz, exacta, interesante y completa.

   c. Redacta el texto con un lenguaje claro, directo y sencillo. Recuerda que debes darle la estructura de pirámide invertida.

   d. Escribe el titular. Este debe ser claro y concreto, y proporcionar al lector la información suficiente sobre el contenido de la noticia.

   e. Revisa y corrige el texto.

2. Escribe una carta al director. Para ello, observa estas realidades que se producen a menudo en las ciudades:

   a. Valora las imágenes y escoge una que se ajuste al tema que prefieres tratar. También puedes elegir otro tema de tu interés.

   b. Aclara tu postura personal ante el problema y anota las 2 o 3 las ideas más importantes.

   c. Desarrolla cada idea en un párrafo. Para terminar, escribe un último párrafo con la opinión o solución que propones.

3. Observa estas imágenes. ¿Qué se podría anunciar con cada una de ellas? Escribe un eslogan para cada imagen:

1
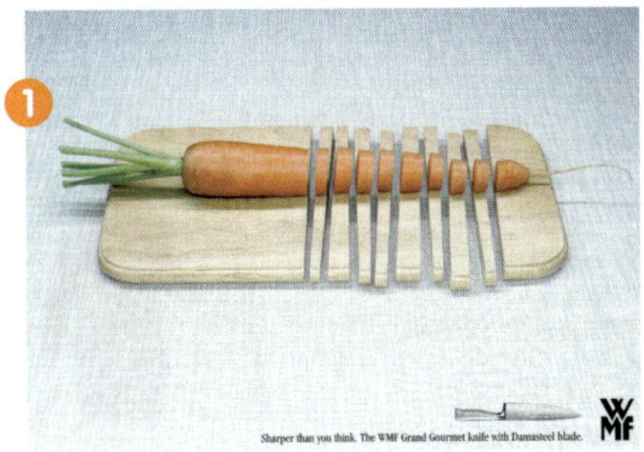

2

3

4. Redacta un anuncio publicitario. Para ello, realiza las actividades siguientes:

a. Escribe el texto que acompañará a la imagen de los anuncios impresos siguientes:

1

2

b. Imagina a qué público te diriges y adapta tu mensaje a él.

c. Utiliza los recursos fónicos, morfosintácticos y semánticos que has estudiado en la unidad.

d. Recuerda que ha de ser atrayente y persuasivo.

5. Diseña la imagen de un anuncio impreso:

a. Lee este texto publicitario y diseña la imagen que lo acompañará en una revista para personas jóvenes. Abajo tienes un ejemplo en el que puedes inspirarte:

Si te gusta... ¡consíguelo!

- **Título**: suele ser breve.

Este producto, especialmente diseñado para ti, no puede no gustarte. Te traerá muchos buenos momentos.

Obsérvalo detenidamente y sé consciente de tus reacciones corporales: ¿se te acelera el corazón? Si es así, tarde o temprano será tuyo.

- **Texto**: ensalza los beneficios del producto.

¿Por qué no tener lo que deseas?

- **Frase resolutiva**: se dirige directamente al receptor y le anima a actuar de determinada forma.

¡Consíguelo! Es fácil.

- **Eslogan**: frase fácil de recordar que concreta el mensaje.

1 *Mi vida con Amanda*: elogio de la sencillez

Mi vida con Amanda se trata de una producción francesa modesta, sin reparto rutilante, director no especialmente conocido y un tema más o menos ortodoxo, el de la relación de un joven de 24 años con su sobrina de 7, de la que tiene que hacerse cargo tras la muerte traumática de su madre. Lo primero que sí sorprende es la facilidad con la que los hechos dramáticos están contados. Su funcionalidad y desnudez narrativa, tanto en la primera media hora de presentación como a partir del giro que dan los acontecimientos.

Lo segundo destacable es la capacidad que tiene para otorgar emoción a una historia sencilla. Nada en *Mi vida con Amanda* está exagerado y, sobre todo, nada sobra, cada escena es importante. No es una obra reveladora, pero sí una película pequeña que se hace grande en la forma de contar la compleja relación entre los personajes, en las estupendas interpretaciones de Vincent Lacoste (el joven) e Isaure Multrier (la niña) y en su elogio de la mesura y la sencillez.

Quim Casas: "*Mi vida con Amanda*: elogio de la sencillez" (adaptación), 28 de mayo de 2020, *El Periódico*. Web [Consulta: 1 de diciembre de 2020].

Mi vida con Amanda

Título original: *Amanda*
Año: 2018
Duración: 107 minutos
País: Francia
Dirección: Mikhaël Hers
Guion: Maude Ameline, Mikhaël Hers
Música: Anton Sanko
Fotografía: Sébastien Buchmann
Reparto: Vincent Lacoste, Isaure Multrier, Stacy Martin, Ophélia Kolb Kasapoglu
Género: Drama
Estreno: 29 de mayo de 2020

2 Zapatos con GPS

Una compañía nipona ha creado unos zapatos con GPS especialmente ideados para ayudar a localizar a personas con demencia, quienes son propensas a perderse y acabar deambulando sin saber cómo regresar a sus hogares.

Los zapatos bautizados como "GPS Dokodemo Shoes" llevan un localizador en el interior de la suela del zapato izquierdo y permiten conocer la posición del usuario a través de dispositivos como teléfonos inteligentes y ordenadores tras compartir el número de identificación del terminal y una contraseña.

El localizador se asocia a un dispositivo al que envía notificaciones cuando el anciano se aleja más de 50, 100 o 500 metros de su casa, dependiendo del valor que establezca cada uno.

Efe: "Zapatos con GPS para las personas con demencia en Japón", 20 de noviembre de 2015, *El Mundo* (adaptación). Web [Consulta: 1 de diciembre de 2020].

3 Se busca

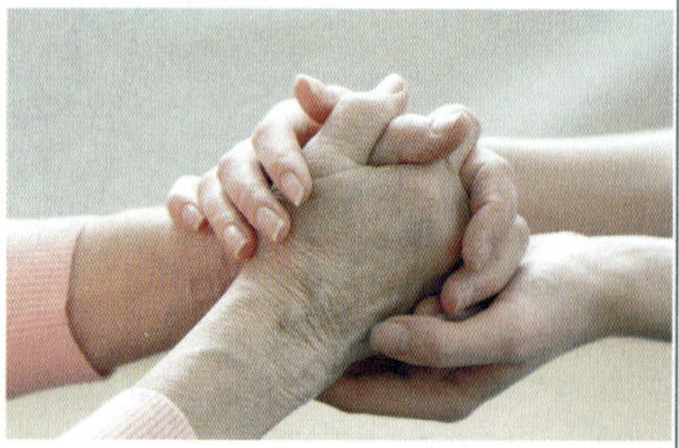

"Se busca persona que cuide lo que más quiero por cinco euros/hora". Esta frase denota el tipo de sociedad que, ojalá, seamos capaces de dejar atrás. Porque delata que nos hemos acostumbrado a subcontratar, de forma masiva, el cuidado de nuestros mayores y pequeños.

A los que nos han dado la vida les hemos aparcado en residencias que, en muchos casos y con excepciones, estaban lejos de cumplir la ley y unas condiciones mínimas. En el caso de nuestros pequeños, a los que les hemos dado la vida, más de uno/a les ha visto crecer en pijama. Cuídate mucho, cuídalos más.

Nacho Caballero: "Se busca" (adaptación), 18 de mayo de 2020, *Diario de Sevilla*. Web [Consulta: 1 de diciembre de 2020].

Comprendo y aplico

1. Lee atentamente los tres textos de arriba e identifica el género periodístico al que pertenece cada uno de ellos. Justifica tu respuesta con los datos que has aprendido en la unidad, es decir, puedes analizar estos elementos:
   a. El contenido: ¿Predomina la información o la opinión?
   b. La presencia o no del emisor: ¿Es un texto objetivo o un texto subjetivo?
   c. El el tipo de lenguaje utilizado: ¿Es culto, coloquial, literario...?
   d. La estructura del texto.

Los medios de comunicación en la sociedad actual: crisis, negocio y politización

Los medios de comunicación son necesarios para el desarrollo de la democracia y tienen un papel fundamental en el funcionamiento del Estado de derecho[1] porque les corresponde ejercer de observadores permanentes de las instituciones y denunciar posibles abusos de poder.

Tener acceso a la información es un derecho básico, por eso una sociedad libre necesita una prensa independiente que permita a los ciudadanos conocer en todo momento lo que sucede en su entorno para actuar en consecuencia. Los medios son poderosos porque tienen capacidad para llegar a todos los ciudadanos e influir en la sociedad. A través de su línea editorial pueden orientar la opinión pública y modificar conductas y comportamientos.

Durante la década de los 90, la mayoría de las empresas de comunicación ampliaron su negocio, poniendo por encima del interés informativo el de una rentabilidad inmediata. La espectacularización de la información y la banalización se impusieron para satisfacer las dictaduras de los índices de audiencia.

La informatización de las redacciones, primero, y la digitalización, después, modificaron el panorama mediático.

La prensa, la radio y la televisión tuvieron que adaptarse a un escenario nuevo: Internet y las redes sociales cambiaron completamente los parámetros informativos y comunicativos. Estos cambios también afectaron a la audiencia porque cambiaron las formas de acceso a los contenidos y de consumo de la información.

Gracias a Internet y a las redes sociales se democratizó el acceso a la información, pero también se creó una brecha importante, generando, en la práctica, dos categorías de ciudadanos, los conectados y los desconectados.

Xosé Soengas Pérez: "Los medios de comunicación en la sociedad actual: crisis, negocio y politización" (adaptación), 21 de marzo de 2018, *Ámbitos. Revista Internacional de Comunicación.* Web [Consulta: 1 de diciembre de 2020].

1. **Estado de derecho**: régimen propio de las sociedades democráticas en el que la Constitución garantiza los derechos fundamentales frente al uso arbitrario del poder.

ACTIVIDADES

Comprendo y razono

2. ¿Estás de acuerdo con la primera afirmación del texto sobre el papel de los medios en el desarrollo de la democracia? ¿Te parece que una sociedad no puede ser libre sin unos medios de comunicación independientes?
3. Indica por qué los medios de comunicación son tan poderosos. Justifica tu respuesta.
4. ¿Cuál fue el efecto de poner la rentabilidad económica de los medios por encima del interés informativo?
5. Observad las dos imágenes de abajo y comentad entre toda la clase cómo imagináis que eran los medios antes de la irrupción y el desarrollo de Internet y las tecnologías de la información.

3 ¿En qué escenario nos movemos?

Observo...

- ¿Qué crees que pueden estar leyendo en sus teléfonos móviles las personas de la imagen superior? ¿Qué son las *fake news*?
- ¿Esta imagen indica que la información se comparte con mucha o con poca frecuencia? Justifica tu respuesta.

... pienso...

- ¿Qué tipo de información crees que se comparte por las redes sociales? ¿Se sabe la procedencia de esta información?
- ¿Crees que normalmente se comprueba la veracidad de una información antes de enviarla? ¿Tú sueles hacerlo? ¿Por qué?

En este tema aprenderás:

- Qué son los géneros discursivos digitales.
- Cómo se clasifican los géneros discursivos digitales.
- Qué son las wikis y el trabajo colectivo.
- Cuál es la estructura de las wikis.
- Cómo es la organización de las wikis.
- Cuáles son los límites de la escritura colaborativa.
- Cómo son las wikis en nuestro entorno educativo.
- Qué es la mensajería instantánea.
- Cómo es la ortografía adaptada de la mensajería instantánea.
- Cómo es la gramática de la red.
- Qué son las *fake news*.
- Qué es la posverdad.
- Cuáles son los tipos de información falsa.
- Cómo se detecta la información falsa.

En marcha...

- ¿Cuáles son las dos diferencias fundamentales a las que alude la oradora entre la información tradicional en prensa, radio y televisión, y la información en la actualidad?
- ¿En qué se parecen las noticias falsas a las que no lo son? ¿Crees que intentan imitarlas? ¿Para qué?
- ¿Por qué crees que se está generalizando la desinformación en estos momentos? ¿Lo consideras peligroso? ¿Por qué?
- ¿Cómo crees que se podría combatir la desinformación de las redes sociales?

... y comparto

- Pensad y debatid sobre los efectos que provocan las *fake news*.
- Explicad a vuestros compañeros y compañeras de clase qué sentimiento os ha producido descubrir que habéis recibido una noticia falsa a través de las redes sociales.

La revolución apacible del alfabeto

Nosotros, habitantes del siglo XXI, damos por hecho que todo el mundo aprende a leer y a escribir en la infancia. Nos parece un conocimiento asequible, al alcance de cualquiera. Ni siquiera imaginamos que pueda haber entre nosotros personas analfabetas, pero existen (670 000 en España, en 2016, según datos del Instituto Nacional de Estadística). [...]

Leemos más que nunca. Estamos cercados por carteles, rótulos, publicidad, pantallas, documentos. Las calles rebosan palabras, desde los grafitis de las paredes hasta los anuncios luminosos. Parpadean en los teléfonos móviles y las pantallas de los ordenadores. Textos en distintos formatos conviven con nosotros en nuestra casa como tranquilos animales de compañía. Nunca había habido tantos. Nuestros días están atravesados por continuas ráfagas de letras escritas y alarmas que anuncian su llegada. Dedicamos varias horas de nuestra jornada y de nuestro ocio a tamborilear sobre distintos teclados. [...]

Hace seis mil años, aparecieron los primeros signos escritos en Mesopotamia, pero los orígenes de esta invención están envueltos en el silencio y el misterio. Tiempo después, y de forma independiente, la escritura nació también en Egipto, la India y China. El arte de escribir tuvo, según las teorías más recientes, un origen práctico: las listas de propiedades. Estas hipótesis afirman que nuestros antepasados aprendieron el cálculo antes que las letras. La escritura vino a resolver un problema de propietarios ricos y administradores palaciegos, que necesitaban hacer anotaciones porque les resultaba difícil llevar la contabilidad de forma oral. Somos seres económicos y simbólicos. [...]

Los primeros eran dibujos esquemáticos (una cabeza de buey, un árbol, una jarra de aceite, un hombrecillo). Con esos trazos, los antiguos terratenientes[1] inventariaban sus rebaños, sus bosques, su despensa y sus esclavos. Al principio, imprimían esas formas en la arcilla con pequeños sellos y más tarde las trazaban con cálamos[2]. Los dibujos tenían que ser sencillos, y siempre los mismos, para

1. **terrateniente**: persona que posee grandes extensiones agrícolas.
2. **cálamo**: parte inferior hueca del eje de las plumas de las aves.

Antes de leer

Argumento

El infinito en un junco es un libro que cuenta la historia de los libros. Se trata de un recorrido por la vida de este objeto fascinante, desde su fabricación hasta los diferentes tipos que han existido a lo largo de casi treinta siglos.

El junco del Nilo fue la materia prima con la que se fabricaban los primeros libros; de ahí que todos los conocimientos que posee el hombre, y todos los que poseerá, se guarden en ese junco que desde Alejandría, pasando por Grecia y Roma, ha llegado hoy a nuestras manos.

Por eso también es una historia de las letras y las palabras, y de su modo de transmisión.

Activo mis conocimientos

1. ¿Qué es el papiro? ¿Y el pergamino?
2. ¿Quiénes fueron los primeros en crear el papel?
3. ¿Qué soportes conoces hoy como transmisores de la escritura?
4. ¿A qué tipo de escritura corresponden las siguientes imágenes? Si no lo sabes, busca en Internet "el origen de la escritura" y verás alfabetos parecidos:

a

b

c

que se pudieran aprender y descifrar. El siguiente paso fue dibujar ideas abstractas. En las primitivas tablillas sumerias dos rayas cruzadas describían la enemistad; dos rayas paralelas, la amistad; un pato con un huevo, la fertilidad. Me gusta imaginar a nuestros ancestros saboreando la excitación de plasmar por primera vez sus pensamientos; cuando descubriesen que el amor, el odio, el terror, el desaliento y la esperanza podían escribirse. [...]

Los primitivos sistemas eran verdaderos laberintos de símbolos. Mezclaban dibujos figurativos –pictogramas[3] e ideogramas–, signos fonéticos y marcas diferenciadoras que ayudaban a resolver ambigüedades. Dominar la escritura exigía conocer hasta un millar de símbolos y sus complicadas combinaciones. Ese conocimiento –intrincado y maravilloso– estaba solo al alcance de una selecta minoría de escribas que ejercían un oficio privilegiado y secreto.

La invención del alfabeto derribó muros y abrió puertas para que muchas personas pudieran acceder al pensamiento escrito. Partiendo del complicado sistema egipcio, llegaron a una fórmula de asombrosa simplicidad. Retuvieron únicamente los signos que representaban las consonantes simples, la arquitectura básica de las palabras. Los vestigios[4] del alfabeto se encontraron en una pared rocosa llena de grafitis en el Alto Egipto. Estas sencillas inscripciones de emigrantes, fechadas en el año 1850 a. C., están relacionadas con la antigua escritura alfabética de la península del Sinaí y del territorio cananeo en Siria-Palestina.

Hacia 1250 a. C., los fenicios llegaron a un sistema de veintidós signos. Atrás quedaron las escrituras antiguas que exigían una agotadora carga para la memoria y una larga especialización al alcance solo de mentes privilegiadas. Usar menos de treinta letras para representar todas las palabras de la lengua le parecería un método muy tosco a un escriba egipcio. En cambio, para los astutos navegantes fenicios, la cuestión adquiría un cariz muy distinto. La simplificada escritura alfabética liberaba al comerciante del poder del escriba. Gracias a ella, cada uno podía llevar sus propios registros y dirigir sus propios negocios.

Irene VALLEJO: *El infinito en un junco* (adaptación). Ed. Siruela, 2019.

3. **pictograma**: signo de la escritura de dibujos o símbolos.
4. **vestigio**: ruina, señal o resto que queda de algo material o inmaterial.

Después de leer

Localizo

5. ¿Qué función tiene la economía en el origen de la escritura?
6. ¿Qué ocurre para pasar de una escritura simbólica a otra que ya podría llamarse alfabética?
7. ¿Qué papel o relevancia social podrían adquirir los escribas en sociedades iletradas?

Interpreto

8. ¿Cómo justificarías que sigan existiendo en pleno siglo XXI personas analfabetas?
9. ¿Qué crees que es un ideograma? Analiza los componentes de la palabra (ideo + grama).
10. ¿Por qué crees que los primitivos sistemas de escritura eran un auténtico laberinto?

Valoro

11. Imagina una sociedad analfabeta y explica cómo sería su forma de relacionarse entre ellos y con el mundo que les rodea.
12. ¿Qué sistema de escritura será más fácil o más difícil de aprender: el simbólico, el ideográfico o el alfabético? Razona tu respuesta.
13. ¿Cómo es la lectura en la actualidad? ¿Crees que se deben incorporar otros soportes?

1 Los géneros discursivos digitales

Internet se ha instalado en nuestras casas, en nuestra educación y en nuestras relaciones. Las reglas que conforman los géneros discursivos textuales como la narración, la argumentación, la exposición, etc., no han variado; ahora, simplemente, hay que analizar y explicar cómo se adaptan esos géneros a este canal de transmisión.

Para el intercambio comunicativo a través de Internet debemos partir de los siguientes presupuestos:

- El **ámbito** en el que nos vamos a mover: personal, social...
- El **objetivo** que se persigue: convencer, explicar, relacionarnos...
- Los **rasgos lingüísticos** del mensaje.
- El **formato**, que debe adecuarse a todos los requisitos anteriores.

1.1 Clasificación

Los géneros discursivos digitales se pueden clasificar en dos grupos, en función de que exijan que los interlocutores coincidan en el tiempo o no lo exijan:

No exigen que los interlocutores coincidan en el tiempo

Pueden ser blogs, correos electrónicos, foros, redes sociales y wikis:

- **Blog** (del inglés *web log*). Sitio web en el que su autor, o autores, introducen contenidos y los lectores pueden comentar. Muchas plataformas ofrecen formatos gratuitos para diseñar el blog que mejor se adecúe a los gustos de sus autores. Permiten enlaces, entradas de vídeos, audios, etc. El intercambio comunicativo no es inmediato.
- **Correo electrónico**. Servicio que permite a los usuarios el intercambio de mensajes y archivos. Han sustituido casi por completo a las cartas manuscritas. Los correos o *e-mails* permiten enviar textos, adjuntar archivos, imágenes, enlaces, etc.
- **Foro**. Espacio de discusión que ofrece la red. Permiten abrir temas de discusión y algunos periódicos digitales los incluyen como una sección más. Los administradores determinan las normas de participación. Muchos de los participantes se esconden en el anonimato o eligen un alias para no ser reconocidos.
- **Redes sociales**. Sitio web en el que las personas están interconectadas según intereses diversos: profesionales, personales, familiares... Las más famosas en nuestro país son Facebook, Twitter, LinkedIn o Instagram.
- **Wikis**. Plataforma de contenidos cuyas páginas pueden ser editadas por parte de los propios usuarios que añaden, modifican o eliminan contenidos que comparten con el resto de los usuarios. La más famosa es Wikipedia.

Prácticas que deben evitarse en una red como Twitter

- Añadir demasiados enlaces.
- Impedir el diálogo con la audiencia.
- Ignorar las críticas.
- Pelear con la audiencia cuando se cuestiona una opinión.
- No escribir bien.
- No aprender de los errores.

Exigen que los interlocutores coincidan en el tiempo

Pueden ser chats o juegos de rol:

- **Chat** (es un anglicismo, la palabra correspondiente en español sería "charla"). Sitio web que permite la comunicación en tiempo real entre varios usuarios que tienen sus dispositivos conectados en red. Los mensajes escritos se publican inmediatamente.
- **Juegos de rol**. Actividad recreativa en la que participan dos o más personas de una forma colaborativa, no competitiva. Cada persona asume el papel que le ha correspondido y tiene que actuar de acuerdo a ese papel.

Comprendo y aplico

14. Recuerda la definición de tuit. Ya sabes que un tuit es una publicación de usuario en Twitter en la que puedes enlazar con diferentes elementos multimedia. Una de las normas de participación en esta red es que no se sobrepase un número determinado de caracteres, lo que supone un buen ejercicio de escritura puesto que hay que tener muy claro no solo lo que se quiere decir, sino cómo se debe decir. Ahora, lee y memoriza:

Recomendaciones estilísticas

Tan importante es el contenido de un tuit como la forma de comunicarlo. El mensaje debe ser transmitido de forma concisa, intensa y estar bien escrito:

- La forma sujeto + verbo + complementos es la estructura ideal.
- Los dos puntos (:), el punto (.) y el signo de exclamación de cierre (!) son los más aceptados.
- Incluir un enlace aumenta la visibilidad del tuit.
- Es buena idea añadir un *hashtag* o tema de conversación (#...) para indicar el asunto que se está tratando.
- Es conveniente personalizar un tuit añadiendo los nombres de las personas que aparecen en su contenido.

Algunos trucos a la hora de usar *hashtags*

– **No abuses de los *hashtags*** en tus tuits. Es aconsejable usar dos o tres etiquetas por tuit como máximo.

– Procura que los *hashtags* que uses en tus tuits **no sean demasiado largos**. Ten en cuenta que dispones de 140 caracteres por tuit y por supuesto los *hashtags* cuentan como caracteres.

– Los *hashtags* **pueden estar en cualquier parte** de tus tuits. Puedes añadirlos al principio, en medio o al final. Si los usas en medio del mensaje puedes incluirlos como parte de la oración. Por ejemplo: "Los *hashtags* permiten a los #profesores filtrar contenidos y #recursoseducativos de su interés".

– Los *hashtags* **no distinguen entre minúsculas y mayúsculas** (por lo que, tanto si buscas #infantil como #INFANTIL, encontrarás los mismos resultados). **Tampoco distinguen las tildes** (por lo que, tanto si buscas #educación como #educacion, aparecerán los mismos resultados).

15. Dividíos en grupos. Os proponemos los siguientes temas que después transformaréis en tuits que generen respuesta de otros grupos de clase. Recordad que vais a hacer textos de 140 caracteres. Si no podéis usar la red social en clase, cada grupo pondrá su tuit en un folio y lo repartirá a otros grupos que irán respondiendo el hilo de la conversación.

Temas para un tuit:

a. Algo sucedido últimamente en vuestro centro y que haya generado controversia.

b. Un tema literario, un libro o un autor, por ejemplo:

– ¿El comienzo de *Crónica de una muerte anunciada* es el final?

– La figura de Pérez Reverte en Twitter: busca tuits suyos y coméntalos.

– Crítica literaria de alguno de los libros de lectura de este curso.

– Crítica del peor libro que hayáis leído.

– Las mujeres en la literatura: ¿por qué no se ha reflejado su verdadera historia?

c. Una famosa película que ha generado opiniones contrarias.

d. Críticas a algún comentario controvertido que hayáis escuchado últimamente.

16. Imagina que suplantas la figura de un escritor o escritora del siglo XX o XXI, que no tiene por qué ser español, y realiza las actividades siguientes:

a. Cada uno tendrá que elegir a un escritor o escritora distinto (por ejemplo: Machado, Lorca, Baroja, Alberti, María Teresa León, Kafka, García Márquez, etc.).

b. Tu personaje va a comenzar a publicar tuits, para lo cual deberás investigar un poco sobre su vida y su obra, o sus momentos críticos en el mundo de la literatura.

c. Si no podéis usar Twitter en clase, escribid el tuit en una cartulina pequeña e intercambiadla con vuestros compañeros y compañeras, quienes pueden contestar figurando ser el personaje que les corresponde.

17. Haced un blog de clase. Pensad en el uso que podéis darle: ampliar temas de clase, introducir noticias para comentarlas, insertar imágenes, informar de páginas web interesantes…

Es importante que antes de comenzar con el diseño, os pongáis de acuerdo en todos los aspectos que a él se refieren. Podéis elegir múltiples plataformas gratuitas, pues todas ellas ofrecen instrumentos similares, aunque varían en el diseño.

1.2 Las wikis y el trabajo colectivo

Las wikis nacen a mediados de la década de 1990 y toman el nombre de *wiki-wiki* en honor a la palabra hawaiana *wiki*, que significa "rápido", para expresar la rapidez en su edición. Las **wikis** son sistemas de creación de contenido de forma colaborativa, un sistema de creación, de intercambio y de revisión de información en la web de forma fácil y automática. En las wikis hay texto con enlaces, imágenes y todo tipo de contenido que puede ser visitado por cualquier persona. Es así como se permite crear colectivamente artículos sin que el contenido tenga que ser aceptado antes de ser publicado en Internet.

La **finalidad de las wikis** es que cada usuario pueda crear páginas web sobre un tema aportando información o conocimientos para que la página sea lo más completa posible. De esta forma, se crea una comunidad de usuarios que comparten contenidos sobre un mismo tema. Se ha popularizado y difundido de forma global gracias a la Wikipedia, una enciclopedia de elaboración colectiva a través de Internet.

Estructura de las wikis

Las wikis tienen una serie de elementos característicos, como son:

- **Artículo**. Cada una de las páginas de edición en las que se encuentra el contenido.
- **Edición**. Pestaña donde se pueden editar dichos contenidos.
- **Historial**. Listado de registro de todas las ediciones que se han hecho.
- **Discusión**. Espacio para el intercambio de ideas.

Organización de las wikis

Los artículos de las wikis suelen organizarse en un orden lógico que va de lo general a lo particular. Se ayudan de tablas de contenido que sirven como guía para la navegación de las diferentes secciones. La ampliación de contenidos puede hacerse dentro de la misma página o generando enlaces a otras páginas, creando así un **hipertexto**.

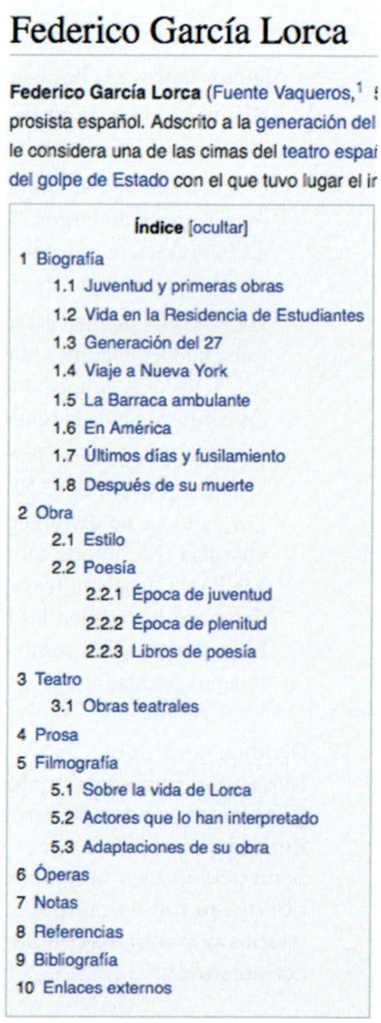

Los límites de la escritura colaborativa

LO QUE FAVORECE LA ESCRITURA COLABORATIVA	LO QUE PERJUDICA LA ESCRITURA COLABORATIVA
• Ser correctos y amables. • Añadir notas si se hacen cambios explicando el motivo. • Agradecer la ayuda de los colaboradores. • Elaborar una estructura que facilite la lectura.	• Considerar la wiki como un trabajo personal. • Eliminar contenido útil. • Convertirla en un chat. • Mantenerla oculta cuando el contenido es valioso para los lectores.

Las wikis en nuestro entorno educativo

Las wikis pueden tener un papel muy importante en la **educación**, puesto que son instrumentos que facilitan la selección y la ordenación de contenidos, y el trabajo colaborativo donde nadie tiene un papel exclusivo. De esta forma, pueden ser un instrumento de:

- Comunicación y colaboración.
- Presentación de actividades.
- Archivo de textos en proceso de elaboración.
- Creación colaborativa de libros de texto.
- Proyectos de grupo.

Las wikis y la nueva alfabetización tecnológica

Las wikis y la nueva alfabetización tecnológica proponen el uso de wikis en educación como espacios de comunicación para desarrollar algunas de las habilidades y, sobre todo, actitudes, de un nuevo tipo de alfabetización tecnológica que denominan "crítica, colaborativa y creativa" y que va más allá del mero dominio instrumental de las herramientas y entornos de comunicación que nos ofrecen las nuevas tecnologías de la información y la comunicación. La necesidad de promover este tipo de alfabetización se justifica en las demandas de los puestos de trabajo de la nueva economía de la sociedad-red.

La transformación de los modelos de producción y distribución de la era industrial también atañe a la educación. La escuela, especialmente la educación superior, se ha configurado como una traslación de los procesos de producción industriales al campo de la educación: división del trabajo (asignaturas), estandarización (objetivos y competencias iguales para todos, libros de texto oficiales, pruebas objetivas de nivel, etc.), control de calidad del producto (evaluación estandarizada), relaciones jerarquizadas y autoridad (roles académicos), etc.

¿Cómo puede el sistema educativo preparar a los futuros trabajadores de la sociedad del conocimiento, de la nueva economía, de la sociedad-red, basada en la innovación, en crear y compartir conocimientos, utilizando estrategias y formas organizativas lineales y acumulativas de la sociedad industrial? Posiblemente, transformando las instituciones educativas a los nuevos modelos de la sociedad de la información. Mientras tanto, las tensiones y contradicciones del modelo actual con la sociedad que lo rodea y a la que debe rendir cuentas no dejan de manifestarse. Incluyendo la derivada de los cambios en la propia cognición humana, derivada de la experiencia continuada de las nuevas generaciones con formas de codificar la información y transmitirla ajenas a la tradición académica (la primacía de lo audiovisual frente a lo textual).

"Aprender en un entorno wiki es aprender alfabetización tecnológica, crear contenidos en un entorno digital, el arte de la colaboración, construir consenso, crear conocimiento explícito desde la comprensión tácita y comunicar ideas de manera efectiva a otras personas a través de entornos de comunicación en red". Aprender en un wiki no es solo aprender los contenidos objeto de estudio, es también desarrollar capacidades relacionadas con la nueva manera de adquirir, crear, compartir y distribuir conocimiento en la sociedad de la información, capacidades que necesitamos imperiosamente potenciar en nuestros estudiantes.

Sin embargo, "las wikis no tienen ninguna propiedad inherente que produzca instantáneamente una comunidad de construcción de conocimientos. No depende de la configuración del *software*... sino de las normas y prácticas sociales alrededor del wiki". Y pueden dar lugar a decepciones y desilusiones cuando nuestros estudiantes sigan actuando con las estrategias de aprendizaje que hasta la fecha les han dado buenos resultados. No obstante, hasta las experiencias fallidas pueden ayudarnos a comprender y a diseñar en el futuro mejores experiencias de aprendizaje para nuestros estudiantes.

Jordi ADELL: *Wikis en educación* (adaptación).
Web [Consulta: 4 de diciembre de 2020].

18. Lee el texto y realiza las actividades:

a. Resume el texto en cinco o seis líneas.

b. Explica brevemente qué es el aprendizaje colaborativo y por qué las wikis forman parte de este concepto.

c. ¿Qué ventajas tiene el aprendizaje colaborativo frente a un aprendizaje individual?

d. Piensa en tareas concretas de tu aprendizaje que podrían ser sustituidas por un aprendizaje colaborativo a través de wikis.

e. ¿Por qué crees que en el texto se afirma que este método de trabajo prepara mejor a los estudiantes para su desempeño en el ámbito laboral?

19. En grupos, elaborad una wiki cuyo tema será *El tema del amor a partir de los textos: de la Edad Media al Barroco.* Seguid estos pasos:

a. Utilizad la plataforma que tengáis en vuestro centro. Si usáis Moodle, podréis elaborar wikis con mucha facilidad; si no, con ayuda de vuestro profesor o profesora, buscad en la red una plataforma que se adecúe a vuestras necesidades (Mediawiki, Twiki, etc.).

b. Haced grupos de unas cuatro personas y dividíos el trabajo especificando el contenido.

c. El trabajo en grupos pequeños consistirá en editar contenido, seleccionar lo que se va a poner en negrita o cursiva, especificar qué enlaces hay que introducir, poner titulares y añadir imágenes.

d. Una vez elaborada y revisada la wiki, hay que interactuar y comentar los contenidos a través de la pestaña de discusión.

1.3 La mensajería instantánea

Es evidente que las **nuevas formas de comunicación** dan lugar a nuevas formas de redacción y transmisión del mensaje. Los chats, SMS o cualquier plataforma de mensajería instantánea se caracterizan por la inmediatez, de ahí que vayan apareciendo giros y usos del lenguaje que se adaptan a esa característica, como puntuación especial, abreviación, acortamiento, etc., y que no aparecen de forma planificada, sino de una manera natural que va transmitiéndose de un internauta a otro.

El **estilo** de los chats y de cualquier otro sistema de mensajería instantánea están marcados por aspectos como:

- La extensión y tiempo de lectura.
- Las normas de cortesía tácitas.
- El uso de un lenguaje muy simplificado.
- El uso de emoticonos.
- La ortografía adaptada.

Lo que nunca debemos olvidar

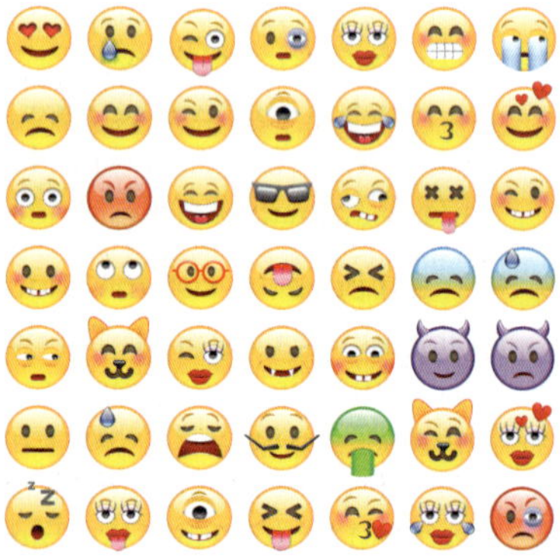

- Al carecer de entonación, los textos pueden ser malinterpretados, de ahí la importancia de la introducción de **emoticonos**.
- No hay que burlarse de **errores ortográficos**, puesto que en muchas ocasiones los correctores ortográficos corrigen lo que no deben, o bien nuestros dedos pulsan teclas equivocadas.
- En Internet, las **mayúsculas** equivalen a gritar, por eso no es conveniente utilizarlas en los chats.
- No se debe generalizar el uso de la **letra k** para todos los sonidos *c/qu*. No tiene sentido un ahorro tan minúsculo para un error tan grave.
- No es conveniente la supresión de artículos, conjunciones, preposiciones…, ya que tanto ahorro puede derivar en la **ininteligibilidad** del mensaje.

¿Qué es la ortografía adaptada?

Si se parte de la idea de que "lo que se entiende sirve", terminaremos destruyendo gran parte de los mecanismos de nuestra lengua. En la mensajería instantánea, la **ortografía adaptada** tiene las siguientes características:

- Desaparición, casi por completo, de las tildes; como consecuencia, se pueden dar muchos casos de ambigüedad (*esta/está*). También se ponen tildes diacríticas donde no deben ir.
- Uso frecuente de onomatopeyas que no son frecuentes en la lengua escrita habitual (*zasca, zzz zzz, ajá…*).
- Uso de siglas (*OK*).
- Uso de abreviaturas, aunque esto puede dar lugar a abreviaturas ininteligibles por el contexto. En otros casos son abreviaturas coloquiales (*finde*).
- Supresión de vocales o de espacios (*sbdo, t dicho*).
- Alteración de haches y dígrafos. Las haches casi desaparecen en los chats y los dígrafos se sustituyen por otras letras (*salxixa* por *salchicha*).
- Uso de anglicismos y vocablos ingleses (*kisses*).
- Desaparece el uso distintivo de la mayúscula y la minúscula, lo que trae aparejado la supresión de los signos de apertura de interrogación o exclamación.
- Empleo de números y signos con valor fonológico (*x = por*).
- Repetición de letras o signos con valor enfático (*bufffffff*).

Cuando busques una información en la web no te preocupes por las mayúsculas o las tildes pues no tienen ningún efecto para la búsqueda.

Y recuerda que la **escritura ideofonemática** simplifica el código gráfico aprovechando los recursos del teclado para imitar la fonética.

Influencia de la tecnología en la ortografía de los jóvenes

La aparición de las nuevas tecnologías, y especialmente de Internet, ha afectado a todos los ámbitos de la vida. Internet no es el futuro más o menos inmediato, es el presente al que no podemos dar la espalda, en cuanto a la riqueza y a la variedad de recursos que nos está aportando. Sin embargo, durante los últimos años se está detectando que las faltas de ortografía crecen a pasos agigantados entre quienes el conocimiento de la ortografía y el de Internet les ha discurrido en paralelo.

Hoy en día buena parte de la comunicación entre personas fluye a través de la comunicación escrita en un medio digital, ya sea mediante Twitter, *e-mail*, chat o Facebook. Más allá de las reglas que impone cada una de estas plataformas, reinan dos características que se aplican en general a todas ellas: el uso de las abreviaturas y la inmediatez en el acto de la escritura y de la lectura que permite el texto digitado, compartido en forma instantánea. Todo esto, condimentado con emojis, GIF animados y más.

Esta inmediatez es una de las características de la época en que vivimos, e implica que hay una demanda de respuesta del otro que debe ser ante todo veloz y precisa; esto exige que el mensaje sea lo más acotado posible.

Internet es un medio en el que se descuida sistemáticamente la herramienta más básica de comunicación, es decir, nuestro lenguaje. Si tomamos un muestreo de anuncios, notas o intervenciones en foros donde se pueda analizar la lengua que se usa en Internet, observaremos faltas ortográficas, abreviaturas del lenguaje usado en los mensajes del móvil, faltas de concordancia y la total ausencia de signos de puntuación. Todo esto hace que la comprensión de muchos textos escritos sea un auténtico ejercicio de interpretación. [...] Al escribir en las redes sociales o en los chats, la corrección y revisión de textos, la sintaxis y la retórica desaparecen. Pero ¿cuánto afecta esto en el rendimiento académico de los jóvenes? ¿Son capaces de escribir sin errores en los trabajos universitarios?

Andrea Lunsford, directora del programa de escritura y retórica de la Universidad de Stanford, estudió el comportamiento de las generaciones anteriores y de las actuales con la escritura. Llegó a la conclusión de que, en el pasado, la escritura no era una actividad muy común, mientras que en el presente los jóvenes escriben durante todo el día gracias a las redes sociales.

Por otro lado, concluyó que los jóvenes saben reconocer el contexto comunicacional, utilizar el lenguaje adecuado según las circunstancias y cambiar de registro cuando fuera necesario. Aunque escriban con abreviaciones, saben la importancia de conocer a quién va dirigido el texto y por qué motivo lo están escribiendo.

Una investigación llevada a cabo por la Universidad de Alberta demostró que el lenguaje más utilizado en los mensajes instantáneos no tiene consecuencias significativas en la ortografía de los jóvenes. Para llegar a estas conclusiones se estudió el comportamiento de 40 estudiantes de entre 12 y 17 años.

A diferencia de lo que esperaban, los investigadores descubrieron que los alumnos que tienen buena ortografía en el aula la conservan en las redes sociales, y que lo mismo sucedía en caso contrario, los estudiantes con mala ortografía también escriben mal en los mensajes instantáneos.

"Influencia de la tecnología en la ortografía de los jóvenes" (adaptación), 2 de agosto de 2017, *Laberinto laboral*. Web [Consulta: 9 de diciembre de 2020].

20. Lee el texto y realiza las actividades:

a. Resume el texto en cinco o seis líneas.

b. Elabora un mapa conceptual con las diferentes posturas y sus argumentos o contraargumentos.

c. ¿Por qué considera que la mala ortografía es un problema social y no solamente académico?

d. ¿Qué diferencia hay entre este tipo de analfabetismo y el que se hablaba en el texto que inicia esta unidad (el de Irene Vallejo)?

e. Expón tu opinión de forma argumentada sobre el tema.

21. Selecciona dos de tus grupos de mensajería instantánea, uno que sea familiar y otro que sea de amistad, y analízalos:

a. Elabora una tabla con dos columnas y en la primera fila ve indicando las características lingüísticas de uno frente a otro.

b. En la segunda fila analiza el nivel de cortesía de un grupo y del otro. En la tercera fila, analiza la corrección ortográfica de ambos grupos.

c. Cuando tengas los datos clasificados, elabora un texto expositivo sobre el uso familiar y social de las redes de mensajería instantánea.

Escucho, hablo y escribo

1. Escucho un webinario. El webinario

1. Escucha el pódcast y responde a las cuestiones que se plantean:

   a. ¿Crees que entraña las mismas dificultades hablar en público de forma directa que cuando se hace a través de la pantalla de un ordenador?

   b. ¿Qué características comparten y cuáles son las diferencias entre las presentaciones con público y las que se hacen *online*?

   c. ¿Cómo debe ser la exposición de las ideas para que la comunicación sea más persuasiva?

   d. Escribe en tu cuaderno si las siguientes afirmaciones son verdaderas o falsas:
   –No es importante determinar el tipo de público para nuestra presentación en un webinario.
   –Hay que definir claramente en qué me voy a centrar.
   –El tiempo máximo de atención ante una pantalla es de 90 minutos, aproximadamente.
   –En una exposición oral hay que explicar todas las ideas para que el contenido quede claro.
   –Hay que centrarse en pocas ideas.
   –Hay que ser conciso, pero no escueto.
   –Las ideas más persuasivas son las que están explicadas exhaustivamente.

   e. ¿Qué otros consejos darías tú para hacer una presentación virtual persuasiva y atractiva?

El término **webinario** o **seminario web** se refiere a cualquier contenido en versión vídeo cuyo principal objetivo sea educativo y práctico. Tiene un formato exclusivamente *online* y sirve para dar clases de manera remota. Esta característica permite a uno o varios asistentes transmitir vídeo o contenido de su monitor en vivo a otros.

2. Realizo un webinario en grupo. El webinario colectivo

1. Formad grupos y buscad información en la red sobre cómo realizar un webinario de forma gratuita, hay muchos vídeos que pueden ayudaros.
   Entre todos, comenzad a discutir el tema, la forma de hacerlo, la investigación para aportar contenido, etc.
   A continuación, realizad las siguientes actividades:

   a. Seleccionad un tema y poned el título. Recordad que el webinario debe tener contenido educativo, no es un chat cualquiera.

   b. Seleccionad la persona que administrará el webinario y dará paso a otros participantes, en definitiva, será el que lleve la organización en directo.

   c. Buscad información que pueda ser de interés de todos vuestros compañeros y compañeras, y organizadla de tal forma que cada uno de vosotros explique parte de ella y vaya presentando al siguiente compañero.

   d. Tened en cuenta las siguientes cuestiones prácticas:
   - La emisión será de unos 20 minutos.
   - Debéis hacer una descripción de la misma.
   - Habilitad el chat para que vuestros compañeros y compañeras puedan ir haciendo preguntas en directo.

Se valorará no solo el trabajo de los organizadores del webinario de cada grupo, sino también la participación como espectador que interroga y participa en el chat que se habilite.
Si queréis podéis grabarlo en vídeo y verlo más tarde en clase para hacer una crítica del mismo.
Tampoco debéis olvidar dar la opción de "oculto" (los webinarios pueden hacerse públicos también), ya que es una actividad en la que solo participaréis los miembros de vuestra clase con un fin didáctico.

3. Redacto correos electrónicos. El correo electrónico

1. Probablemente pienses que has escrito suficientes correos electrónicos y crees que ya sabes hacerlo, pero no debes olvidar nunca las reglas de cortesía que exigen los correos electrónicos, independientemente de la persona a la que va dirigida. Ahora, debes redactar diferentes correos, imprimirlos y llevarlos a clase para leerlos en voz alta. Así, todos tus compañeros y compañeras podrán hacer una crítica constructiva y valorar lo que es imprescindible. Para ello, sigue los siguientes pasos:
   - a. Piensa en tres personas a las que te gustaría escribir un correo (invéntate su dirección si es necesario). Esas tres personas deben tener diferente grado de complicidad contigo (por ejemplo: un amigo, un familiar y alguna persona que forme parte de una institución pública).
   - b. Es necesario que incorpores un asunto claro con una frase clara y descriptiva.
   - c. Incorpora una fórmula de saludo.
   - d. Escribe el cuerpo, que debe tener un objetivo claro.
   - e. Incorpora una fórmula de despedida.
   - f. Recuerda que no debes escribir todo en mayúsculas y que debes incorporar los signos de puntuación que consideres necesarios.

4. Elaboro un pódcast. El pódcast

1. En grupo, vais a elaborar un pódcast de diez minutos de duración. Seguid estos pasos:
   - Guion
   - a. Seleccionad el tema.
   - b. Seleccionad el público al que va dirigido y sus características fundamentales (edad, forma de vida…).
   - c. Determinad lo que va a decir cada miembro del grupo y el tiempo dedicado a ello. La estructura siempre debe ajustarse a:
     1. Introducción: presentación del contenido.
     2. Cuerpo: desarrollo del tema.
     3. Despedida.
   - d. Pensad en la música que vais a introducir.
   - Grabación
   - e. Podéis grabarlo en el ordenador y, aunque no exige micrófono, si lo tenéis podéis usarlo porque suele mejorar la calidad del sonido.
   - f. Elegid alguna de las aplicaciones gratuitas que hay para grabar pódcast y buscad algún tutorial que os pueda ayudar.
   - g. Grabad el pódcast y subidlo a la web de vuestro centro, al blog de clase, o a alguna de las plataformas que ofrece la red.

5. Reflexiono sobre los géneros discursivos digitales. Los chats, los foros y las redes sociales

1. Escribe tu opinión sobre las siguientes afirmaciones:
   - Las personas que vulneren determinadas reglas deben ser bloqueadas en las redes sociales porque podrían incitar al odio u otras actitudes reprobables.
   - El creador de un foro debe tener la posibilidad de publicar o no las opiniones que se viertan en él.
   - Debo responder a todas las provocaciones que se hagan en un foro o a través de los chats si no estoy de acuerdo con ellas para defender mi opinión.
   - Si los mensajes van dirigidos a un grupo de amigos y amigas, la forma de escribir no debe ser tan cuidada y da igual la ortografía o la puntuación; de todas formas, vamos a entendernos.

1.4 La gramática de la red

La red es un lugar común cada día más accesible a un receptor universal que exige una escritura que facilite la comprensión textual y que se adapte al grado de usabilidad:

- **Oraciones**. Es necesario evitar frases largas con demasiadas subordinaciones que provoquen errores de puntuación o concordancia. No hay que introducir demasiados incisos y debemos eliminar palabras innecesarias realizando un gran ejercicio de economía lingüística.
- **Párrafos**. Es aconsejable que no superen las cinco o seis líneas y, por supuesto, cada párrafo debe contener una idea. Debemos tener en cuenta que la lectura en pantalla cansa mucho más que la lectura en papel, de ahí la necesidad de que los párrafos no sean excesivamente largos. También es importante romper la uniformidad, para hacer la lectura más amena, a través de la introducción de letras en negrita, color, etc.
- **Títulos**. Uno de los objetivos que se deben cumplir a la hora de redactar un título es la seducción: los títulos deben seducir al lector para que siga leyendo. En la red, además, deben ser legibles para los buscadores y contener alguna palabra clave para que nuestro texto pueda ser localizado con facilidad. Por ejemplo, en vez de elegir *Las nuevas normas ortográficas de los textos en red*, elegiremos *Los textos en red: las nuevas normas ortográficas*, si lo que nos interesa que se localice con rapidez son "los textos en red".
- **La objetividad en el lenguaje**. Los lectores de los textos en red prefieren un lenguaje objetivo alejado de un lenguaje simbólico que pueda dar lugar a confusiones. Del mismo modo, hay que tener precaución con las expresiones temporales que se utilicen porque ya hemos visto que una de las características de los textos en red es la inmediatez y, si se precisa con detalle el tiempo, corremos el riesgo de que nuestro texto pierda vigencia:
  - En algunos casos, se requerirá revisar los tiempos verbales de nuestros textos para que no pierdan vigencia.
  - En otros, será necesario establecer un momento determinado porque así lo exija el contenido de lo que estamos escribiendo.
- **El contenido debe ser claro y estar bien organizado**. Hay que tener en cuenta que, al abrir una página web, la vista sigue un patrón muy claro: escanea la página de arriba abajo y a la izquierda. La claridad puede conseguirse con enlaces, listas numeradas y limitación de la extensión. También es importante:

Evitar errores ortográficos y gramaticales.

Centrar y estructurar bien **el tema**.

Dar un formato de **buena visibilidad** a los enlaces.

Usar números. En el mundo digital es mejor decir 15 que quince.

No incorporar texto en formato de imagen por si el lector quiere copiarlo.

No abusar de los marcadores tipográficos, es decir, no usar a la vez negrita + cursiva + mayúscula...

Usar elementos visuales que llamen la atención sobre las ideas más importantes para facilitar la lectura.

El **texto ancla** al que lleva un enlace también debe **ofrecer una estructura clara** que se relacione con la idea general del texto al que está enlazado.

Usar la cursiva para las obras de creación, los nombres de los sitios web, wikis y documentos electrónicos, y **las comillas** para los componentes de dichas obras.

Astronomía | Grandes personajes | Historia | Igualdad

Hipatia de Alejandría: matemáticas contra la intolerancia

Los sabios antiguos, como en el caso de los griegos, eran pensadores de amplio espectro; una misma persona podía ser médico, matemático, astrónomo y filósofo. Esto parece algo imposible en nuestros días, con el aumento del grado de especialización y los esfuerzos necesarios para ser un experto en un campo determinado.

En el caso de **Hipatia de Alejandría** (siglos IV y V) desarrolló una gran labor científica en campos como las **matemáticas** y la **astronomía**. La historia ha ido demostrando las aptitudes de las mujeres en ciencia y cómo no existe ninguna desventaja intelectual de ellas frente a los hombres. La brecha de género es simplemente una cuestión de roles sociales asignados durante siglos a uno y otro género.

Hipatia estuvo muy influenciada en el mundo intelectual por su padre **Teón**, filósofo y matemático griego que fue el **último director del Museo de Alejandría**. La educación impartida por su padre fue una educación liberal, conociéndose hoy a Hipatia como la legendaria pensadora libre ante la intolerancia. Fue una mujer libre, educada en la **escuela neoplatónica** y líder de las creencias neoplatónicas en Alejandría. Nunca se casó: a pesar de su belleza y elocuencia, dedicó su vida al trabajo científico.

Su labor investigadora se vio reflejada en numerosos manuscritos, como los "Comentarios a la Aritmética de Diofanto". **Diofanto** fue un matemático griego que vivió a lo largo del siglo III y fue considerado el **padre del álgebra y la aritmética**, cuyos trabajos se centraron en ecuaciones algebraicas y teoría de números. De su nombre vienen las **ecuaciones diofánticas**. En una edición de este libro de Diofanto fue donde **Pierre de Fermat** escribió su famosa frase:

> **Por el contrario, no se puede dividir un cubo en dos cubos, ni un bicuadrado en dos bicuadrados, ni en general una potencia superior al cuadrado, hasta el infinito, en dos potencias del mismo grado: he encontrado una demostración verdaderamente admirable de esta afirmación. La exigüidad del margen no podría contenerla.**

El carácter especial de Hipatia, con un trato de iguales a todos sus pupilos, ya que eran educados desde la tolerancia y la racionalidad, despertó una serie de envidias que levantarían a muchos enemigos en su contra. Como pagana, partidaria del racionalismo científico griego y personaje político influyente, amiga de Orestes, sufrió la intensa hostilidad entre Cirilo (fanático cristiano, obispo de Alejandría) y Orestes. Las acusaciones en su contra de blasfema y anticristiana, por el simple hecho de negarse a traicionar sus ideales y dejar el paganismo, propició la emboscada del obispo Cirilo, que arrastró a las masas populares para asesinarla brutalmente.

La vida de Hipatia fue una vida interesante. La vida de una mujer fuerte, luchadora por sus ideales y que emprendió el estudio de las ciencias en unos siglos en que a las mujeres se les negaba el acceso al conocimiento.

"Hipatia de Alejandría: matemáticas contra la intolerancia" (adaptación), 20 de octubre de 2016, *bbvaopenmind*. Web [Consulta: 10 de diciembre de 2020].

22. Analiza la escritura de esta página web que habla sobre Hipatia de Alejandría, comentando los elementos que has aprendido en el apartado de *La gramática de la red*.

1.5 Las *fake news*

Las ***fake news*** son **noticias falsas** que se difunden por las redes sociales, lo que permite que los usuarios sean productores y consumidores, a la vez, de este tipo de engaño fabricado. Otra de sus características más señaladas es su difusión en cuestión de segundos, lo que puede llegar a provocar una gran alarma social.

La posverdad

El director de la Real Academia Española de la Lengua, Darío Villanueva, definió la **posverdad** como "aquella información o aseveración que apela a las emociones, creencias o deseos del público en lugar de a hechos objetivos".

Las graves consecuencias que puede acarrear la difusión de las *fake news* exigen que nosotros, los propios productores y consumidores de las mismas, aprendamos a reconocer una información falsa o equivocada antes de divulgarla.

La posverdad

Tipos de información falsa

Según First Draft, asociación creada para concienciar sobre la necesidad de la verdad en la era digital, existen los siguientes **tipos de información falsa**:

- Contenido inventado (completamente falso).
- Contenido impostor (suplanta fuentes genuinas).
- Contenido manipulado (textos o imágenes reales manipuladas para variar su sentido).
- Contenido falso (información real sacada de contexto).
- Omisión de contenido (elimina partes de la información para sesgar la noticia).
- Sátira o parodia (el contenido es irónico y no busca engañar pero puede tener ese efecto).

Detectar una información falsa

Antes de dar total credibilidad a una noticia difundida por la red, conviene tener en cuenta los siguientes aspectos para cerciorarse de que lo que leemos es cierto:

- Comprobar las fuentes desconfiando de cualquier URL extraña.
- No quedarse solo con la primera información, hay que pinchar en el desarrollo o en los enlaces para comprobar adónde lleva.
- Verificar la autoría y comprobar quién firma esa noticia.
- Desconfiar de los titulares, en muchos casos son engañosos.
- Investigar la fuente de la noticia antes de compartirla.
- Comprobar el formato. La mayoría de las páginas de noticias falsas tienen muchos errores ortográficos o gramaticales.
- No dar total credibilidad a las fotografías o vídeos, ya que pueden estar manipulados.
- Consultar la misma noticia en otras fuentes para comprobar si hay coincidencias.
- Mantener siempre una actitud crítica. No hay que ser crédulo, puede ser que detrás de una página de la red haya alguien que simplemente quiera manipularnos a través del engaño.

"La desinformación y la propaganda afectan intensamente a la democracia, erosionan la credibilidad de los medios tradicionales e interfieren en el derecho a recibir información, y pueden aumentar la hostilidad y el odio en contra de ciertos grupos vulnerables de la sociedad".

Edison Lanza, relator Especial para la Libertad de Expresión de la Comisión Interamericana de Derechos Humanos.

Aplico

23. Comenta con tus compañeros y compañeras los casos que se proponen a continuación:

La Policía Nacional ha detenido en Sevilla a un menor que suplantó a un compañero de su clase en diferentes perfiles en redes sociales ofreciéndose a maltratar animales y mujeres con el número de teléfono de la víctima, que llegó a recibir un millar de llamadas y mensajes.

"Detienen a un menor por suplantar la identidad de un compañero en redes sociales ofreciéndose a pegar a animales y mujeres", 27 de abril de 2018, *laSexta*. Web [Consulta: 10 de diciembre de 2020].

Octubre de 2016. Aparece una información sobre el hallazgo de miles de votos fraudulentos a favor de Clinton en un almacén de Ohio. Estaban en urnas selladas y se contaron junto con los legales. Una de las webs que difundió la noticia logró 6,1 millones de lectores, según explica y recoge la CNN.

Gerard Mateo: "Las 10 *fake news* más sorprendentes de los últimos años", 15 de octubre de 2020, *Crónica global*. Web [Consulta: 10 de diciembre de 2020].

La hija mayor de la familia Cibernauta es muy activa en las redes sociales. Un día, tras recibir numerosos mensajes de desconocidos, descubre que alguien ha creado un perfil falso con su información personal en una famosa red de citas.

"Un doble en la red", 27 de marzo de 2019, OSI. Web [Consulta: 10 de diciembre de 2020].

Comprendo y aplico

¿Son una amenaza?

El mayor peligro reside en la facilidad para crear este tipo de fraudes, y es que con una aplicación cualquier persona puede crear un vídeo falso pero muy creíble. Si ya es difícil detener la viralización de noticias falsas por la red, imaginemos si se trata de un formato en vídeo con la rapidez que tienen para extenderse por todo Internet.

Por otro lado, al ritmo al que avanza esta tecnología, en poco tiempo será casi imposible identificar si se trata de una falsificación o no, llegando a crear verdaderos estragos en la credibilidad o reputación de una persona. Si las noticias falsas ya influyen en temas tan importantes como en la crisis sanitaria que estamos viviendo actualmente debido al coronavirus, imaginemos lo que podría conseguirse con las *deepfakes*.

¿Te imaginas a un personaje conocido con cierta reputación dando unas declaraciones en las que dijera que el COVID-19 es un virus de laboratorio cuyo principal objetivo es reducir el número de habitantes de la Tierra? Aunque parezca mentira, con esta tecnología sería posible manipular imágenes y la voz de dicho personaje para poner en circulación un discurso de estas características y crear alarma y confusión en la sociedad, además de manchar su imagen personal.

Afortunadamente, grandes compañías como Facebook, Twitter y Google (mediante la herramienta Assembler) están tomando cartas en el asunto para poner freno a este tipo de contenidos multimedia falsos.

"*Deepfakes*, ¿cómo se aprovechan de esta tecnología para engañarnos?" (adaptación), 1 de abril de 2020, OSI. Web [Consulta: 10 de diciembre de 2020].

Los ciberdelincuentes emplean *deepfakes* para manipular imágenes, vídeos y archivos con consecuencias mucho más graves que una noticia falsa.

24. Lee el texto y realiza las actividades:

a. Explica qué es una *deepfake*.

b. Busca ejemplos de *deepfakes*, analízalos (cómo se han manipulado, por qué crees que se ha hecho, quién puede haberlo hecho) y explica las consecuencias que ha podido provocar su uso.

c. Elabora un texto en el que expliques las veces que has compartido vídeos, memes, imágenes, textos, etc., cuya procedencia desconocías, y llega a conclusiones.

Escucho, hablo y escribo

1. Reflexiono sobre el control a través del móvil. El uso del móvil

1. Escucha las palabras de Marta Peirano sobre cómo nos vigilan y controlan a través de los móviles y responde a las preguntas que tienes a continuación:

   a. ¿Cuál es el tema de esta charla?

   b. ¿Por qué crees que la compañía telefónica alemana no quería dar los datos que pedía Malte Spitz?

   c. ¿Qué obliga a todas las compañías de telefonía europeas a conservar los datos?

   d. ¿Cuánto tiempo están obligados a hacerlo?

   e. ¿Qué reflejan esos datos?

   f. ¿Qué supone el hecho de que prácticamente todos los ciudadanos tengamos un teléfono móvil inteligente?

   g. ¿Por qué esto para la oradora puede llegar a ser muy peligroso?

   h. ¿Qué consecuencias puede acarrear?

   i. La oradora pone varios ejemplos del poder y peligro de la posesión de datos por parte de los gobiernos, ¿cuáles son?

   j. ¿Qué medidas propone para que nos protejamos de la intrusión y control de nuestra privacidad?

2. Doy mi opinión. Los buscadores de Internet

1. Dividíos en pequeños grupos y dad vuestra opinión sobre la siguiente cuestión:

   "Uno de los buscadores más importantes de Internet admite anuncios sobre venta de marfil. Los otros buscadores ya han bloqueado esos anuncios, puesto que suponen un comercio mortal para los elefantes y ponen en peligro la especie".

   a. Comentad el tema durante 10 o 15 minutos.

   b. Cada uno de vosotros deberá dar su opinión al respecto.

   c. Pensad entre todos en las acciones que se pueden llevar a cabo para evitar que ese buscador siga permitiendo el acceso a las empresas que comercializan con marfil.

   d. Extraed conclusiones y redactad una carta al director de un diario en el que denunciéis el asunto.

3. Hablo sobre la privacidad. La protección de datos en Internet

1. En pequeños grupos, reflexionad sobre:

   a. ¿Cuántas veces hemos expuesto nuestra privacidad en las redes sociales? Comentad las experiencias de cada uno.

   b. ¿Qué intentabais conseguir?

   c. ¿Mereció la pena?

   d. ¿Cuántas veces hemos intentado proteger nuestra identidad y nuestra privacidad antes de publicar un comentario, una foto o escribir un tuit?

   e. ¿Qué has hecho para ello?

   f. ¿Conocéis ejemplos reales de situaciones en las que se hayan producido casos de pérdida de privacidad, intimidad, etc.?

   g. ¿Qué consecuencias ha traído? Buscad ejemplos en la prensa, recortad las noticias y comentadlas en clase.

   h. ¿Consideráis necesario, imprescindible o solo recomendable la protección de datos en Internet? Razonad vuestra respuesta.

   i. Para finalizar, un miembro de cada grupo expondrá las conclusiones a los demás.

   j. Después, entre toda la clase podéis iniciar un debate sobre el tema aprovechando que os habéis documentado.

4. Analizo una reflexión. Las nuevas tecnologías

1. En parejas, leed la siguiente reflexión de Juan José de Haro y comentad si estáis de acuerdo o no:

> Las nuevas tecnologías condicionan la forma en que los alumnos se relacionan entre ellos y acceden a la información. Hasta hace pocos años, las fuentes se limitaban prácticamente al profesor y a los libros, pero en la actualidad, la información está presente de forma inagotable y su acceso es casi inmediato a través de Internet.
>
> Gracias a este acceso universal, encontramos alumnos que son "expertos" en determinadas áreas del conocimiento que son de su interés. Si ellos ahora son capaces de aprender de forma autónoma, significa que algo ha cambiado en el modo de aprendizaje.

5. Escucho un audio sobre las redes sociales. El uso de las redes sociales

1. Escucha este audio sobre las ventajas y desventajas del uso de las redes sociales y responde a las preguntas:
   - a. ¿Para qué usan los jóvenes las redes sociales, de acuerdo a la encuesta realizada por el grupo JOITIC?
   - b. ¿Con qué retos se enfrenta el docente en las aulas de hoy en día?
   - c. ¿Qué ventajas tiene el uso de redes sociales educativas? ¿Y qué desventajas?
   - d. ¿Se adopta alguna postura determinada? Razona tu respuesta.
   - e. ¿Ofrece algún consejo sobre el uso de las redes sociales? ¿Qué opinas al respecto?

6. Hablo sobre la ideología de los textos. Los textos en Internet

1. Lee el siguiente texto y responde a las preguntas:

> *Leer críticamente o ser crítico al leer y escribir* significa, en pocas palabras, ser capaz de gestionar la ideología de los escritos, tomando el término *ideología* en un sentido muy amplio y desprovisto de las connotaciones negativas que tiene este vocablo en la calle.
>
> La ideología es cualquier aspecto de la mirada que adopta un texto: si es de izquierdas, derechas, pero también si es machista, racista, ecológico, tecnológico, etc.
>
> Daniel CASSANY: "Literacidad crítica: leer y escribir la ideología" (adaptación), *Sedll*. Web [Consulta: 10 de diciembre de 2020].

   - a. ¿Crees que todos los textos que lees tienen ideología?
   - b. ¿Qué significa para ti *tener ideología*?

2. Ahora, escuchad la entrevista a Daniel Cassany y, entre toda la clase, responded a las preguntas:
   - a. ¿Qué significa el concepto de literacidad crítica?
   - b. ¿A qué se refiere con "basura textual"?
   - c. ¿Manifiesta alguna opinión sobre qué era mejor: la lectura hace veinte años o la lectura de ahora?
   - d. ¿De qué manera leemos y escribimos? ¿Es distinto a como se hacía antes? ¿Qué postura adopta el entrevistado respecto a este tema?
   - e. ¿Por qué leer en Internet es mucho más difícil?
   - f. ¿Qué es el entorno 1.1 y qué pasos son necesarios para su implantación?
   - g. ¿Qué papel debe desempeñar el profesorado?

3. En grupos de cuatro o cinco, comentad si vosotros sois capaces de distinguir la ideología de un texto. Responded a las preguntas y anotad la conclusión a la que lleguéis:
   - a. ¿Es más fácil distinguir la ideología en textos que se leen en pantalla con acceso a Internet o en textos sin acceso a Internet? ¿Por qué?
   - b. Finalmente, comentad entre toda la clase las conclusiones que ha obtenido cada grupo.

4. Elabora un texto argumentativo de unas 25 líneas sobre el siguiente tema:
   ¿Son más competentes los lectores de generaciones anteriores a la nuestra o somos más competentes los lectores que hemos crecido en la era digital?

1. El léxico en la red

Se llama sesgo de confirmación al vivir encerrado en una burbuja discursiva que confirma nuestras creencias previas. Es algo que hace la inmensa mayoría. La elección de los medios que se ve, se escucha o se lee (o la gente que se frecuenta) se decide según se tenga tal o cual ideología política o tal creencia sociocultural. El neurocientífico Antonio Damasio mostró que el razonamiento depende de reacciones emocionales. Cuando las áreas emocionales del cerebro están dañadas, las personas no se hacen más racionales, sino que pierden la capacidad de evaluar proposiciones intuitivamente. Este descubrimiento confirma la intuición que ya en el siglo XVIII había tenido Hume: "La razón es esclava de las emociones".

Daniel Molina: "Sobre la desinformación programada, las *fake news* y otros relatos" (adaptación), 28 de agosto de 2018, *Medium*. Web [Consulta: 10 de diciembre de 2020].

Antonio Damasio.

David Hume.

1. Tal y como lo has entendido en el texto, explica el significado de las siguientes palabras o expresiones:
   - sesgo de confirmación
   - burbuja discursiva
   - ideología política
   - creencia sociocultural
   - neurocientífico
   - reacciones emocionales
   - intuitivamente
   - esclava de las emociones

2. **La creación de las nuevas palabras.** En el mundo de Internet, el inglés es el idioma de comunicación del que tomamos muchas palabras, y las transformamos o les damos forma con los recursos propios de nuestro idioma a través de los procedimientos de derivación o composición. A partir de las siguientes palabras forma otras que se hayan derivado de ellas y explica su significado:
   - chat
   - *blogger*
   - *retwit*
   - Google
   - *hacker*
   - *map*
   - *click*
   - *twit*
   - *post*
   - *plot*
   - *pixel*
   - *crack*

3. Observa esta infografía y responde a las preguntas:

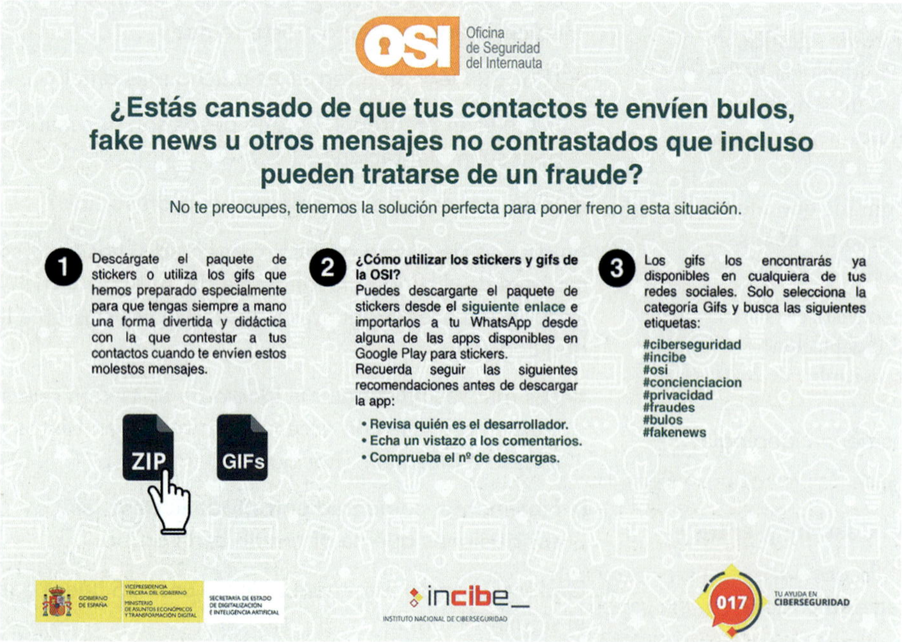

a. ¿Qué significan las palabras del ámbito de las redes sociales y los *hashtags*?

b. Transforma la infografía en un pequeño tuit de 140 palabras.

4. Lee las siguientes siglas, palabras o frases pertenecientes al mundo de Internet y realiza las actividades:

- cortafuegos
- hipertexto
- *webmail*
- grupos de noticias
- interfaz gráfica
- avatar
- Internet Protocol
- NIC
- podcasting
- rúter
- cargar
- RSS
- *spam*
- Linux
- URL
- explorador
- *webmaster*

a. Busca el significado y escríbelo en tu cuaderno.

b. Elabora un glosario eligiendo algún criterio de clasificación (alfabético, por campos de contenido, por frecuencia de uso... o cualquier otro que se te ocurra).

c. Añade más palabras o expresiones y clasifícalas de acuerdo a los criterios que hayas seguido en el punto anterior.

5. Forma palabras derivadas o compuestas a partir de los componentes que te ofrecemos en los recuadros y que pertenezcan al mundo de la informática. Explica qué proceso de formación han seguido y el significado de cada una de sus partes:

ciber- micro- video- wiki- web-

El léxico de la informática se enriquece con palabras nuevas formadas a partir de prefijos, muchos de ellos procedentes del inglés: *ciber-*, *hiper-*, *web-*...

6. Otra forma de incorporación léxica en el mundo de la informática es la creación de compuestos sintagmáticos. Busca el origen y el significado de los siguientes compuestos sintagmáticos:

- ancho de banda
- autopista de la información
- base de datos
- dominio público
- caballo de Troya
- conexión remota
- lista de distribución
- motor de búsqueda
- fibra óptica
- foro de debate
- comunidad virtual
- entorno digital

7. Busca en la Ortografía de la RAE las páginas dedicadas al uso de las siglas, los acrónimos y los acortamientos, y explica la formación de las siguientes según la normativa de la RAE:

CD-ROM JPEG HTML PDF *e-mail* internauta MP3 Internet MAC mega *nick*

8. Uno de los procedimientos habituales para la creación de nuevas palabras es lo que se llama la **resemantización**, es decir, la creación de significados nuevos a partir de significantes ya existentes. Como sucede en otros casos, muchos de estos procesos proceden del inglés. Hay que señalar el carácter metafórico de este procedimiento, ya que se establece una relación semántica entre dos conceptos que pueden guardar cierta semejanza entre ellos: *ventana*, *ratón*... Explica el proceso de resemantización de los siguientes términos:

nube • archivo • navegar • subir • enlace • sitio
ventana • ratón • protocolo • servidor • portal • tableta • cargar

ACTIVIDADES

1. Observa el siguiente mapa conceptual y fíjate bien en todos los temas. Desarrolla una tabla de contenido para una wiki y escribe la primera página de la misma con todos sus componentes:

2. Busca algún foro que te interese y participa en él. Como muchos de ellos te dan la posibilidad de enviar los comentarios a tu correo electrónico, imprime la conversación y llévala a clase. Después, coméntala con tus compañeros y compañeras, y contesta:

   a. ¿El tono ha sido apropiado?

   b. ¿Algún participante ha dicho cosas inapropiadas? ¿Cómo han reaccionado los demás?

   c. ¿Has revisado la vista preliminar antes de hacer clic en enviar respuesta?

3. Para aprender a distinguir las *fake news*, también debes aprender a escribirlas usando su misma técnica.

   Para ello, lee la siguiente noticia falsa fijándote en su estructura, su lenguaje, sintaxis, etc., y realiza las actividades que hay a continuación:

> Dos nuevos metaanálisis confirman la asociación entre el mercurio contenido en algunas vacunas y el autismo. Afortunadamente, ninguna de las ineficaces vacunas contra la gripe recomendadas en los últimos años en España contenía como conservante el timerosal cuyo principal componente es el etilmercurio, derivado del mercurio, claramente neurotóxico, utilizado durante décadas en distintas vacunas. Hoy en Europa, gracias a la presión internacional que denuncia sus peligros, cada vez son menos las que lo utilizan entre sus conservantes, pero no es así aún en Estados Unidos. Lo vergonzoso es que durante décadas se negó que el mercurio de las vacunas fuera peligroso y hay cientos de miles de personas afectadas a las que no se ha pedido siquiera perdón ni ha pagado nadie por ello con la cárcel.

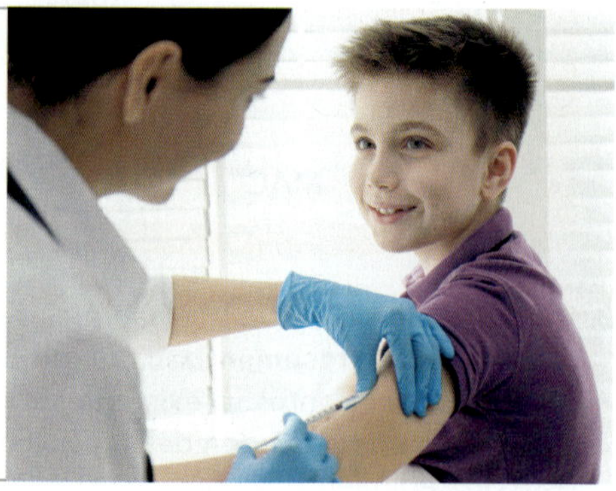

   a. Escribe dos noticias falsas junto a otras noticias que sí sean ciertas.

   b. Cuando terminéis, leedlas en alto. Vuestros compañeros y compañeras deben opinar sobre cuál de ellas es falsa. Si no lo adivinan es que lo has hecho francamente bien.

4. Ya sabes la importancia de encontrar un título que contenga gran carga informativa y sea lo suficientemente llamativo como para que el lector se pare en tu texto. A continuación, realiza las siguientes actividades:

a. Busca información sobre las siguientes novelas y sustituye su título por uno metafórico, es decir, por uno compuesto por una metáfora, como, por ejemplo: *Semilla de sueños*. Justifica tu respuesta:

- *Fortunata y Jacinta*, de Benito Pérez Galdós.
- *La Regenta*, de Leopoldo Alas, Clarín.
- *La plaza del Diamante*, de Mercè Rodoreda.
- *La familia de Pascual Duarte*, de Camilo José Cela.

b. Pon un título adecuado a las siguientes exposiciones o argumentaciones:

- Has escrito sobre la personalidad de Federico García Lorca.
- Has investigado sobre las consecuencias que ha tenido la última crisis económica en los barrios que conforman tu localidad.
- Has hecho un comentario de un poema de Francisco de Quevedo.
- Has contado una noticia importantísima que ha sucedido hoy en tu centro escolar.

c. ¿Por qué este título no es adecuado? Reescríbelo y justifica tu respuesta:

- Aplicaciones prácticas de los procesadores de textos para la enseñanza secundaria dentro del marco del desarrollo de las competencias en Tecnologías de la Información y Comunicación.

5. Explica en tu cuaderno los significados implícitos en el siguiente texto. Observa lo destacado en verde, algunos términos que pueden contener otros significados:

> El dato del paro registrado de noviembre sorprendió favorablemente. Este es un mes estacionalmente desfavorable para este indicador. En los años de expansión (de 2001 a 2007) se produjo un aumento medio de 44 000 parados respecto al mes anterior y durante los años de recesión (de 2008 a 2013), de 64 500. Ya el pasado año sorprendió con una disminución de 14 700 y este año ha vuelto a sorprender con una caída de 27 000.
>
> A la vista de esta secuencia de datos, es posible que estemos en presencia de un cambio en la estacionalidad, que se vuelve menos desfavorable en este mes, a lo que cabe añadir que la economía está creando empleo ahora a buen ritmo, que la población activa ya no crece como en los años de expansión y que este indicador es bastante volátil en su comportamiento, como consecuencia de la metodología de su elaboración.
>
> El dato recoge el número de parados en el último día laborable del mes. En octubre ese día fue viernes y en noviembre, lunes. Sabemos que al acabar los viernes se dan de baja miles de afiliados a la Seguridad Social y, por tanto, suben los parados, y los lunes sucede lo contrario, lo cual explicaría en gran parte el dato tan positivo de este último mes.
>
> Ángel Laborda: "Menos parados, pero más desprotegidos" (adaptación), 6 de diciembre de 2015, *El País*. Web [Consulta: 11de diciembre de 2020].

6. En grupo, realizad la siguiente actividad:

a. Elaborad una hipernarración colaborativa.

b. Utilizad una wiki para estructurar los capítulos en la tabla de contenido.

c. Cada miembro del grupo debe completar un capítulo.

d. Enriqueced la narración con enlaces, imágenes, etc.

e. Debe ser un relato de ficción y seguir la estructuración típica de dichos relatos.

Los jóvenes se sienten incompletos sin Internet y las redes sociales

Las nuevas tecnologías, Internet y las redes sociales se han convertido en algo indispensable en la sociedad, y especialmente en los jóvenes entre 16 y 26 años. Tanto es así que ellos mismos admiten "sentirse aislados, incomunicados e incompletos y que no sabrían cómo rellenar rutinas, integrarse o socializarse" si no las tuvieran, según las conclusiones del estudio *Jóvenes y comunicación. La impronta de lo virtual.* [...] Tienen dificultad para ignorar o rechazar peticiones de comunicación y amistad e incluso saben que pueden sentir una cierta dependencia. [...]

El uso intensivo de Internet se ve reforzado por el alto reconocimiento que obtiene como medio de entretenimiento y de circulación de información. A pesar de esto, los datos del estudio muestran también las contradicciones y dualidades que existen. Por ejemplo, las redes sociales "facilitan hacer nuevas amistades" (74 % ambos sexos) pero también que "la gente se aísle más" (74,8 % hombres, 72,5 % mujeres) o "se vuelva más perezosa" (72,7 % hombres, 76,2 % mujeres).

Según los jóvenes, aprender a compatibilizar sus dos "yoes" (el *online* y el *offline*) es algo fundamental, pues se trata de elementos complementarios que deben ser coherentes y equilibrados, nunca contradictorios. Los jóvenes no se relacionan menos por pasar más tiempo en las redes sociales, sino que se relacionan de otra manera.

En la siguiente tabla se puede observar la utilidad que tiene Internet para los jóvenes de entre 12 y 18 años:

Pasar el rato	95,1
Compartir contenidos propios	81,9
Saber lo que ocurre	81,8
Encontrar información necesaria	80,2
Hacer amigos	67,5
Hacer los deberes mejor	61,4
Decir lo que pienso	55,6
Aprender mejor, sacar mejores notas	40,3

Pero, a pesar de los datos, y del estereotipo que existe alrededor de que los jóvenes nacen conociendo a la perfección cómo se manejan las redes sociales y todo lo que tenga que ver con las TICS porque se les considera "nativos digitales", nada está más lejos de la realidad. Necesitan un continuo aprendizaje y esfuerzo por "la complejidad de compatibilizar y gestionar su yo *online* (es decir, lo que se es dentro de la red) y su yo *offline* (fuera de la red).

Los jóvenes entienden que las redes son el lugar donde deben estar: facilitan nuevos procesos de integración pero también de exclusión. Todo pasa en las redes sociales y lo que no pasa en ellas se gestiona allí.

Beatriz G. Portalatín:"Los jóvenes se sienten incompletos sin Internet y las redes sociales" (adaptación), 9 de abril de 2014, *El Mundo*. Web [Consulta: 16 de diciembre de 2020].

Comprendo y aplico

1. Explica el significado del "yo" *online* y del "yo" *offline*.
2. Desde tu punto de vista, ¿son ciertas las consecuencias contradictorias que trae consigo el uso de las redes sociales?
3. ¿Te ves reflejado en la tabla que analiza el uso habitual de las redes? Justifica tu respuesta.

El infinito en un junco

Somos los únicos animales que fabulan, que ahuyentan la oscuridad con cuentos, que gracias a los relatos aprenden a convivir con el caos, que avivan los rescoldos de las hogueras con el aire de sus palabras, que recorren largas distancias para llevar sus historias a los extraños. Y cuando compartimos los mismos relatos, dejamos de ser extraños.

Hay algo asombroso en el hecho de haber conseguido preservar las ficciones urdidas hace milenios. Desde que alguien narró por primer vez la Ilíada, las peripecias del viejo duelo entre Aquiles y Héctor en las playas de Troya nunca han caído en el olvido. Como escribe Harari, un sociólogo arcaico que hubiera vivido hace 20000 años, bien pudiera haber llegado a la conclusión de que la mitología tenía muy pocas posibilidades de sobrevivir. Al fin y al cabo, ¿qué es un cuento? Una secuencia de palabras. Un soplo. Una corriente de aire que sale de los pulmones, atraviesa la laringe, vibra en las cuerdas vocales y adquiere su forma definitiva cuando la lengua acaricia el paladar, los dientes o los labios. Parece imposible salvar algo tan frágil. Pero la humanidad desafió la soberanía absoluta de la destrucción al inventar la escritura y los libros. Gracias a esos hallazgos, nació un espacio inmenso de encuentro con los otros y se produjo un fantástico incremento en la esperanza de vida de las ideas. De alguna forma misteriosa y espontánea, el amor por los libros forjó una cadena invisible de gente –hombres y mujeres– que, sin conocerse, ha salvado el tesoro de los mejores relatos, sueños y pensamientos a lo largo del tiempo.

Esta es la historia de una novela coral aún por escribir. El relato de una fabulosa aventura colectiva, la pasión callada de tantos seres humanos unidos por esta misteriosa lealtad: narradoras orales, inventores, escribas, iluminadores, bibliotecarias, traductores, libreras, vendedores ambulantes, maestras, sabios, espías, rebeldes, viajeros, monjas, esclavos, aventureras, impresores. Lectores de clubs, en sus casas, en cumbres de montaña, junto al mar que ruge, en las capitales donde la energía se concentra y en los enclaves apartados donde el saber se refugia en tiempos de caos. Gente común cuyos nombres en muchos casos no registra la historia. Los olvidados, las anónimas. Personas que lucharon por nosotros, por los rostros nebulosos del futuro.

Irene Vallejo: *El infinito en un junco* (adaptación). Ed. Siruela, 2019.

ACTIVIDADES

***El infinito en un junco*, de Irene Vallejo**

Comprendo y razono

4. Explica el significado de las siguientes expresiones del texto:
- Gracias a los relatos se aprende a convivir con el caos.
- Preservar ficciones urdidas hace milenios.
- Esta es la historia de una novela coral aún por escribir.
- Donde el saber se refugia en tiempos de caos.

5. Este tema empieza y termina con textos de *El infinito en un junco*. Relaciónalos:

a. ¿Cuál es el tema del primero y de este último? ¿Guardan relación?

b. ¿Cómo se relaciona la palabra escrita y la palabra hablada?

c. Los primeros alfabetos supusieron un gran avance en las relaciones sociales de los individuos. ¿Qué suponen los relatos orales y su transmisión a través de generaciones?

6. ¿Qué incidencia tendrá ahora la escritura digital en la sociedad? ¿Y en el futuro?

7. ¿Crees que en nuestro momento actual se conjugan los tres instrumentos de acceso al conocimiento: la letra escrita, la oralidad y los medios digitales? ¿Se podría prescindir de alguno de ellos? Razona tu respuesta.

8. Explica en un texto tu relación con la escritura, con los relatos orales y con los medios digitales. Haz un ejercicio de introspección, escríbelo y después léeselo a tus compañeros y compañeras.

LENGUA

4 De los sintagmas a la oración

Vincent VAN GOGH: *La noche estrellada* (1928).

Observo...

- Observa el cuadro y lee los 10 datos que tienes en la página de la derecha sobre *La noche estrellada*. ¿Alguna de las diez oraciones tiene un verbo copulativo? ¿Cuál?
- Describe el cuadro en un fragmento breve de unos diez renglones.

... pienso...

- En la oración 1 sobre la *Noche estrellada* de Van Gogh, ¿se puede eliminar el complemento *para enfermos mentales* sin que se pierda el sentido de la oración? ¿Por qué?
- En la oración 2, ¿se puede suprimir *los barrotes de su habitación*? ¿Por qué?

10 datos sobre la *Noche estrellada*

1. Van Gogh pintó el paisaje en un asilo para enfermos mentales.
2. El pintor suprimió del cuadro los barrotes de su habitación.
3. Se inspiró en su Holanda natal.
4. Los cipreses se relacionan con la muerte.
5. Las luces del cielo nocturno fueron capturadas en otros cuadros por el artista.
6. Al pintor no le gustaba este cuadro.
7. La estrella del amanecer es el planeta Venus.
8. Van Gogh no pudo vender nunca el cuadro.
9. Tras la muerte del pintor, su cuñada lo promocionó.
10. El cuadro se encuentra en el MoMa de Nueva York.

... y comparto

- En grupos, observad el cuadro y escribid, a partir de lo que veis, las siguientes oraciones: una oración con verbo transitivo y CD; una pasiva; una copulativa, y una con dos CC, uno de tiempo y otro de lugar.
- A continuación, poned en común con todos los grupos vuestra descripción.

En este tema aprenderás:

- Los tipos de sintagmas.
- Los tipos de sujeto.
- Los elementos del sintagma verbal.
- Las funciones argumentales y adjuntas del SV.
- Las oraciones coordinadas.
- Las oraciones yuxtapuestas.

En marcha...

- Marcus Watney (Matt Damon), el protagonista de *Marte* (2015), se encuentra solo y con pocos alimentos tras sufrir un accidente en Marte. ¿Crees que es normal que esté tan tranquilo ante su mala suerte? ¿Por qué?
- Busca en el diccionario la palabra *día* y después razona el motivo por el cual el protagonista utiliza el término *soles* en lugar de *días*.
- Copia las oraciones y realiza las actividades:
  - *Hagamos cálculos.*
  - *La misión en la superficie iba a durar 41 soles.*
  - *Por seguridad, mandaron comida para 68 días y 6 personas.*
  - *Por suerte, soy botánico.*

¿Cuál es el SN sujeto de las oraciones? ¿Aparece expreso o es tácito y tenemos que deducirlo a partir de las desinencias verbales?

¿En qué oración aparece un verbo copulativo seguido de su atributo? Localízalo.

Resume la escena en tres líneas. ¿Cuántos verbos has utilizado en cada oración, uno o más de uno?

El **sintagma** está formado por una palabra o un grupo de palabras cohesionadas alrededor de un núcleo.

Las amigas simpáticas.
Det N/Nom Adj
SN

El SN anterior está formado un núcleo sustantivo (*amigas*), un modificador (*las*: determinante-artículo) y un complemento (*simpáticas*: adjetivo).

La cohesión y dependencia de estas palabras la puedes ver en la concordancia de género y número que se da entre ellas.

Los sintagmas tienen tres características: cohesión, dependencia y función.

- **Cohesión**. Las palabras que forman un sintagma están cohesionadas alrededor del núcleo de tal manera que si intercambiamos el orden de los sintagmas dentro de una oración, todo el sintagma cambia en bloque:
  Ellos saldrán al patio. Al patio saldrán ellos. Saldrán al patio ellos.
- **Dependencia**. La palabra que cohesiona los sintagmas es el núcleo. El resto de las palabras del sintagma establecen relaciones de dependencia y concordancia de género, número o persona: *Los chicos duermen.*
- **Función**. Los sintagmas cumplen una función sintáctica: sujeto, CD, CI, CC...

Los sintagmas, como las matrioskas, caben unos dentro de otros:

[*Leyó* (SV) [*una novela* (SN) [*de* (SPrep) [*aventuras* (SN)]]]].

1.1 Clases de sintagmas según su núcleo

ELEMENTOS DEL SINTAGMA
- modificadores
- núcleo
- complementos

- **Sintagma nominal**. Su núcleo es un **nombre** o **un pronombre**:
  La casa de madera. *Alguien llamó.*
- **Sintagma adjetival**. Su núcleo es un **adjetivo**: *Muy sucio.*
- **Sintagma adverbial**. Su núcleo es un **adverbio**: *Tan lejos de todo.*
- **Sintagma verbal**. Su núcleo es un **verbo**: *Pasea a su perro.*
- **Sintagma preposicional**. Su núcleo es una **preposición**. Le sigue su complemento, también llamado **término**:

De mi casa. (T/SN) *Por listo.* (T/SAdj) *Desde allí.* (T/SAdv)

Elementos que modifican y complementan al núcleo

Modificador

- Es la función de ciertos **determinantes** y **adverbios** que modifican al núcleo y sus complementos.
- Los modificadores aparecen en posición inicial del sintagma:
  La casa. Solo tú. Tampoco iré. Muy fácil. ¡Qué bien! Más hacia mí.

Complementos

- Son los sintagmas que siguen al núcleo y complementan su significado. Pueden ser: el SN, SAdj, SAdv, SPrep y una oración subordinada.
  Necesito agua. (SN) *La flor azul.* (SAdj) *Trabaja bien.* (SAdv) *Cerca de mí.* (SPrep) *El libro que leo.* (Or. Sub.)

GTG

Los modificadores

- En el SN determinan: *los niños*; o cuantifican: *muchos niños.*
- En el SAdj, SAdv y SPrep normalmente cuantifican: *muy elegante, bastante lejos, justo a la hora.*
- En el SV son de diverso tipo (negación, afirmación, duda): *Sí iré contigo.*

1.2 El sintagma nominal (SN)

El **núcleo del SN** es un **nombre o pronombre** sobre el que pueden incidir varios modificadores y complementos.

La	bicicleta	nueva.
Det	Nom	Adj
Mod	N	SAdj / CN
SN		

Elementos que forman el sintagma nominal (SN)

- **Núcleo (N).** Puede ser un nombre, un pronombre o una locución nominal:

  Pedro duerme. (SN / Nom) *Alguien ha llamado.* (SN / Pron) *Aquello fue un tira y afloja.* (SN / Det + loc. nom.)

- **Modificadores (Mod).** Pueden ser los determinantes y algunos adverbios. Siempre van delante del nombre:

  La tutora. (Mod / Det) *Tres amigos.* (Mod / Det) *Solo Juan.* (Mod / Adv)

- **Complementos**. Pueden ser complementos del nombre:
  - **SAdj**. El núcleo es un adjetivo. Puede ir delante o detrás del núcleo nominal. Su función es la de complemento del nombre (CN):

Un	fantástico	día.
Det	N / Adj	Nom
Mod	SAdj / CN	N
SN		

El	mar	azul.
Det	Nom	N / Adj
Mod	N	SAdj / CN
SN		

  - **SPrep**. El núcleo es una preposición seguida de su término (T). Aparece detrás del núcleo nominal. Su función es la de complemento del nombre (CN):

El	camino	de	la	estación.
Det	Nom	Prep	Mod / Det	N / Nom
		N	T / SN	
Mod	N	SPrep / CN		
SN				

  - **SN**. Este es un SN que complementa directamente al núcleo nominal. Puede ir separado por una coma. Su función es la de aposición (Apos):

  El río Duero. *El Quijote, primera novela moderna.*

Recuerda que...

Las **locuciones nominales** son un grupo fijo de palabras que funciona como un nombre: *cabo suelto, fiebre amarilla, media naranja, pata de gallo, ratón de biblioteca...*

Funciones del SN

El SN puede desempeñar numerosas funciones en la oración:

- **Sujeto**: *Pilar baila.*
- **CD**: *Ella recita un poema.*
- **CI**: *Le pedí un favor.*
- **CCT**: *Esta mañana ha llovido.*
- **Aposición**: *París, capital de Francia.*
- **Atributo**: *Fermín es el médico.*
- **CPred**: *Me han nombrado delegado.*

Aplico y analizo

1. Fíjate en los sintagmas que hemos subrayado e indica de qué clase son según su núcleo:
   - *La bicicleta rueda lentamente.*
   - *Ella pasea sola por el parque.*
   - *Los amigos de Carla hablaban de sus cosas.*
   - *Ismael vivió despreocupado en su infancia.*
   - *Hoy iré al cine con Isabel.*
   - *La película ha sido divertida.*
   - *Por las tardes paseo con mi perro.*
   - *Le he pedido consejo.*
2. Analiza los siguientes SN y señala el núcleo, los modificadores y complementos (SAdj, SPrep, SN):
   - *Tres horas perdidas.*
   - *¡Qué calor insoportable!*
   - *Algunos cuadros de la pared.*
   - *Atenas, capital de Grecia.*
3. ¿Cuál es la función de los SN subrayados?
   - *Yo no les dije eso.*
   - *He leído a Francisco Brines, un gran poeta.*
   - *La casa verde tiene el tejado de pizarra.*
   - *Ha escalado el monte Everest.*

1.3 El sintagma preposicional (SPrep)

Su **núcleo** es una **preposición seguida de un término (T)** o complemento.

La	*casa*	*de*	*mi*	*prima.*
Mod/Det	N/Nom	Prep	Mod/Det	N/Nom
		N	T/SN	
		SPrep/CN		

Elementos que forman el sintagma preposicional (SPrep)

- **Núcleo (N).** Es una **preposición** o **locución preposicional**:

  En el mar. *En relación con ese tema.*

- **Modificadores (Mod).** Pueden ser **adverbios** y **cuantificadores de grado** antepuestos a la preposición (núcleo):

  Justo ***a*** *la hora.* *Solo* ***por*** *ella.* *Más* ***hacia*** *mí.*

- **Complemento.** Sigue a la preposición. Le llamamos **término (T) o complemento de una preposición.** Puede ser:

  – SN: *Almuerzo* ***en*** *el parque.*

en	*el*	*parque.*
Prep	Mod/Det	N/Nom
N	T/SN	
SPrep/CCL		

  – SAdj: *La tenían* ***por*** *ordenada.*

por	*ordenada.*
Prep	N/Adj
N	T/SAdj
SPrep/CPred	

  – SAdv: *El documento se puede consultar* ***desde*** *ayer.*

desde	*ayer.*
Prep	N/Adv
N	T/SAdv
SPrep/CCT	

  – SPrep: *Salió* ***de*** *entre los arbustos.*

de	*entre*	*los*	*arbustos.*
Prep	Prep	Mod/Det	N/Nom
	N	T/SN	
N	T/SPrep		
SPrep/CR			

Recuerda que...

Las **locuciones preposicionales** son un grupo fijo de palabras que funciona como una sola preposición.

Todas las locuciones preposicionales acaban con una preposición: *a raíz de, en caso de, frente a, al margen de, a cargo de...*

Funciones del SPrep

El SPrep puede desempeñar numerosas funciones:

- **CD:** *He visto a tu hermano.*
- **CI:** *Escribió una carta a Inés.*
- **CR:** *Hablaban de sus cosas.*
- **CC:** *Comeré en el bar.*
- **CAg:** *El cuadro fue colgado por Sara.*
- **Atrib:** *Ella es de Jaén.*
- **CPred:** *Lo sorprendieron en pijama.*
- **CN:** *El mensaje de correo.*
- **CAdj:** *Harto de sus promesas.*
- **CAdv:** *Lejos de casa.*
- **Término:** *Voy a por un café.*

Aplico y analizo

4. Analiza los SPrep subrayados indicando sus elementos (núcleo, modificador y complemento):

- *Llegó justo en el momento exacto.*
- *Vendrá a la fiesta solo por la comida.*
- *Mueve el cuadro más hacia la izquierda.*
- *Estoy en casa precisamente desde ayer.*
- *Eso nos pasa por tontos.*
- *La culebra surgió de entre los rosales.*
- *El móvil sonó durante la clase.*
- *Estaba satisfecho con su trabajo.*

5. Escribe una oración simple con estos SPrep y después analiza los elementos que compone cada SPrep:

- *De ayer.*
- *Exactamente a las tres.*
- *Más hacia el interior.*
- *De entre la basura.*
- *Por sencillo.*
- *De listo.*
- *Para ella.*
- *Desde aquí.*

6. Construye oraciones con estos SPrep:

V. intransitivo + SPrep

V. transitivo + SPrep

V. copulativo + SPrep

V. copulativo + SPrep cuyo término sea un SN

1.4 El sintagma adjetival (SAdj)

Su **núcleo** es un **adjetivo** y puede ir acompañado de modificadores y complementos.

Muy	*generoso*	*de*	*corazón.*
Adv	Adj	Prep	N/Nom
		N	T/SN
Mod	N	SPrep/CAdj	
SAdj			

Elementos que forman el sintagma adjetival (SAdj)

- **Núcleo (N)**. Es un **adjetivo** o una **locución adjetiva**: *bueno, hasta el cuello*.
- **Modificadores (Mod)**. Son **adverbios** antepuestos al núcleo del adjetivo que lo gradúan: *muy sencillo*; *bastante rápido*.
- **Complementos**. Siempre son **SPrep** y van pospuestos al núcleo.

Rebelde	*durante*	*la*	*adolescencia.*
N/Adj	N/Prep	Mod/Det	N/Nom
		T/SN	
	SPrep/CAdj		
SAdj			

1.5 El sintagma adverbial (SAdv)

Su **núcleo** es un **adverbio** y puede ir acompañado de modificadores y complementos.

Muy	*cerca*	*de*	*casa.*
Adv	Adv	Prep	N/Nom
		N	T/SN
Mod	N	SPrep/CAdv	
SAdv			

Elementos que forman el sintagma adverbial (SAdv)

- **Núcleo (N)**. Es un **adverbio** o una **locución adverbial**: *aquí*; *en broma*.
- **Modificadores (Mod)**. Son adverbios antepuestos al núcleo adverbial y que lo gradúan: *bastante bien*; *muy lentamente*.
- **Complementos**. Siempre son **SPrep** y van pospuestos al núcleo: *bastante lejos de la ciudad*.

Funciones del SAdj

- **CN**: *Tengo una silla cómoda.*
- **Atrib**: *Margarita es simpática.*
- **CPred**: *Paco y Andrés viven solos.*

Locuciones adjetivas y adverbiales

De película, de perros, del montón, hasta la coronilla, sano y salvo... son **locuciones adjetivas**.

A salvo, de pasada, a escondidas, en broma, a fuego... son **locuciones adverbiales**.

Funciones del SAdv

- **CC**: *Mis amigos llegarán mañana.*
- **Atrib**: *Yo soy así.*
- **CPred**: *Tras el accidente, los vi bien.*

Aplico y analizo

7. Analiza los sintagmas subrayados. Escribe en tu cuaderno de qué clase son y cuáles son sus núcleos, modificadores y complementos:
   - *Ayer por la tarde estuvo muy calladito.*
   - *Ana era poco comedora durante la infancia.*
   - *En la excursión pasaremos muy cerca del lago.*
   - *No estoy muy seguro de ello.*
   - *Iré a nadar mañana por la tarde.*

8. Escribe una oración simple con estos SAdj y SAdv, y analízalas en tu cuaderno:
   - *Muy bueno con el ordenador.*
   - *Poco afortunado en el amor.*
   - *Antes de esto.*

9. Construye oraciones con estos SAdj y SAdv:
   SAdj con modificador y complemento
   SAdv con modificador y complemento
   Verbo copulativo + SAdv

2 El SN sujeto y el SV predicado

2.1 Del morfema a la oración

La lengua es un sistema articulado mediante el cual podemos comunicar ideas muy complejas gracias a las relaciones que establecen entre sí las siguientes unidades:

- Los **morfemas**. Son las unidades aislables con significado léxico y gramatical que forman las palabras: *sub-mar-ino*.
- Las **palabras**. Son unidades léxicas con significado propio. Se separan unas de otras mediante una pausa obligatoria: *Estos son los nuevos submarinos*.
- Los **sintagmas**. Están formados por una o más palabras cohesionadas alrededor de un núcleo que les da nombre: *Helados de fresa*.
- Las **oraciones**. Son estructuras en las que se relaciona un SN sujeto y un SV predicado.

Los submarinos | *llegarán a puerto*. (a puerto: SPrep)
SN Sujeto | SV Predicado

Las oraciones tienen las siguientes características:

- **Sentido completo**: una oración expresa una idea completa.
- **Final marcado** por un punto en la lengua escrita y por una pausa larga en la comunicación oral.
- **Entonación** independiente y propia en cada oración.

Me gusta el helado de fresa.
SN sujeto (*el helado de fresa*)

Recuerda que...

El sujeto **nunca** puede ser un sintagma preposicional ni tener como núcleo los pronombres átonos personales *me, te, se, nos, os*.

2.2 El sintagma nominal sujeto

El sintagma nominal sujeto (SN Suj) concuerda con el núcleo del predicado (NP) en número y persona cuando el verbo está flexionado.

Observa las siguientes oraciones:

Me gusta	*el helado de fresa.*	⇒	*Me gustan*	*los helados de fresa.*
NP	SN Suj		NP	SN Suj
(3.ª p. sing.) →	(3.ª p. sing.)		(3.ª p. pl.) →	(3.ª p. pl.)

Esta concordancia nos permite distinguir el SN sujeto de otros sintagmas nominales que desempeñan funciones distintas en la oración, porque al cambiar el número del verbo también variará de número el SN sujeto.

Aplico y analizo

10. ¿Cuántas oraciones hay en el siguiente texto? Justifica tu respuesta:

> – Sally se ha ido a por los demás. Creo que está usted rodeado.
>
> –¿Y qué? ¿Qué me pueden hacer? En cuanto a usted, vejestorio, no se le ocurra intentar nada.
>
> No podía. Estaba molido.
>
> Isaac Asimov: *Amigos robots* (adaptación). Ed. Vicens Vives, 2015.

11. ¿Cuál es el SN sujeto de estas oraciones? Para descubrirlo cambia el número del verbo de singular a plural o de plural a singular:

- *Me desesperó su falta de puntualidad.*
- *Me gustan los helados.*
- *El sábado vendrá mi amigo de Sevilla.*
- *El repartidor me trajo el paquete.*
- *Nos alegramos mucho por tu nuevo trabajo.*

12. Cambia de singular a plural el verbo y observa cuál es el SN que cambia con el verbo. ¿Qué función realiza este SN en la oración?

- *Me gusta la fruta troceada.*
- *Le molesta tu pregunta.*

2.3 Clases de sujetos

Según su presencia en la oración, los sujetos pueden ser:

- **Sujeto expreso**. Es un SN presente en la oración: *Tu abuelo es divertido.*
- **Sujeto tácito** [Ø]. No está expreso en la oración, pero podemos deducirlo por las desinencias verbales o el contexto: [Ø: *ellos*] *Llegaron muy tarde.*

Según la voz de la oración, los sujetos pueden ser:

- **Sujeto agente**. El SN sujeto concuerda en número y persona con un verbo de la voz activa: *Andrés llevó el abrigo a la tintorería.*
- **Sujeto paciente**. El SN sujeto concuerda en número, persona y género con un verbo de la voz pasiva perifrástica: *Las camisas fueron llevadas por Andrés a la tintorería.*

ESTRUCTURAS SUJETO

- SN nombre: *El cielo está gris.*
- Or. Sub. sustantiva: *Le preocupa que no venga.* *Me gusta ir al río.*

2.4 Casos especiales de concordancia

Entre sujeto y predicado hay algunos casos especiales de concordancia:

- **Sujeto múltiple**. Tiene las siguientes particularidades:
  - Cuando el sujeto está formado por varios sustantivos precedidos cada uno de un determinante, el verbo debe ir en plural: *Mi primo, mi prima y tu hermana se llevan estupendamente.*
  - Cuando varios sustantivos en función de sujeto comparten el mismo determinante, el verbo va en singular: *La entrada y salida es por ahí.*
  - Cuando en el sujeto participa la persona que habla, el verbo debe ir en 1.ª persona del plural: *Tu amigo y yo iremos al cine.*
  - Cuando en el sujeto no interviene el hablante, pero sí el oyente, el verbo va en 2.ª persona del plural: *Luisa y tú cantáis muy bien.*
  - Cuando en el sujeto no participan ni el hablante ni el oyente, el verbo debe ir en 3.ª persona del plural: *Arturo y su amiga vendrán mañana.*
- **Sujeto colectivo**. Se da en los casos siguientes:
  - Si el sujeto es un nombre colectivo en singular, el verbo va en singular: *El rebaño pastaba tranquilo.*
  - Sin embargo, si el sujeto colectivo en singular va seguido de un SPrep cuya preposición es *de* y el término está en plural, el verbo puede ir en singular o plural: *El colectivo de alumnos fue / fueron a secretaría.*

Aplico

13. Localiza y clasifica en tu cuaderno los sujetos según su presencia en la oración y según sea la voz activa o pasiva:

- *La lista fue escrita ayer.*
- *La lista la escribí ayer.*
- *Juan abrió la puerta.*
- *La puerta fue abierta por el viento.*
- *La puerta se abrió misteriosamente.*

14. Concuerda el verbo con el sujeto de estas oraciones:

- *La banda de músicos* ▭ (tocar) *en la plaza.*
- *La banda* ▭ (tocar) *en la plaza.*
- *La plaza y librería* ▭ (estar) *a la derecha.*
- *El perro y el gato* ▭ (correr) *por el campo.*
- *Carlos y tú* ▭ (salir) *en la función.*
- *Mi hermano y yo* ▭ (vivir) *en Valencia.*

2.5 Las oraciones impersonales

Son impersonales las **oraciones que no llevan sujeto expreso o tácito**. Estas oraciones se construyen con el verbo en **3.ª p. singular**.

Clases de oraciones impersonales:

- Con **verbos atmosféricos**: *Ayer granizó muy fuerte por la tarde.*
- Con los **verbos *hacer*, *estar*** y ***ser*** asociados al tiempo cronológico o atmosférico: *Hace frío*; *Está lloviendo*; *Es muy tarde.*
- Con el **verbo *haber* cuando no es auxiliar** y, por tanto, no va seguido de participio: *Había un árbol caído en el parque.*
- Con ciertos verbos con la partícula pronominal ***se***: *Aquí se come bien*; *En mi casa se saluda a todo el mundo.*
- Con **sujeto inespecífico**. Son aquellas que tienen el verbo en 3.ª persona plural pero su sujeto es desconocido: *Llaman a la puerta.*

Aquí se come bien

En esta oración impersonal, la forma pronominal *se* no tiene función sintáctica y aporta el significado de una expresión indefinida ("La gente en general"). *Aquí se come muy bien.*

2.6 El sintagma verbal predicado

El **sintagma verbal predicado (SV Predicado)** tiene como núcleo un verbo que concuerda con el sujeto en número y persona cuando está conjugado.

SV

- **modificadores**
  - adverbios: *Laura tampoco apareció. Juan todavía duerme. Solo hablará contigo.*
- **núcleo**: *Estudio* (v). *Suelo leer* (perífrasis v.). *Hice las paces* (loc. verbal).
- **complementos**
  - SN: *Tengo las llaves.*
  - SPrep: *Se convirtió en su amigo.*
  - SAdv: *La hicieron aquí.*
  - SAdj: *Llegaron cansadas.*

El SV Predicado tiene como núcleo un verbo, una pertífrasis verbal o una locución verbal. Además puede llevar modificadores y complementos.

Mis	*amigos*	*no*	*han preparado*	*la exposición*	*en la biblioteca.*
Mod/Det	N/Nom	Mod/Adv	NP	SN/CD	SPrep/CCL
SN Sujeto		Sintagma verbal predicado			

2.7 El núcleo del predicado

Pueden ser núcleo del predicado (NP):

- **Verbo en forma personal**.
  - Forma verbal simple: *Carlos canta esa canción.*
  - Forma verbal compuesta: *Carlos ha cantado esa canción.*
  - Forma verbal en voz pasiva: *Esa canción ha sido cantada por Carlos.*
- **Verbo en forma no personal**. Es el núcleo del predicado de una oración subordinada: *Carlos tiene la intención de cantar esa canción.*
- **Locución verbal**. El verbo va acompañado por una o más palabras que no se pueden modificar porque tienen **sentido unitario**: *Ha metido la pata otra vez.*
- **Perífrasis verbal**. Construcción de dos verbos, un auxiliar conjugado y un auxiliado en forma no personal, que pueden estar unidos por una preposición o una conjunción: *Tengo que llamar a Luis.*

Locuciones verbales

Las **locuciones verbales** equivalen a una forma verbal simple: *echar de menos*: "añorar"; *hacer las paces*: "reconciliarse"; *tomar el pelo*: "burlarse"; *echar en cara*: "reprochar"; *meter la pata*: "equivocarse"; *darse cuenta*: "comprender"; *sentar la cabeza*: "madurar"; *poner el grito en el cielo*: "enfadarse"...

Perífrasis verbales

Las **perífrasis verbales** son construcciones con significado unitario formadas por dos verbos unidos directamente, o bien por medio de una preposición o de la conjunción *que*.

Fíjate en los siguientes ejemplos:

Anda	*dormida*	*aún.*	*Me*	*volvió*	*a*	*llamar.*	*Tienes*	*que*	*leer.*
Verbo auxiliar	Verbo auxiliado			Verbo auxiliar	Prep	Verbo auxiliado	Verbo auxiliar	Conj	Verbo auxiliado

Las perífrasis verbales tienen la siguiente estructura:

- Un **verbo auxiliar**. Está en forma personal y aporta a la perífrasis los morfemas de tiempo, aspecto, modo, número y persona que permiten la concordancia con el sujeto:

Tu prima	*tiene que llamar.*	*Tus primas*	*tienen que llamar.*
Sujeto (3.ª p. sing.)	NP (3.ª p. sing.)	Sujeto (3.ª p. pl.)	NP (3.ª p. pl.)

- Una **preposición** o la **conjunción *que***, o sin necesidad de nexos: *Han de venir a las seis. Tienen que venir. Suele llegar temprano.*
- Un **verbo auxiliado**. Está en forma no personal (infinitivo, gerundio o participio) y aporta el significado léxico a la perífrasis: *Anda diciendo eso.*

Clasificación de las perífrasis

- En función del verbo auxiliado, las perífrasis se dividen en:
  - Perífrasis de **infinitivo**: *Tenemos que ir a la piscina.*
  - Perífrasis de **gerundio**: *Ando buscando una bici más barata.*
  - Perífrasis de **participio**: *Llevo leídas cien páginas del* Quijote.
- En función del significado del verbo auxiliar, las perífrasis se dividen en:
  - Perífrasis **modales**. Expresan la actitud del hablante sobre lo enunciado: *Tengo que dormir; Debió de ser un error; Ya puedo ir.*
  - Perífrasis **tempoaspectuales**. Expresan informaciones relacionadas con el tiempo y el aspecto: *Sigue lloviendo.*

RAE

Perífrasis modales

- *Deber* + infinitivo (obligación)
- *Deber* + *de* + infinitivo (probabilidad)
- *Haber* + *de* + infinitivo
- *Parecer* + infinitivo
- *Poder* + infinitivo
- *Tener* + *que* + infinitivo

Perífrasis tempoaspectuales

- *Dejar* + *de* + infinitivo
- *Ponerse* + *a* + infinitivo
- *Soler* + infinitivo
- *Volver* + *a* + infinitivo
- *Acabar* + *de* + infinitivo
- *Ir* + *a* + infinitivo
- *Estar* + gerundio
- *Andar* + gerundio
- *Llevar* + gerundio
- *Seguir* + gerundio
- *Continuar* + gerundio
- *Estar* + participio
- *Tener* + participio

Analizo y aplico

15. Analiza el núcleo de los predicados del texto (tipos de núcleo, verbos en uso personal o impersonal):

> Ya era muy tarde. Aún así salimos bien abrigados de la cabaña y nos dirigimos al punto donde habíamos quedado. Yo echaba de menos mi anorak calentito porque no caí en la cuenta de que, aunque hacía sol, estábamos en pleno mes de enero. De pronto, unos nubarrones nos sorprendieron por el oeste y el cielo se desplomó sobre nosotros. Llovía muchísimo, así que tuvimos que correr todo lo que pudimos para protegernos al abrigo de los árboles. La tormenta solo duró cinco minutos, enseguida salió el sol y volvimos a tomar la ruta inicial que nos había recomendado el guía de la excursión.

16. Construye sintagmas verbales con las siguientes estructuras:

haber impersonal + SN
sujeto múltiple + perífrasis verbal
sujeto tácito + locución verbal
oración impersonal + perífrasis verbal
hacer, ser o *estar* + SAdv

17. Identifica el tipo de perífrasis:

- *Deben cocinar más sano.* obligación modal
- *Van a cocinar más sano.* temporaspectual
- *¿Puedes venir conmigo?* modal
- *Vuelve a venir conmigo.* temporaspectual
- *Debe de ser muy temprano.* modal

Aplico y reflexiono

ACTIVIDADES

1. ¿Qué tipo de sintagmas son estos complementos subrayados?
   - *Compré las entradas en Internet.*
   - *Esta casa es de una película de terror.*
   - *La tía de Juan le ha regalado muchas cosas.*
   - *El concierto de música clásica se ha suspendido.*
   - *Llegamos en el mejor momento.*

2. Identifica la clase de sintagma e indica si estos modificadores subrayados son determinantes o adverbios. Justifícalo en tu cuaderno:
   - *Pocos días.*
   - *Bastante acertado.*
   - *¡Qué rico!*
   - *Su mochila nueva.*
   - *Muy hacia la izquierda.*
   - *Las entradas.*
   - *¿Qué hora es?*
   - *Solo Sara acertó la pregunta.*
3. Clasifica estos sintagmas en tu cuaderno e indica qué elementos los forman:
   - *Aquella chica trabajadora.*
   - *Muy resistente al frío.*
   - *Ese amigo de Isa.*
   - *Antes del amanecer.*
   - *Delante de tu casa.*
   - *Más hacia la derecha.*
4. En algunos sintagmas el núcleo no aparece expreso. A este núcleo, no expreso pero que se sobreentiende fácilmente desde el texto, lo llamamos **núcleo tácito**. Fíjate en el ejemplo:

   Prefiero dos coches, este [Ø: *coche*] *azul y este* [Ø: *coche*] *rojo.*

   Lee las siguientes oraciones, identifica cuáles de ellas tienen un núcleo tácito y señálalo en el cuaderno:
   - *Algunos días me levanto temprano, pero otros no.*
   - *Estas cartas son mías y esas también.*
   - *Estas preguntas las tengo claras, pero varias no.*
   - *Aquella chica es de 4.° y esa de 3.°.*
   - *Me gusta la moto roja pero prefiero la azul.*
   - *Necesito esta libreta y esa también.*
5. Explica las diferencias sintácticas y de significado en estos pares de oraciones. ¿Qué clases de sintagmas aparecen?
   - *Busco un doctor.*
   - *Busco a un doctor.*
   - *Lo tengo en la mochila.*
   - *Lo tengo en cuenta.*
   - *Corro mucho.*
   - *Corro muchas carreras.*
   - *Estamos en clase.*
   - *Pintamos en clase.*
6. Crea oraciones en tu cuaderno que incluyan estas estructuras:

   Mod (Det) + Nom + SN

   V + SN +SPrep

   Mod + Adj + SPrep

   Mod + Adv + SPrep

   Mod + Nom + SAdj

   Mod (Det) + núcleo tácito + Adj

   Mod + Nom + VCop + SAdj

   V + SPrep + SAdv

   Pron + V + SPrep

   Pron +SPrep + V + SN

RAE

La *NGLE* llama **núcleo tácito** al nombre elidido que podemos recuperar por el contexto. A este nombre tácito lo representamos con el morfema [Ø]:

Este (Det) *bar está vacío pero no aquel* (Det) [Ø: *bar*].

Muchos (Det) *niños vinieron; otros* (Det) [Ø: *niños*] *no.*

7. Indica si el núcleo del SN sujeto de estas oraciones está formado por un nombre o un pronombre y señala los elementos que componen ese SN sujeto:

- *Nadie de la clase supo la respuesta de la actividad de matemáticas.*
- *La pregunta de la actividad de matemáticas no tenía respuesta.*
- *Eso es necesario.*
- *Me interesan tus ideas.*
- *Esto tiene buena pinta.*
- *La taza se derramó sobre los apuntes de Lengua.*
- *Internet ha cambiado nuestras vidas.*

8. Localiza los sujetos de estas oraciones y explica cómo los has identificado:

Me gusta el arroz. *Nosotros sacamos adelante el proyecto.*

9. Clasifica los sujetos de estas oraciones según sean expresos o tácitos y activos o pasivos. ¿Cómo los has distinguido?

- *Lo he comprado en el supermercado.*
- *Las plantas se han secado durante las vacaciones.*
- *Juan fue visto por Irene en la terraza de la cafetería.*
- *A Juan le dan miedo las películas de terror.*
- *Elena y yo sabemos que acabaremos el trabajo a tiempo.*
- *El decreto ya ha sido publicado en el BOE.*

10. ¿Qué tipo de núcleos verbales aparecen en estas oraciones?

- *Ya he visto la nueva película de Javier.*
- *Ángel nunca sentará la cabeza.*
- *Tiene partido el corazón.*
- *Siempre anda jugando con sus amigos.*
- *Hasta ayer no me di cuenta de ello.*
- *Se me ha roto la pantalla del ordenador.*
- *¡Cómo te echo de menos!*

11. Justifica si en estas oraciones aparecen locuciones verbales:

- *Por favor, deme la cuenta.*
- *No nos dimos cuenta.*
- *Me ha salido un grano en la cara.*
- *Me lo ha echado en cara.*
- *Le han cortado el pelo.*
- *Le han tomado el pelo.*

12. ¿Cómo diferenciarías estas perífrasis modales y tempoaspectuales?

- *Seguiré leyendo más tarde.* – *¿Puede ir a tu casa?*
- *Debió de leer más tarde.* – *¿Va a ir a tu casa?*

13. Construye oraciones con las siguientes estructuras:

Sujeto expreso + NP (verbo personal)
Sujeto tácito + NP (perífrasis modal)
Oración impersonal + NP (perífrasis tempoaspectual)
Sujeto tácito + NP (perífrasis tempoaspectual)
Sujeto múltiple + NP (perífrasis modal)
Oración impersonal + Verbo *haber*
Oración impersonal + Verbo *hacer*
Sujeto paciente + Verbo *pintar*

El SN sujeto puede aparecer pospuesto al verbo. Este caso es muy frecuente en los verbos de afecto y desafecto: *gustar, disgustar, encantar, desencantar, apetecer, rechazar*...

Me encantan *sus pasos de baile.*
SV Predicado SN Sujeto

Recuerda que...

Las siglas se escriben en mayúscula y sin punto.

BOE
BOLETÍN OFICIAL DEL ESTADO

Poner el grito en el cielo es una locución verbal que significa "enfadarse".

3 Los complementos del sintagma verbal

3.1 Argumentos y adjuntos

Para distinguir argumentos de adjuntos tienes que saber que:

- **Argumentos**. Son argumentos los sintagmas exigidos por el significado del verbo. Así, el verbo *dar* exige tres argumentos en la oración:
  - el sujeto que realiza la acción de dar.
  - el CD: el objeto o ser que se da.
  - el CI: el que recibe lo que se da.

Juan dio el regalo a Susana.

- **Argumentos**. Son argumentos los sintagmas exigidos por el significado del verbo. Así, el verbo *dar* exige tres argumentos en la oración:
- **Adjuntos**. Son complementos que **no están exigidos** por el significado del verbo.

En la oración *Hoy comeremos pasta en mi casa*, podríamos prescindir de los dos sintagmas remarcados sin que la oración sea incorrecta:

Comeremos pasta.

Son **complementos adjuntos del verbo** los **CC**, el **CAg** y, si no está exigido por el significado del verbo, el **CI**.

> **Argumentos implícitos**
>
> Algunos argumentos no aparecen en la oración porque se sobrentienden:
>
> - **Sujeto tácito**: [Ø: yo] *Tengo prisa.*
> - **CD**: *Escríbeme* [una carta].
> - **CI**: *Envíalo* [a alguien].
> - **CR**: *No me fío* [de alguien].

3.2 Complementos argumentales del verbo

El complemento directo (CD)

El **complemento directo (CD)** es un SN o SPrep introducido por la preposición *a*, que nombra a un ser u objeto exigido por el significado de un verbo transitivo.

- Los verbos transitivos necesitan llevar un **complemento directo** para tener significado pleno, por este motivo el CD es un complemento argumental:

El frutero solo tiene manzanas. → **El frutero solo tiene.*

- El CD se puede sustituir por los pronombres átonos *lo, la, los, las*:

He leído el libro en clase. — CD (lo he leído)

He trasladado la maleta. — CD (la he trasladado)

- Si pasamos la oración de activa a pasiva, el CD se convierte en el sujeto paciente:

Me he comprado una bicicleta. (CD) → *Una bicicleta* (Sujeto paciente) *ha sido comprada por mí.*

CD

- **SN**
  Ya tengo los libros.
  Ayer la vi.
- **SPrep:** *a* + ser animado y conocido
  Anoche vi a Luis.
- **Or. Sub. sustantiva:**
  Dice mamá que recojas la habitación.

Aplico y razono

18. ¿Cuáles de estos sintagmas subrayados son argumentos o adjuntos? Justifícalo:

- *Los fines de semana como churros con chocolate.*
- *No me interesan los chistes machistas.*
- *Guillermo se quejó en clase del examen.*
- *Ayer Pilar cocinó una paella.*
- *Fui a clase con Ana.*
- *Salimos mucho de fiesta.*

19. Subraya en el cuaderno los CD de estas oraciones. Realiza las pruebas de reconocimiento que necesites:

- *Dame la mano.*
- *He visto a tu padre en el cine.*
- *Llevaban los libros en la mochila.*
- *Comen patatas fritas todos los días.*
- *Mima demasiado a sus hijos.*
- *Necesito un café.*

El complemento indirecto (CI)

El **complemento indirecto (CI)** es un SPrep (*a* + SN) o pronombre átono (*le*, *les*) que designa personas o cosas a las que se destina o se dirige algo.

- El CI es argumental en verbos que llevan implícito en su significado dar algo a un destinatario: *dar, prometer, comunicar, entregar*...

Entregó (NP) *la prueba* (CD) *al juez* (CI arg). *Le* (CI arg) *dió* (NP) *un puñetazo* (CD) *a la mesa* (CI arg).

- También es argumental el CI que acompaña a verbos de afecto o desafecto: *Me gusta el cine de aventuras*; *Nos entristece su egoísmo*.
- El CI solo va introducido por la preposición *a*:

Compré la tarta *al pastelero* (CI) *para mi hermana* (CC Beneficio).

- El CI se puede sustituir por los pronombres átonos *le, les*:

Repartí (NP) *las entradas* (CD) *a nuestros amigos* (CI (les repartí las entradas)).

- El CI puede ser un complemento adjunto, es decir, no exigido por el verbo: *Pedro me hizo un pastel*. Podemos prescindir del CI *me* ya que el verbo *hacer* solo exige un sujeto y un CD.

CI

- **SPrep:** a + SN. *Di tu recado a María.*
- **SN pronombre** (*le, les, me, te, se, nos, os*): *Le di los billetes.*

La preposición *para* solo introduce complementos circunstanciales:

- **CC Finalidad**: *Estudio para ingeniero.*
- **CC Beneficio**: *He comprado un libro para ti.*

El complemento de régimen (CR)

El **complemento de régimen (CR)** es un sintagma preposicional exigido por el significado del verbo.

Estas ideas (Sujeto) *influyen* (NP) *en nosotros* (CR (SPrep)). * *Estas ideas influyen.*

- El CR se puede sustituir por un pronombre tónico *eso, ello, sí, ti, él, ella*..., pero siempre precedido de la misma preposición que lo introduce:

Ella aspira **a** *triunfar*. CR (**a** eso) *Pedro sueña* **con** *María*. CR (**con** ella) *Pienso* **en** *Luis*. CR (**en** él)

- Muchos verbos pronominales se construyen con CR: *fiarse de, acordarse de, alejarse de, quejarse de, dedicarse a, reírse de, enamorarse de*...

¿CD o CI?

Para saber si los pronombres átonos *me, te, se, nos, os* son CD o CI, sustituye el pronombre dudoso por el pronombre personal *la* (propio del CD). Si el resultado es posible, estamos ante un CD. Si no lo es, estamos ante un CI:

Me compró una bicicleta. (**La compró una bicicleta.* → CI)

Te dio un regalo. (**La dio un regalo.* → CI)

Me miro en el espejo. (*La miro en el espejo.* → CD)

Os avisaron ayer. (*Las avisaron ayer.* → CD)

Analizo y aplico

20. ¿En qué oraciones de las siguientes aparece un CI? Utiliza las pruebas de reconocimiento del CI que has aprendido:

- *El tutor entregó las notas a los alumnos.*
- *Escribió un poema a su novia.*
- *No he encontrado a Lola en su casa.*
- *¿Os gusta esa serie de televisión?*
- *Eso me lo dijeron ayer.*
- *Me ducho por las noches.*
- *Le tengo gran estima.*

21. ¿Cómo comprobarías si los subrayados son o no CR?

- *María aspira al primer premio.*
- *Las zapatillas están en el dormitorio.*
- *Juan se arrepintió de sus palabras.*
- *No se acuerda del examen.*
- *Ese asunto carece de importancia.*
- *Habló de Granada.*
- *Es de Granada.*
- *No nos fiamos de él.*

3.3 Funciones adjuntas del SV

Los complementos circunstanciales (CC)

Los **complementos circunstanciales (CC)** son adjuntos del verbo, es decir, ofrecen una información no fundamental en el SV.

Ayer (CCT) *estudié* (NP) *matemáticas* (CD) *en la biblioteca* (CCL).

Para distinguir los CC de otros complementos, tienes que asegurarte de que se trata de un complemento adjunto del verbo.

- **Complemento circunstancial de tiempo (CCT).** Da respuesta a la pregunta *¿Cuándo?*: *Esta tarde tengo prisa; Hoy termino el libro; Acabo las clases a las tres.*
- **Complemento circunstancial de lugar (CCL).** Se corresponde a la pregunta *¿Dónde?*: *Trabajo aquí; He visto a Pedro en el cine.*
- **Complemento circunstancial de modo (CCM).** Se corresponde a las preguntas *¿Cómo?* y *¿De qué manera?*: *Hizo a mano el gazpacho; Cocino bien.*
- **Complemento circunstancial de cantidad (CCC).** Se corresponde a la pregunta *¿Cuánto?*: *Preguntas demasiado; Duermes mucho.*
- **Complemento circunstancial de finalidad (CCF).** Responde a la pregunta *¿Para qué?*: *Estudio para el examen de sintaxis; La paciente viene a la revisión médica anual.*
- **Complemento circunstancial de compañía (CC Comp).** Responde a la pregunta *¿Con quién?*: *Fui al concierto con Goyita; Pasea cada día con su perro Matusalén.*
- **Complemento circunstancial de instrumento (CC Ins).** Responde a la pregunta *¿Con qué?*: *Resolví la ecuación con la calculadora; Escribió el trabajo con su ordenador.*
- **Complemento circunstancial de medio (CC Med).** Suele responder a la pregunta *¿Por qué medio?*: *Consiguió la noticia mediante sus informantes; El ganador se decidió por sorteo.*
- **Complemento circunstancial de causa (CC Causa).** Responde a la pregunta *¿Por qué?*: *Leo por puro placer; Los asistentes le preguntaron por curiosidad.*
- **Complemento circunstancial de beneficio (CC Ben).** Responde a la pregunta *¿Para quién?*: *Trabajo para ella.*

CC
- SN: *Te llamaremos el viernes.*
- SPrep: *Viajaré con ella.*
- SAdv: *María vive muy lejos.*
- Or. Sub. adverbial: *Mientras haces la tortilla, pongo la mesa.*

El complemento agente (CAg)

El **complemento agente (CAg)** es un sintagma preposicional que informa sobre quién realiza la acción en las oraciones pasivas.

Los niños (Suj paciente) *fueron despertados* (V pasivo) *por su madre* (CAg).

- Suele estar encabezado por la preposición *por*, aunque en ocasiones puede estar introducido por la preposición *de*:

  La noticia era conocida por todos. *La noticia era conocida de todos.*

- Si transformamos la oración pasiva en activa, el CAg se convierte en el sujeto activo de la oración: *Todos conocían la noticia.*

Di qué tipos de CC tiene esta oración y añade alguno más:
Marta visitó una feria este fin de semana con sus amigos.

3.4 El atributo y el complemento predicativo

Estos dos complementos se diferencian de los anteriores (argumentales y adjuntos) en que expresan las **cualidades o estados** de un SN a través de un verbo copulativo o predicativo:

- Si el verbo es copulativo, se llama **atributo (Atrib)**: *Pedro **está** cansado.*
- Si el verbo es predicativo, se llama **complemento predicativo (CPred)**: *María se despertó enfadada.*

El atributo (Atrib)

El **atributo** expresa alguna información del SN sujeto a través de un verbo copulativo o semicopulativo.

El clima de los polos terrestres (Sujeto) *es* (Vcop) *extremadamente frío* (Atributo).

- El **atributo** se puede sustituir por el pronombre neutro *lo*:

María está muy contenta. — Atributo (lo está)

Esos muchachos son estupendos. — Atributo (lo son)

- En los verbos semicopulativos no es posible esta sustitución.

Los **verbos semicopulativos** han perdido el significado que tenían como verbos predicativos. Equivalen a verbos copulativos (*ser*, *estar* y *parecer*): *La mascarilla quedó inutilizada (La mascarilla está inutilizada); Laura se puso colorada (Laura está colorada).*

El complemento predicativo (CPred)

El **complemento predicativo (CPred)** expresa una cualidad o estado de un sustantivo que aparece en el predicado de un verbo predicativo.

Marta (Sujeto) *llegó* (NP) *cansada* (CPred).

Nombraron (NP) *a María* (CD) *presidenta* (CPred).

- Como el CPred predica del sujeto o del CD, concuerda con ellos en género y número cuando esto es posible. *Los futbolistas corrían distraídos; Consideran a Margarita muy trabajadora.*

ATRIBUTO

- SAdj: *Tus amigos son divertidos.*
- SN: *María es la profesora.*
- SPrep: *Jaime es de Cuenca.*
- SAdv: *Todos estamos bien*

RAE

Para la *NGLE* (2009) son **atributos** los SAdv y SPrep que indican situación:

Ellas están aquí. Ana está en Pisa.

CPRED

- SAdj: *Los ciclistas llegaron sedientos.*
- SN: *La nombraron delegada.*
- SPrep: *Lo vieron en pijama.*
- SAdv: *No veo bien tu comportamiento.*

Aplico y razono

22. ¿Qué tipo de sintagmas realizan la función de atributo en estas oraciones?

- *No estuvieron muy cómodos.*
- *Estos chicos parecen de campo.*
- *La obra de teatro no estuvo mal.*

23. Comprueba si en estas oraciones hay algún verbo semicopulativo y justifícalo:

- *El río sigue congelado.*
- *Juan sigue a sus amigos en las redes sociales.*
- *He quedado con Inés.*
- *La moto ha quedado destrozada.*

24. Subraya los CPred y justifícalos en tu cuaderno:

- *Vivían felices en su casa.*
- *La pillaron dormida en el examen.*
- *La eligieron delegada de clase.*
- *Bajaron del monte agotados.*
- *Me llevaron engañado.*
- *Sara repasa matemáticas sola.*

25. Escribe un CPred con las siguientes estructuras:

CPred SAdj del Sujeto
CPred SN del CD
CPred SAdj del CD

4 Oraciones coordinadas y yuxtapuestas

4.1 Oraciones según el número de predicados verbales

Según el número de predicados verbales que haya en una oración, esta puede ser simple o compuesta:

Las **oraciones simples** están formadas por un solo predicado.

El perro de María lleva un collar azul.

Las **oraciones compuestas** están formadas por más de un predicado.

Estos libros tienen unas ilustraciones preciosas, pero son muy caros.
Oración 1 — Oración 2

4.2 Clases de oraciones compuestas

Las oraciones que forman una oración compuesta se relacionan entre sí por coordinación, por yuxtaposición o por subordinación.

Las **oraciones coordinadas** se relacionan entre sí mediante una conjunción coordinante y mantienen entre sí su independencia sintáctica.

Elena hace la comida (Oración 1) *y* (conj. coord.) *Juan friega los platos.* (Oración 2)

Las **oraciones yuxtapuestas** se relacionan entre sí mediante una pausa ortográfica (coma, punto y coma, dos puntos).

Tengo sed (Oración 1) *;* *beberé un refresco.* (Oración 2)

Las **oraciones subordinadas** están insertadas en una oración principal a través de una partícula subordinante.

Las **oraciones subordinadas** funcionan como sujeto o complemento de la oración principal.

Los expertos afirman que el ejercicio físico habitual mejora la salud.
NP — Oración subordinada CD

Aplico

26. Indica si estas oraciones son simples o compuestas:

- *En vacaciones, leo un poco más.*
- *Ella me avisó de tu visita.*
- *Se lo dije, aunque no me hizo caso.*
- *Esta mañana ha nevado mucho.*
- *Esperamos que salgan pronto de casa.*
- *Las zapatillas que queremos las tiene Natalia.*
- *Ya ha empezado la película.*
- *Si te acercas más, lo verás mejor.*
- *No sabe por cuál decidirse.*

27. Indica si las siguientes oraciones son coordinadas o yuxtapuestas:

- *Mira la televisión o apaga el móvil.*
- *Javier hacía la comida y su hermana le ayudaba con la receta.*
- *Son becarios; están en prácticas.*
- *Tu oferta es muy generosa pero no me interesa.*
- *Como bien; digiero mejor.*
- *Llegó del entrenamiento hambriento; se lo comió todo.*
- *Ni vive ni deja vivir.*

4.3 Las oraciones coordinadas

Observa la siguiente oración compuesta:

El niño tenía sed y pedimos unas bebidas frías.

Las dos oraciones que componen la oración compuesta anterior mantienen una relación de coordinación, es decir:

- Las dos oraciones van unidas mediante una conjunción coordinante (*y*) pero no depende una de otra. Ambas son independientes.
- Las oraciones coordinadas se clasifican en función de la conjunción que las une. Así, encontramos coordinadas copulativas, disyuntivas y adversativas.

Recuerda que:

Se pueden coordinar tanto sintagmas como oraciones:

Sintagmas

El profesor y los alumnos se fueron de excursión.

Oraciones

Come mucho pero no engorda.

Oraciones coordinadas copulativas

Las **oraciones coordinadas copulativas** están formadas por dos o más oraciones que suman su significado para formar una oración compuesta.

- Están unidas por las conjunciones copulativas *y, e, ni*:

La	*amistad*	*multiplica*	*las*	*alegrías*	*y*	[Ø]	*divide*	*las*	*penas.*
Det	N/Nom	NP	Det	N/Nom	Conj cop.		NP	Det	N/Nom
			SN/CD					SN/CD	
SN Sujeto		SV Predicado				SN Suj	SV Predicado		
Oración 1						Oración 2			
Oración compuesta coordinada copulativa									

- Cuando hay varias oraciones coordinadas, la conjunción *y* se suele poner solo delante del último componente:

Subió la escalera, cogió los paquetes y llamó al timbre.

- Si la palabra que le sigue empieza por *i-/hi-* se sustituye por *e*:

Se levantó con mucho cuidado e inclinó levemente la espalda.

- Se utiliza la conjunción copulativa *ni* para unir oraciones negativas:

Vuestro candidato no conoce la solución ni puede encontrarla.

- Cuando las coordinadas copulativas comparten el mismo sujeto, este aparece explícito solo en la primera oración: *Verónica vino y se quedó aquí.*
- También son conjunciones copulativas las formadas con las correlaciones *tanto... como...*; *ni... ni...* y la conjunción *más* en construcciones como *uno más uno*:

Ni come ni deja comer.

Conjunciones coordinantes

- **Copulativas**
  y, e, ni, tanto... como..., ni... ni...
- **Disyuntivas**
  o, u, bien... bien..., ya... ya..., ora... ora...
- **Adversativas**
  pero, sino, mas, aunque

Aplico

28. Observa las siguientes frases y di si la conjunción coordina sintagmas u oraciones:

- *La melodía de la canción es buena pero repetitiva.*
- *El ordenador tiene un virus y falla el disco duro.*
- *No tienen experiencia pero son buenos músicos.*
- *Santiago y Carlos tocan la guitarra eléctrica.*
- *No te entiendo ni tú me comprendes.*
- *Esta solución no es mejor sino peor.*

29. Escribe en tu cuaderno un sintagma o una oración con las siguientes estructuras:

y (coordina oraciones)
y (coordina SN)
y (coordina SAdv)
e (coordina oraciones)
tanto... como (coordina SN)
ni (coordina oraciones)

Oraciones coordinadas disyuntivas

Las **oraciones coordinadas disyuntivas** dan a elegir entre dos contenidos distintos.

- Están unidas por las conjunciones disyuntivas *o*, *u*:

[Ø: *tú*]	*¿Quieres*	*fruta*	*o*	*prefieres*	*un*	*café?*	[Ø: *tú*]
	V	N/Nom	Conj disy.	V	Mod/Det	N/Nom	
N	NP	SN/CD		NP	SN/CD		N
SN Suj	SV Predicado			SV Predicado			SN Suj
Oración 1				Oración 2			
Oración compuesta coordinada disyuntiva							

- Cuando la palabra que sigue a la conjunción empieza por **o-/ho-**, se sustituye por **u**: *O estudias más u obtendrás malos resultados.*
- También son conjunciones disyuntivas los formados con las siguientes correlaciones distributivas: ***bien... bien***; ***ya... ya***; ***ora... ora***. Se utilizan sobre todo en contextos cultos: *Ya se acerca, ya se aleja de mí.*

RAE

Amelia ya trabaja, ya come en clase.

Según la *NGLE*, las **coordinadas distributivas** desaparecen porque se incluyen en las **coordinadas disyuntivas**.

Oraciones coordinadas adversativas

Las **oraciones coordinadas adversativas** contraponen sus significados, es decir, una oración corrige o niega lo afirmado por la otra oración.

- Están unidas por las conjunciones adversativas *pero*, *mas*, *sino*:

[Ø: *nos.*]	*Le*	*dijimos*	*la*	*verdad,*	*pero*	*no*	*nos*	*escuchó.*	[Ø: *él/ella*]
	N/Pron	V	Mod/Det	N/Nom	Conj adver.	Adv	N/Pron	V	
N	SN/CI	NP	SN/CD			Mod	SN/CD	NP	N
SN Suj	SV Predicado					SV Predicado			SN Suj
Oración 1						Oración 2			
Oración compuesta coordinada adversativa									

- La conjunción *sino* aparece tras una oración negativa y sirve para matizarla:

No lo hizo Luis, sino su hermano.

Conjunciones coordinadas:

Disyuntivas: *o*, *u*.

Adversativas: *pero*, *más*, *sino*, *aunque* (cuando equivale a *pero*).

Este niño es muy listo, aunque / pero estudia poco.

Como analizar oraciones coordinadas

1. **Identifica los verbos** de las oraciones:

   María me trajo los apuntes y me prestó un libro.

2. **Identifica la conjunción** que une las oraciones. En esta oración la conjunción *y* indica que estás ante una oración coordinada copulativa.
3. **Analiza morfosintácticamente** las oraciones de manera individual:

María	*me*	*trajo*	*los*	*apuntes*	*y*	*me*	*prestó*	*un*	*libro.*	[Ø: *ella*]
Nom	Pron	V	Det	Nom	Conj cop.	Pron	V	Det	Nom	
	N		Mod	N		N		Mod	N	
	SN/CI	NP	SN/CD			SN/CI	NP	SN/CD		N
SN Suj	SV Predicado					SV Predicado				SN Suj
Oración 1						Oración 2				
Oración compuesta coordinada copulativa										

4.4 Las oraciones yuxtapuestas

Las **oraciones yuxtapuestas** son dos o más oraciones que se unen por medio de signos ortográficos: coma, punto y coma o dos puntos.

- Las oraciones yuxtapuestas no tienen conjunciones que las unan, pero están relacionadas entre sí por su significado:

Eva lee una novela; su hermano juega con el móvil (valor copulativo).

A mí me gusta bailar; no mirar (valor adversativo).

Como analizar oraciones yuxtapuestas

1. **Identifica los verbos**. Recuerda que cada verbo es el núcleo de un predicado y, por lo tanto, de una oración:

Pablo me trajo el bocadillo, nos saludamos, comimos juntos.

2. **Comprueba** que están unidas por signos de puntuación.

Pablo me trajo el bocadillo, nos saludamos, comimos juntos.

3. **Analiza morfosintácticamente** cada una de las oraciones que forman la oración compuesta:

Pablo	*me*	*trajo*	*el*	*bocadillo,*	[Ø]	*nos*	*saludamos,*	[Ø]	*comimos.*
Nom	Pron	V	Det	Nom		Pron	V		V
	N		Mod	N		N			
N	SN/CI	NP	SN/CD		N	SN/CD	NP	N	NP
SN Suj	SV Predicado				SN Suj	SV Predicado		SN Suj	SV Predicado
Oración 1					Oración 2			Oración 3	
Oración compuesta yuxtapuesta									

El cuadro tenía colores vibrantes, es decir, comunicaba mucha energía.

La gramática tradicional consideraba que las oraciones explicativas eran oraciones coordinadas. La *NGLE* de la RAE considera que los nexos de las explicativas: *o sea, esto es, es decir*, son conectores explicativos.

Analizo y aplico

30. Escribe la conjunción o correlación disyuntiva que vaya bien. No puedes repetirlas. ¿Qué se coordinan, sintagmas u oraciones?

- *No supe si hice bien ___ mal el ejercicio.*
- *___ vienes ya ___ me voy.*
- *Estudiaré en Santiago ___ Orense.*
- *Iremos, ___ en autobús, ___ en tren.*
- *___ no hace nada, ___ está ocupado.*
- *___ llueva, ___ nieve, sale a correr.*

31. Escribe la conjunción adversativa que vaya bien. ¿Qué se coordinan sintagmas u oraciones?

- *La poesía de Lorca es compleja, ___ apasionante.*
- *No quiero tu compasión, ___ tu amistad.*
- *Me gustaría ir al cine, ___ no tengo tiempo.*
- *Pedro es inteligente, ___ muy vago.*

32. Construye oraciones con estas estructuras:

Oración 1 ; Oración 2

Oración 1 + sino + Oración 2

33. Clasifica las siguientes oraciones según sean coordinadas o yuxtapuestas. Di el tipo de coordinadas según sea la conjunción que las une. Después, analízalas morfosintácticamente:

- *Las aves son ovíparas, es decir, ponen huevos.*
- *Tengo sueño, pero tengo que estudiar.*
- *No quiero su amistad ni la necesito.*
- *Vicente es de Valencia e Isidro reside en Madrid.*
- *Óscar es introvertido, o sea, no habla mucho.*
- *O tiene frío o tiene calor.*
- *No quiero paella, aunque me gusta mucho.*
- *El es artículo, esto es, va delante del nombre.*

34. Escribe en tu cuaderno una oración con cada una de estas estructuras:

Oración + *o* + oración

Sintagma + *u* + sintagma

bien... bien...

Sintagma + *pero* + sintagma

Oración + *aunque* + oración

1. Justifica en tu cuaderno si los sintagmas subrayados son argumentos o adjuntos:

- *Tengo la bicicleta en el balcón.*
- *He dibujado una caricatura a mi hermano.*
- *Hoy correréis por el monte.*
- *Mañana hablaremos del tema en clase.*

2. Escribe oraciones con las siguientes estructuras:

Oración con dos argumentos.

Oración que tenga en el SV un argumento y un adjunto.

Oración con un complemento predicativo (CPred) y un adjunto.

Oración con un argumento sujeto y un complemento predicativo (CPred).

Oración con un CD y un complemento predicativo (CPred).

Oración con argumento elidido y un adjunto en el SV.

3. El SPrep *a* + ser animado conocido o pronombre puede realizar las funciones de CD y CI, por lo que puede confundirnos. Si quieres saber si es CD o CI, sustituye el pronombre dudoso por el pronombre personal *la* (propio del CD). Si el resultado es posible, estamos ante un CD. Si el resultado es inaceptable, estamos ante un CI.

Te sigo en las redes. → *La sigo en las redes.* (CD)

El reloj me funciona bien. → **El reloj la funciona bien.* (CI)

Comprueba en qué oraciones el complemento subrayado es CD o CI:

- *Te brillan los ojos.*
- *Mi abuela me come a besos.*
- *Puedes venir a vernos cuando quieras.*
- *Nos hablan siempre de lo mismo.*
- *¿Os queréis mucho?*
- *Me sonrió con ironía.*

4. La expresión del lugar (locativo) puede ser un argumento, un adjunto o un atributo. Fíjate en el cuadro del margen e indica qué función cumplen los complementos subrayados:

- *En cinco minutos salgo de casa.*
- *Paula es de un pueblo muy pequeño.*
- *Vive en casa de sus tíos.*
- *Le gusta pintar en la playa.*
- *Han alquilado una casita en la montaña.*
- *Todos estaban en la terraza.*
- *Llevó a su hermano a la guardería.*
- *Metió la moto en el garaje.*

5. Comprueba si los sintagmas subrayados son argumentales o adjuntos y señala si se trata de un CR o un CC:

- *Paseé con Andrea.*
- *Discutí con Andrea.*

6. Convierte estas oraciones activas en pasivas perifrásticas. Recuerda que en las pasivas perifrásticas el sujeto activo pasa a CAg. Fíjate en el ejemplo:

El profesor aplazó el examen. → *El examen fue aplazado por el profesor.*

- *Juan publicó la noticia.*
- *El gobierno adelantó las elecciones.*
- *Pedro aceptó mis disculpas.*

El verbo *gustar* necesita dos argumentos: el sujeto y el CI.

Me gusta la música.

CI — SN Sujeto

EXPRESAN LUGAR

- argumental [lugar exigido por el verbo] → CR: *Salgo de clase. Voy de mi casa a la tuya.*
- adjunto [no exigido por el verbo] → CCL: *Veo la tele en el salón.*
- locativo [con verbo copulativo] → Atributo: *Todavía estoy en casa.*

7. Indica en tu cuaderno si en estas oraciones el verbo es predicativo o semicopulativo, y justifícalo:

- *Julia anda deprisa.*
- *Julia anda despistada.*
- *Me quedé helado.*
- *Se hizo la tortilla.*
- *Se hizo la despistada.*

8. El CPred se puede confundir con algunos CC. Para diferenciarlos, fíjate si el sintagma predica alguna propiedad de un nombre (CPred) o si es una circunstancia que solo afecta al verbo (CC). ¿Qué funciones desempeñan los sintagmas subrayados?

- *María escribió sin ganas el ensayo.*
- *Dibujé con bolígrafo su silueta.*
- *Juan cocina bien.*
- *A Juan lo vi bien.*

9. Observa las siguientes oraciones e indica en tu cuaderno si en ellas se coordinan sintagmas u oraciones:

- *No he comprado ni leche ni huevos.*
- *Marta es cariñosa y generosa.*
- *Comeré aquí pero no allí.*
- *¿Has dejado las llaves en la mesa o en el cajón?*
- *La estufa está encendida pero hace frío.*
- *¿Vamos al cine o al teatro?*
- *No he salido de casa en toda la semana pero tú no has parado.*
- *No te olvides del bañador ni de las zapatillas.*
- *Me gustan mucho las fresas y los albaricoques.*
- *Esta bicicleta es preciosa pero no tengo tanto dinero.*

10. Escribe como coordinadas o yuxtapuestas las siguientes oraciones. Si las escribes como coordinadas, indica de qué clase son.

- *Piensa mal* ____ *acertarás.*
- *El profesor se cayó* ____ *se partió el tobillo.*
- *El lunes entro a clase a las ocho* ____ *el viernes a las nueve.*
- *Estudia ahora* ____ *no te arrepentirás mañana.*
- *Ya he visto la película* ____ *tú no.*
- *La puerta se cerró* ____ *pude entrar.*
- *Llovía* ____ *cogí el paraguas.*
- *Siempre hablaba en broma* ____ *nadie le hacía caso.*
- *¿Entras* ____ *sales?*

11. Muchos refranes se construyen mediante yuxtaposiciones: *Desgraciado en el juego, afortunado en amores.* Busca cinco refranes más construidos de este modo y escríbelos en tu cuaderno.

12. Escribe en tu cuaderno una oración con cada una de las siguientes estructuras:

Oración 1 + conjunción copulativa + Oración 2

Oración 1 + conjunción adversativa + Oración 2

Oración 1 + conjunción disyuntiva + Oración 2

Oración 1 + punto y coma + Oración 2

13. Describe la imagen del margen utilizando oraciones yuxtapuestas y coordinadas.

En *Ayer anduve con el perro* el verbo es **predicativo**; se realiza la acción de *andar*.

En *Ayer anduve preocupado* el verbo es **semicopulativo**; no expresa la acción de *andar* sino un estado.

Repaso lo que he aprendido

REPASO

COMPLEMENTOS DEL VERBO

Argumentales
Exigidos semánticamente por el verbo

- **CD**: SN o SPrep (*a* + ser animado y conocido)
  Hice una pregunta; La hice; Encontré a mi hermano.
- **CR**: SPrep seleccionado semánticamente por un verbo
  He soñado con vosotros; Siempre hablaba de lo mismo.
- **CI**: SN (Pron) o SPrep (*a* + SN) que designa personas o cosas a las que se destina o se dirige algo
  Le gustan las verduras; Envié una postal a mi familia.
  (*enviar* exige un CD: "algo", y un CI: "a alguien")

Adjuntos
No exigidos semánticamente por el verbo

- **CC**: expresan una información no esencial para el verbo.
  - **CC Tiempo**: contesta a la pregunta *¿cuándo?*
    Esta tarde iré a tu casa; Hoy no trabajo; Suelo comer a la una.
  - **CC Lugar**: contesta a la pregunta *¿dónde?*
    He comprado la fruta en el mercado; Le encanta comer aquí.
  - **CC Modo**: contesta a la pregunta *¿cómo?*
    Pintó a mano la bicicleta; Hizo las actividades bien.
  - **CC Cantidad**: contesta a la pregunta *¿cuánto?*
    Come demasiado; El estrés explicaba en buena medida su malestar.
  - **CC Finalidad**: contesta a la pregunta *¿para qué?*
    Ahorro para la entrada de un piso.
  - **CC Compañía**: contesta a la pregunta *¿con quién?*
    Hice la comida con Jaime.
  - **CC Instrumento**: contesta a la pregunta *¿con qué?*
    Comía la paella con tenedor.
  - **CC Medio**: contesta a la pregunta *¿en qué?*
    Mañana llegaré en tren.
  - **CC Causa**: contesta a la pregunta *¿por qué?*
    La carretera se desbordó por las lluvias.
  - **CC Beneficio**: contesta a la pregunta *¿para quién?*
    Tengo información para tu provecho.
- **CI**: SN (Pron) o SPrep (*a* + SN) no exigido por el verbo que designa personas o cosas a las que se destina o se dirige algo
  Juan escribió un poema a María.
  (*escribir* solo exige el sujeto y el CD)
- **C. Agente (CAg)**: SPrep (*por* + SN) que realiza la acción del verbo en la voz pasiva
  El enigma fue descubierto por Ana.

Atributo (Atrib)
Atributo (Atrib): cualidad o estado del sujeto que aparece en el predicado de verbos copulativos y semicopulativos

Laura parece la jefa; Está feliz; Soy de Valencia; Él es así.

Se puso nervioso; De repente se volvió loco; Se quedó dormida.

(Atributo locativo: predica el lugar donde se encuentra el sujeto: *Estoy en mi casa*)

C. Predicativo (CPred)
C. Predicativo (CPred): cualidad o estado de un sustantivo que aparece en el predicado de un verbo predicativo

Ellos trabajan felices; La nombraron delegada de clase.

FUNCIONES DE LOS SINTAGMAS

- **SN**
  - **Suj**: *Ella ya ha llegado.*
  - **CD**: *Necesito ayuda.*
  - **Atrib**: *Isa es mi amiga.*
  - **CPred**: *La nombraron jefa.*
  - **Apos**: *El río Júcar.*
  - **CCT**: *Vuelve esta noche.*
  - **CI**: *Le gusta eso.*
- **SV**
  - **Predicado verbal**: *El coche se mueve.*
  - **Predicado nominal**: *Marta es feliz.*
- **SAdj**
  - **CN**: *La rosa roja.*
  - **Atrib**: *Él está contento.*
  - **CPred**: *Ella pasea sola.*
- **SAdv**
  - **CC**: *Vendrán después.*
  - **Atrib**: *Yo estoy bien.*
  - **CPred**: *La vi bien.*
- **SPrep**
  - **CN**: *La casa de madera.*
  - **CAdj**: *Rico por su herencia.*
  - **CAdv**: *Cerca de tu casa.*
  - **Atrib**: *Él es de Sevilla.*
  - **CPred**: *Lo contrataron por listo.*
  - **CD**: *Vi a tu hermana.*
  - **CI**: *He comprado un regalo a Pedro.*
  - **CC**: *Come con sus hermanos.*
  - **CR**: *Hablaban de ti.*
  - **CAgente**: *Fui avisada por Luis.*

ORACIÓN

- **Simple**: Estructura en la que un SN sujeto se pone relación con un SV predicado
  - *Marta ganó el concurso.*
  - *[Ø] La felicitaron.*
  - *Había mucha gente en Fallas.*
- **Compuesta**: Contiene más de un predicado verbal
  - **Coordinadas**: Oraciones independientes unidas con conjunción coordinante
    - **Copulativa** (conjunciones: *y*, *e*, *ni*): Relación de adición (suma). *Eva llamó a Mario y se puso nervioso.*
    - **Disyuntiva** (conjunciones: *o*, *u*): Con significado de alternancia. *¿Me quieres o no me quieres?*
    - **Adversativa** (conj.: *pero*, *mas*, *sino*): Con significados contrapuestos. *Mario acudió a la cita, pero ella no apareció.*
  - **Yuxtapuestas**: Oraciones que se relacionan mediante signos de puntuación. *Salgo; ha dejado de llover.*
  - **Subordinadas**: Oración insertada en una oración principal. *Pensó que ya no lo quería.*

LENGUA

5 Las oraciones subordinadas (I)

ALBUS DUMBLEDORE: La felicidad puede hallarse hasta en los más oscuros momentos si somos capaces de usar bien la luz. *Harry Potter y el prisionero de Azkaban* (2004).

Observo...

- ¿Qué frase es pronunciada por alguien cuyo aspecto o carácter están muy alejados de sus palabras?
- Indica qué clase de palabra introduce estas oraciones subordinadas: *Mamá siempre decía* [***que*** *la vida es como una caja de bombones*]. *Nunca sabes* [***cuál*** *te va a tocar*].

... pienso...

- ¿Qué quiere decir la frase que pronuncia Albus Dumbledore en *Harry Potter*?
- ¿Puedes sustituir las subordinadas por el pronombre *eso*? *Es mejor no saber* [*qué instante será el último*]. *La felicidad puede hallarse en los más oscuros momentos si somos capaces de* [*usar bien la luz*].

Forrest Gump: Mamá siempre decía que la vida es como una caja de bombones. Nunca sabes cuál te va a tocar. *Forrest Gump* (1994).

Jack Sparrow: Es mejor no saber qué instante será el último, cada partícula del propio ser queda expuesta al misterio de la existencia. *Piratas del Caribe*: *En mareas misteriosas* (2011).

... y comparto

- En grupos de cuatro personas, cread oraciones con estas estructuras: *Necesito* [*que*...]; *No sé* [*cuál*...]; *Dinos* [*quién*...]; *Es fácil de* [v. inf...]; *Queremos* [v. inf...].
- Si fueseis los personajes de las películas a quienes van dirigidas estas afirmaciones, ¿con qué frases contestaríais?

En este tema aprenderás:

- Cómo reconocer las oraciones subordinadas.
- Cómo es la estructura de una oración subordinada.
- Identificar y analizar los distintos tipos de oraciones subordinadas sustantivas: declarativas, interrogativas indirectas y exclamativas indirectas.
- Reconocer y analizar oraciones subordinadas con el verbo en infinitivo.

En marcha...

- ¿Quiénes eran Aquiles y Príamo? Busca información al respecto.
- ¿Puedes sustituir las oraciones subrayadas por el pronombre átono *lo*?
  - *Creo que conozco mi país bastante mejor que los griegos.*
  - *Y luego he visto cómo arrastrabas su cadáver con tu carro.*
  - *Permíteme que me lo lleve.*
  - *Pensó que eras tú.*
- ¿Qué palabra introduce estas oraciones subordinadas, una conjunción o un interrogativo? Justifícalo.
  - *Dime a cuántos has matado tú.*
  - *Déjame que lave su cadáver.*
  - *Y luego he visto cómo arrastrabas su cadáver con tu carro.*
  - *Sé que murió antes de tiempo.*
- Busca en la escena otros ejemplos que contengan algunas de estas partículas subordinantes.

1 Las oraciones subordinadas

1.1 Las oraciones subordinadas

Las **oraciones subordinadas** no tienen independencia sintáctica ni semántica.

Estas oraciones **dependen de un núcleo** al que complementan o modifican.

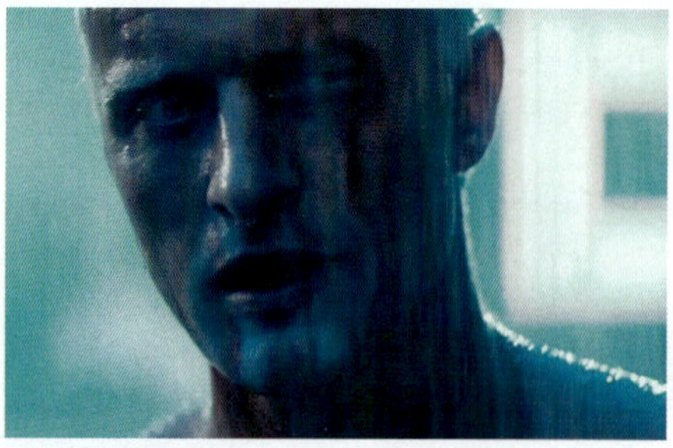

"Yo he visto cosas que vosotros no creeríais" es una frase mítica de Roy Batty, el replicante interpretado por Rutger Hauer en *Blade Runner* (1982).

Observa cómo la oración subordinada, resaltada en rojo, modifica a un sustantivo de manera semejante a como lo haría un adjetivo:

Yo he visto cosas que vosotros no creeríais. (increíbles)

Núcleo ← Or. Sub. relativa

Propiedades

Las oraciones subordinadas desempeñan una determinada función en la oración principal: Sujeto, CD, CC, entre otras.

Te pido [que vengas].

Or. Sub. Sust. / CD

Clasificación

Subordinadas sustantivas. Desempeñan las **funciones propias de un sintagma nominal** (SN): sujeto, CD, entre otras.

- Se pueden conmutar por un SN o un pronombre neutro (eso).

Necesito [que me eches una mano]. → [*tu ayuda / eso*]

Or. Sub. Sust. / CD

Me apetece mucho [que me llames]. → [*tu llamada /eso*]

Or. Sub. Sust. / Sujeto

Subordinadas adjetivas o de relativo. Van introducidas por **relativos** (*cuyo, que, el cual, el que, quien, donde, cuando, como, cuanto*).

- Complementan a un sustantivo de manera similar a los adjetivos:

Esa es la silla [que rompiste]. → *Esa es la silla* [*rota*]

Or. Sub. Adj. de relativo

Subordinadas adverbiales o circunstanciales. Van introducidas por **conjunciones subordinantes con significados adverbiales**: tiempo, manera, consecuencia, etc.

Se reconoce la subordinada adverbial por el tipo de conjunción que las encabeza.

- Algunas realizan la función de CC:

María llegó mientras tú me llamabas. → [*entonces*]

Or. Sub. Adv. temporal / CC

- Muchas subordinadas adverbiales **no tienen equivalencia** con adverbios y desempeñan otras funciones, como la de **modificador oracional (MO)** o **complemento oracional (CO)**:

Aunque no lo creas, es muy simpático.

Or. Sub. Adv. concesiva / CO

Las oraciones subordinadas pueden funcionar como un:

- **argumento**:
  Creo que tengo fiebre. (Sub. sustantiva)
- **adjunto**:
  Préstame los apuntes que has tomado en clase. (Sub. relativa)

1.2 Estructura de una oración compuesta

Una **oración compuesta** por subordinación está formada por dos o más predicados que se relacionan entre sí a través de una partícula subordinante.

Juan me ha dicho en clase [que mañana traigas los apuntes].
Verbo principal — Part. subordinante — Verbo subordinado

- Se llama **oración subordinada** a la oración encabezada por la partícula subordinante. En nuestros análisis sintácticos, aislaremos entre corchetes la oración subordinada para distinguirla mejor:

Juan me ha dicho en clase [que mañana traigas los apuntes].
VP — Part. Sub. — V. Sub.
Oración subordinada

- Llamamos **oración principal** a aquella cuyo predicado no está encabezado por ninguna partícula subordinante:

Si me acompañas el domingo, te invito al cine.
Conj. Sub. — NP — NP
Or. subordinada — Or. principal

- Llamamos **oración compuesta** a una oración formada por dos o más oraciones que pueden estar unidas por **coordinación** o **subordinación**:

Si me acompañas el domingo, te invito al cine.
Conj. Sub. — NP — NP
Or. subordinada — Or. principal
Oración compuesta

Para identificar en una oración compuesta el verbo de la oración principal, sigue estos pasos:

1. La oración principal siempre tiene el verbo en forma personal:

Necesito mañana [llegar pronto].
V. principal — V. subordinado

2. El verbo principal siempre estará en modo indicativo o imperativo. Nunca estará en modo subjuntivo:

Necesito [que vengas pronto].
Modo ind. — Modo subj.

Mira [qué móvil tengo].
Modo imp. — Modo ind.

Sin embargo, el verbo de la oración subordinada puede aparecer en modo indicativo o subjuntivo.

Analizo y aplico

1. Copia las siguientes oraciones compuestas en tu cuaderno y realiza las actividades que tienes a continuación:

- *Sé [qué estás pensando].*
- *[Si tú se lo dices], él te lo agradecerá.*
- *Pensé [que era imposible].*
- *Dime [si vendrás al cine].*
- *Alguien [que conocí] me lo dijo.*
- *Me llamó [aunque ya no lo esperaba].*
- *Has aprobado, [conque no te quejes].*
- *La casa [donde te conocí] se ha caído.*
- *Creo [que la vida es un regalo].*

a. Subraya los verbos y di cuál es el verbo principal y cuál el subordinado.

b. Indica cuál es la palabra que introduce la oración subordinada en cada una de ellas escribiéndola en rojo.

2. Lee atentamente estas oraciones compuestas. Subraya en rojo la partícula subordinante. Sustituye las oraciones subordinadas sustantivas por un sintagma nominal (SN) o por el pronombre eso:

- *Es fácil que te llamen para el equipo.*
- *Necesitamos que vuelvas pronto.*
- *No sabemos si llegaremos a tiempo.*

3. Sustituye estas oraciones subordinadas adjetivas por un adjetivo:

- *El cuadro tiene un paisaje [que recuerda al verano].*
- *Mi casa tiene una ventana [que no cierra bien].*
- *Esa calle [que tiene tantas piedras] será asfaltada.*
- *Los pantalones [que me he comprado] son feos.*

4. Busca entre los adverbios aquellos que puedan sustituir estas oraciones subordinadas adverbiales:

- *Te llamo [en cuanto llegue].*
- *He rellenado la beca [según indicaban las instrucciones].*

2 Las oraciones subordinadas sustantivas

Las **oraciones subordinadas sustantivas** desempeñan las funciones características de los SN: Sujeto, CD y término de preposición.

Los viajes nos muestran [que hay diversas culturas en el mundo].
Sujeto — CI — NP — CD / Or. Sub. sustantiva

2.1 Reconocimiento de las oraciones subordinadas sustantivas

Las oraciones subordinadas sustantivas pueden sustituirse por el pronombre neutro ***eso***.

Me gustaría [que me dijeras la verdad]. → *Me gustaría eso.*
Or. Subordinada sustantiva

Desconozco [si saldrán hoy los resultados]. → *Desconozco eso.*
Or. Subordinada sustantiva

2.2 Partículas subordinantes de las oraciones sustantivas

- **Conjunciones** (*que / si*):

  Nos dijeron [que no lo sabían]. → *Nos dijeron eso.*
  Or. Sub. sustantiva / CD

  Dinos [si vas a venir al concierto]. → *Dinos eso.*
  Or. Sub. sustantiva / CD

  – ***Que*** encabeza oraciones subordinadas sustantivas declarativas:

  Nos dijeron [que recibiríamos los paquetes]. → *Nos dijeron eso.*
  Or. Sub. sustantiva / CD

  – ***Si*** encabeza subordinadas sustantivas interrogativas indirectas totales:

  Yo no sé [si esas cosas suceden aún en ese país]. → *Yo no sé eso.*
  Or. Sub. sustantiva / CD

- **Interrogativos o exclamativos**: *qué*, *cuántas*, *dónde*, *cómo*, entre otros.

  Nos mostró [qué hizo con el ordenador]. → *Nos mostró eso.*
  Or. Sub. sustantiva interrogativa indirecta / CD

  Mirad [cuántas fotos han publicado en la revista]. → *Mirad eso.*
  Or. Sub. sustantiva exclamativa indirecta / CD

  No sé [dónde he dejado las llaves]. → *No sé eso.*
  Or. Sub. sustantiva interrogativa indirecta / CD

  Observa [cómo encesto desde el medio campo]. → *Observa eso.*
  Or. Sub. sustantiva exclamativa indirecta / CD

- **Sin nexo**: las oraciones subordinadas sustantivas que tienen **su verbo en infinitivo** se insertan en la oración principal sin partículas subordinantes.

  Me gusta [madrugar los fines de semana]. → *Me gusta eso.*
  Or. Sub. Sust. de infinitivo / Sujeto

NEXOS OR. SUB. SUSTANTIVAS

- **declarativas o enunciativas**
  - **Conjunción** *Que*
- **interrogativas** indirectas totales
  - **Conjunción** *Si*
- **interrogativas** indirectas parciales
  - **Determinantes** *Cuánto*, *Qué*
  - **Pronombres** *Qué*
  - **Adverbios** *Dónde*, *Cuánto*, *Cuándo*, *Cómo*

➔ Las oraciones subordinadas sustantivas pueden coordinarse entre sí:

Quiero [que vengas] y [que me traigas mis pelis].

Una oración subordinada puede estar dentro de otra oración subordinada:

Necesito [[que medites [qué le vas a decir]].

tiching.com/745887
Entra para saber más sobre las oraciones subordinadas sustantivas.

2.3 Clasificación de las sustantivas según la forma

Declarativas o enunciativas

– Con las oraciones declarativas se afirma o se niega algo:

Quiero [que vengas]. No quiero [ir contigo].

– Nexo: van introducidas por la conjunción *que*, o sin conjunción cuando el verbo está en infinitivo.

Interrogativas indirectas totales

– Expresan de forma indirecta una pregunta o una duda.

Me preguntó [si llamará]. → Me preguntó eso.

No sabía [si salir con ella]. → No sabía eso.

– Nexo: van introducidas por la conjunción *si*.

Interrogativas y exclamativas indirectas parciales

– Estas oraciones preguntan por un elemento de la oración: persona, tiempo, modo, lugar, cantidad, etc:

Ignora [cuánta pintura necesita].

– Nexos: van introducidas por pronombres, determinantes y adverbios interrogativos o exclamativos que se acentúan siempre y desempeñan una función en la oración subordinada sustantiva.

- **Determinantes interrogativos**: *qué, cuál/-es, cuánto/-a/-os/-as.*

  No sabe [qué camisa ponerse]. → No sabe eso.
  Nx+Mod (Det)

- **Pronombres interrogativos**: *qué, quién/-es, cuánto/-a/-os/-as, cuál/-es.*

  Explica [quién nos hizo esto]. → Explica eso.
  Nx+Sujeto

- **Adverbios interrogativos**: *dónde, cuándo, cómo, cuánto.*

  Adivina [dónde se esconden]. → Adivina eso.
  Nx+CCL

GTG

Las oraciones exclamativas indirectas

Van introducidas por exclamativos y tienen la misma forma y función que las interrogativas:

Mirad [qué regalo me han hecho].
Or. Sub. Sust. exclamativa/CD

Analizo y aplico

5. Encierra entre corchetes las subordinadas sustantivas que hay en las siguientes oraciones. Marca en rojo la partícula que las introduce e indica si son declarativas, o interrogativas o exclamativas indirectas totales o parciales. Hazlo en tu cuaderno:

- *No sé qué hice mal.*
- *Marta me aseguró que tú lo sabías todo.*
- *Creo que esas cosas son muy interesantes.*
- *No se sabe quién hizo el grafiti.*
- *Dime si prefieres arroz o pizza.*
- *Dudo sobre si me quedaré en mi casa.*
- *Me sorprendió quién llamó a la puerta.*
- *Confío en que todo salga bien.*
- *Mira qué tarta he cocinado.*
- *Estoy harta de que no me avisen.*

6. ¿A qué tipo de subordinadas sustantivas pertenecen estas oraciones? ¿Cuál es la diferencia de significado?

- *Lucas sabe [que es un tramposo].*
- *Lucas sabe [qué es un tramposo].*
- *No sé [si pasará].*
- *No sé [qué pasará].*

7. Construye una oración sustantiva con estas partículas subordinantes:

qué (pron. interrog.)
qué (det. exclam.)
dónde (adv. interrog.)
cuándo (adv. interrog.)
que (conj.)
si (conj.)
cómo (adv. excl.)
cuánto (adv. excl.)

2.4 Clasificación de las sustantivas según la función

Las oraciones subordinadas sustantivas se comportan como los sintagmas nominales, así que pueden realizar las funciones de cualquier SN: **Sujeto**, **CD** y **término de una preposición**.

Subordinadas sustantivas de sujeto

- Su función es la de **sujeto de la oración principal**:

[*Que lo hayas contado*] *soluciona mis problemas*.
Or. Sub. Sust. / Sujeto (eso) — SV Predicado

Para comprobar si es una subordinada sustantiva de sujeto, podemos cambiar de género y número el pronombre: *eso* → *esas cosas*. De esta manera veremos cómo cambia también el verbo principal:

Me disgusta mucho que estés tan triste. (*eso* > *esas cosas*)

(*Esas cosas me disgustan mucho*.)

Es muy frecuente encontrar subordinadas sustantivas de sujeto en oraciones cuyo verbo principal es de afecto o desafecto, como *gustar, disgustar, entretener, enfadar, asustar, alegrar*, etc.:

Me alegra [*que hayas conseguido tus sueños*].
CI — NP — Or. Sub. Sust. / Sujeto (eso)

En las oraciones con verbos afectivos, el CI representa al ser que experimenta la emoción:

Me gusta [*que vengas al concierto*].
CI — Or. Sub. Sust. / Sujeto

Subordinadas sustantivas de CD

- Suelen ir encabezadas por las conjunciones *que* y *si*:
- Se pueden sustituir por los pronombres átonos *lo, la, los, las*:

Nos dijo que no sabía nada. [*Nos lo dijo*.]
Or. Sub. Sust. / CD

No sabe si vendrá. [*No lo sabe*.]
Or. Sub. Sust. / CD (*lo*)

Subordinadas sustantivas de término de preposición (T)

- Estas subordinadas sustantivas van precedidas de una preposición. La preposición es el **núcleo** de ese SPrep:

Estoy feliz de [*que reconozcan tus méritos*].
Prep (N) — Or. Sub. Sust. (T)
SPrep / CAdj (*de* eso)

- La subordinada sustantiva que sigue a la preposición va encabezada frecuentemente por la conjunción ***que***:

Aspiro a [*que ganemos el campeonato*].
Prep (N) — Or. Sub. Sust. (T)
SPrep / CR (*a* eso)

– Si el verbo de la oración subordinada está en infinitivo, no necesita la conjunción ***que***:

Aspiro a [*ganar el campeonato*].
Prep (N) — Or. Sub. Sust. (T)
SPrep / CR (*a* eso)

Recuerda que...

Un sintagma preposicional (SPrep) está formado por:

- **Núcleo (N):** preposición
- **Término de preposición (T):**

Caja de zapatos
N — T
SPrep

Estas subordinadas sustantivas de término de preposición pueden realizar las funciones típicas de un SPrep:

- **CR**: *Tus amigos confían en que consigas el premio.*

  N/Prep (*en*) — T/Or. Sub. Sust. (*que consigas el premio*)
  SPrep/CR (*en eso*)

- **CI**: *Silvia le dedica mucho tiempo a que la escuches.*

  N/Prep (*a*) — T/Or. Sub. Sust. (*que la escuches*)
  SPrep/CI (*a eso*)

- **CC**: *Trabaja mucho para que sus hijos tengan estudios.*

  N/Prep (*para*) — T/Or. Sub. Sust. (*que sus hijos tengan estudios*)
  SPrep/CC Finalidad (*para eso*)

- **CN**. Forma parte del SN:

  Mi esperanza en que todo salga bien es absoluta.

  Det (*Mi*) — Nom (*esperanza*) — N/Prep (*en*) — T/Or. Sub. Sustantiva (*que todo salga bien*)
  Mod — N/Nom — SPrep/CN (*en eso*)
  SN (Sujeto)

- **CAdj**. Forma parte del SAdj:

  Estoy muy contenta de que hayas logrado tus sueños.

  N/Prep (*de*) — T/Or. Sub. Sust. (*que hayas logrado tus sueños*)
  N/Adj (*contenta*) — SPrep/CAdj (*de eso*)
  SAdj/Atributo

- **CAdv**. Forma parte del SAdv:

  Estuvo cerca de que lo multara la policía.

  N/Prep (*de*) — T/Or. Sub. Sust. (*que lo multara la policía*)
  N/Adv (*cerca*) — SPrep/CAdv (*de eso*)
  SAdv/Atributo

Según la *NGLE* (2009), ya no existen las oraciones subordinadas adverbiales finales. Ahora se analizan dentro de las oraciones subordinadas sustantivas de término de preposición.

El SPrep completo (prep + T) es el que realiza la función de CC de Finalidad:

He llamado para que nos ayude.

N/Prep (*para*) — T/Or. Sub. Sust. (*que nos ayude*)
SPrep/CC Finalidad

Analizo y aplico

8. Sustituye las oraciones sustantivas subrayadas por un pronombre. ¿Qué clase de oración subordinada sustantiva son: de sujeto, de CD o de término de preposición?

- *Es imprescindible que cuidemos más de la Tierra.*
- *Me preguntó si necesitaba alguna cosa.*
- *Observa qué piruetas hace Andrea con la bicicleta.*
- *Es fácil que Sara venga a la fiesta.*
- *Me preguntó cómo lo hice.*
- *Dime si así está bien el ejercicio.*
- *Queremos que nos acompañes al cine.*
- *Me encanta que estudies conmigo.*
- *Me acuerdo de quién fue su cómplice.*

9. Indica qué función realizan, en la oración principal, los SPrep que contienen una oración subordinada sustantiva:

- *Estaba cansado de que le preguntaran por ella.*
- *Tengo el presentimiento de que Pilar vendrá hoy.*
- *Se entrena mucho para que lo seleccionen.*
- *Prestó mucha atención a que estuviera cómodo.*
- *Tu predicción está muy lejos de que se cumpla.*
- *No daba importancia a que lo criticaran.*

10. Construye una oración con estas estructuras:

Sustantiva declarativa + v. principal: *gustar*
Sustantiva interrogativa total + v. principal: *saber*
Sustantiva término de un SPrep + v. principal: *soñar*
Sustantiva término de un SPrep + v. principal: *estar*
Sustantiva ino de un SPrep + v. principal: *ser*
Sustantiva término de un SPrep + v. principal: *confiar*
Sustantiva término de un SPrep + v. principal: *depender*

11. ¿Qué función realizan los sintagmas preposicionales en los que aparecen las subordinadas sustantivas que has escrito?

2.5 Oraciones sustantivas con el verbo en infinitivo

Las subordinadas sustantivas también pueden tener el verbo en infinitivo. Este infinitivo es el **núcleo del predicado** de la oración subordinada y puede tener sus propios complementos verbales.

Tus amigos han pedido [comer en la terraza]. → *Han pedido eso.*

NP CCL

Or. Sub. Sust. de infinitivo

Nexos de las subordinadas sustantivas de infinitivo

- **Sin nexo**: cuando estas oraciones son declarativas.

Iván pretende [estudiar en mi casa].

NP CCL

Or. Sub. Sust. de infinitivo / CD

- **La conjunción *si***: cuando son interrogativas indirectas totales.

Luis y Andrea no sabían [si llamar el día de tu cumpleaños].

Nx / Conj NP CCT

Sujeto Mod NP Or. Sub. Sust. de infinitivo / CD

- **Con nexo interrogativo**: en las interrogativas indirectas parciales.

No sé [cómo hacerlo].

Or. Sub. Sust. de infinitivo / CD

El sujeto de las subordinadas sustantivas de infinitivo

Cuando el sujeto de una oración no aparece explícito, podemos deducirlo de las desinencias verbales. Es lo que conocemos como **sujeto tácito**:

Cantábamos una canción (sujeto tácito Ø: *nosotros*).

Sin embargo, como el infinitivo es una forma no personal y no tiene desinencias, no podemos saber cuál es su sujeto tácito. Así que tendremos que recurrir a la información que nos aporta la oración principal. Observa:

- En la mayoría de los casos, el sujeto de la subordinada de infinitivo coincide con el sujeto de la oración principal (OP):

Mi madre quiere [Ø pintar otra vez la casa]

[Sujeto tácito Ø: *mi madre*]

Sujeto NP Or. Sub. Sust. de infinitivo / CD

- Otras veces, esa información nos la proporcionan otros sintagmas de la oración principal: el **CD** o el **CI**.
  - el **complemento directo**:

Esa situación la obligó [Ø a callarse].

NP (Ø: *ella*, tácito en el CD)

Sujeto CD Or. Sub. Sust. de infinitivo / CR

  - el **complemento indirecto**:

[Ø: Ellos] A Pedro le prohibieron [Ø viajar solo].

(Ø: *Pedro*, tácito en el CI)

Sujeto CI CI NP Or. Sub. Sust. de infinitivo / CD

- En ocasiones, el sujeto del infinitivo puede ser **expreso**:

Ellas cantaron antes de [comer todos].

Sujeto

Or. Sub. Sust. de infinitivo / CAdv

Según su forma, las oraciones de infinitivo pueden ser:

- **Enunciativas** o **declarativas:**

Me gusta cantar en la ducha.

No me gusta cantar en la ducha.

- **Interrogativas indirectas totales:**

No sé si escribirle una carta.

- **Interrogativas indirectas parciales:**

No sabía qué coche elegir.

RAE

En las oraciones de infinitivo, frecuentemente el sujeto no está explícito, por eso lo representamos con el morfema Ø. El correferente (el elemento al que ese sujeto tácito se refiere) lo podemos encontrar en:

- Un sujeto que ya ha aparecido:

Juan necesita [Ø hablar contigo].

- Un CD que ya ha aparecido:

Esas cosas la obligan a [Ø guardar silencio].

- O un CI que ya ha aparecido:

A Juan le encanta [Ø dibujar con el ordenador].

Funciones de las subordinadas sustantivas de infinitivo

- Las **subordinadas sustantivas** de infinitivo pueden presentarse como:
  - un **sintagma nominal**: *Quiero [viajar este verano].*
  - un **sintagma preposicional**: *Le dedica mucho tiempo [a jugar a la consola].* En estos casos, la oración subordinada de infinitivo irá precedida de una preposición, que será el núcleo del sintagma. Estas oraciones se llaman **subordinadas sustantivas término de un sintagma preposicional**.
- Según la función que realizan, las subordinadas sustantivas pueden ser:
  - **Subordinadas sustantivas de sujeto**: *Me gusta dormir hasta muy tarde.*
  - **Subordinadas sustantivas de CD**: *Pedro quiere venir a la fiesta.*
  - **Subordinadas sustantivas de Término de un SPrep**. Estas oraciones pueden desempeñar distintas funciones: CI, CC, CR, CN, CAdj, CAdv.

    CI: *Pedro dedica demasiado tiempo a lavar su moto.*

    CC: *Estudia para aprobarlo todo en junio.*

    CR: *No te olvides de colocar los libros en su sitio.*

    CN: *Tengo ganas de salir a la calle.*

    CAdj: *Estoy contenta de ver a tanta gente en el cine.*

    CAdv: *Aún estoy lejos de saber la verdad.*

Cómo analizar sustantivas de infinitivo término (T) de un SPrep

1. **Identifica el núcleo** (sustantivo, adjetivo o adverbio) al que complementa el SPrep del que forma parte la subordinada de infinitivo:

Estoy feliz de [tener muchos amigos].
feliz: Adj; de: N/Prep; [tener muchos amigos]: T/Or. Sub. Sust.
de [tener muchos amigos]: SPrep/CAdj

Estuvieron cerca de [casarse].
cerca: Adv; de: N/Prep; [casarse]: T/Or. Sub. Sust.
de [casarse]: SPrep/CAdv

2. **Analiza morfosintácticamente las oraciones**, empezando por los SPrep, es decir, por la preposición (N) y la subordinada de infinitivo (T):

(Ø: yo) Estoy feliz de [(Ø: yo) tener muchos amigos].
Estoy: VC; feliz: N/Adj; de: N/Prep; tener: NP; muchos: Mod/Det; amigos: N/Nom
muchos amigos: SN/CD
(Ø: yo): SN Suj; tener muchos amigos: SV Predicado
de: N; [(Ø: yo) tener muchos amigos]: T/Or. Sub. Sust. infinitivo
de [(Ø: yo) tener muchos amigos]: SPrep/CAdj
feliz de [...]: SAdj/Atributo
(Ø: yo): SN Suj; Estoy feliz de [...]: SV Predicado Nominal
Oración compuesta

(Ø: ellos) Estuvieron cerca de [(Ø: ellos) casarse].
Estuvieron: VC; cerca: N/Adv; de: N/Prep; casarse: NP
(Ø: ellos): SN Suj; casarse: SV Pred
[(Ø: ellos) casarse]: T/Or. Sub. Sust.
de [(Ø: ellos) casarse]: SPrep/CAdv
cerca de [...]: SAdv/Atributo
(Ø: ellos): SN Suj; Estuvieron cerca de [...]: SV Predicado Nominal
Oración compuesta

Analizo y aplico

12. ¿A qué palabra de la oración principal se refiere el sujeto tácito de estos infinitivos?
- *Sus padres le permitieron ir al concierto.*
- *Yo hoy quiero almorzar tortilla de patatas.*
- *Adela y Alicia salieron sin hacer ruido.*
- *Me encanta viajar en tren.*

13. Analiza estas oraciones de infinitivo:
- *Estamos intrigados por conocer a su novia.*
- *Estoy muy cerca de encontrar la solución.*

14. Haz oraciones de infinitivo con estas estructuras:
Oración de infinitivo interrogativa indirecta total.
Oración de infinitivo interrogativa indirecta parcial.

RECUERDA

Las oraciones subordinadas sustantivas

Las oraciones subordinadas sustantivas son aquellas que desempeñan en la oración principal las funciones propias de un SN y se pueden sustituir por el pronombre neutro *eso*:

Me encanta que te pongas esa gorra. → *Me encanta eso.*
CI NP Or. Sub. sustantiva / Sujeto

Unión entre la subordinada sustantiva y la oración principal

- **Sin partícula**. Es el caso de algunas subordinadas sustantivas de infinitivo:
  Quiero competir en la próxima maratón.
- **Con partícula subordinante**:
  - **La conjunción *que***. Es el nexo de las **subordinadas sustantivas declarativas, afirmativas y negativas**: *Quiero que me llames luego.*
  - **La conjunción *si***. Es el nexo de las subordinadas sustantivas **interrogativas indirectas totales**: *No sé si llamar a estas horas.*
  - **Determinantes** (*qué, cuál/-es, cuánto/-a/-os/-as*):
    No sé [cuánta leche quieres en el café]. *Observa [qué dibujo he hecho].*
  - **Pronombres** (*qué, quién/-es, cuánto/-a/-os/-as, cuál/-es*):
    Me pregunto [quién irá a recogerla]. *Mira [qué hago].*
  - **Adverbios interrogativos o exclamativos** (*dónde, cuándo, cómo, cuánto*):
    Nunca sé [dónde he dejado el móvil]. *Vigila [cómo comes].*

Los interrogativos y exclamativos, además de introducir la oración sustantiva en la OP, tienen otra función dentro de la subordinada sustantiva: *Me pregunto cuántos cuadros ha pintado este artista.* El interrogativo *cuántos* hace la función de modificador (determinante) dentro de la subordinada sustantiva, mientras que toda ella es CD de la OP.

Funciones de las subordinadas sustantivas

- **Sujeto**: *Me gustaría [viajar a la Luna].*
  Or. Sub. sustantiva / Sujeto → *Eso me gustaría*
- **CD**: *Me han comentado [que lo hiciste estupendamente].*
  Or. Sub. sustantiva / CD → *Me han comentado eso*
- **Término de un SPrep**: la oración subordinada sustantiva (T) va siempre precedida de una preposición (N). El SPrep hace la función de:
  - **Complemento verbal**:

    Le da mucha importancia a [que lo traten con educación].
    N / Prep T / Or. Sub. sustantiva
    SPrep / CI → *a eso*

    Se ha salvado por [cómo cuenta las cosas].
    N / Prep T / Or. Sub. sustantiva
    SPrep / CC → *por eso*

    Confío en [que llegarán a tiempo los electricistas].
    N / Prep T / Or. Sub. sustantiva
    SPrep / CR → *en eso*

  - **Complemento nominal**:

    El motivo de [que no lo sepa aún es Internet].
    Nom N / Prep T / Or. Sub. sustantiva
    SPrep / CN → *de eso*

  - **Complemento adverbial**:

    Ha estado cerca de [que me pasara a mí].
    Adv N / Prep T: Or. Sub. sustantiva
    CAdv / SPrep → *de eso*

  - **Complemento adjetival**:

    Soy partidaria de [que haga una dieta sana].
    Adj N / Prep T / Or. Sub. sustantiva
    SPrep / CAdj → *de eso*

Cómo analizar las sustantivas declarativas e interrogativas totales

1. Identifica los verbos. *La ministra afirma que el paro bajará. / Me preguntó si trabajaba.*

2. Identifica los verbos y las conjunciones que los unen (*que, si*), y aísla la oración subordinada entre corchetes:

La ministra afirma [que el paro bajará].
afirma: NP · que: Nx · bajará: NP

Me preguntó [si trabajaba].
preguntó: NP · si: Nx · trabajaba: NP

3. Analiza la oración principal y di qué función cumple en ella la subordinada:

La ministra afirma [que el paro bajará].
La ministra: Sujeto · afirma: NP · [que el paro bajará]: CD (afirma *eso* / *lo* afirma)

Me preguntó [si trabajaba].
Me: CI · preguntó: NP · [si trabajaba]: CD (*me preguntó eso*)

4. Analiza los elementos de la subordinada:

La ministra afirma [que el paro bajará].
que: Conj · el: Det · paro: N/Nom · bajará: NP
el paro: SN Suj · bajará: SV Pred
[que el paro bajará]: Or. Sub. sustantiva/CD

Me preguntó [si [Ø] trabajaba].
si: Conj · trabajaba: NP
[Ø]: SN Suj · trabajaba: SV Predicado
[si trabajaba]: Or. Sub. sustantiva/CD

5. Analiza el resto de sintagmas de la oración principal:

La ministra afirma [que el paro bajará].
La: Det · ministra: Nom · afirma: NP · que: Conj · el: Det · paro: N/Nom · bajará: NP
el paro: SN Suj · bajará: SV Pred
[que el paro bajará]: Or. Sub. sustantiva/CD
La ministra: SN Suj · afirma [que el paro bajará]: SV Predicado

[Ø] Me preguntó [si [Ø] trabajaba].
Me: N/Pron · preguntó: NP · si: Conj · trabajaba: NP
[Ø]: SN Suj · trabajaba: SV Predicado
Me: CI/SN · [si trabajaba]: Or. Sub. sustantiva/CD
[Ø]: SN Suj · Me preguntó [si trabajaba]: SV Predicado

> **Recuerda que...**
>
> Las oraciones subordinadas sustantivas empiezan en la conjunción, tienen unidad semántica y se pueden sustituir por el pronombre neutro *eso*.

Cómo analizar las sustantivas interrogativas y exclamativas parciales

6. Identifica los verbos. *Pienso en qué le preguntó Ana. / Mira cuántos libros tiene Sofía.*

7. Identifica los verbos y los interrogativos y exclamativos que introducen la oración subordinada sustantiva:

Pienso en [qué le preguntó Ana].
Pienso: NP · qué: Pron. int. · preguntó: NP

Mira [cuántos libros tiene Sofía].
Mira: NP · cuántos: Det. excl. · tiene: NP

8. Analiza la oración principal y di qué función cumple en ella la subordinada:

[Ø: yo] Pienso en [qué le preguntó Ana].
Pienso: NP · en [qué le preguntó Ana]: SPrep/CR (*en eso*)

[Ø: tú] Mira [cuántos libros tiene Sofía].
Mira: NP · [cuántos libros tiene Sofía]: CD (*mira eso*)

9. Analiza los elementos de la subordinada:

[Ø: yo] Pienso en [qué le preguntó Ana].
en: N/Prep · qué: N/Pron · le: N/Pron · preguntó: NP · Ana: N/Nom
qué: SN/CD · le: SN/CI · Ana: SN Suj
qué le preguntó: SV Predicado · Ana: SN Suj
[qué le preguntó Ana]: Término de preposición/Or. Sub. Sust.

[Ø: tú] Mira [cuántos libros tiene Sofía].
cuántos: Det · libros: N/Nom · tiene: NP · Sofía: N/Nom
cuántos libros: SN/CD
cuántos libros tiene: SV Predicado · Sofía: SN Suj
[cuántos libros tiene Sofía]: Or. Sub. sustantiva/CD

10. Analiza el resto de sintagmas de la oración principal:

[Ø: yo] Pienso en [qué le preguntó Ana].
Pienso: NP · en: N/Prep · qué: N/Pron · le: N/Pron · preguntó: NP · Ana: N/Nom
qué: SN/CD · le: SN/CI
qué le preguntó: SV Predicado · Ana: SN Suj
[qué le preguntó Ana]: T/Or. Sub. sustantiva
en [qué le preguntó Ana]: SPrep/CR
[Ø: yo]: SN Suj · Pienso en [qué le preguntó Ana]: SV Predicado

[Ø: tú] Mira [cuántos libros tiene Sofía].
Mira: NP · cuántos: Det · libros: N/Nom · tiene: NP · Sofía: N/Nom
cuántos libros: SN/CD
cuántos libros tiene: SV Predicado · Sofía: SN Suj
[cuántos libros tiene Sofía]: Or. Sub. sustantiva/CD
[Ø: tú]: SN Suj · Mira [cuántos libros tiene Sofía]: SV Predicado

Aplico y reflexiono

ACTIVIDADES

1. Clasifica en tu cuaderno las oraciones subordinadas sustantivas, según su forma, en declarativas e interrogativas y exclamativas indirectas totales o parciales:

- *Me gustaría que me dijeras la verdad.*
- *Dime si tengo que repetirlo.*
- *Nos invitaron a que tomáramos alguna cosa.*
- *Me preguntó qué podía hacer.*
- *¡Mira qué pesado eres!*
- *Nunca se sabrá si con ella las cosas hubieran cambiado.*
- *Silvia ignora quién la llamó por teléfono.*
- *Me sorprendió cómo dibujaba.*
- *Me preguntó cómo ir al instituto.*
- *Llegaremos antes de que sea de noche.*

2. ¿Qué tipo de partícula subordinante introduce las oraciones subordinadas sustantivas en las oraciones de la actividad anterior? Analízalas.

3. Construye oraciones subordinadas sustantivas en tu cuaderno con las siguientes partículas subordinantes:

Que (conjunción)
Qué (pronombre interrogativo)
Si (conjunción subordinante)
Dónde (adverbio interrogativo)
qué (determinante interrogativo)
qué (determinante exclamativo)
cuándo (adverbio interrogativo)
cómo (adverbio exclamativo)

4. Relaciona en tu cuaderno las subordinadas sustantivas con las oraciones principales. ¿A qué clase de sustantivas pertenecen?

Me basta	*de si nos dijo la verdad.*
Le convenció	*cómo lo has hecho.*
Nos invitaron	*con que no se repita.*
El éxito dependía	*de si Andrés jugaba.*
Dudo	*a tomar un refresco.*
Dinos	*de que esa era la solución.*

5. Completa en tu cuaderno las siguientes oraciones con las preposiciones, conjunciones o los interrogativos y exclamativos necesarios. Luego indica la clase de subordinada sustantiva que encabezan:

- *Ya verás* ___ *te diviertes con nosotros.*
- *No estoy seguro de* ___ *pueda ir a tu cumpleaños.*
- *La obligué a* ___ *pensara en las consecuencias.*
- *Dime* ___ *te puedo llamar por teléfono.*
- *Se habla de* ___ *se aplazará el día del examen.*

6. ¿Qué tipo de función realizan estas oraciones subordinadas sustantivas? En aquellas oraciones sustantivas que sean término de una preposición, di la función en la oración principal del SPrep en el que aparecen:

- *Es necesario que calientes antes del partido.*
- *Vendrá después de que termine el trabajo.*
- *Me han comentado que lo hiciste estupendamente.*

La Real Academia Española resuelve tus dudas gramaticales. Puedes consultarlas por Internet.

Recuerda que...

Hay clases de oraciones subordinadas sustantivas:

- **Declarativas:** *Dijo* [*que viajaría en tren*]; *Prefiere* [*viajar en tren*].
- **Interrogativas indirectas totales:** *No sabe* [*si viajará en tren*].
- **Interrogativas indirectas parciales:** *No sabe* [*cómo viajar*].
- **Exclamativas indirectas:** *Mira* [*qué viaje en tren*].

- *Mis padres dan mucha importancia a que tengamos empatía.*
- *Confío en que el tren llegará puntual.*
- *Se ha salvado por cómo cuenta las cosas.*
- *El motivo de que no lo sepa aún es Internet.*
- *Soy partidaria de que haga una dieta sana.*
- *No me importa que Javier nos acompañe.*

7. Corrige los errores que encuentres en estas oraciones. ¿A qué se deben las incorrecciones?
- **Sabemos de que no tenía interés en venir.*
- **Me alegro que ya estés bien.*
- **Nos aconsejaron de que fuéramos a ver la película.*
- **No recuerdo de si tenemos leche para mañana.*

8. A partir del ejemplo, escribe oraciones que realicen la misma función, pero cambiando las partículas subordinantes (*que, si, qué...*):

> Me preocupa que el mundo no piense más en el medio ambiente.
> *Me preocupa...*

9. ¿Estas oraciones tienen una perífrasis verbal o una oración subordinada sustantiva de infinitivo? Justifícalo con lo que has aprendido en el tema 4.
- *Empezaré a leer el libro mañana.*
- *Quiero leer el libro mañana.*
- *Tendría que preparar la comida.*
- *Estoy interesado en participar.*
- *Volveré a participar.*
- *Suelo pensar mucho las cosas.*

10. ¿Qué función desempeñan en la oración principal en la que se insertan estas oraciones de infinitivo? Analízalas.
- *Queremos visitar Asturias este verano.*
- *Me encanta correr con mis amigos.*
- *Estoy convencido de poder estudiar medicina.*

11. Para reproducir las palabras de una persona en el discurso indirecto se utiliza una oración subordinada sustantiva declarativa con la siguiente estructura: verbo de lengua (*decir, expresar, responder...*) + oración subordinada sustantiva encabezada por la conjunción *que*:
- Estilo directo. *Juan dijo: Mañana vendrá Luis.*
- Estilo indirecto. *Me dijo Juan [que mañana vendrá Luis].*

Transforma estas oraciones en discurso indirecto:
- *¿Tienes mañana algo que hacer?*
- *Este fin de semana me voy a hacer escalada.*
- *Me parece muy bien tu propuesta.*
- *¿Me puedes prestar los apuntes?*

12. A partir del fotograma de *Astérix en los Juegos Olímpicos* (2008), escribe un texto donde aparezcan las diferentes oraciones subordinadas sustantivas que has estudiado.

Recuerda que...

Evita estos dos usos incorrectos:
- **Dequeísmo**: uso innecesario de la preposición *de* seguida de la conjunción *que*:
  **Es posible de que salga el sol.*
- **Queísmo**: supresión de la preposición *de* cuando es exigida por algún elemento de la oración:
  **Me alegro que hayas aprobado.*

Discurso directo e indirecto

Estilo directo reproduce de manera literal las palabras que se han pronunciado en un momento concreto:
Leire dijo: "Estás invitado".

Estilo indirecto reproduce en una situación comunicativa distinta las palabras de una persona:
Leire me dijo que estaba invitado.

ACTIVIDADES

Repaso lo que he aprendido

REPASO

- **Subordinadas sustantivas**
  Se insertan dentro de otra oración o son término de un SPrep
  - **Enunciativas o declarativas**
    Introducidas por la conjunción ***que***
    - **con verbo flexionado**
      Me encanta [que seas así].
    - **con verbo en infinitivo** (sin conjunción)
      Quiero [ir contigo al cine].
  - **Interrogativas indirectas totales**
    Introducidas por la conjunción ***si***
    - **con verbo flexionado**
      No sé [si iré contigo].
    - **con verbo en infinitivo**
      Se planteó [si quedarse en casa o no].
  - **Interrogativas indirectas parciales**
    Introducidas por un **interrogativo**
    - **con verbo flexionado**
      Dime [qué necesitas].
    - **con verbo infinitivo**
      Se preguntaba [dónde ir en vacaciones].
  - **Exclamativas indirectas**
    Introducidas por un **exclamativo**
    - **con verbo flexionado**
      Mira [qué foto he hecho].

- **Interrogativos**
  - *cómo*
    - **Adverbio**
      No sabes [cómo lo hizo].
  - *cuál*
    - **Determinante**
      Me preguntó [cuál ø era mejor].
  - *cuándo*
    - **Adverbio**
      No supo [cuándo llegaría].
  - *cuánto / cuán*
    - **Determinante**
      No recuerda [cuántos años tiene].
    - **Pronombre**
      Nos preguntó [cuánto leíamos].
    - **Adverbio**
      Dile [cuánto duermes].
  - *dónde / adónde*
    - **Adverbio**
      No sé [(a)dónde voy].
  - *qué*
    - **Determinante**
      ¿Sabes [qué hora es]?
    - **Pronombre**
      No sabían [qué querían].
  - *quién*
    - **Pronombre**
      ¿Te han dicho [quiénes vendrán a comer]?

Funciones de las oraciones sustantivas

- **SUJETO**
  - *Me encanta [que vivamos juntos].*
  - *Me aburre [jugar a los marcianitos].*
- **CD**
  - *Sara me dijo [que vendría con nosotros].*
  - *Laura nos recomendó [ver la película].*
- **Término de preposición**
  - **SPrep: CR**
    - *Nos alegramos de [que hayas conseguido tu sueño].*
    - *Confío en [terminar el trabajo pronto].*
  - **SPrep: CI**
    - *Dieron tiempo a [que se recuperara de su lesión].*
    - *No doy importancia a [tener un buen móvil].*
  - **SPrep: CC**
    - *Se marchó sin [que nadie se percatara].*
    - *Contesté sin [pensarlo].*
  - **SPrep: CN**
    - *Tengo ganas de [que vuelva Isabel].*
    - *Nos mostró la manera de [resolver la ecuación].*
  - **SPrep: CAdj**
    - *Estoy contento de [que te hayas decidido].*
    - *Estaba segura de [hacerlo bien].*
  - **SPrep: CAdv**
    - *Todo sucedió antes de [que llegara Pablo].*
    - *Llegaron después de [acostarme].*

Exclamativos

- *cuál*
  - **Determinante**: *¡Dios mío, mirad [cuál ø compramos]!*
- *cuándo*
  - **Adverbio**: *Es fácil [cuándo lo sabes].*
- *cuánto / cuán*
  - **Determinante**: *Observad [cuántas lágrimas derramadas inútilmente].*
  - **Pronombre**: *Fíjate [cuánto come].*
  - **Adverbio**: *Eres consciente de [cuánto ha llovido].*
- *cómo*
  - **Adverbio**: *Observa [cómo baila].*
- *dónde / adónde*
  - **Adverbio**: *Observa [dónde trabaja].*
- *qué*
  - **Adverbio**: *¡Recuerda [qué noche tan larga pasamos]!*
  - **Pronombre**: *¡Pero mira [qué dices]!*
  - **Adverbio**: *Escucha [qué bien canta].*
- *quién*
  - **Pronombre**: *Fíjate en [quién ha venido].*

LENGUA

6 Las oraciones subordinadas (II)

> De lo que no digas serás el amo, y de lo que digas serás esclavo.

> Cría cuervos y te sacarán los ojos.

> Agua que no has de beber, déjala correr.

> A quien madruga, Dios le ayuda.

> Quien más sabe menos presume.

Observo...

- ¿Qué tipo de oraciones predominan en estos refranes? ¿Coordinadas o subordinadas? Busca un ejemplo de cada caso.
- ¿Estos dos refranes sirven para dar ánimos o para aconsejarnos? *Donde una puerta se cierra, otra se abre*; *Quien tiene arte, va por todas partes.*

... pienso...

- ¿Qué enseñanzas quieren transmitir los refranes de la ilustración?
- Algunos refranes tienen su réplica. *Cuando el río suena, agua lleva* tiene como réplica *Las apariencias engañan*. Busca el refrán que contradiga a *No por mucho madrugar amanece más temprano.*

Cuando el río suena, agua lleva.

Quien tiene arte, va por todas partes.

Donde una puerta se cierra, otra se abre.

En este tema aprenderás:

- Cómo reconocer cuándo el antecedente de la subordinada relativa aparece explícito y cuando está tácito.
- Cómo reconocer los determinantes, pronombres y adverbios relativos.
- Cómo identificar y analizar las oraciones subordinadas relativas con antecedente expreso.
- Qué son y cómo se diferencian las oraciones subordinadas relativas especificativas y explicativas.
- Qué son y cómo se identifican y analizan las oraciones subordinadas relativas sin antecedente expreso libres y semilibres.

En marcha...

Después de visionar el fragmento de *El laberinto del fauno* (2006), película dirigida por Guillermo del Toro, realiza las actividades:

- ¿Por qué piensas que el fauno le dice a Ofelia que ha tenido tantos nombres viejos y que él es el monte, el bosque y la tierra? Busca información sobre los faunos.
- Describe al fauno utilizando la siguiente estructura (nombre + oración subordinada introducida por *que*). Sigue algunos de estos modelos:
  - *El fauno es un* ***ser que****...*
  - *Emite unos* ***ruidos que****...*
  - *El fauno tiene un* ***aspecto que****...*
- En las palabras del fauno aparece dos veces la estructura que te hemos pedido. Escríbelas en tu cuaderno y subraya el nombre seguido de la partícula subordinante *que*.

... y comparto

- Formad grupos y ordenad estos refranes para que tengan sentido. *En boca cerrada, otorga; A buen entendedor, no entran moscas; Quien calla, pocas palabras bastan.*
- Cread vuestros propios refranes con estas estructuras (*Quien...* y *Cuando...*) y explicad su significado.

1 Las oraciones subordinadas relativas o adjetivas

1.1 Características generales

Los adjetivos son palabras que dicen las cualidades de los sustantivos y limitan su significado: *casa nueva*, *casa antigua*, *casa moderna*...

Sin embargo, a veces no hay adjetivos concretos que expresen con total precisión las cualidades o matices que queremos destacar de un sustantivo. En algunos casos, la lengua utiliza las subordinadas relativas para cumplir esa función.

Observa estas dos oraciones:

La casa nueva es preciosa.

La casa [que me he comprado] es preciosa.

Observa estas dos oraciones: *Las chicas, divertidas, veían una película de miedo. Las chicas, que se divertían, veían una película de miedo.* En ambas oraciones el adjetivo y la subordinada de relativo completan el significado del sustantivo.

La **oración subordinada de relativo** se refiere a un antecedente (SN) al que completa señalando sus características.

La casa [que me he comprado] es preciosa.
SN (antecedente) ← Or. Sub. relativa

El antecedente

- El **antecedente** de las subordinadas relativas es el elemento que las precede, normalmente **un nombre o un pronombre**:

  El árbol [que hemos plantado en el jardín] crece cada día.
  Antec. — Or. Sub. relativa / CN

- La **subordinada relativa** se refiere a ese sustantivo antecedente como lo haría un adjetivo, por lo tanto su función será la de CN de ese sustantivo.
- Ambos, antecedente y subordinada relativa, forman un SN:

  El árbol [que hemos plantado en el jardín] crece cada día.
  Antec. (Nom) — Or. Sub. relativa / CN
  SN Sujeto — SV Predicado

- El antecedente de las subordinadas relativas puede estar:
  - **Explícito** en la oración principal: *Ha venido la chica [de la que te hablé].*
  - **Tácito** en el significado de la oración o en el propio relativo:

    [Ø Quien nos dijo la noticia] llegó tarde.

    (*la persona que nos dio la noticia*: antecedente tácito)

Partículas subordinantes relativas

- **Pronombres relativos**
  que, quien, quienes, cuanto, cuanta, cuantos, cuantas, el cual, la cual, lo cual, los cuales, las cuales, el que, la que, lo que, los que, las que.
- **Determinantes relativos**
  cuyo, cuya, cuyos, cuyas, cuanto, cuanta, cuantos, cuantas.
- **Adverbios relativos**
  donde, adonde, cuando, como, cuanto.

Aplico

1. Convierte los SAdj subrayados en oraciones subordinadas relativas. Utiliza el pronombre relativo *que* para encabezar tu subordinada relativa, y subraya el antecedente al que se refieren:
   - *Los pantalones cortos los uso para correr.*
   - *Tus amigos recibieron un regalo sorpresa.*
   - *La ventana rota da golpes contra la pared.*
   - *Los corredores clasificados participaron en la carrera.*
2. Convierte las oraciones subordinadas relativas subrayadas en SAdj:
   - *Los bolígrafos que me prestaste están en tu estuche.*
   - *Las calles que acaban de asfaltar aún no se pueden transitar.*
   - *Mis padres me han regalado unas velas que huelen muy bien.*
3. Indica cuál es el antecedente de las oraciones de la actividad anterior.

1.2 Los relativos

Las partículas que introducen las subordinadas relativas pueden ser:

Pronombres relativos

- **Que**. Es el más frecuente: *El amigo* [*que me presentaste*] *es un encanto.*
- **Quien, -es**. Se refiere a personas o cosas personificadas: [*Quien mucho abarca*], *poco aprieta.*
- **Cuanto, -a, -os, -as**: *Vinieron a la fiesta* [*todos cuantos quisieron*].
- **El cual, la cual, lo cual, los cuales, las cuales**. Siempre son pronombres relativos: *El hombre* [*por el cual estoy aquí*] *es mi abuelo.*
- **El que, la que, lo que, los que, las que** (relativos complejos). Solo cuando van precedidos de antecedente expreso en la oración: *Ella es la amiga* [*de la que te hablé*].

Ya sé la moto [*que quiero*].
Or. Sub. relativa

Determinantes relativos

- **Cuyo, -a, os, -as**. Tienen valor posesivo y concuerdan con el sustantivo al que acompañan, no con el antecedente:

  Esta mujer [*cuyo valor nos asombra*] *lo ha conseguido.*
- **Cuanto,-a, -os, -as**.Tiene valor cuantificativo: *Te da* [*cuanta paz tiene*].

Adverbios relativos

- **Donde, cuando, como, cuanto**. Pueden llevar antecedente explícito o implícito en el contexto o en la propia oración:

  [*Donde fuimos de vacaciones*] *es el sitio* [*donde mejor me lo he pasado*].

  Antecedente implícito — Antecedente explícito

Funciones de los relativos

Los relativos cumplen tres funciones:

- Funcionan como **partículas subordinantes** que encabezan las oraciones subordinadas relativas.
- **Reproducen** dentro de la oración subordinada al **antecedente** (*perro*).

  (el perro)
  El perro [*que recogimos en la perrera*] *es muy cariñoso.*

El relativo **cumple su propia función** dentro de la oración subordinada: Sujeto, CD, CI, CC, como veremos más adelante.

Recuerda que...

Se llama **quesuismo** (*que* + *su* + ismo) a la utilización del relativo *que* más el posesivo *su* en lugar del relativo *cuyo, -a, -os, -as*:

Tenía una novia cuyo padre estaba enfermo.

**Tenía una novia que su padre estaba enfermo.*

Lo correcto es usar el relativo *cuyo, -a, -os, -as*, bien solo, o bien precedido de preposición: *Conozco a alguien a cuyos padres les gusta el fútbol.*

Aplico y analizo

4. Subraya en tu cuaderno los relativos e indica si son pronombres, determinantes o adverbios. Después, señala el antecedente:

- *Aquel hotel húngaro donde nos conocimos era precioso.*
- *El último libro que he leído me ha gustado mucho.*
- *El manuscrito, cuyos textos he copiado, es antiguo.*
- *Las personas de las cuales me fío son sinceras.*
- *Las revistas de las que te hablé son de Lucas.*
- *Me encanta la manera como escribes tus opiniones.*

5. Encierra entre corchetes las subordinadas relativas de las oraciones de la actividad anterior. Hazlo en tu cuaderno. Observa que algunos relativos van precedidos de preposición.

6. Completa en tu cuaderno estas oraciones con el relativo adecuado:

- *La mesa* ▭ *he comprado tiene una pata rota.*
- *Tu prima a* ▭ *le dejé la falda viene hoy.*
- *El río* ▭ *te has fotografiado es muy ancho.*
- *La manera* ▭ *te mira es intrigante.*
- *La piscina en* ▭ *estuvimos es olímpica.*

1.3 Subordinadas relativas con antecedente expreso. Función de estas oraciones subordinadas en la oración principal

Las **subordinadas relativas con antecedente expreso** son el CN del sustantivo al que se refieren (antecedente).

El antecedente y la oración subordinada de relativo forman un solo SN.

La subordinada relativa está insertada dentro del SN. Observa:

Las flores [que me regalaste] eran preciosas.

Las	flores	[que me regalaste]	eran preciosas.
	N	Or. Sub. relativa/CN	
SN Sujeto			SV Predicado

Cómo analizar subordinadas relativas con antecedente expreso (CAE)

1. **Identifica los verbos**. Cada verbo es núcleo de una oración:

   Ayer me trajeron los paquetes que compramos el jueves.

2. **Identifica el relativo** que une las oraciones y aísla la oración subordinada entre corchetes:

   Ayer me trajeron los paquetes [que compramos el jueves].

3. **Localiza el antecedente** y escríbelo en la oración subordinada encima del relativo que lo reproduce:

   (paquetes)
   Ayer me trajeron los paquetes [que compramos el jueves].

4. **Identifica los elementos del SN** del que forma parte la subordinada.

   (paquetes)
   Ayer me trajeron los paquetes [que compramos el jueves].

	los	paquetes	[que compramos el jueves].
	Det	N	Or. Sub. relativa/CN
	SN		

5. **Analiza la subordinada de relativo** como si fuera independiente. Subraya el SN formado por el antecedente y la subordinada de relativo en función de CN:

   (paquetes)
   Ayer me trajeron los paquetes [que compramos el jueves. [Ø: nos)].

	los	paquetes	[que	compramos	el	jueves.	[Ø: nos)].
	Det	Nom	Pron	V	Det	Nom	
			SN/CD	N	SN/CCT		N
			SV Predicado				SN Sujeto
	Mod	N	Or. Sub. relativa (CAE)/CN				
	SN/CD						

6. **Analiza la función de los sintagmas** de la oración compuesta:

   (paquetes)
   [Ø: ellos)]. Ayer me trajeron los paquetes [que compramos el jueves. [Ø: nos)].

[Ø: ellos)].	Ayer	me	trajeron	los	paquetes	[que	compramos	el	jueves.	[Ø: nos)].
	Det	Pron	V	Det	Nom	Pron	V	Det	Nom	
						SN/CD	N	SN/CCT		N
						SV Predicado				SN Sujeto
	N	N		Mod	N	Or. Sub. relativa (CAE)/CN				
N	SAdv/CCT	SN/CI		SN/CD						
SN Suj	SV Predicado									
Oración compuesta										

Recuerda que...

El antecedente es el nombre al que hace referencia la oración subordinada.

1.4 Subordinadas relativas especificativas y explicativas

Las subordinadas relativas con antecedente expreso, al igual que los adjetivos, pueden ser de dos clases: **especificativas** y **explicativas**.

Subordinadas relativas especificativas

- Van tras el antecedente y restringen su significado:

  Los documentos que se salvaron del incendio son fundamentales.

  (Son fundamentales solo los documentos que se salvaron del incendio)

- La subordinada relativa está unida directamente al antecedente.
- Cuando el relativo es complejo (*el que, la que, el cual*) deben ir precedidas de preposición:

  La situación [de la que te hablé] es complicada.

Subordinadas relativas explicativas

- No restringen el significado del sustantivo. Se adjunta entre pausas al sintagma nominal.

  Los documentos, que se salvaron del incendio, son fundamentales.

  (Todos los documentos son fundamentales y, además, se salvaron del incendio)

- Siempre van entre comas y constituyen un inciso en la entonación de la oración.

1.5 Los nexos relativos precedidos de preposición

Los relativos complejos precedidos de preposición forman un SPrep en el que el núcleo es la preposición y el término (T) es el relativo complejo:

(especialista)

La especialista [con la que hemos hablado] vendrá con retraso.

N/Prep T/SN

SPrep/CR

- Al ser un sintagma preposicional, estos relativos complejos nunca pueden ser sujeto dentro de su propia subordinada relativa, pero sí pueden ser CD, CI, CR, CC, etc.

Observa y distingue

QUE pronombre relativo

- Partícula subordinante que encabeza algunas subordinadas relativas.
- Se puede sustituir por otro pronombre relativo: *el cual, la cual...*

La ventana [que está rota] es azul.

QUE conjunción

- Partícula subordinante que encabeza las subordinadas sustantivas enunciativas.
- No se puede sustituir por *el cual, la cual...*

Sabía [que vendrías hoy].

QUÉ interrogativo y exclamativo

- Va siempre acentuado.
- Encabeza subordinadas sustantivas interrogativas y exclamativas indirectas.
- Puede ser determinante:

No sabe [qué camisa ponerse].

- Puede ser pronombre:

Dime [qué necesitas].

- Puede ser adverbio:

Mira [qué bien escribe].

Analizo y aplico

7. ¿Qué es una oración subordinada relativa? ¿Qué función cumple con respecto al antecedente? Justifica tu respuesta con un ejemplo.

8. Señala si las oraciones subordinadas subrayadas son sustantivas declarativas, sustantivas interrogativas, sustantivas exclamativas o subordinadas relativas, y justifica tu respuesta:

- *La mano que llevo vendada me duele mucho.*
- *Me contó que nunca le habían dicho nada.*
- *No estoy seguro de si mañana podré ir.*
- *Mirad qué bolígrafo me he encontrado.*

9. Analiza las oraciones anteriores. Explica la función del nexo subordinante de dentro de cada una de las subordinadas que encabezan.

10. Escribe un ejemplo de subordinada relativa especificativa y otro de explicativa.

11. Escribe en tu cuaderno qué oración es explicativa y cuál es especificativa, y justifícalo:

- *Puse los manteles que estaban limpios.*
- *Puse los manteles, que estaban limpios.*

12. Analiza estas oraciones siguiendo el modelo:

- *Han llegado las camisetas que compraste.*
- *La casa donde estamos alojados es muy amplia.*
- *La manera como me mira me resulta incómoda.*
- *Un día, cuando me levanté, la oí en la cocina.*
- *Esa chica, cuya sonrisa me encanta, me ha llamado.*
- *El chaval con el que haces deporte es mi vecino.*
- *María, quien más estudió, sacó la mejor nota.*

1.6 Subordinadas relativas sin antecedente expreso (SAE)

Las subordinadas relativas se caracterizan por referirse a un antecedente al que modifican como CN:

Ese libro [que vimos en la exposición] es antiguo y precioso.
Antec (N) CN

Sin embargo, en las relativas semilibres y relativas libres **el antecedente no aparece expreso** en la oración, pero lo conocemos porque:

- Podemos deducirlo del contexto comunicativo (subordinadas relativas semilibres):

  [El que nos llevó en su coche] era muy amable
  (el hombre, el amigo... que nos llevó en su coche)

- Está implícito en el propio relativo (subordinadas relativas libres):

  [Quien me ha llamado] no me ha explicado bien la noticia.
  (la persona que me ha llamado)

El **antecedente** de las subordinadas relativas puede estar expreso o tácito. Cuando está tácito, podemos deducirlo del contexto.

Ese libro que vimos en la exposición es el *Breviario de Martín I de Aragón.*

Subordinadas relativas semilibres

Las **subordinadas relativas semilibres** son subordinadas relativas cuyo antecedente no está expreso en la oración, pero podemos deducirlo del contexto. Su partícula subordinante es el **pronombre relativo *que* precedido de un artículo.**

El partido lo ganaron [los Ø que jugaron bien].
(jugadores)

- El artículo determinado que precede al pronombre relativo nos recuerda al antecedente que no está expreso en la oración, pero que podemos recuperar del contexto comunicativo. Si no lo podemos recuperar es porque se refiere a alguien indefinido. Se utiliza bastante en sentencias y refranes:

  [El Ø que paga] manda.

- El relativo no es complejo; de hecho, son dos palabras diferentes: un artículo determinado: *el, la, lo, los, las,* y un pronombre relativo: *que*. Incluso entre ambas palabras se pueden intercalar otras palabras diferentes, como en el ejemplo siguiente:

  El partido lo ganaron gracias a [los pocos que jugaron bien].

- En su forma, estos relativos son idénticos a los pronombres relativos complejos, aunque es fácil distinguirlos.

Gracias a la **concordancia de género y número** del artículo con el antecedente no expreso, podemos recuperarlo del contexto y saber a qué o quién se refiere el relativo:

El Ø que me acompañó. (antecedente masc. sg.)

La Ø que me llamó. (antecedente fem. sg.)

Pronombres relativos complejos (con antecedente expreso)	Artículo + pronombre relativo *que* (sin antecedente expreso)
• ***el que, la que, lo que, los que, las que.*** • Necesitan un antecedente expreso: *La chica [de la que te hablé] viene esta tarde.* • Debido a que las dos palabras **forman un único pronombre**, no se puede intercalar entre ellas ninguna otra palabra. Fíjate: **La chica [de la única que te hablé] viene esta tarde.*	• ***el Ø que, la Ø que, lo que, los Ø que, las Ø que.*** • No llevan antecedente expreso: *[El Ø que me escribe] no me interesa nada.* • Debido a que **las dos palabras son distintas** (un artículo y un pronombre) y no forman un solo pronombre, se pueden intercalar entre ellas otras palabras: *[El único que me escribe] no me interesa nada.*

Subordinadas relativas libres

Las **subordinadas relativas libres** son subordinadas relativas cuyo **antecedente** está incorporado en el propio **relativo**.

- ***Quien,-es***. Hace referencia a seres animados y equivale a ***la persona que***:

  Muchas veces [en quien confías] puede fallarte.

  (*la persona* en quien confías)

- ***Cuanto***, ***-a***, ***-os***, ***-as***. Equivalen a ***el ∅ que***, ***la ∅ que***, ***los ∅ que***, ***las ∅ que***:

  [Cuantos estaban aparcados] fueron retirados por la grúa.

  (*los ∅ que* estaban aparcados) (*los coches que*)

- ***Donde***, ***adonde***. Designa lugar y equivale a (***en***) ***el lugar donde***:

  [Donde pasamos las vacaciones] es un sitio espectacular.

  (*[en] el lugar donde pasamos las vacaciones*)

- ***Cuando***. Designa tiempo y equivale a (***en***) ***el momento en que***:

  [Cuando llegamos al estadio] ya había comenzado el concierto.

  (*[en] el momento en que llegamos al estadio*)

- ***Como***. Designa modo y equivale a (***de***) ***la manera como***:

  [Como me lo contaron] te lo cuento.

  (*[de] la manera como me lo contaron*)

Función de las subordinadas relativas semilibres y libres en la oración principal

Las subordinadas relativas semilibres y libres **equivalen a un SN, a un SAdv o son término de un SPrep**, y cumplen las funciones propias de estos sintagmas (Sujeto, CD, CI, CR, CC, Atrib, etc.):

[∅ Quien siembra vientos] recoge tempestades.

Sujeto	NP	CD	NP	CD
SN Sujeto			SV Predicado	

María contestó a [∅ cuantos la llamaron el día de su cumpleaños].

Sujeto	NP	N	T / Or. Sub. relativa (SAE)
		SPrep / CI	

Donde, ***adonde***, ***cuando***, ***como*** equivalen a un SAdv, desempeñan la función de CC de lugar, tiempo, modo y cantidad:

Estaba [∅ donde me recogiste]

SAdv / CCL

Or. Sub. relativa (SAE) / Atrib

Trabajó [∅ cuanto pudo]

SAdv / CCC

Or. Sub. relativa (SAE) / CC

RAE

La RAE, en su *Nueva gramática de la lengua española*, considera subordinadas relativas libres las encabezadas por los adverbios relativos ***donde***, ***cuando***, ***como*** sin antecedente expreso. Observa:

Está donde lo dejaste. — Or. Sub. Relat.

Lo vendí cuando pude. — Or. Sub. Relat.

Sucedió como yo quería. — Or. Sub. Relat.

RAE

Las oraciones relativas libres equivalen a:

SN: *[∅ Quien vino] preguntó por ti.*

(la persona que vino preguntó por ti)

SPrep: *Iré [∅ cuando esté preparado].*

(Iré en el momento cuando esté preparado)

SAdv: *Nos encontramos [∅ donde siempre].*

(Nos encontramos allí donde siempre)

Analizo y aplico

13. En tu cuaderno, encierra entre corchetes las subordinadas relativas, y señala cuáles llevan antecedente expreso y cuáles son libres o semilibres:

- *Quienes vengan deben mostrarte la entrada.*
- *La amiga de la que te hablé ha aprobado el curso.*
- *Los que ves son mis primos.*
- *La piscina donde nado es municipal.*
- *Te acompañaremos cuando podamos.*

14. Señala a qué sintagma equivale el relativo de las subordinadas libres y semilibres de la actividad anterior. Después, explica la función de la oración relativa dentro de la oración principal.

15. Construye oraciones subordinadas relativas con *donde*, *como* y *cuando* con antecedente expreso y, luego, oraciones subordinadas libres con los mismos nexos.

Cómo analizar subordinadas relativas sin antecedente expreso semilibres

1. Las oraciones relativas semilibres se analizan casi igual que las relativas con antecedente. Solo tienes que indicar que el antecedente es tácito (Ø). Fíjate en el ejemplo:

Entregué las entradas	*a*	*los*	*Ø*	*[que*	*vinieron].*	*(a los amigos [que vinieron])*
	Prep	Det	N	Pron	NP	
				Or. Sub. relativa semilibre		

2. Después analiza el resto de las palabras y los sintagmas de la oración principal.

[Ø: yo]	*Entregué*	*las*	*entradas*	*a*	*los*	*Ø*	*[que*	*vinieron].*
	NP	Det	Nom	Prep	Det		N/Pron	NP
							SN Suj	SV Pred
					Mod	N	Or. Sub. Rel. (SAE) semilibre/CN	
		Mod	N	N	T/SN			
N		SN/CD		SPrep/CI				
SN Suj	SV Predicado							
Oración compuesta								

Cómo analizar subordinadas relativas sin antecedente expreso libres

En este tipo de oraciones relativas el antecedente está ímplicito en el propio relativo.

Las oraciones con los pronombres *quien* y *cuanto* equivalen a un SN.

Las oraciones con los adverbios *donde*, *cuando*, *como* y *cuanto* equivalen a un SAdv o a un SPrep. Fíjate en los ejemplos:

1. Identifica los relativos y delimita la oración relativa libre.

[Ø Quienes lo deseen] pueden venir.
Pron rel
(SN: *ellos...*

Yo como [Ø donde tú desayunas].
Adv rel
(SAdv: *allí* / SPrep: *en ese lugar...*)

2. Después analiza el resto de las palabras y los sintagmas igual que has hecho en las otras oraciones relativas.

[Ø Quienes	*lo*	*deseen]*	*pueden venir.*
Pron	Pron	V	V
	SN/CD	NP	
SN Suj	SV Pred		NP
Or. Sub. Rel. (SAE) libre/SN Sujeto			SV Predicado
Oración compuesta			

Yo	*como*	*[Ø donde*	*tú*	*desayunas].*
Pron	V	Adv	Pron	V
		SAdv/CCL		NP
			SN Suj	SV Pred
	NP	Or. Sub. Rel. (SAE) libre/SAdv/CCL		
SN Suj	SV Predicado			
Oración compuesta				

Aplico y analizo

16. Muchos refranes se construyen mediante oraciones subordinadas relativas sin antecedente. Analiza morfosintácticamente estos refranes e indica si introducen oraciones relativas libres o semilibres:

- *Quien mucho abarca poco aprieta.*
- *Quien canta sus males espanta.*
- *Quien hace un cesto, hace ciento.*
- *Donde manda patrón, no manda marinero.*
- *El que avisa no es traidor.*
- *El que la hace la paga.*

17. Analiza las siguientes oraciones y señala qué función cumple el relativo:

- *Donde yo vivo viven todos mis amigos.*
- *Te lo digo como lo siento.*
- *Como me lo contaron lo he escrito en este folio.*
- *Viaja cuando se lo piden en el trabajo.*
- *Me gusta el que tienes tú.*
- *Quien quiera está invitado a mi cumpleaños.*
- *La que dice eso no suele mentir.*
- *Comimos donde nos dijiste.*
- *Me siento bien cuando sale el sol.*

Oraciones subordinadas relativas

Definición

Las oraciones subordinadas de relativo se caracterizan por modificar a un sustantivo (antecedente) a la manera como lo hacen los adjetivos (CN):

La historia [que me has contado] es increíble.
Mod/Det N CN

Reconocimiento

Van encabezadas por un relativo que cumple tres funciones:

- Es el nexo que identifica a una oración de relativo como subordinada relativa.
- Reproduce dentro de la oración subordinada al antecedente al que se refiere.
- Cumple dentro de la oración subordinada una función sintáctica: Sujeto, CD, CI, CC, CR, etc.

Relativos

- Pronombres:

  que; ***quien***, *-es*; ***cuanto***, *-a*, *os*, *-as*; ***el cual***, ***la cual***, ***lo cual***, ***los cuales***, ***las cuales***; ***el que***, ***la que***, ***lo que***, ***los que***, ***las que***.
- Determinantes:

  cuyo, *-a*, *-os*, *-as*; ***cuanto***, *-a*, *-os*, *-as*.
- Adverbios:

  donde, ***adonde***, ***cuando***, ***como***, ***cuanto***.

Antecedente expreso y antecedente tácito

Las oraciones subordinadas de relativo pueden llevar el antecedente expreso o tácito. Según aparezca el relativo o no en la oración, distinguimos dos clases de relativas::

- **Relativas con antecedente expreso**. Hacen la función de complemento del nombre (CN) de su antecedente.
- **Relativas sin antecedente expreso**:
  - **Relativas semilibres**. El antecedente se puede recuperar del contexto (Ø). La estructura relativa está formada por un artículo (*el*, *la*, *los*, *las*, *lo*) y un pronombre relativo (*que*):
  - ***el*** (Ø) ***que***, ***la*** (Ø) ***que***, ***lo*** (Ø) ***que***, ***los*** (Ø) ***que***, ***las*** (Ø) ***que***:

    [El Ø que te llama tan a menudo] es un pesado.
    (*el hombre*, *el amigo*... que te llama...)
- **Relativas libres**. El antecedente está incorporado en el propio relativo. Los relativos pueden ser:
  - ***quien***, *-es*; ***cuanto***:

    [Quien Ø canta] sus males espanta.
    (*la persona* que canta)
  - ***donde***, ***cuando***, ***como***, ***cuanto***:

    Las llaves están [donde Ø las dejaste el otro día].
    (*en el lugar* donde...)

Relativas especificativas y explicativas

- **Relativas especificativas**:
  - Delimitan el significado del antecedente sin pausas ni comas:

    Los manteles que he lavado a mano están sobre la mesa.

    (Solo están sobre la mesa los manteles que he lavado a mano).
- **Relativas explicativas**:
  - No restringen el significado del sustantivo, sino que hacen un inciso y añaden una explicación:

    Los manteles, que he lavado a mano, están sobre la mesa.

    (Todos los manteles están sobre la mesa, y además los he lavado todos).
  - La subordinada relativa se separa del antecedente por pausas en la expresión oral o por comas en la expresión escrita.

Aplico y describo

18. Explica, a partir de las oraciones que tienes a continuación, la diferencia entre una oración subordinada relativa libre y una oración subordinada relativa semilibre:

a. *Préstame el libro que quieras.*

b. *Préstame el que quieras.*

c. *Quien te informó del suceso no es de fiar.*

d. *La persona que te informó del suceso no es de fiar.*

19. Describe la imagen tanto con oraciones subordinadas relativas con antecedente como sin él.

Aplico y reflexiono

ACTIVIDADES

1. ¿Cuál de estas oraciones relativas es especificativa y cuál es explicativa? ¿Hay alguna diferencia de significado entre ellas? Justifícalo.

   Los deportistas que entrenan consiguen buenas marcas.

   Los deportistas, que entrenan, consiguen buenas marcas.

2. Elige la opción correcta y justifícala:

   En la oración *El chico de quien te hablé es huérfano*, la oración subordinada relativa es:

   a. con antecedente expreso.

   b. sin antecedente expreso libre.

   c. sin antecedente expreso semilibre.

   En la oración *El grupo que nos gusta actúa hoy en la ciudad*, el pronombre relativo realiza dentro de la subordinada la función de:

   a. Sujeto

   b. CD

   c. CN

   En la oración *Consiguió cuantas cosas necesitaba*, el relativo es un:

   a. pronombre

   b. determinante

   c. adverbio

3. Indica en tu cuaderno cuál de estas oraciones son relativas con antecedente expreso y cuáles sin antecedente expreso:
   - *Volveré a casa cuando termine el partido.*
   - *El novelista al cual me refiero es muy joven.*
   - *Quien no pueda venir hoy lo podrá hacer mañana.*
   - *El piso donde vivo es muy luminoso.*
   - *En Internet se mostró el modo como crearon el bulo.*
   - *He cogido las que tú no querías.*
   - *La publicidad que aparece en las redes me desconcierta.*

4. Escribe en tu cuaderno el relativo que convenga a estas oraciones. Después indica la clase de oración subordinada relativa que es:
   - *No me importa* ___ *digan.*
   - *Alguien* ___ *conocí me lo dijo.*
   - *Acércame* ___ *están encima de la mesa.*
   - *Las hojas de los árboles caen* ___ *llega el otoño.*
   - *Era una persona* ___ *afán era ser libre.*

5. Indica en tu cuaderno la función sintáctica del relativo dentro de la subordinada:
   - *Olvida cuanto te he dicho.*
   - *Le haré una oferta que no podrá rechazar.*
   - *El chico que viene es hermano de Rosa.*
   - *La manera como corre es extraña.*
   - *No me acuerdo del día cuando fuimos a su casa.*
   - *La casa donde vive es una ruina.*

6. Explica a partir de estas dos oraciones la diferencia entre una oración subordinada relativa libre y una semilibre:

   Quien viene por allí es la madre de Carlota.

   No he encontrado los que me recomendaste.

Fundéu

Puedes consultar tus dudas de gramática en la página web de la Fundéu.

7. ¿Qué funciones realizan los sintagmas preposicionales subrayados? ¿Cómo es la oración subordinada relativa, libre o semilibre? Indícalo en tu cuaderno:
   - *Es atento con quien se lo merece.*
   - *El enigma fue resuelto por los que más insistieron.*
   - *Le dediqué la canción a quien ya sabes.*
   - *Solo se acuerda de lo que quiere.*

8. Inventa oraciones que correspondan a estas estructuras morfosintácticas:

   Antecedente + pronombre relativo

   Antecedente + adverbio relativo

   Pronombre quien sin antecedente expreso

   Det + *que* sin antecedente expreso

   Adverbio relativo sin antecedente expreso

9. Amplia la información que aparece en estas oraciones agregando en tu cuaderno subordinadas relativas a los nombres subrayados:

   Te voy a confesar un secreto...

   Siempre está jugando con el perro...

   Me he cortado con un cristal...

10. Identifica la oración subordinada relativa que aparece en estos refranes quijotescos. ¿Qué significan?
    - *Donde una puerta se cierra otra se abre.*
    - *Quien canta, sus males espanta.*
    - *De gente bien nacida es agradecer los beneficios que reciben.*
    - *Donde no piensan salta la liebre.*
    - *Cuando a Roma fueres, haz lo que vieres.*

Honoré Daumier (1808-1879)

11. El fragmento del poema *Tierra*, de Chona Madera, en el que aparecen oraciones relativas, nos va a servir para explorar nuevas posibilidades. Crea en tu cuaderno tu propio poema rellenando los huecos y después indica qué tipo de oraciones relativas has utilizado.

Tierra

No importa. No eres tú quien me daña...
Soy un puñado de tierra que pisa tu pie ligero,
Algo que te sustenta y que apenas conoces,
Algo que acaso nunca comprenderás del todo.

No importa. No eres tú quien ___.
Soy un ___ que ___.
Algo que ___ y que ___,
Algo que ___.

12. Localiza las oraciones subordinadas relativas en estas greguerías de Ramón Gómez de la Serna. Indica si el relativo que las introduce es un determinante, un pronombre o un adverbio.
    - *La medicina ofrece curar dentro de cien años a los que se están muriendo ahora.*
    - *Las palabras son peces que pasan en hilera y no necesitan agua sino papel.*
    - *La letra* b *es un caracol que sube la pared.*
    - *Los rosales son poetas que quisieron ser rosales.*
    - El Pensador *de Rodin es un ajedrecista a quien le han quitado la mesa.*

Las greguerías son breves composiciones humorísticas creadas por el escritor vanguardista Ramón Gómez de la Serna (1888-1963).

Repaso lo que he aprendido

REPASO

- **Oraciones Relativas**
  Introducidas por un relativo
  - **Según la naturaleza del antecedente**
    - **Con antecedente expreso (CAE)**
      La obra de teatro [que viste] tiene muy buena crítica.
    - **Sin antecedente expreso (SAE)**
      - **Libres**
        Los relativos llevan "incorporado" el antecedente (persona, cantidad, tiempo, lugar, modo)
        - *[Ø Quienes no hicieron el parcial] podrán* (SN Ø: *las personas*) *hacerlo este lunes.*
        - *Desprecia [Ø cuanto sabes].* (SN Ø: *aquello...*)
        - *Te llamaré [Ø cuando pueda].* (SN / SPrep / SAdv Ø: *el día, en el momento, ahora...*)
        - *Te esperaré [Ø donde acordamos].* (SAdv / SPrep Ø: *allí, en el lugar...*)
        - *Escribo [Ø como me enseñaron].* (SPrep / SAdv Ø: *de la manera, así...*)
      - **Semilibres**
        El antecedente ha aparecido con anterioridad. Su estructura es: artículo determinado + pronombre *que*
        - *He leído muchas novelas, pero [las Ø que más me gustan] son las de detectives.* (Ø = novelas)
  - **Según la relación semántica con el antecedente**
    - **Especificativa**
      Restringe el significado del antecedente
      — *Los libros [que lees] son de aventuras.*
    - **Explicativa**
      No restringe el significado del antecedente. Se escribe entre comas
      — *Me he encontrado con Juan, [a quien no veía desde el año pasado].*

- **RELATIVOS**
  - **Determinantes**
    - cuanto / cuan — *Invita a cuantos amigos quieras.*
    - cuyo — *Ana, cuya hija estudia conmigo, es rusa.*
  - **Pronombres**
    - cuanto — *Sabía cuanto leía.*
    - artículo + cual — *El tema del cual hablamos es polémico.*
    - artículo + que — *La moto con la que viniste es increíble.*
    - que — *La bici que compré es de aluminio.*
    - quien — *La chica con quien llegó es Laura.*
  - **Adverbios**
    - como — *Lo hice como supe.*
    - cuando — *Quedamos cuando puedas.*
    - donde — *Iré donde me digas.*
    - cuanto / cuan — *Nado cuanto puedo.*

- **Las relativas libres equivalen a**
  - **SN** — *[Ø Quien canta] su mal espanta.* (*la persona que canta* su mal espanta)
  - **SPrep** — *Volveré [Ø cuando me lo pidas].* (*Volveré en el momento cuando me lo pidas*)
  - **SAdv** — *Veraneamos [Ø donde tú sabes].* (*Veraneamos allí donde tú sabes*)

LENGUA

7 Las oraciones subordinadas (III)

No hay alegría
más alegre **que** el prólogo
de la alegría.

Mario BENEDETTI

Quiero llorar **porque** me da la gana,
como lloran los niños del último banco,
porque yo no soy un hombre, ni un poeta, ni una hoja,
pero sí un pulso herido que ronda las cosas del otro lado.

Federico GARCÍA LORCA

Si el mar es infinito y tiene redes,
si su música sale de la ola,
si el alba es roja y el ocaso verde...

Gloria FUERTES

Queremos sonreír **aunque** nada florezca y nada nos pueble.

Pino OJEDA

Observo...

- ¿A qué clase de palabra dirías que pertenecen las remarcadas en color rojo? Algunas de ellas ya las has estudiado en el tema 4. ¿Cuáles?
- Busca en el diccionario de la RAE la palabra *mientras*. De los tres significados que aparecen, ¿a cuál corresponde el utilizado por Gabriel Celaya?

... pienso...

- En los versos de Mario Benedetti aparece una comparación. ¿Qué nos transmite con esa figura el poeta?
- ¿Qué recuerdos de la infancia evoca Federico García Lorca en sus versos? ¿Por qué crees que los niños eligen sentarse en el último banco?

... **mientras** el alba despliega sus banderas
y, entre disparos, se escapan los caballos,
el poeta se asoma a las barandas,
dice cosas sin sentido, llora, grita...

Gabriel CELAYA

... y comparto

- Formad grupos y contestad las siguientes preguntas:
  - ¿Estáis de acuerdo con Gabriel Celaya? ¿Por qué?
  - Terminad los versos de Gloria Fuertes para descubrir el enigma que esconden.
  - ¿Qué os sugiere el llanto de los niños de Lorca?

En este tema aprenderás:

- Qué son las oraciones subordinadas temporales y cómo se analizan.
- Qué son las oraciones subordinadas modales y cómo se analizan.
- Qué son las oraciones subordinadas causales y cómo se analizan.
- Qué son las oraciones subordinadas ilativas y cómo se analizan.
- Qué son las oraciones subordinadas condicionales y cómo se analizan.
- Qué son las oraciones subordinadas concesivas y cómo se analizan.
- Qué son las oraciones subordinadas comparativas y cómo se analizan.
- Qué son las oraciones subordinadas consecutivas y cómo se analizan.

En marcha...

- ¿Piensas que la poesía ayuda a conocernos mejor a nosotros mismos? ¿Por qué?
- El profesor dice a sus alumnos que las palabras y las ideas pueden cambiar el mundo. ¿Estás de acuerdo? ¿Por qué?
- ¿Por qué es necesaria la poesía? Justifica tu respuesta con estas estructuras:
  - *La poesía es necesaria **porque**...*
  - *La poesía es **tan necesaria que**...*
- ¿Recuerdas algún verso que te haya impactado? ¿Cuál? ¿Por qué te impactó?
- En la película se recitan unos versos del poeta Walt Whitman. ¿Cómo los interpreta el profesor?
- El profesor, al final, pregunta, *¿Cuál será tu verso?* Escribe qué te gustaría hacer en la vida.

1 Las oraciones subordinadas adverbiales (I)

1.1 Las oraciones subordinadas temporales

Las **oraciones subordinadas temporales** expresan nociones referidas a la **temporalidad** a través de una conjunción o locución conjuntiva subordinante.

Las acciones pueden ser simultáneas entre sí, o producirse antes o después de la oración principal. Estas subordinadas expresan:

- **Simultaneidad**. Una acción se desarrolla al mismo tiempo que la otra:

  Te espero [mientras terminas el trabajo].

- **Anterioridad**. Una acción ocurre antes que la otra:

  [Tan pronto como llegues], mándame un mensaje al móvil.

- **Posterioridad**. Una acción se realiza después de la otra:

  Se marchó [nada más que acabó la conferencia].

Partículas subordinantes

- **Conjunciones**: *mientras, apenas...*
- **Locuciones conjuntivas**: *tan pronto como, en cuanto, nada más que, en el instante que, mientras que...*

Funciones

Desempeña la función de **CC de tiempo** del verbo principal:

Iré	*al cine*	*[apenas saque las entradas].*
NP	CR	Or. Sub. Adv. temporal/CCT

Cómo analizar las subordinadas adverbiales temporales

1. Localiza los verbos y la conjunción o locución subordinante temporal.
2. Pon entre corchetes la oración subordinada.
3. Analiza morfosintácticamente la oración subordinada. Observa que cumple la función de CCT.
4. Analiza morfosintácticamente los elementos de la oración compuesta:

Luis	*pone*	*la*	*mesa*	*[mientras*	*Pedro*	*cocina].*
Nom	V	Det	Nom	Conj	Nom	V
N					N	NP
		Mod	N		SN/Suj	SV/Pred
	NP	SN/CD		Or. Sub. Temporal/CCT		
SN/Suj	SV/Predicado					
Oración compuesta						

Aplico

1. Analiza las siguientes oraciones temporales según el esquema propuesto:
   - *Llámame en cuanto sepas algo.*
   - *Tú friegas los platos mientras yo recojo la mesa.*
   - *Mis hermanos llamaron nada más que supieron la noticia.*
   - *Avísame tan pronto como sepas los resultados.*
2. Escribe tres oraciones, una que sea una subordinada temporal de simultaneidad, otra de anterioridad y otra más de posterioridad.
3. Analiza una de tus oraciones de la actividad 2.
4. Escribe la siguiente oración con todas las conjunciones y locuciones temporales posibles: *Iré al cine tan pronto como consiga las entradas.*

1.2 Las oraciones subordinadas modales

Las **oraciones subordinadas modales** van introducidas por una conjunción subordinante y expresan el modo en que se realiza la acción del verbo principal.

Montaron el robot [según les dijo el profesor].
Or. Sub. Adv. modal

Partículas subordinantes

- Conjunciones: *según, conforme.*

Preparó la comida [según indicaba la receta].
Or. Sub. Adv. modal

Hizo las cosas [conforme leía las instrucciones del folleto].
Or. Sub. Adv. modal

Funciones

Equivale a un **CC de modo** del verbo principal:

Actuó [conforme le dictaba su conciencia].
Or. Sub. Adv. modal/CCM

No confundas las adverbiales modales (siempre van introducidas por las conjunciones *según* y *conforme*) con las subordinadas relativas libres introducidas por el adverbio relativo *como*.

Hice la reclamación como me indicaste.
(como: Adv rel)

Cómo analizar las subordinadas adverbiales modales

1. Localiza los verbos y la conjunción subordinante modal.
2. Pon entre corchetes la oración subordinada.
3. Analiza morfosintácticamente la oración subordinada. Observa que cumple la función de CCM.
4. Analiza morfosintácticamente los elementos de la oración compuesta:

Carmen	*hizo*	*el*	*experimento*	*[según*	*le*	*dijo*	*la*	*profesora].*
Nom	V	Det	Nom	Conj	Pron	V	Det	Nom
					N			
					SN/CI	NP	Mod	N
		Mod	N	SV/Pred			SN/Suj	
N	NP	SN/CD		Or. Sub. Adv. modal/CCM				
SN/Suj	SV/Predicado							
Oración compuesta								

Aplico y analizo

5. Analiza las siguientes oraciones modales según el esquema propuesto:
   - *Ascendimos la montaña conforme se indicaba en el mapa.*
   - *Cumplimenté la solicitud de la beca según nos explicó el tutor.*
   - *Actuaré en este asunto según lo crea conveniente.*
   - *Alberto te reparará el ordenador conforme lo indica el fabricante.*
6. Escribe una oración adverbial modal y otra relativa sin antecedente expreso encabezada por el adverbio *como*. Después explica sus diferencias sintácticas.
7. Justifica si estas oraciones son relativas o adverbiales:
   - *Planté el peral según me dijo el hortelano.*
   - *Planté el peral como me dijo el hortelano.*
8. Escribe la partícula subordinante exigida:
   - *Ella hace las cosas* ▬ *le da la gana.* (Sub. Adv. modal)
   - *Hizo el trabajo* ▬ *quiso.* (Sub. relativa libre)

1.3 Las oraciones subordinadas causales

Las **oraciones subordinadas causales** explican el motivo o la causa por la que se produce la acción de la oración principal.

Fui a tu casa [porque estaba preocupado].
Or. Sub. causal

Partículas subordinantes

- **Conjunciones**: *porque, como, que.*
- **Locuciones conjuntivas**: *ya que, puesto que, dado que.*

Funciones

Equivale a un **CC de causa** del verbo principal:

Le	*dejé*	*mi ordenador*	*[porque el suyo se había estropeado].*
CI	NP	CD	Sub. causal/CC Causa

Hoy	*no*	*entrenaré*	*[ya que me he torcido el tobillo].*
CCT	Mod	NP	Sub. causal/CC Causa

> Para distinguir el adverbio relativo ***como*** de la conjunción causal subordinante ***como***, ten en cuenta que:
> - *Como* (adv. rel.): admite la paráfrasis "de la manera como". *Eso es como te lo dije. / Eso es de la manera como te lo dije.*
> - *Como* (conj. sub. causal): no admite la paráfrasis anterior. *Como tengo sueño, me voy a la cama. / *De la manera como tengo sueño, me voy a la cama.*

Cómo analizar las subordinadas adverbiales causales

1. Localiza los verbos y la conjunción o locución subordinante causal.
2. Pon entre corchetes la oración subordinada.
3. Analiza morfosintácticamente la oración subordinada. Observa que cumple la función CC de causa.
4. Analiza morfosintácticamente los elementos de la oración compuesta:

Yo	*no*	*salgo*	*[porque*	*(Ø: yo)*	*estoy*	*cansado].*
Pron	Adv	V	Conj		VCop	Adj
						N
					NP	SAdj/Atrib
				SN/Suj	SV/Pred. nominal	
N	Mod	NP	Or. Sub. causal/CC Causa			
SN/Suj	SV/Predicado					
Oración compuesta						

Aplico y analizo

9. Analiza las siguientes oraciones causales según el esquema propuesto:
- *Me voy con mis amigos, ya que he acabado las tareas de clase.*
- *No se presentó al examen, dado que no se había leído el libro.*
- *Te pago después las entradas de cine, que ahora no tengo dinero.*
- *Sus padres no quieren un perro porque da mucho trabajo.*
- *Le han regalado un patinete eléctrico, puesto que ha sacado muy buenas notas este trimestre.*

10. Construye tres oraciones compuestas con subordinadas causales introducidas por locuciones conjuntivas. ¿Las puedes sustituir por la conjunción causal *porque*?

11. Escribe las siguientes oraciones con todas las conjunciones y locuciones causales posibles:
- *Se ha suspendido el concierto de final de curso porque llovía muchísimo.*
- *Amaya es muy generosa porque no le da importancia al dinero.*
- *Me voy a la cama, ya que mañana tengo que levantarme muy temprano.*

	TEMPORALES	MODALES	CAUSALES
Función	CC de Tiempo (CCT)	CC de Modo (CCM)	CC de Causa (CC Causa)
Significado	Expresan nociones referidas a la temporalidad.	Expresan el modo en el que se realiza la acción del verbo principal.	Expresan el motivo o la causa por la que se produce la acción del verbo principal.
Conjunciones y locuciones conjuntivas	*mientras, apenas, tan pronto como, en cuanto, nada más que*	*según, conforme*	*porque, como, que, ya que, puesto que, dado que*
Ejemplos	*Me acercaré a tu casa [mientras terminas el trabajo].*	*Escribí el texto [según me indicó Paula].*	*He ido al cine [porque me gusta mucho esa película].*

Aplico

12. Subraya en tu cuaderno las oraciones subordinadas que aparecen en las siguientes oraciones, destaca la conjunción o locución subordinante e indica si son temporales, modales o causales:

- *Se lo diré conforme me aconseje mi hermano.*
- *Prepararé la cena mientras oigo las noticias.*
- *No viene a mi casa porque está enfadado.*
- *Me pasaré por tu casa nada más que me llames.*
- *Puesto que lo sabes, escucha sus quejas.*
- *Esta planta da flores según le dé el sol.*

13. Indica si las oraciones temporales anteriores son de simultaneidad, de anterioridad o de posterioridad.

14. Escribe oraciones compuestas con las siguientes conjunciones y locuciones e indica de qué clase son esas oraciones:

mientras	*apenas*	*a medida que*
según	*como*	*tan pronto como*
porque	*puesto que*	*dado que*
conforme	*en cuanto*	*ya que*

15. Analiza las siguientes oraciones compuestas y di de qué clase son según su significado y sus partículas subordinantes:

- *Ella pensaba en las vacaciones mientras trabajaba.*
- *No fui a la excursión porque me dolía la pierna.*
- *Apenas empezó la película, Luis se marchó a la calle.*
- *Vivo la vida conforme me enseñaron mis padres.*
- *Lo hizo porque le dio la gana.*
- *Hicimos el viaje según nos dijisteis.*

16. La palabra *que* puede introducir una oración subordinada sustantiva, de relativo o causal. Además, con tilde puede introducir una sustantiva interrogativa o exclamativa. Teniendo esto en cuenta, indica de qué tipo son las siguientes oraciones subordinadas. Justifica tu respuesta:

- *Me molesta que me llamen a partir de las diez.*
- *Acuéstate ya, que es muy tarde.*
- *El coche que te has comprado es precioso.*
- *No me importó que no me lo dijera.*
- *Le pregunté qué había hecho con mis cosas.*
- *Dime qué prefieres hoy de cenar.*
- *La mañana que me llamaste estaba aturdido.*

17. En las oraciones anteriores, indica cuándo la palabra *que* es conjunción (sub. sustantiva o causal), cuándo es pronombre relativo (señala el antecedente) y cuándo es pronombre interrogativo.

18. Identifica las conjunciones o locuciones de estas oraciones y luego cámbialas por otras que vayan bien:

- *Iré al cine tan pronto como consiga las entradas.*
- *Se ha suspendido el concierto porque llovía.*
- *He hecho la paella según me enseñaron en Valencia.*

19. Escribe un texto a partir de la fotografía en el que aparezcan, al menos, una oración temporal, una modal y una causal.

ACTIVIDADES

1. Subraya las oraciones subordinadas, resalta las conjunciones o locuciones conjuntivas que las introducen e indica a qué complemento circunstancial (CCT, CCM, CC Causa) equivalen estas subordinadas adverbiales:

- *Me voy de aquí porque no me gusta nada este lugar.*
- *Mientras friego los platos, tú podrías tirar la basura.*
- *Actúo según me enseñaron mis padres.*
- *Tan pronto como te den el resultado, llámame.*
- *Se vistieron conforme estipulaba el protocolo.*
- *No he comprado el reloj ya que es muy caro.*
- *En cuanto salga de clase me voy a la piscina.*
- *Siempre que puedo quedo con mis amigos.*

2. ¿Qué tipo de partícula subordinante introduce las oraciones subordinadas adverbiales anteriores?

3. Fíjate en la oración *Se resbaló a causa de que había agua en la acera*. Ahora realiza las siguientes operaciones:

a. Sustituye lo subrayado por la opción que indique la causa de resbalar. *Se resbaló…*

así　　por el agua

¿Qué clase de sintagma es? ¿Cuál sería su función sintáctica?

b. Observa la misma oración: *Se resbaló a causa de que había agua en la acera*. Sustituye lo subrayado por una de estas dos opciones:

eso　　así

¿Qué tipo de sintagma es la opción que has escogido?

c. Con estas dos operaciones podemos deducir que *a causa de* y *que* son dos estructuras diferentes. ¿Cuáles de estas explicaciones crees que es la más apropiada?

1. *a causa de* es una locución preposicional, y *que*, una conjunción que introduce una oración sustantiva.
2. *a causa de* es una locución conjuntiva, y *que*, una conjunción que introduce una oración adverbial.

Donde	– Adverbio relativo. – Introduce una oración subordinada de relativo. *No está donde lo dejé.* *en el sitio en el que lo dejé.*
Cuando	– Adverbio relativo. – Introduce una oración subordinada de relativo. *Llegó cuando nadie lo esperaba.* *en el momento que nadie lo esperaba.*
Como	1. Adverbio relativo. Introduce una oración subordinada de relativo. *No está como lo dejé.* *de la manera en que lo dejé.* 2. Conjunción causal. *Como no me llamaste, me fui sola al cine.*

A pesar de que hacía frío, hacía deporte sin camiseta.

No confundas las locuciones preposicionales seguidas de la conjunción *que* con las locuciones conjuntivas.

Son locuciones prepositivas: *a fin de (que)*, *con el objeto de (que)*, *a causa de (que)*, *por culpa de (que)*…

Construcciones causales

Las construcciones causales hacen referencia a un conjunto de estructuras que funcionan como CC Causa:

Subordinadas adverbiales causales:
Me voy [ya que tengo prisa].

Sintagmas preposicionales:
Te lo digo [por ir contigo].

Construcciones no personales:
[Cansado de esperar], se marchó.

Oraciones yuxtapuestas:
La calle está mojada; ha llovido.

4. *¿Cuáles de estas oraciones son relativas sin antecedente expreso y cuáles son subordinadas adverbiales? Recuerda que las relativas van introducidas por relativos y las adverbiales por conjunciones o locuciones subordinantes. Justifica la respuesta:*
   - *Lo haré cuando vengas.*
   - *Lo haré mientras vienes.*
   - *Lo hice como me dijeron.*
   - *Lo hice según me dijeron.*
   - *Como no acudieron los rivales, se suspendió el partido.*
   - *Las cosas sucedieron como estaban previstas.*
5. Las oraciones subordinadas adverbiales temporales y modales se pueden confundir con las relativas libres introducidas por los adverbios relativos *cuando* y *como*. Para distinguirlas debes saber que, si son relativas, *cuando* admite la paráfrasis "en el momento cuando" y *como* admite la paráfrasis "de la manera como". Distínguelas entre estas oraciones:
   - *Me prepararé como pueda.*
   - *Cambié el lanzamiento a canasta según me indicó Juan.*
   - *Cuando llegues, avísame.*
   - *Apenas sepas las notas, dínoslas.*
6. Construye oraciones subordinadas adverbiales con estas conjunciones y locuciones conjuntivas y di a qué clase de oración subordinada corresponden:

apenas	*en cuanto*	*según*
porque	*ya que*	*conforme*

7. La palabra *como* puede ser un adverbio relativo o una conjunción. Explica su uso en estas oraciones. Una pista: cuando *como* es adverbio relativo admite el refuerzo "de la manera como":
   - *Como no llega Antonio, empezaremos la reunión sin él.*
   - *Lo he hecho como me dijeron.*
   - *Es tan guapo como su padre.*
   - *Llegaron a casa como pudieron.*
8. ¿Qué tipo de construcciones causales aparecen en estas oraciones? Aíslalas entre corchetes en tu cuaderno:
   - *Salvador me ha llamado por teléfono; algo quiere.*
   - *Me voy a la cama ya que mañana madrugo.*
   - *Harto de estudiar, se fue al parque.*
   - *Se ha enfadado conmigo por no esperarlo a la salida de clase.*
9. ¿Qué tipo de construcciones temporales aparecen en estas oraciones? Observa el cuadro que tienes en el margen superior de esta página. Aíslalas entre corchetes en tu cuaderno:
   - *Solo como pipas cuando veo la tele.*
   - *Iremos a tu casa después de que hagamos el examen.*
   - *Mientras iba en el metro, me encontré con Pedro.*
   - *No nos vemos desde que terminamos el instituto.*
10. ¿Qué tipo de construcciones modales aparecen en estas oraciones? Aíslalas entre corchetes en tu cuaderno:
   - *Haré el trabajo de clase como sugieres.*
   - *Lo he hecho según me lo explicó Laura.*
   - *Solucionó el problema sin pedir ayuda a nadie.*
   - *Me ha salido la tarta un poco mal.*

Construcciones temporales

Las construcciones temporales hacen referencia a un conjunto de estructuras que expresan tiempo:

Subordinadas adverbiales temporales:

Leo el periódico [mientras te duchas].

Sintagmas adverbiales:

Lo resolveré [antes de que se den cuenta].

Sintagmas preposicionales:

Me encuentro mejor [desde que corro].

Subordinadas relativas sin antecedente expreso:

Iré [cuando quieras].

Construcciones modales

Las construcciones modales hacen referencia a un conjunto de estructuras que funcionan como CCM:

Subordinadas adverbiales modales:

Lo cuento [según me lo han contado].

Sintagmas adverbiales:

La ecuación se resuelve [exactamente así].

Sintagmas preposicionales:

Me ayudó [sin pedirme nada a cambio].

Subordinadas relativas sin antecedente expreso:

Iré a tu casa [como pueda].

2 Las oraciones subordinadas adverbiales (II)

2.1 Subordinadas en función de complemento oracional

Las **oraciones subordinadas** que funcionan como **complemento oracional (CO)** no se incluyen dentro de la oración principal como complemento del verbo. Tienen una serie de características.

- Forman una estructura bimembre con la oración principal. Es decir, son dos miembros separados por un signo de puntuación.
- Complementan a toda la oración principal: a su sujeto y a su predicado.
- Están separadas de la oración principal por una coma.

Hay tres grupos de oraciones subordinadas cuya función es la de complemento oracional: las **oraciones ilativas**, las **oraciones condicionales** y las **oraciones concesivas**.

La máxima del filósofo francés René Descartes contiene una oración ilativa.

2.2 Las oraciones subordinadas ilativas

Las **oraciones subordinadas ilativas** expresan la consecuencia que se deriva de la acción del verbo principal.

En las subordinadas ilativas, la oración principal introduce la causa y la subordinada expresa la consecuencia. Por este motivo, la subordinada ilativa **siempre va detrás de la oración principal**:

Has llegado bastante tarde, conque no te sientes ahora en primera fila.

OP → introduce la causa — Or. Sub. ilativa → consecuencia expresada en la OP

RAE

La gramática tradicional agrupaba las subordinadas ilativas con las consecutivas, porque ambas muestran una relación de causa-efecto.

La *NGLE* de la RAE las considera diferentes, porque la consecuencia expresada por la oración subordinada ilativa se desprende del verbo principal en estas oraciones.

Partículas subordinantes

- **Conjunciones**: *conque, luego, pues...*

  Madrugó mucho, pues había quedado muy temprano.

- **Locuciones conjuntivas**: *así que, de modo que, de ahí que...*

  Tienes que aprobar, así que ponte a estudiar.

Cómo analizar las subordinadas adverbiales ilativas

1. Localiza los verbos y la conjunción o locución subordinante ilativa:

   María ya lo sabe desde esta mañana, así que alguien se lo ha dicho.

2. Separa la oración principal de la subordinada encerrando esta última entre corchetes, y resalta la relación entre la oración principal (subraya su verbo) y la subordinada ilativa:

   María ya lo sabe desde esta mañana, [así que alguien se lo ha dicho].

3. Analiza morfosintácticamente las oraciones que forman la oración:

María	*lo*	*sabe*	*desde*	*esta*	*mañana,*	*[así que*	*alguien*	*se*	*lo*	*ha dicho].*
Nom	Pron	V	Prep	Det	Nom	loc. conj.	Pron	Pron	Pron	V
				Mod	N					
	N		N	T/SN				N	N	
	SN/CD	NP	SPrep/CCT				N	SN/CI	SN/CD	NP
SN/Suj	SV/Predicado						SN/Suj	SV/Predicado		
Oración principal						Or. Sub. ilativa/CO				
Oración compuesta										

2.3 Las oraciones subordinadas condicionales

La **oración subordinada condicional** expresa un requisito que debe cumplirse en la oración principal.

Fíjate en los siguientes ejemplos:

Si me pasas los apuntes, podré terminar el trabajo.
Or. Sub. condicional

Siempre que me avises pronto, acudiré a la hora prevista.
Or. Sub. condicional

Es frecuente que sea la oración subordinada la que encabece la oración compuesta. Generalmente, se considera necesaria para la comprensión plena de la oración principal.

Partículas subordinantes

- **Conjunciones**: *si*, *como*.

  Como no la llames temprano, llegará tarde al examen.

- **Locuciones conjuntivas**: *siempre que*, *siempre y cuando*, *a menos que*...

  Siempre que estés dispuesto, ellos contarán contigo.

Construcciones condicionales

Existen otras estructuras para expresar una condición:

- **Preposición *de* + oración de infinitivo**:

  De saber la noticia, se la habría dicho a Juan.

- **Oración de gerundio**:

  Bailando tanto, tendrás mucha energía.

Cómo analizar las subordinadas condicionales

1. Localiza los verbos y la conjunción o locución subordinante condicional:

   Siempre que tus amigos me avisen con tiempo, les dejaré las llaves de mi garaje.

2. Separa la oración principal de la subordinada encerrando esta última entre corchetes:

   [Siempre que tus amigos me avisen con tiempo], les dejaré las llaves de mi garaje.

3. Analiza morfosintácticamente las oraciones que forman la oración compuesta:

[*Siempre que*	*tus*	*amigos*	*me*	*avisen*	*con*	*tiempo*],	*les*	*dejaré*	*las*	*llaves*	*de*	*mi*	*garaje*	(Ø: *yo*)
loc. conj.	Det	Nom	Pron	V	Prep	Nom	Pron	V	Det	Nom	Prep	Det	Nom	
												Mod	N	
						N					N	T/SN		
			N		N	T/SN	N		Mod	N	SPrep/CN			
	Mod	N	SN/CD	NP	SPrep/CCT		SN/CI	NP	SN/CD					N
	SN/Suj		SV/Predicado				SV/Predicado							SN/Suj tácito
Or. Sub. condicional/CO							Oración principal							
Oración compuesta														

2.4 Las oraciones subordinadas concesivas

Las **oraciones subordinadas concesivas** muestran una dificultad o un obstáculo que no logra impedir lo expresado por la oración principal.

Fíjate en el siguiente ejemplo:

Recuerdo bien aquellas vacaciones, aunque ya han pasado diez años.
Or. Sub. concesiva

Estas oraciones subordinadas pueden situarse delante o detrás de la oración principal:

Entregaré el trabajo a tiempo, aunque no duerma.
Or. Sub. concesiva

Aunque no duerma, entregaré el trabajo a tiempo.
Or. Sub. concesiva

Partículas subordinantes

- **Conjunciones**: la conjunción concesiva por excelencia es *aunque*. Las demás partículas subordinantes se pueden sustituir por ella:

  Por más que lo critiquen, siempre se sale con la suya.

  Aunque lo critiquen, siempre se sale con la suya.

- **Locuciones conjuntivas**: *por más que, aun cuando, si bien...*

  Por más que insistas, no te va a hacer caso.

Construcciones concesivas

Existen otras estructuras para expresar la concesión:

- **Preposición *con* y *para* + oración de infinitivo**:

  Para ser tan joven, tiene mucha experiencia en este trabajo.
  Or. Sub. concesiva

- **Construcciones de la lengua coloquial**: *encima de que, y eso que...*

  Llegó la primera a la meta, y eso que no se encontraba bien.
  Or. Sub. concesiva

Cómo analizar las subordinadas concesivas

1. **Localiza los verbos y la conjunción o locución** subordinante concesiva:

   Juan piensa mucho en su exnovia, aunque lo dejaron el año anterior.

2. **Separa la oración principal de la subordinada** encerrando esta última entre corchetes:

   Juan piensa mucho en su exnovia, [aunque lo dejaron el año anterior].

3. **Analiza morfosintácticamente** las oraciones que forman la oración compuesta:

Juan	*piensa*	*mucho*	*en*	*su*	*exnovia,*	*[aunque*	*lo*	*dejaron*	*el*	*año*	*anterior].*	*(Ø: ellos)*
Nom	V	Adv	Prep	Det	Nom	Conj	Pron	V	Det	Nom	Adj	Pron
				Mod	N						N	
		N	N	T/SN			N		Mod	N	SAdj/CN	
N	NP	SAdv/CCC	SPrep/CR				SN/CD	NP	SN/CCT			N
SN/Suj	SV/Predicado					SV/Predicado						SN/Suj tácito
Oración principal						Or. Sub. concesiva/CO						
Oración compuesta												

	ILATIVAS	CONDICIONALES	CONCESIVAS
Función	CO	CO	CO
Significado	Señalan una **consecuencia** de lo expresado en la oración principal.	Muestran una **condición** para que se realice la oración principal.	Expresan una **dificultad** que no es obstáculo para que se cumpla lo denotado por la oración principal.
Partículas subordinantes	• **Conjunciones**: *conque, luego, pues...* • **Locuciones conjuntivas**: *así que, de modo que, de ahí que...*	• **Conjunciones**: *si, como.* • **Locuciones conjuntivas**: *siempre que, siempre y cuando, a menos que...*	• **Conjunciones**: *aunque, así.* • **Locuciones conjuntivas**: *por más que, aun cuando, si bien...*
Otras construcciones	• **Conectores de sentido ilativo**: *en consecuencia, por lo tanto, consecuentemente...*	• Preposición *de* + infinitivo • Gerundio	• Preposición + infinitivo
Ejemplos	*Ella no sabe nada, conque no insistas más.*	*Si tuvieras más cuidado, no perderías las llaves.*	*Aunque no te lo parezca, es una persona muy agradable.*

Aplico

20. Subraya las oraciones subordinadas, destaca la conjunción o locución, y señala de qué clase son (ilativas, condicionales o concesivas):

- *Amaneció pronto, pues el verano se acercaba.*
- *Aunque te pongas así, no te dirá nada más.*
- *Por más que te lo pida, no le hagas caso.*
- *Saldremos temprano, así que espabila.*
- *Como sigas diciendo esas cosas, te dejarán de lado.*
- *No quedó claro, así que debemos insistir.*

21. Analiza en tu cuaderno las siguientes oraciones compuestas siguiendo los modelos que te proponemos y señala de qué clase son:

- *Mi hermana juega muy bien al baloncesto, aunque es bajita.*
- *Tú lo sabías todo, así que no mientas más.*
- *Para ser tan joven, dibuja muy bien.*
- *Aunque no me lo digas, conoces bien mi carácter.*
- *De haberlo sabido, no lo hubiera comprado.*
- *La decisión ya está tomada, de manera que no escribas más.*
- *Si te llaman, no les contestes.*
- *Aprueba siempre, y eso que estudia poco.*
- *El partido lo ganaron ellos, de modo que no discutamos más.*
- *Entrenando mucho, conseguirás una buena marca.*

22. Forma oraciones en tu cuaderno con estas conjunciones y locuciones subordinantes y di de qué clase son: *conque, si bien, así que, por más que, como* + subjuntivo, *de forma que, siempre que, luego.*

23. Convierte, en tu cuaderno, la siguiente oración en una oración ilativa, otra condicional y otra concesiva, y realiza las actividades que tienes a continuación:

Iremos al campo el sábado + conjunción + *compremos hoy la comida.*

a. Observa las modificaciones que suceden en el verbo de la oración subordinada: de afirmativo a negativo, o de modo indicativo a subjuntivo.

b. Explica las diferencias de significado que observas en las tres oraciones.

24. Escribe esta oración, en tu cuaderno, con todas las conjunciones y locuciones ilativas posibles: *Saldremos temprano* + conjunción + *pon el despertador.*

25. Escribe esta oración, en tu cuaderno, con todas las conjunciones y locuciones condicionales posibles: *Iré contigo al partido* + conjunción + *me llamas a tiempo.*

26. Escribe esta oración, en tu cuaderno, con todas las conjunciones y locuciones concesivas posibles: *Le gusta mucho el deporte* + conjunción + *no puede practicarlo a menudo.*

3 Las oraciones subordinadas adverbiales (III)

Las subordinadas **comparativas** y las **consecutivas** tienen en común las siguientes características:

- En la oración principal se sitúa un término precedido de un **cuantificador**:

Juan es más alto que... (más: Cuant; alto: Término) *Hace tanto frío que...* (tanto: Cuant; frío: Término)

- En la oración subordinada se sitúa el otro término relacionado con ese término cuantificado o intensificado:

Juan es más alto que yo. *Hace tanto frío que me he congelado.*

- En ambos casos, la oración subordinada complementa al sintagma cuantificado o intensificado.

3.1 Las oraciones subordinadas comparativas

Las **oraciones subordinadas comparativas** expresan la relación de igualdad, superioridad e inferioridad entre dos términos oracionales llamados **términos de comparación (TC)**.

Ignacio tiene más cromos que Marta. (Ignacio tiene más cromos: 1 TC; que Marta: 2 TC)

- La oración subordinada es el segundo término de esa comparación (2 TC):

Tenemos tantas botellas de agua [como vosotros]. (como vosotros: 2 TC)

En la oración subordinada se suelen elidir los términos que ya se conocen porque están presentes en la oración principal:

Luis tiene ahora tantos amigos como antes (tenía amigos). (Luis tiene ahora tantos amigos: 1 TC; como antes: 2 TC)

Características

- La **oración principal** es el primer término de la comparación (1 TC). En ella se incluyen:
  - El cuantificador (Cuant): *más, menos, igual* (*de*) y *tan*(*to*).
  - El núcleo comparativo (NC). Es el concepto que estamos comparando. Va precedido por el cuantificador:

Luis tiene ahora tantos amigos [como amigas]. (tantos: Cuant; amigos: NC)

- La **oración subordinada** es el segundo término de la comparación (2 TC). En ella se incluyen:
  - la conjunción subordinante (*que, como*) y la preposición *de* + *el que*.
  - el término comparado:

Luis tiene ahora tantos amigos [como amigas]. (amigos: NC; como amigas: TC)

Laura tiene ahora más amigos [que amigas]. (más: Cuant; amigos: NC; que amigas: TC)

- Los **dos términos de la comparación** forman la oración compuesta:

Este año ha acudido tanta gente [como el año pasado (acudió)]. (tanta: Cuant; gente: NC; como: Conj)

Oración principal 1 TC | Or. Sub. comparativa 2 TC

Oración compuesta

Señala cuál es el 1 TC y el 2 TC en la oración siguiente: *Lucas es más alto que Paula.*

La aparición del cuantificador *más, menos, igual, tan...* en el 1 TC es lo que permite que aparezca el segundo término de la comparación *que, como* en el 2 TC.

Esto es así porque estamos ante una construcción correlativa, en la que el segundo término complementa o modifica al primer término.

Juan es tan hábil como tú. (Juan es tan hábil: 1 TC; como tú: 2 TC)

Clases de oraciones comparativas

	CUANTIFICADORES 1 TC	PARTÍCULAS SUB. 2 TC	EJEMPLOS
De igualdad	*Tan...* *Tanto, -a, -os, -as* *Igual (de)...*	*... como* *... que*	*Mi casa es tan grande [como la tuya].* *Juan quiere tanto a Elisa [como ella a él].* *Marcos es igual de estudioso [que Pedro].*
De superioridad	*Más...*	*... que* *... de + el que*	*María es más amable [que Encarna].* *Este patinete es más grande [del que nos prestaron].*
De inferioridad	*Menos...*	*... que* *... de + el que*	*Tiene menos trabajo que el año pasado.* *Tenía menos dinero [del que pensaba].*

El sintagma cuantificador (SCuant)

- El sintagma cuantificador está formado por el cuantificador (Cuant) y el núcleo comparativo (NC):

Los asientos son más cómodos [que en otros aviones] (son cómodos).

más	cómodos
Cuant	NC
SCuant	

- Gracias a la elipsis, el SCuant puede reducirse solo al cuantificador:

María trabaja más horas [que antes]. → *María trabaja más [que antes].*

Función

La oración subordinada comparativa es un **complemento del cuantificador** (**CCuant**) *más, menos, igual (de)* y *tan(to)*:

Mi hermano ha ganado tantos trofeos [como tu prima].

Mi hermano	ha ganado	tantos trofeos	[como tu prima]
		SCuant/1 TC	Or. Sub. comparativa/CCuant
N	NP	SN/CD	
Oración compuesta			

Cómo analizar las oraciones comparativas

1. **Localiza el verbo**: *Tus amigos son tan deportistas como los míos.*
2. **Localiza el sintagma cuantificador** (SCuant) y señala el **cuantificador** y el **núcleo comparativo**:

   Tus amigos son tan deportistas como mis amigos.

3. **Localiza la conjunción subordinante** comparativa que inicia la oración comparativa (2 TC), y encierra la oración subordinada entre corchetes:

   Tus amigos son tan deportistas [como mis amigos].

4. **Analiza las oraciones** que forman la oración compuesta. 1 TC (Oración principal) y 2 TC (Oración subordinada):

Tus amigos son tan deportistas [como mis amigos (son deportistas)].

Tus	amigos	son	tan	deportistas	[como	mis	amigos	(son deportistas)].
Det	Nom	V	Det	Nom	Conj	Mod/Det	N/Nom	
			Cuant	NC		SN/Sujeto		SV/Predicado nominal
			SCuant/1 TC		Or. Sub. comparativa (2 TC)/CCuant			
Mod	N	NP	SN/Atributo					
SN/Sujeto		SV/Predicado						
Oración compuesta								

3.2 Las oraciones subordinadas consecutivas

Las **oraciones subordinadas consecutivas** expresan la consecuencia derivada de la **elevada magnitud** de un cuantificador (Cuant) de la oración principal.

Lee tantos libros que sabe un montón de cosas.
tantos: cuantificador — que sabe un montón de cosas: Or. Sub. consecutiva

Características

Las oraciones consecutivas constan de dos partes:

- **La oración principal**. Va delante de la subordinada y contiene:
  - un cuantificador: *cada*; un; *tal/-es*; *tan*; *tanto/-a/-os/-as*.
  - un elemento cuantificado, que puede ser nombre, adjetivo o adverbio:

    Me dijo tantas tonterías [que me quedé muy sorprendido].
    tantas: Cuant — tonterías: elemento cuantificado

- La **oración subordinada** expresa las consecuencias de esa intensidad. Va precedida por la conjunción ***que***:

  Fue tan divertida la conversación [que nos reímos toda la tarde].
  que nos reímos toda la tarde: Or. Sub. consecutiva

- Las subordinadas consecutivas, a diferencia de las comparativas, siempre tienen estructura oracional con un verbo presente en la subordinada:

  Luis comió tantos dulces [como Ana]. — Or. Sub. comparativa
  Lee tanto [que sabe mucho]. — Or. Sub. consecutiva

Función

Realiza la función de **complemento del cuantificador** (**CCuant**):

Era tan bonito que parecía increíble.
tan: Cuant — que parecía increíble: Complemento del cuantificador (CCuant)

Oraciones ilativas y consecutivas

En ambas se expresa una consecuencia.

En las oraciones ilativas, la subordinada es una consecuencia de la acción del verbo de la oración principal:

Iré, [así que espérame].

En las consecutivas, la consecuencia se deriva de la intensidad del cuantificador:

Es tan fino [que no se ve].

Cómo analizar las oraciones consecutivas

1. **Localiza los verbos**: *Teresa canta tan bien que irá a Eurovisión.*
2. **Localiza el cuantificador y el núcleo cuantificado (NC)**: *Teresa canta tan bien que irá a Eurovisión.*
3. **Localiza la conjunción subordinante consecutiva (que) y aísla la subordinada entre corchetes**: *Teresa canta tan bien [que irá a Eurovisión].*
4. **Analiza las oraciones** que forman la oración compuesta:

Teresa	*canta*	*tan*	*bien*	*[que*	*(Ø: ella)*	*irá*	*a*	*Eurovisión].*
Nom	V	Adv	Adv	Conj		V	Prep	Nom
							N	T/SN
						NP	SPrep/CR	
					SN/Suj. tácito	SV/Predicado		
		Cuant	NC	Or. Sub. consecutiva/CCuant				
N	NP	SAdv/CCM						
SN/Suj	SV/Predicado							
Oración compuesta								

	COMPARATIVAS	CONSECUTIVAS
Función	Complemento de un cuantificador	Complemento de un cuantificador
Significado	Expresan la **comparación** entre dos términos oracionales llamados términos de comparación (TC).	Expresan la **consecuencia** derivada de la elevada magnitud de un elemento cuantificado en la oración principal.
Partículas subordinantes	• **Superioridad**: *que, de + el que* • **Inferioridad**: *que, de + el que* • **Igualdad**: *que, como*	• *que*
Ejemplos	*Daniel tiene tantas habilidades como Alba.* *Somos tan amigos como hermanos.*	*Habla tan alto que me aturde.* *Tiene tanto trabajo que está agotado.*

Aplico y analizo

27. Indica si estas oraciones son comparativas de igualdad, de inferioridad o de superioridad:

- *Arturo es más simpático que Carmen.*
- *Tus amigos son tan altos como los míos.*
- *Mi casa es más pequeña que la tuya.*
- *Esta ensalada es mejor que la que yo hago.*
- *Tu padre es tan bajito como el mío.*
- *El partido salió peor de lo que suponía.*
- *Tu solución es peor que la de Enrique.*
- *Aquella carretera es menos peligrosa que la de mi pueblo.*

28. Subraya en tu cuaderno el primer y el segundo término de la comparación de las oraciones anteriores. Identifica el cuantificador del 1 TC y el nexo comparativo del 2 TC.

29. Construye oraciones con los siguientes cuantificadores y conjunciones comparativas:

tanto... como — *igual... de*
más... que — *menos... que*
tan... como — *menos de lo que*

30. Construye oraciones con los siguientes cuantificadores y conjunciones consecutivas:

cada... que — *tal... que*
tanto... que — *tantas... que*
un... que — *tan... que*

31. Escribe oraciones comparativas y consecutivas con cada opción:

tu hermano + gritar • *mi hermano + molestar*

- ¿Qué diferencias de significado encuentras entre las comparativas y las consecutivas que has escrito?

32. Escribe en tu cuaderno las siguientes oraciones con todos los cuantificadores y conjunciones comparativas posibles:

- *Este río es tan caudaloso como el de mi ciudad.*
- *Mi casa es más luminosa que la de mi vecina.*
- *Ese ejemplo es menos claro que el anterior.*

33. Señala en tu cuaderno si estas oraciones son comparativas o consecutivas. Razona tu respuesta desde el punto de vista del significado y desde las conjunciones que unen la oración principal y la subordinada:

- *Esta carretera tiene los mismos baches que el año pasado.*
- *La carretera tiene tantos baches que estropea los automóviles.*
- *Mi calle es menos estrecha que la tuya.*
- *Mi calle es tan estrecha que no caben los coches.*
- *Esta película es más divertida que la que vimos la semana pasada.*
- *Esta película es tan divertida que me gustaría verla otra vez.*

34. Analiza las oraciones en tu cuaderno siguiendo los modelos que te hemos propuesto:

- *Mi colegio está tan lejos que tardo casi dos horas en el autobús.*
- *Estos ejercicios son más complicados que los de la unidad anterior.*
- *Esta playa tiene tanta contaminación que las gaviotas se han ido a otro sitio.*
- *Los periódicos llevan cada noticia que te deja sin habla.*
- *María tiene tantos amigos como amigas.*
- *El asunto ha sido menos grave de lo que suponía.*

Aplico y reflexiono

ACTIVIDADES

1. Indica en tu cuaderno a qué tipo de complemento oracional (CO) corresponden estas oraciones subordinadas adverbiales (ilativa, condicional, concesiva). Después analiza una de cada clase según los modelos aportados en los temas:
   - *Si me llamas, acudiré enseguida.*
   - *Aunque no sea fácil, insistiré en ello.*
   - *La noticia ha salido en la prensa, luego yo tenía razón.*
   - *No quiero esos informes, conque ya lo sabes.*
   - *Estoy acatarrado, así que no he podido acudir a la cita.*
   - *Como no te des prisa, llegaremos tarde.*
   - *Por más que lo repitas, no tienes razón.*
   - *Aun cuando ya había acabado el entrenamiento, seguía practicando.*
   - *Siempre y cuando no le lleves la contraria, será tu amigo.*
2. ¿Qué tipo de partículas subordinantes introducen las oraciones subordinadas adverbiales anteriores?
3. Construye oraciones subordinadas adverbiales ilativas, condicionales y concesivas con estas conjunciones y locuciones conjuntivas y di a qué clase de oración subordinada corresponden:

conque	*luego*
aunque	*así que*
si	*por más que*
a menos que	*si bien*

4. La conjunción *si* puede introducir una oración sustantiva interrogativa indirecta o una oración adverbial condicional. Descubre ambos usos en estas oraciones. Recuerda que las oraciones sustantivas se pueden conmutar por el pronombre eso:
   - *Nadie supo si dijo la verdad.*
   - *Si dijo la verdad, nadie lo supo.*
   - *Me preguntó si quería ir al cine.*
   - *Si quieres ir al cine, pregúntamelo.*
5. ¿En qué casos la conjunción *aunque* se puede intercambiar por la conjunción *pero*? Explica las razones que lo permiten:
   - *Estoy muy bien aquí, aunque me tengo que ir.*
   - *Terminaré hoy el trabajo, aunque no duerma.*
   - *El pomelo es muy amargo, aunque me gusta.*
   - *Ayudaré a Enrique, aunque no lo merezca.*
6. ¿Qué tipo de oración subordinada introduce la conjunción *que*? Recuerda que las oraciones pueden ser comparativas, causales, sustantivas y consecutivas. Justifica tu respuesta:
   - *Me comentó que estaba muy interesado en nuestro proyecto.*
   - *Acércate, que no te veo bien.*
   - *Es tan fácil que un niño lo sabría hacer.*
   - *Rosa ahorra más dinero que su hermano.*
   - *Me dijo que eres muy simpático.*
   - *Es tan hábil que siempre consigue sus propósitos.*
   - *Habla alto, que no se te oye.*
   - *Sabe tanto que da envidia.*
   - *Comentaron que las notas salían el lunes.*

Recuerda que...

La partícula subordinante *como* puede ser:

- **Adverbio relativo:** *Lo hice [como supe].*
- **Conjunción subordinante causal:** *[Como hace frío], he encendido la chimenea.*
- **Conjunción subordinante condicional:** *[Como no vengas], me voy a enfadar.*
- **Conjunción subordinante comparativa:** *Tengo tanta hambre [como tú tienes].*

7. Copia en tu cuaderno las siguientes oraciones y realiza las actividades:

– *Estas Navidades he comprado menos regalos que el año pasado.*
– *Vicente gasta menos dinero que Javier.*
– *Carla es tan simpática como su hermana.*
– *Suelo comer más fruta que verdura.*
– *Pedro es más servicial que su compañero Andrés.*

a. Subraya el primer y segundo término de la comparación.

b. ¿Cuál es cuantificador y el núcleo comparativo?

c. Aísla entre corchetes en tu cuaderno la subordinada comparativa y subraya la conjunción que la introduce.

d. Analiza las dos primeras oraciones según el modelo aportado para esta clase de oraciones.

8. Copia en tu cuaderno las siguientes oraciones y realiza las actividades:

– *Es tan divertido que te mueres de risa con él.*
– *Tiene cada manía que nadie lo comprende.*
– *Lo dibujó tan bien que parecía una fotografía.*
– *Dice unas barbaridades que dan miedo.*
– *Tiene tantas fantasías que vive en otro mundo.*
– *Hacía tales tonterías que siempre le llamaban la atención.*

a. ¿Cuál es cuantificador y el elemento cuantificado que aparecen en la oración principal?

b. Aísla entre corchetes en tu cuaderno la subordinada consecutiva y subraya la conjunción que la introduce.

c. Analiza las dos primeras oraciones según el modelo ofrecido como ejemplo en el apartado correspondiente.

9. Construye en tu cuaderno oraciones subordinadas adverbiales consecutivas y comparativas con estos elementos:

cada... que...	*más... del que...*	*menos... que...*
tanta... que...	*tal... que...*	*tan... como...*

10. En tu cuaderno, convierte estos pares de oraciones simples en oraciones compuestas. Indica si son coordinadas, subordinadas o yuxtapuestas:

Tengo hambre. + No tengo nada en el frigorífico.
Es tan simpático. + Me lo comería a besos.
Tienes de todo. + No te quejes.
Necesito hablar contigo. + Me espero.
Ya me compraré la camisa. + Ahora no tengo dinero.

11. ¿Qué tipo de oraciones subordinadas aparecen en la primera estrofa del poema de Juan Vicente Piqueras? ¿Cómo las has reconocido?

Pronombres posesivos

Yo nunca seré tan mío
como mía eres tú.
Tú nunca serás tan tuya
como tuyo soy yo.
Amarte es esta fiesta
y este incendio
de todos los pronombres
posesivos.

Juan Vicente PIQUERAS

Tiene tantos libros [que su casa parece una biblioteca].

¿Esta oración es ilativa o consecutiva? Justifica tu respuesta.

ACTIVIDADES

Repaso lo que he aprendido

REPASO

CONJUNCIÓN

- **Coordinante**
  - **Copulativa:** y / ni — *Llegó y se durmió; No tiene verguenza ni la conoce.*
  - **Disyuntiva:** o — *Quédate o márchate.*
  - **Adversativa:** pero — *Reflexiono pero no hallo la verdad.*
- **Subordinante**
  - **Completiva:** que / si — *Me encanta que haga calor; No sé si podré ir.*
  - **Temporal:** mientras — *Miraba el móvil mientras veía la tele.*
  - **Modal:** según — *Según me comentó Pedro, mañana no habrá clase.*
  - **Condicional:** si — *Si tengo tiempo, saldré hoy.*
  - **Ilativa:** conque — *Estoy harta de ti, conque vete.*
  - **Causal:** porque — *No sé porque estoy cansado.*
  - **Concesiva:** aunque — *Te llamaré aunque no vengas.*
  - **Consecutiva:** que — *Había tanta gente que no se podía entrar.*
  - **Comparativa:** que / como — *Tengo menos miedo que tú.*

ORACIONES SUBORDINADAS ADVERBIALES

- **Temporal** — *Me saluda [siempre que me ve].*
- **Modal** — *He tomado el medicamento [según indicaba el prospecto].*
- **Causal** — *Préstame la bufanda [ya que tengo frío].*
- **Ilativa** — *Tienes un buen trabajo [conque no te quejes].*
- **Condicional** — *[Si me invitas a un café], te cuento un secreto.*
- **Concesiva** — *Iremos a la playa [aunque llueva].*
- **Comparativa** — *Tienes más discos [de los que yo tendré toda mi vida].*
- **Consecutiva** — *Estoy tan nervioso [que no puedo comer].*

Construcciones comparativas

El primer término de la comparación (1 TC):
- en él aparece un sintagma **cuantificador (SCuant).**

Un cuantificador
- el determinante o adverbio ***más*** o ***menos*** seguido o no por un núcleo
- ***tan***, ***tanto***, -***a***, -***os***, -***as*** seguidos por el núcleo comparativo
- el adjetivo ***mismo***
- el adverbio ***igual***

Un núcleo comparativo
Es el concepto que se compara.

El segundo término de la comparación (2 TC):
- realiza la función de complemento del cuantificador (CCuant).
- se suelen elidir algunos sintagmas.

Una partícula subordinante
- ***que*** (conjunción)
- ***como*** (conjunción)
- el adjetivo ***mismo***
- ***de*** + ***el***/***la***/***lo***/***los***/***las*** ***que*** (art + relativo)

Suelo leer más novelas [que revistas].
Laura es tan amable [como Isabel].
Es más fácil [de lo que parece].
Tengo el mismo teléfono [que ella].
Me sucede igual [que a ellos].

El término comparado
Alba trabaja tanto [como Andrés].

Consecutivas:
muestran la consecuencia de que algo ha llegado a un nivel muy alto.

Oración principal:
antepuesta a la oración subordinada.

Aparece un cuantificador (determinante o adverbio):
- *cada*
- *un*
- *tal, -es*
- *tan*
- *tanto, -a, -os, -as*

Cuenta cada historia [que me muero de risa].
Tiene un comportamiento [que asusta].
Tiene tal miedo [que no sale de casa].
Es tan simpático [que no tiene enemigos].
Entrena tanto [que siempre está comiendo].

El elemento cuantificado es:
- nombre
- adjetivo
- adverbio

Tienes cada ocurrencia [que nadie te hace caso].
Es tan ordenado [que su casa parece de revista].
Cocina tan bien [que podría ser un gran chef].

Oración subordinada:
expresa la consecuencia.

Introducida por la conjunción ***que***.

Es tan despistado [que no me reconoció].

La diversidad lingüística

DIVERSIDAD LINGÜÍSTICA

La **diversidad lingüística** hace referencia a los diferentes usos que los hablantes hacen de una misma lengua.

Las distintas peculiaridades de la lengua se pueden observar desde una **perspectiva histórica o diacrónica** y desde una **perspectiva sincrónica**.

Si atendemos al enfoque diacrónico, estaremos analizando el uso lingüístico a lo largo de la historia, ya que la lengua española partió del latín pero ha ido evolucionando hasta nuestros días. Si, por el contrario, atendemos al enfoque sincrónico, la observación (que podrá ser del uso social, geográfico o estilístico de la lengua) la haremos en un momento determinado sin tener en cuenta la historia.

LAS VARIEDADES LINGÜÍSTICAS

Variedades diacrónicas. El uso histórico de la lengua en una determinada etapa histórica.

Variedades sincrónicas

Geográficas o diatópicas. Rasgos peculiares que presenta la lengua en las distintas zonas en que se habla.

Sociales o diastráticas. Nivel cultural del hablante.

Estilísticas o diafásicas. Uso que hacen de la lengua los hablantes en una situación concreta.

1. Las variedades diacrónicas

Tienen un **uso histórico** y vienen determinadas por el uso de la lengua en una etapa histórica concreta.

La lengua española distingue entre el español arcaico (ss. X-XII), el español medieval (ss. XIII-XV), el español clásico (ss. XVI-XVII), el español moderno (ss. XVIII-XIX) y el español actual (ss. XX-XXI).

Así, podemos saber, por ejemplo, que la palabra *hijo* viene del latín *filius*, con el mismo significado, y a lo largo de distintos periodos históricos ha ido sufriendo distintas transformaciones: *filius* > *fijo* > *hijo*.

1. Lee los siguientes textos y responde a las preguntas que tienes a continuación:

TEXTO 1

Don Quijote no quiso aguardar más tiempo para poner en práctica su pensamiento, porque creía que el mundo le echaba en falta. Había muchas ofensas que reparar, injusticias que enmendar y deudas que satisfacer.

Así que, sin decir nada a nadie y sin que nadie lo viese, una mañana, antes del amanecer, se armó de todas sus armas, subió a su caballo Rocinante, se puso la celada, embrazó el escudo, tomó la lanza y por la puerta trasera del corral salió al campo con grandísimo contento.

Miguel DE CERVANTES: *Don Quijote de la Mancha* (adaptación de Eduardo Alonso), ilustrado por Victor G. Ambrus. Ed. Vicens Vives, 2015.

TEXTO 2

Hechas, pues, estas prevenciones, no quiso aguardar más tiempo a poner en efecto su pensamiento, apretándole a ello la falta que él pensaba que hacía en el mundo su tardanza, según eran los agravios que pensaba deshacer, tuertos que enderezar, sinrazones que enmendar, y abusos que mejorar, y deudas que satisfacer.

Y así, sin dar parte a persona alguna de su intención, y sin que nadie le viese, una mañana, antes del día (que era uno de los calurosos del mes de julio), se armó de todas sus armas, subió sobre Rocinante, puesta su mal compuesta celada, embrazó su adarga, tomó su lanza, y por la puerta falsa de un corral, salió al campo con grandísimo contento y alborozo de ver con cuánta facilidad había dado principio a su buen deseo.

Miguel DE CERVANTES: *Don Quijote de la Mancha*, en *Centro Virtual Cervantes*. Web [Consulta: 10 de febrero de 2021].

2. ¿En qué consiste la adaptación de Eduardo Alonso? Señala los principales cambios de un texto a otro.

3. ¿Por qué surgen adaptaciones de textos clásicos?

2. Las variedades sincrónicas

En función del enfoque que interese en cada caso, podemos observar distintos tipos de variedades sincrónicas: las **geográficas**, las **sociales** y las **estilísticas**.

2.1 Las variedades diatópicas o geográficas

Tienen un **uso geográfico** y vienen determinadas por los rasgos peculiares que presenta una lengua en las distintas zonas en que se habla.

El uso de una lengua depende del lugar donde se aprende. Las variedades diatópicas relacionan al hablante con un espacio geográfico determinado.

Cada lengua tiene unas peculiaridades de uso distintas atendiendo a la geografía. Así, el español hablado en Andalucía no es el mismo que el hablado en Galicia, en Extremadura o el hablado en Murcia.

Mapa de los países del mundo en los que se habla la lengua española.

2.2 Las variedades diastráticas o sociales

Tienen un **uso social** y vienen determinadas por el nivel cultural del hablante o de la pertenencia a un determinado grupo profesional.

Las variedades diastráticas dividen el uso lingüístico en tres niveles: **culto**, **estándar** y **vulgar**. También hacen alusión a lenguajes específicos de determinados grupos sociales o laborales (**jergas**).

- **Nivel culto**. Uso muy cuidado del lenguaje y empleado en discursos académicos, ensayos, conferencias... Se caracteriza por una buena dicción en la lengua oral, el uso de un vocabulario rico y especializado, y una construcción sintáctica correcta:

> Es decir, que si la fase de "exilio latente" existió claramente en su vertiente geográfica e ideológica, sus manifestaciones literarias y culturales no necesariamente se adaptaron a circunstancias de merma, sino al contrario, de productividad y creación. Ya en la inmediatez de la derrota y el destierro, Emilio Prados ratificaba lo positivo de aquella desastrosa experiencia.
>
> J.M. NAHARRO-CALDERÓN: *Entre el exilio y el interior: el "entresiglo" y Juan Ramón Jiménez* (adaptación). Ed. Anthropos, 1994.

- **Nivel estándar**. Es el uso coloquial que se emplea de forma natural en las conversaciones diarias en ámbitos familiares o entre amigos.

  Se caracteriza por la expresividad en la lengua oral y por una cierta imprecisión léxica y sintáctica provocada por la inmediatez en la comunicación. En ocasiones, no se acaban las frases, se repiten palabras, se usan expresiones coloquiales, muletillas, etc.:

> –Lo que yo te digo, que no nos ha hecho ni caso y encima esta mañana ha entrado y no ha saludado a nadie, pues yo pienso hacer lo mismo que ella.
>
> –¿Se habrá enfadado por algo?
>
> –¡Quién sabe! Allá ella...

La palabra **diastrática** se relaciona con *estrato*, haciendo alusión a los diferentes estratos socioculturales que forman los grupos humanos y, aunque tradicionalmente ha estado relacionado con el nivel económico de los individuos, hay que vincularlo con el nivel de instrucción.

En los informativos suele emplearse la variedad estándar de la lengua.

- **Nivel vulgar**. Es el uso propio de personas que no conocen la norma lingüística y cometen incorrecciones de todo tipo (en la dicción, en el uso incorrecto de las categorías gramaticales o en la construcción de las oraciones):

  –*La* Luisa quiere que vayas.

  –¿*Pa* qué?

  –*Pos* no me *l'ha* dicho.

  –¡Anda ya! Será *pa* lo del *arquiler*.

- **Las jergas**. Al lado de los distintos usos sociales encontramos otra variedad lingüística propia de aquellos que incorporan un léxico específico relacionado con su pertenencia a un grupo social o profesional. Son hablas que refuerzan la identidad social de grupo y que favorecen la identificación de sus componentes: *Dice que se abre, que va a por el bocata* (ámbito juvenil).

Una jerga muy común es la que usan los jóvenes: no la hablan todos pero sí es exclusiva de ellos.

2.3 Las variedades diafásicas o estilísticas

Tienen un **uso individual** y vienen determinadas por el uso de la lengua que hacen los hablantes en una situación concreta.

Los hablantes adaptan el uso lingüístico a situaciones concretas de comunicación en función de muchas variables, entre otras, su personalidad, su sexo (femenino o masculino), la relación que entabla con el receptor, el canal (oral o escrito), etc.

Las situaciones concretas de comunicación determinan que los hablantes usen la lengua de una manera u otra. No es lo mismo exponer un tema en clase que comentar la exposición con tus compañeros y compañeras. De ahí que la lengua manifieste dos niveles de uso en función de todas las circunstancias que rodean al acto comunicativo:

- **Registro formal**. Se produce en circunstancias que requieren un uso correcto de la lengua en todo momento; se corresponde con el nivel culto.
- **Registro informal**. Se produce cuando las circunstancias de comunicación no requieren una atención continua a la norma gramatical, por eso se corresponde con el nivel estándar.

Una persona que use correctamente su lengua debe ser capaz de cambiar de registro cuando así lo determinen las circunstancias; en eso se demuestra su alto nivel de competencia lingüística.

4. Sitúa las siguientes oraciones en la variedad lingüística correspondiente y justifica tu respuesta:

- *No te se olvide lo que me dijistes ayer.*
- *No me des la lata. / No te rayes.*
- *Con la venia, señoría, el alcance de la alegación es insuficiente.*
- *Se me fue el santo al cielo. / Se me fue la pinza.*
- [Llamas a la puerta de un despacho y dices:] *¿Puedo pasar, por favor?*
- *Ya tienes preparado el caldito caliente en la cocina.*
- *Quisiera empezar esta charla con una referencia a un gran filósofo.*
- *Tenemos que hacer una gastroscopia para valorar el alcance de la afección.*
- *O sea, que tenemos que hablar en plan bien.*
- *Las decisiones que han adoptado los profesionales están totalmente justificadas por las circunstancias.*
- Tienes que coger la guagua para llegar a tiempo. / *Tienes que coger el autobús para llegar a tiempo.*
- *Estás en Babia. / Estás empanao.*

5. Reflexiona y responde razonadamente a las siguientes preguntas:
   a. ¿De qué depende que una persona haga un uso culto, coloquial o vulgar de la lengua?
   b. ¿Crees que el uso culto y coloquial son compatibles o un hablante debe situarse en uno o en otro?
   c. ¿Qué significa que el alto nivel de competencia lingüística se manifiesta en la capacidad del hablante para cambiar de registro? Explícalo con ejemplos.
   d. ¿Cómo consideras tu nivel de competencia lingüística? Justifica tu respuesta.
   e. Explica cómo haces uso en tu vida diaria de los distintos niveles o registros lingüísticos.
6. En parejas, realizad un estudio de campo siguiendo estos pasos:
   a. Anotad todas las expresiones propias de vuestro grupo de amigos que creáis que solo entenderían personas de vuestro entorno y de la misma edad.
   b. Transformad esas expresiones en otras que signifiquen lo mismo y que usaríais con vuestros padres.
   c. ¿Creéis que la gente de vuestra edad utiliza una jerga determinada? ¿Por qué? Reflexionad sobre ello.
   d. Escuchad a personas de diferentes edades y ocupaciones: tus profesores, los comerciantes de tu barrio, gente que salga en televisión, etc. Completad un cuadro que contenga esta información:
      - nombre de la persona
      - profesión
      - nivel social y cultural
      - variedad lingüística utilizada
   e. Por último, redactad un informe con las conclusiones a las que lleguéis.
7. Lee y compara los siguientes textos y después contesta a las preguntas:

TEXTO 1

COBRADOR. La luz. (Le tiende el recibo. La puerta se abre y aparece Paca.)

GENEROSA. (Mirando el recibo.) ¡Dios mío, cada vez más caro, no sé cómo vamos a poder vivir!

PACA. ¡Ya, ya! ¿Es que no saben hacer otra cosa que elevar la tarifa? ¡Menuda ladronera es la Compañía! ¡Les debería dar vergüenza chuparnos la sangre de esa manera! ¡Y todavía se ríe!

Antonio BUERO VALLEJO: *Historia de una escalera* (adaptación). Ed. Vicens Vives, 2014.

TEXTO 2

–Usted perdonará, señor doctor –pero esta es mi señora y la pobre no sabe tratar. Discúlpela que es alfabeta. Mira, Ricarda, este es el señor doctor que nos honra con su visita.

–Por muchos años –dijo Ricarda. [...]

–Padre lo ingenió. Pero yo y mi hermana somos las que tuvimos que cargar con la pejiguera de las ratoncitas.

Luis MARTÍN SANTOS: *Tiempo de silencio* (adaptación). Ed. Crítica, 2005.

TEXTO 3

ASLAKSEN. No hago más que imprimir lo que me dan. (Va hacia la imprenta.)

EL ALCALDE. Un momento, señor Aslaksen. Con su permiso, señor Hovstad...

HOVSTAD. No faltaba más, señor alcalde; está usted en su casa.

EL ALCALDE. Usted, que es un hombre serio y razonable, señor Aslaksen...

ASLAKSEN. Le agradezco mucho esa apreciación.

EL ALCALDE. Usted que tiene tanta influencia...

Henrik IBSEN: *Un enemigo del pueblo* (adaptación). Alianza Editorial, 2013

   a. ¿En qué situación comunicativa se pueden desarrollar los textos anteriores: familiar, de amistad, formal...?
   b. ¿Qué rasgos lingüísticos caracterizan cada uno de los textos?
   c. Sitúa y justifica la variedad lingüística a la que pertenece cada uno.

LITERATURA

8 La literatura del siglo XVIII. El Neoclasicismo

Observo...

- Fíjate en el cuadro de arriba. ¿Quién es el centro de atención? ¿Qué tiene entre las manos? ¿Qué hacen allí esas personas?
- Observa sus vestimentas y descríbelas.
- ¿Qué emociones reflejan los rostros y las posturas corporales de estos personajes?

... pienso...

- La *Enciclopedia francesa*, editada entre 1751 y 1772, pretendía reunir todos los conocimientos adquiridos por la humanidad. ¿Qué efecto piensas que pudo tener en la sociedad de su tiempo?
- Compara el cuadro con la foto actual. ¿Qué diferencias hay entre una y otra formas de lectura?

La lectura de Molière (1728), de Jean François de Troy.

En este tema aprenderás:

- Qué acontecimientos históricos tuvieron lugar en el siglo XVIII y a qué se le llamó Ilustración o el Siglo de las Luces.
- En qué consistió el movimiento artístico del Neoclasicismo.
- Qué caracterizó a la literatura del XVIII.
- Cuál fue el objetivo del ensayo neoclásico y quiénes fueron sus mayores exponentes.
- Cuáles fueron las características de la prosa y la poesía neoclásicas y qué autores destacaron en estos géneros.
- Qué caracterizó al teatro neoclásico y quién fue el mayor reformador del género.

En marcha...

- El padre Feijoo fue uno de los primeros autores españoles del siglo XVIII que, interesado por muy variadas ramas del saber, publicó ensayos con la finalidad de educar al pueblo. ¿Qué aspectos del retrato del padre Feijoo destaca el profesor Javier González? ¿Qué significado tienen, según este experto, los objetos que aparecen en la pintura junto al fraile erudito?
- ¿Qué te parece la obra *Teatro crítico universal*? ¿Tiene poca o mucha extensión? ¿De qué trata? ¿A qué errores comunes quiere oponerse con su obra el padre Feijoo?
- En el siglo XVIII todavía se creía en muchos bulos. ¿Te parece que la labor del padre Feijoo pudo ser indicio del cambio de mentalidad que se empezaba a producir en España en aquel momento?

... y comparto

- La Ilustración valoró ante todo la razón, combatiendo las supersticiones. Comentad la importancia de estas ideas para el desarrollo científico posterior.
- Tratad de imaginar lo que sentirían las personas de esa época ante los nuevos avances de la ciencia y el pensamiento y comentadlo entre toda la clase.

El siglo XVIII

DESCUBRO

En Europa, el siglo XVIII fue la transición entre el siglo anterior, con el auge del absolutismo, y el siglo XIX, con los movimientos políticos y sociales liberales.

Aunque los inicios del XVIII continuaron con las ideas del XVII, se auguraban grandes cambios.

La Ilustración

La Ilustración y el Siglo de las Luces

Se llama **Ilustración** al movimiento intelectual que pretende modernizar la sociedad a través de la **razón**, cuya luz debe llegar a todo y a todos. Así, Immanuel Kant (1727-1808), filósofo de la Ilustración, decía: "Atrévete a pensar por ti mismo".

En Francia, las ideas políticas ilustradas fueron expuestas por Montesquieu, Rousseau y Voltaire, pensadores que defendían la libertad y la igualdad frente al absolutismo y las clases privilegiadas. Estas ideas se convirtieron en la base ideológica de la Revolución francesa. También en Francia se publicó la *Enciclopedia*, que reunía el conocimiento de la época y pretendía su difusión.

Montesquieu, cronista y filósofo francés, defendió la división de poderes independientes en el Estado: el poder legislativo, el ejecutivo y el judicial.

Él afirmaba: "Debe establecerse un gobierno de forma tal que ningún hombre tenga miedo de otro".

El Panteón de París (1764) iba destinado a ser una iglesia, pero durante la Revolución francesa se decretó que fuera el panteón de hombres célebres, como, por ejemplo, Voltaire y Rousseau.

El despotismo ilustrado

Algunos monarcas absolutos europeos, influidos por las ideas de la Ilustración, aplicaron mejoras económicas y culturales en favor del pueblo, pero sin ningún cambio político, es decir, continuaron manteniendo el absolutismo y la diferencia de clases: "Todo para el pueblo, pero sin el pueblo".

La Revolución francesa

Las ideas de la Ilustración acerca de la libertad y la igualdad social y política, unidas a una grave crisis económica, a la escasez de alimentos y a los desmesurados gastos de la corte provocaron el estallido de la Revolución francesa (1789-1799).

En pocos años desapareció la monarquía absoluta. La revolución quedó circunscrita al territorio francés hasta el siglo XIX, cuando sus ideas se difundieron por Europa.

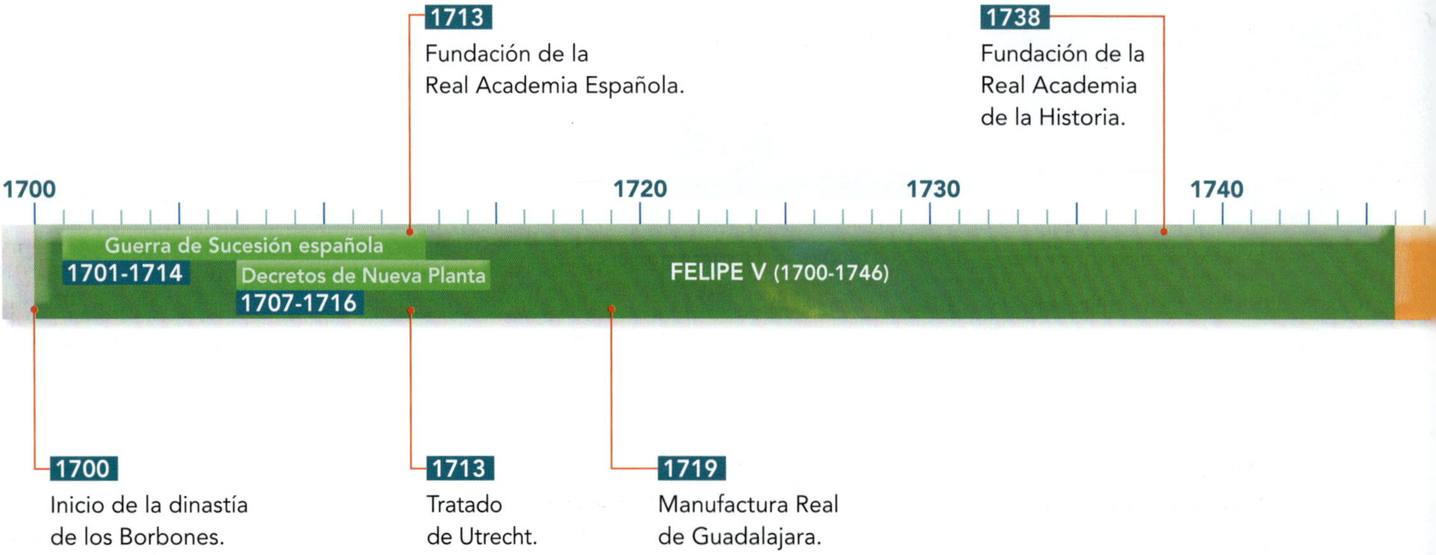

El siglo XVIII en España

En el año 1700 fue proclamado rey Felipe V, el primero de los Borbones españoles, que tuvo que hacer frente a la Guerra de Sucesión (1701-1714) para imponer su poder absoluto en toda España. Durante su reinado se crearon la Real Academia Española y la Real Academia de la Historia.

La Ilustración y el arte neoclásico

Aunque en los primeros años del siglo XVIII continúa el estilo barroco, paulatinamente se difundió el pensamiento de la Ilustración y el gusto por una nueva corriente literaria y artística: el neoclásico.

Los ilustrados españoles eran una minoría culta formada por burgueses, eclesiásticos y nobles que trataron de llevar a cabo ciertas reformas para modernizar el país.

Museo del Prado, del Neoclasicismo. En el reinado de Carlos III se inició su construcción, que debía albergar el Real Gabinete de Historia Natural.

Carlos III (1783), de Mariano Salvador Maella.

El despotismo ilustrado de Carlos III

El período más brillante de la Ilustración en España se desarrolló durante el reinado de Carlos III (1759-1788). Este monarca llevó a cabo reformas propias del despotismo ilustrado:

- Se modernizaron los caminos y las carreteras para facilitar los transportes y el comercio.
- Se mejoró la agricultura: se introdujeron nuevos cultivos y se aumentó la superficie agrícola.
- Se reformó la enseñanza y se inició la transformación de la universidad.
- Se fundaron las Sociedades Económicas de Amigos del País para fomentar el desarrollo.
- Se suprimió la deshonra legal por realizar trabajos manuales.

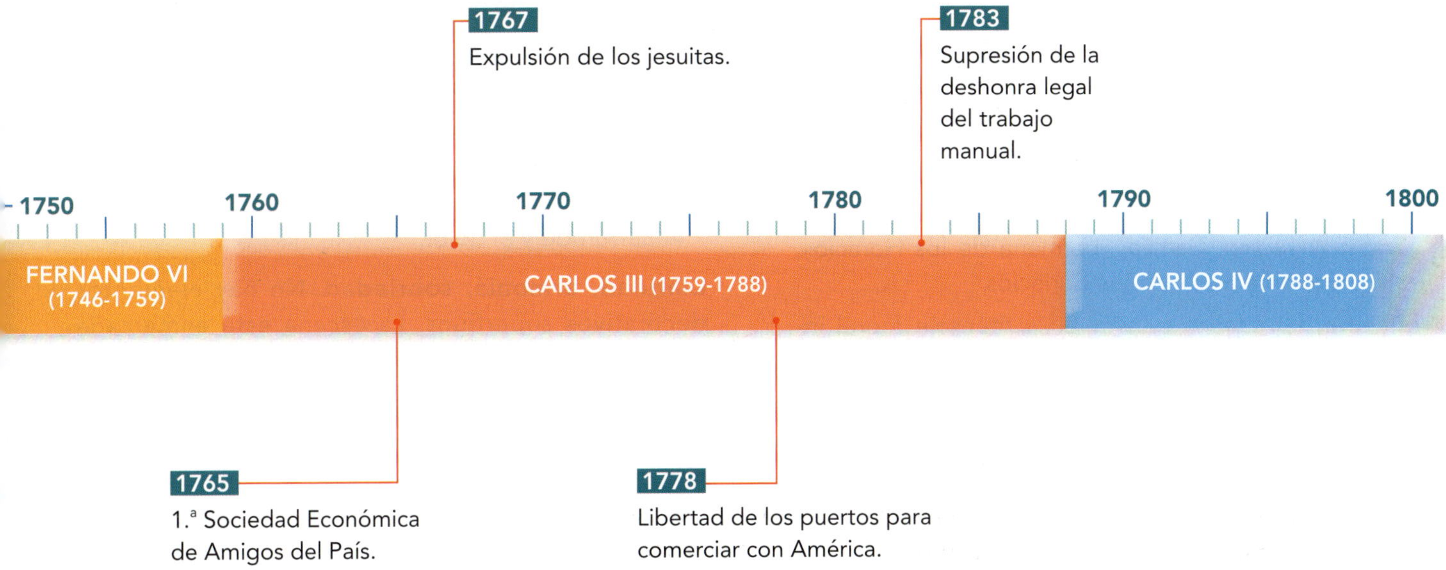

El siglo XVIII: el Neoclasicismo

Este cuadro, *El juramento de los Horacios*, es un encargo que hizo en 1784 el rey francés Luis XVI al pintor Jacques-Louis David para que sirviera de símbolo de la lealtad al Estado por encima de los intereses personales o familiares. El rey murió en la guillotina en 1793, durante la Revolución francesa.

Este cuadro simboliza el pensamiento de la Ilustración y los valores estéticos propios del Neoclasicismo. Observa con atención por qué:

- **Didactismo y moralidad**. La escena representa el juramento que hacen los hermanos trillizos, los Horacios[1], de luchar hasta vencer o morir contra otros hermanos trillizos, los Curiacios, en las guerras entre Roma y Alba Longa en el año 669 a. C.

  El drama reside en que los muchachos, Horacios y Curiacios, han de enfrentarse en nombre de sus respectivas ciudades, aunque son parientes y amigos. El hermano mayor[2] de los Horacios, en primer plano, está casado con Sabina[3], que es hermana de los Curiacios. A su vez, Camila[4], hermana de los Horacios, está prometida a uno de los Curiacios.

  El **tema** del cuadro transmite un mensaje moral inequívoco: el deber público está por encima de los sentimientos privados.

- **Racionalismo**. El lienzo está dividido horizontalmente en dos partes. En la inferior se narra el drama, sobre las líneas horizontales del suelo. En la superior hay tres arcos clásicos que enmarcan las escenas:

  – El arco de la izquierda[5] recoge el juramento de los Horacios y el saludo romano con el brazo extendido y la palma hacia abajo.

  – El arco central[6] enmarca la figura del padre[7], símbolo del Estado, también con el brazo en alto empuñando las tres espadas, mirando fijamente a los ojos de los hijos y de espaldas al dolor de las mujeres.

  Estos dos arcos recogen el tema masculino de la guerra y la fortaleza, que se representa con las líneas rectas de brazos, piernas y espadas.

  – El arco de la derecha[8] recoge el drama de las mujeres. Predominan aquí las líneas curvas, lo femenino, el derrumbe y el dolor.

- **Claridad, armonía, sobriedad**. No hay elementos decorativos superfluos. La escena está enmarcada entre el blanco de los extremos del traje de Camila y la capa del hermano mayor de los Horacios. El rojo, en el centro, simboliza la fuerza y la sangre. Claridad y oscuridad están perfectamente equilibradas.

  Las figuras siguen la estética de los modelos clásicos grecolatinos.

El Neoclasicismo

Llamamos **Neoclasicismo** al movimiento artístico que reflejó los principios éticos y estéticos de la **Ilustración**.

El Neoclasicismo se inspiró en el arte grecorromano y también en el Renacimiento. Se rescatan los valores estéticos clásicos: la sencillez, la claridad, la armonía y la sobriedad, conceptos todos muy alejados del arte barroco.

Características de la literatura neoclásica

Sencillez, claridad, armonía

La lengua literaria de la literatura neoclásica procura ser sencilla y clara para transmitir el pensamiento ilustrado de la manera más eficaz posible. Los géneros literarios están bien diferenciados y no se mezclan en la misma obra prosa y verso.

Didactismo, moralidad

En el siglo XVIII no se aceptaba el arte por el arte, puesto que una obra tenía que transmitir valores morales que ayudaran al ser humano a superar sus limitaciones. Todos los géneros literarios compartieron este afán didáctico.

Racionalismo

El siglo XVIII se llama también el **Siglo de las Luces** porque los ilustrados rechazaron los conocimientos impuestos y solo admitieron lo que podían conocer a la luz de la razón y de la experiencia.

En literatura, el racionalismo da preferencia a la razón sobre los sentimientos e impone ciertas **reglas del arte** a las que deben ajustarse las creaciones literarias para conseguir un alto grado de calidad.

El **teatro** recuperó la **regla clásica de las tres unidades**: unidad de acción, unidad de espacio y unidad de tiempo.

Paolo Andreani's balloon ascent (1784), de Francesco Battaglioli.

tiching.com/743701

Entra para saber más sobre la literatura neoclásica.

El burro flautista

Esta fabulilla
salga bien o mal,
me ha ocurrido ahora
por casualidad.

Cerca de unos prados
que hay en mi lugar
pasaba un borrico
por casualidad.

Una flauta en ellos
halló, que un zagal[1]
se dejó olvidada
por casualidad.

Acercose a olerla
el dicho animal,
y dio un resoplido
por casualidad.

En la flauta el aire
se hubo de colar,
y sonó la flauta
por casualidad.

"¡Oh! –dijo el borrico–.
¡Qué bien sé tocar!
¡Y dirán que es mala
la música asnal!".

Sin reglas del arte,
borriquitos hay
que una vez aciertan
por casualidad.

Tomás de Iriarte

1. **zagal**: pastor joven.

Comprendo, aplico y razono

1. ¿Cómo encuentra la flauta el burro? ¿Qué hace cuando la descubre? ¿Qué sucede cuando el aliento del animal atraviesa la flauta? ¿Cómo interpreta él ese accidente?
2. Relaciona el contenido de esta fábula con las reglas del arte del Neoclasicismo.
3. ¿Qué características de la literatura neoclásica observas en este texto?

1 El siglo XVIII: literatura y ensayo neoclásicos

1.1 La literatura en el siglo XVIII

Los primeros cincuenta años del siglo XVIII son una continuación de la literatura barroca del siglo anterior, de manera que el **teatro** seguía representando obras de capa y espada, enredos y problemas de honor; la **poesía** mantenía la estética barroca, pero ya no contaba con poetas de la altura de Lope, Góngora o Quevedo; y la **novela** seguía anclada en lo picaresco, sin el genio o la gracia del *Lazarillo de Tormes*, o *La vida del Buscón* de Quevedo.

Es decir, la genialidad del Barroco ha desaparecido y durante esta primera mitad del XVIII solo encontramos imitadores de poca calidad.

Por este motivo, la **Ilustración**, el movimiento cultural propio del siglo XVIII, empieza a dar sus frutos a mitad de siglo, hacia 1750, y dura unos 30 años.

Veamos los tres bloques en los que se divide la literatura de este tiempo:

LA LITERATURA EN EL SIGLO XVIII		
1680-1750: Postbarroco	1750-1780: Neoclasicismo	1780-1830: Prerromanticismo
• Continúa la **estética barroca** en el teatro, la narrativa y la poesía. • Las obras de este período imitan las del siglo anterior sin aportar nada nuevo.	• Triunfa la **estética neoclásica** con la llegada del rey Carlos III al trono de España, y su corte de intelectuales ilustrados. • Se imponen las ideas de la Ilustración: **la literatura ha de ser bella y útil**, y ha de servir para educar al pueblo y procurar su prosperidad. • En estos años se desarrollan muchas de las más importantes obras neoclásicas.	• Nace precisamente de las ideas de la Ilustración que defendían la **libertad** del ser humano y el **respeto por la naturaleza**. • Consideran que el ser humano y su conciencia están por encima del bien social común.

tiching.com/782603

Entra para saber más sobre los autores más destacados del siglo XVIII.

1.2 El ensayo en el siglo XVIII

En el siglo XVIII nace el **ensayo** como género literario. Los ensayos son textos de longitud y estructura muy variada que exponen **temas de interés social** para los que se aportan posibles soluciones. Los ensayistas, con **afán didáctico**, utilizan un **lenguaje directo y preciso**. Sus textos sirvieron de difusión de los nuevos ideales ilustrados.

Benito Jerónimo Feijoo (1676-1764)

Fue fraile benedictino y profesor en la universidad de Oviedo. Sus principales obras son *El teatro crítico universal* y las *Cartas eruditas y curiosas*, colecciones de variados ensayos en los que el autor intenta difundir la cultura apoyándose en la razón y la experiencia.

Melchor Gaspar de Jovellanos (1744-1811)

Jovellanos fue un hombre ilustrado que desempeñó diversos cargos públicos. Carlos IV le nombró ministro de Justicia. En 1808 se opuso a la invasión francesa y formó parte de la Junta Suprema Central, participando en la preparación de las Cortes de Cádiz.

Entre sus obras en prosa, escritas en un estilo sobrio y elegante, destacan las siguientes: el *Informe sobre la Ley Agraria*, las *Bases para la formación de un plan general de instrucción pública* y la *Memoria para el arreglo de la policía de los espectáculos*.

Jovellanos y su tiempo

Retrato de Melchor Gaspar de Jovellanos (1798), de Francisco de Goya.

Jovellanos fue un político y escritor muy relevante del siglo XVIII. Sus ideas sociales, políticas y estéticas se reflejan tanto en sus ensayos como en su poesía reflexiva y crítica.

Feijoo habla sobre los labradores

Pero ¿hay hoy gente más infeliz que los pobres labradores? ¿Qué especie de calamidad hay que aquellos no padezcan? De las inclemencias del cielo solo toca a los demás hombres una pequeña parte, pues exceptuando los labradores, todos, por míseros que sean, se defienden de ellas con algún humilde techo, o si algunos las sufren a cielo descubierto no es por mucho tiempo. Mas los labradores todo el año y toda la vida están al ímpetu de los vientos, al golpe de las aguas, a la molestia de los calores, al rigor de los hielos. [...]

Yo, a la verdad, solo puedo hablar con perfecto conocimiento de lo que pasa en Galicia, Asturias y montañas de León. En estas tierras no hay gente más hambrienta ni más desabrigada que los labradores. [...]

Es, pues, importantísimo, y aun absolutamente necesario, mirar con especial atención por esta buena gente, tomando los medios más oportunos para promover sus conveniencias y minorar[1] sus gravámenes[2].

Benito Jerónimo FEIJOO: "Honra y provecho de la agricultura" (adaptación), *Teatro crítico universal*, en *Biblioteca Virtual Miguel de Cervantes*. Web [Consulta: 20 de noviembre de 2020].

1. **mirorar**: aminorar, reducir. 2. **gravamen**: impuesto.

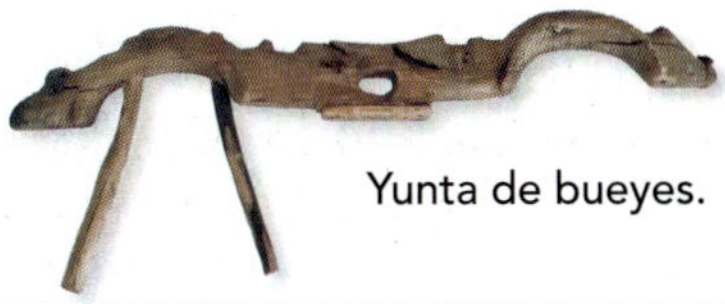

Yunta de bueyes.

4. Resume la descripción que realiza Feijoo de la vida de los labradores. ¿En qué frase del texto se pone de manifiesto que el escritor quiere ser riguroso con las informaciones que difunde?
5. ¿Propone el autor alguna solución concreta?
6. Relaciona las ideas expuestas por Feijoo con la ideología reformista de los ilustrados.
7. Algunas creencias populares a las que se opuso Feijoo en sus escritos fueron:
   - Los niños nacidos en Viernes Santo curaban la peste con el aliento.
   - Era peligroso salir a la calle durante un eclipse.
   - Algunos cadáveres permanecían incorruptos debido a la posición de los astros el día de su muerte.

   a. Comparad en clase estas supersticiones populares con las noticias falsas que se difunden actualmente en las redes sociales. ¿En qué se parecen y en qué se diferencian?

Comprendo, aplico y razono

Jovellanos recomienda el estudio del francés y el inglés

Mas para aquellos que se hubieren de consagrar a las ciencias exactas o naturales, y aun a las políticas y económicas, y para aquellos que hubieren de seguir la carrera de las armas en mar o tierra, la diplomática, el comercio, las artes, etcétera, daría yo en primer lugar el estudio de las lenguas vivas, y señaladamente de la inglesa y la francesa. Estas lenguas abrirán al joven un abundantísimo campo de doctrina en todos los ramos de ciencia y literatura que quiera cultivar; y, por lo mismo, su enseñanza, se debe estimar necesaria en cualquier instituto de educación.

Y ahora, si alguno que solo quiera estudiar una de estas lenguas preguntare cuál debe preferir, le diré que la francesa ofrece una doctrina mucho más universal, más variada, más metódica, más agradablemente expuesta y, sobre todo, más enlazada con nuestros intereses y relaciones políticas.

Melchor Gaspar DE JOVELLANOS: *Memoria sobre educación pública, o sea, tratado teórico-práctico de enseñanza, con aplicación a las escuelas y colegios de niños* (adaptación). Biblioteca Nueva, 2012.

Jovellanos, hombre comprometido con su tiempo, perteneció a la mayoría de las Reales Academias y a la Sociedad Matritense de Amigos del País.

8. ¿Por qué recomienda el autor el estudio del francés y el inglés? ¿Qué ventaja práctica ve en el conocimiento de estas lenguas vivas? ¿Te parece moderna esta idea en la sociedad del siglo XVIII? ¿Por qué?
9. ¿Qué razones da el autor para preferir el francés antes que el inglés?
10. Indica en qué frase del texto se manifiesta la mentalidad política de Jovellanos.

Comprendo y aplico

2.1 La novela y la prosa en el siglo XVIII

El siglo XVIII es un siglo sin novela, porque las obras que se le aproximan no son novelas en el sentido tradicional del término, ya que o son imitaciones de las novelas picarescas del siglo anterior, o bien tienen una finalidad tan didáctica y moralizante que acaban suprimiendo el entretenimiento y la fantasía imprescindibles en toda buena novela.

Dentro de esta corriente que intenta educar al pueblo a través de relatos ficticios, encontramos a varios autores como el **Padre Isla**, y su exitosa *Historia del famoso predicador Fray Gerundio de Campazas*, en la que critica los sermones religiosos tan floridos y barrocos que era difícil encontrar las ideas religiosas enmarañadas entre tanta floritura.

José Cadalso (1741-1782)

José Cadalso es uno de los autores más importantes del siglo XVIII. Compuso obras de teatro, poemas y una novela: *Cartas marruecas* (1770), que escribió para los amigos que se reunían en uno de los salones culturales más importantes de la época, presidido por una mujer: la condesa de Benavente.

Cartas marruecas es una novela epistolar protagonizada por tres personajes: Nuño, Gazel y Ben Beley.

Nuño es un corresponsal español, bastante desengañado de todo, que escribe a su amigo, el joven noble marroquí Gazel, que está de viaje por España, quien, a su vez escribe a su maestro, Ben Beley, reflexionando sobre diversos temas desde su perspectiva de extranjero.

José Cadalso fue un niño solitario: su madre murió al nacer él, y su padre, en viaje de negocios tardó trece años en conocerlo.

Recibió una educación esmerada en colegios de España, Francia e Inglaterra. Fue militar de carrera y un magnífico escritor muy crítico con su tiempo.

Comprendo y aplico

Carta XII (De Gazel a Ben Beley)

En Marruecos no tenemos idea de lo que por acá se llama nobleza hereditaria, conque no me entenderías si te dijera que en España no solo hay familias nobles, sino provincias que lo son por heredad[1]. Te pondré un ejemplo práctico y lo entenderás:

Pocos días ha pregunté si estaba el coche preparado, pues mi amigo Nuño estaba malo y yo quería visitarle. Me dijeron que no. Al cabo de media hora hice igual pregunta, y hallé igual respuesta. Pasada otra media pregunté, y me respondieron lo propio[2], y de allí a poco me dijeron que el coche estaba puesto, pero que el cochero estaba ocupado. Él mismo me dijo:

–Aunque soy cochero, soy noble. Han venido unos vasallos míos y me han querido besar la mano para llevar este consuelo a sus casas; conque por eso me he detenido, pero ya despaché. ¿Adónde vamos?

Y al decir esto, montó en la mula y arrimó el coche.

José CADALSO: "Carta XII" (adaptación), *Cartas marruecas*, en *Biblioteca Virtual Miguel de Cervantes*. Web [Consulta: 4 de diciembre de 2020].

1. **heredad**: herencia.
2. **lo propio**: lo mismo.

Gazel afirma en otra de las cartas: "Nobleza hereditaria es la vanidad que yo fundo en que, ochocientos años antes de mi nacimiento, muriese uno que se llamó como yo me llamo, y fue hombre de provecho, aunque yo sea inútil para todo".

11. ¿Por qué motivo no tiene Gazel el coche preparado cuando lo necesita?
12. ¿El cochero del noble marroquí ve con naturalidad retrasar su trabajo para que le besen la mano sus deudos?
13. ¿Qué opina Gazel de este hecho? ¿Qué crítica social está haciendo Cadalso a través de este episodio?
14. Explica qué características del ensayo encuentras en este texto.

2.2 La poesía neoclásica

A mediados de siglo, hacia 1750, triunfa la poesía neoclásica, reflexiva y educativa, que canta los placeres de la vida, de la amistad y del amor. Es la llamada **poesía anacreóntica**.

La nueva poesía persigue el ideal neoclásico de **unir lo bello con lo útil**, y aprovecha los recursos de la poesía lírica (brevedad, ritmo y fácil memorización) para instruir y reformar la sociedad.

También en este género destaca Jovellanos. En sus versos amplios y cultos denuncia, entre otros temas, los lujos cortesanos en contraste con la pobreza de los campesinos.

Ilustración de Jerry Pinkney de "El león y el ratón". Los fabulistas del siglo XVIII se inspiran en los autores grecolatinos Fedro y Esopo.

2.3 Las fábulas de animales

Sus protagonistas son animales que representan a los seres humanos. De este modo se conseguía un distanciamiento que permitía que los lectores vieran con claridad algunas virtudes y defectos que podían pasar desapercibidos. Tomás de Iriarte y Félix María de Samaniego fueron los fabulistas más famosos del siglo XVIII.

La lengua literaria de estas fábulas era sencilla y directa, y la rima favorecía la memorización y la difusión de sus enseñanzas. Estos poemas se dividían en **dos partes**: la primera era **narrativa**, y exponía la historia que debía servir de ejemplo; y la segunda era **reflexiva**, y recogía la moraleja de la fábula.

Comprendo, aplico y razono

La rana y el renacuajo

En la orilla del Tajo
hablaba con la rana el renacuajo,
alabando las hojas, la espesura
de un gran cañaveral[1] y su verdura[2].

Mas luego que del viento
el ímpetu violento
de una caña abatió, que cayó al río,
en tono de lección dijo la rana:

"Ven a verla, hijo mío;
por de fuera muy tersa, muy lozana;
por dentro toda fofa, toda vana[3]".

Tomás DE IRIARTE (fragmento)

1. **cañaveral**: sitio poblado de cañas.
2. **verdura**: color verde, verdor.
3. **vano**: hueco, vacío.

El hombre y la culebra

A una culebra que, de frío yerta[1],
en el suelo yacía medio muerta
un labrador cogió; mas fue tan bueno,
que incautamente[2] la abrigó en su seno.

Apenas revivió, cuando la ingrata
a su gran bienhechor, traidora, mata.

Félix María DE SAMANIEGO

1. **yerto**: rígido, tieso.
2. **incautamente**: de manera incauta, sin cautela.

15. Lee con atención la fábula de Iriarte. ¿Qué está alabando el renacuajo? ¿Por qué se rompe la caña?
16. Explica con tus palabras y eligiendo otro ejemplo la lección que da la rana a su renacuajo.
17. Busca en libros o en Internet los dos últimos versos del poema y explica a qué se aplica la moraleja de la fábula.
18. Lee de nuevo la fábula de Samaniego. ¿Cuál es la reacción del labrador al ver la culebra? ¿Qué hace esta cuando se despierta? ¿Por qué lo hace?
19. ¿Con qué adjetivo la califica? Busca el significado.
20. ¿En qué verso se advierte de que debemos tener cuidado al acercarnos a personas perjudiciales? Pon un ejemplo en el que podría suceder algo parecido.

3 El siglo XVIII: teatro neoclásico

3.1 El teatro neoclásico

En los primeros años del siglo XVIII, buena parte del público prefería las obras teatrales barrocas, que no gozaban del aprecio de los escritores neoclásicos.

En el último tercio del siglo se desarrolla la **comedia de buenas costumbres o comedia neoclásica**. Estos son los rasgos que caracterizan a estas comedias:

- Respetan las **tres unidades del teatro clásico**: unidad de acción (había solo una acción en cada obra), unidad de lugar (la acción ocurría en un único espacio) y unidad de tiempo (la acción representada no abarcaba más de 24 horas).
- Ponen en escena situaciones de la **vida cotidiana** protagonizadas por personajes de clase media. Se interesan por asuntos como los matrimonios forzados por las conveniencias sociales, la educación de los jóvenes o la profesión religiosa sin vocación, entre otros.
- Buscan la **verosimilitud** presentando sucesos parecidos a los de la vida real. Los personajes se expresan con naturalidad, tal y como lo harían en función de su clase social.
- Tienen un **fin didáctico**, ya que se concibe el teatro como un medio para difundir las buenas costumbres y las ideas ilustradas.

Observa las diferencias entre el teatro barroco y el teatro neoclásico:

	TEATRO BARROCO	TEATRO NEOCLÁSICO
Regla de las tres unidades	No se respeta la regla de las tres unidades del teatro clásico. El teatro barroco mezcla varias acciones para mantener el interés del público en el espectáculo.	Se vuelve a la **regla de las tres unidades**: • Unidad de **acción**: la obra de teatro solo trata una acción para desarrollarla lo más profundamente posible. • Unidad de **lugar**: solo podía suceder en espacios separados por una distancia que se pudiera recorrer a caballo en 24 horas. • Unidad de **tiempo**: la acción recoge un tiempo máximo de 24 horas.
Temas	Se centran en los sentimientos: amor, honor y justicia.	Pone en escena situaciones de la **vida cotidiana**. La **razón** y lo razonable se imponen como regla suprema para conseguir el **bien común**.
Finalidad	Divertir y entretener. El teatro es un espectáculo popular.	**Educar al pueblo** y **difundir los ideales de la Ilustración**. Predominio del buen gusto frente a las excentricidades.
Lenguaje	En verso.	En **prosa**, manteniendo siempre la naturalidad y el buen gusto.

La prensa periódica y la opinión pública

Los primeros periódicos, como el *Diario de los literatos de España* (1737-1742), defendían la nueva **estética neoclásica**, el **desarrollo técnico y científico**, y el **cambio de costumbres**. En ellos se criticaba el atraso cultural y las supersticiones populares, aún muy arraigadas en el país.

La divulgación de noticias que hizo posible la prensa periódica contribuyó a la creación de la **opinión pública**.

Leandro Fernández de Moratín (1760-1828)

Moratín fue un excelente reformador del teatro en un tiempo en el que en España predominaba un panorama dramático cerrado a las innovaciones.

El sí de las niñas

El sí de las niñas, estrenada con gran éxito en 1806, representa el mejor ejemplo de la comedia neoclásica. La obra, escrita por Moratín, aborda el tema de los matrimonios desiguales y concertados, y reflexiona también sobre la educación de los jóvenes.

La obra narra cómo doña Francisca, una joven de dieciséis años, es obligada por su madre a contraer matrimonio con don Diego, un hombre maduro y adinerado. Pero la joven está enamorada de don Carlos, sobrino de don Diego. Por no disgustar a sus mayores, los jóvenes están dispuestos a sacrificar su felicidad. Sin embargo, don Diego, hombre ilustrado, permite a los jóvenes casarse.

La comedia tiene tres actos y respeta la regla de las tres unidades dramáticas: hay una única acción (el matrimonio concertado), que sucede en un único lugar (la sala de una posada) y la trama transcurre en un solo día (entre las siete de la tarde de un día y las cinco de la mañana del día siguiente).

Moratín y su tiempo

Leandro Fernández de Moratín era hijo de Nicolás Fernández de Moratín, abogado y escritor. Viajó por toda Europa, donde conoció las nuevas tendencias teatrales.

El sí de las niñas

ESCENA IV

DON DIEGO. Quisiera solo que se explicase libremente acerca de nuestra proyectada unión, y...

DOÑA IRENE. Oiría usted lo mismo que le he dicho ya.

DON DIEGO. Sí, no lo dudo; pero el saber que la merezco alguna inclinación, oyéndoselo decir con aquella boquilla tan graciosa que tiene, sería para mí una satisfacción imponderable.

DOÑA IRENE. No tenga usted sobre ese particular la más leve desconfianza; pero hágase usted cargo de que a una niña no la es lícito decir lo que siente. Mal parecería, señor don Diego, que una doncella de vergüenza y criada como Dios manda se atreviese a decirle a un hombre: yo le quiero a usted.

DON DIEGO. Bien; si fuese un hombre a quien hallara por casualidad en la calle y le espetara ese favor de buenas a primeras, cierto que la doncella haría muy mal; pero a un hombre con quien ha de casarse dentro de pocos días, ya pudiera decirle alguna cosa que... Además, que hay ciertos modos de explicarse...

ESCENA VIII

DOÑA FRANCISCA. ¡Dichas para mí! Ya se acabaron.

DON DIEGO. ¿Por qué?

DOÑA FRANCISCA. Nunca diré por qué.

DON DIEGO. Pero ¡qué obstinado silencio! Usted debe presumir[1] que no estoy ignorante de lo que hay.

DOÑA FRANCISCA. Si usted lo ignora, señor don Diego, por Dios no finja que lo sabe; y si, en efecto, lo sabe usted, no me lo pregunte.

DON DIEGO. Bien está. Una vez que no hay nada que decir, que esa aflicción y esas lágrimas son voluntarias, dentro de ocho días será usted mi mujer.

DOÑA FRANCISCA. Y daré gusto a mi madre.

DON DIEGO. Y vivirá usted infeliz.

DOÑA FRANCISCA. Ya lo sé.

DON DIEGO. Ve aquí los frutos de la educación. Esto es lo que se llama criar bien a una niña: enseñarla a que oculte las pasiones más inocentes. Las juzgan honestas luego que las ven instruidas en el arte de callar y mentir, creen que su voluntad ha de torcerse al capricho de quien las gobierna. Todo se les permite menos la sinceridad. Con tal que no digan lo que sienten, con tal que se presten a pronunciar, cuando se lo manden, un sí perjuro[2], sacrílego[3], origen de tantos escándalos, ya están bien criadas, y se llama excelente educación la que inspira en ellas el temor, la astucia y el silencio.

Leandro FERNÁNDEZ DE MORATÍN: *El sí de las niñas* (adaptación), *Biblioteca Virtual Miguel de Cervantes*. Web [Consulta: 26 de noviembre de 2020].

1. **presumir**: suponer.
2. **perjuro**: que jura en falso.
3. **sacrílego**: que daña o profana algo sagrado.

Comprendo y razono

Comprensión del texto

21. ¿Cuál es la preocupación de don Diego en la escena IV? ¿Es sincera doña Irene, madre de Francisca? Responde en tu cuaderno.

22. En la escena VIII, don Diego ha descubierto los sentimientos de doña Francisca. Describe la postura de ella.

23. Don Diego representa en la obra la ideología ilustrada. ¿Qué piensa de la educación de los jóvenes? Realiza la actividad en tu cuaderno.

Relación texto y contexto

24. Según lo que ya sabes sobre los ideales neoclásicos, ¿por qué esta obra tiene un final feliz? Justifica la respuesta en tu cuaderno.

LITERATURA

9 La literatura del siglo XIX. Romanticismo y Realismo

Abadía en el bosque de robles (1809-1810), de Caspar David Friedrich.

Observo...

- Observa la pintura de Friedrich y describe qué observas. ¿Cómo es el paisaje? ¿Qué te sugiere?
- ¿Qué hacen las personas que aparecen? ¿Se dirigen hacia algún lugar?
- Fíjate ahora en los otros dos cuadros: ¿qué escenas se representan en cada uno de ellos?

... pienso...

- ¿En qué época situarías la acción de cada una de las escenas de los cuadros: en el pasado o el presente del artista?
- Observa las fechas de creación de las obras. ¿Crees que el tema y el enfoque podrían indicar un cambio en los gustos artísticos de la sociedad? ¿Por qué?

Cosechadores descansando (1850-1852), de Jean Francois Millet.

El vagón de tercera clase (1864), de Honoré Daumier.

… y comparto

- Comentad qué sensaciones os provoca el cuadro de Friedrich. ¿Esta pintura ha sido creada para despertar sentimientos o para reflexionar sobre la realidad?
- Explicad qué sensaciones os provocan los dos cuadros más pequeños. ¿Creéis que estas obras han sido pintadas para reflexionar sobre la realidad? ¿Por qué?

En este tema aprenderás:

- Cuáles son las características de la poesía romántica y de la poesía posromántica, y quiénes fueron los y las poetas más destacados.
- Qué caracteriza al relato romántico y al periodismo de la época.
- Cuáles son las características del teatro romántico y quiénes fueron sus máximos exponentes.
- Qué caracteriza a la novela realista y quiénes fueron los representantes más destacados.
- Quiénes fueron las narradoras más sobresalientes de la segunda mitad del siglo XIX.
- En qué consistió el Naturalismo en España.

En marcha…

- ¿Qué fue el Romanticismo? ¿Cuánto duró? ¿Fue más o menos decisivo que el Neoclasicismo para cambiar las formas artísticas? ¿Por qué crees que se afirma que fue útil para explorar la condición humana?
- ¿Qué significó la Revolución francesa para la génesis del Romanticismo? ¿Qué significado potente te imaginas que tuvo la decapitación del rey de Francia?
- La *Enciclopedia francesa* influyó mucho en el cambio social, pues proponía una nueva organización del mundo, hecho que produjo una gran conmoción. ¿Se defiende en el vídeo que esta conmoción influyera en conmociones posteriores? ¿En qué sentido crees que pudo influir?
- ¿Qué opinión tenían los románticos europeos del arte de la poesía?
- Según el escritor estadounidense Ralph Waldo Emerson, ¿cuál era la importante función del poeta?

El siglo XIX

DESCUBRO

El siglo XIX español puede calificarse como una época de gran inestabilidad política: luchas entre absolutistas y liberales (en el reinado de Fernando VII), a las que siguieron enfrentamientos entre progresistas y moderados (en el reinado de su hija, Isabel II); además de levantamientos militares y revueltas obreras. El fin de siglo estuvo marcado por la pérdida de las últimas colonias españolas, hecho que provocó un gran impacto en algunos sectores de la sociedad.

La Antigua Estación de Córdoba de Sevilla se inspira en la arquitectura mudéjar. Es un buen ejemplo de la faceta orientalista propia del Romanticismo.

La Guerra de la Independencia (1808-1814)

Los ejércitos de Napoleón invadieron España mientras este mantenía a los monarcas retenidos en Francia. El pueblo, protagonista colectivo de la Guerra de la Independencia, presentó una resistencia feroz. Se organizó políticamente en Juntas y promulgó la primera constitución española: la Constitución de Cádiz o de 1812, que ponía fin al absolutismo y al Antiguo Régimen, y establecía una monarquía constitucional.

Estos aires de libertad, que se extendían por todo el territorio, fueron reprimidos por el rey Fernando VII cuando este volvió a España en 1814.

Isabel II de España (1844), de Federico de Madrazo.

Fernando VII: la restauración del absolutismo

Regresó Fernando VII, dejó sin efecto la Constitución de 1812 y restauró el absolutismo. Inició, además, una dura represión contra los liberales, que tuvieron que huir al extranjero.

El reinado de Isabel II (1833-1868)

Cuando murió el rey, Isabel solo tenía tres años y su madre asumió la regencia hasta 1843, año en que Isabel II fue nombrada mayor de edad a los 13 años. En su reinado, el absolutismo deja paso al liberalismo, aunque la monarquía mantiene su poder. Muchos de los exiliados regresaron a España empapados de las ideas del Romanticismo.

Este reinado fue un largo período de enfrentamientos entre los mismos liberales, divididos en moderados, que contaban con las simpatías de la reina, y progresistas. El descontento de los progresistas hizo que se unieran con los demócratas para poder derrocar a Isabel II en la Revolución de 1868.

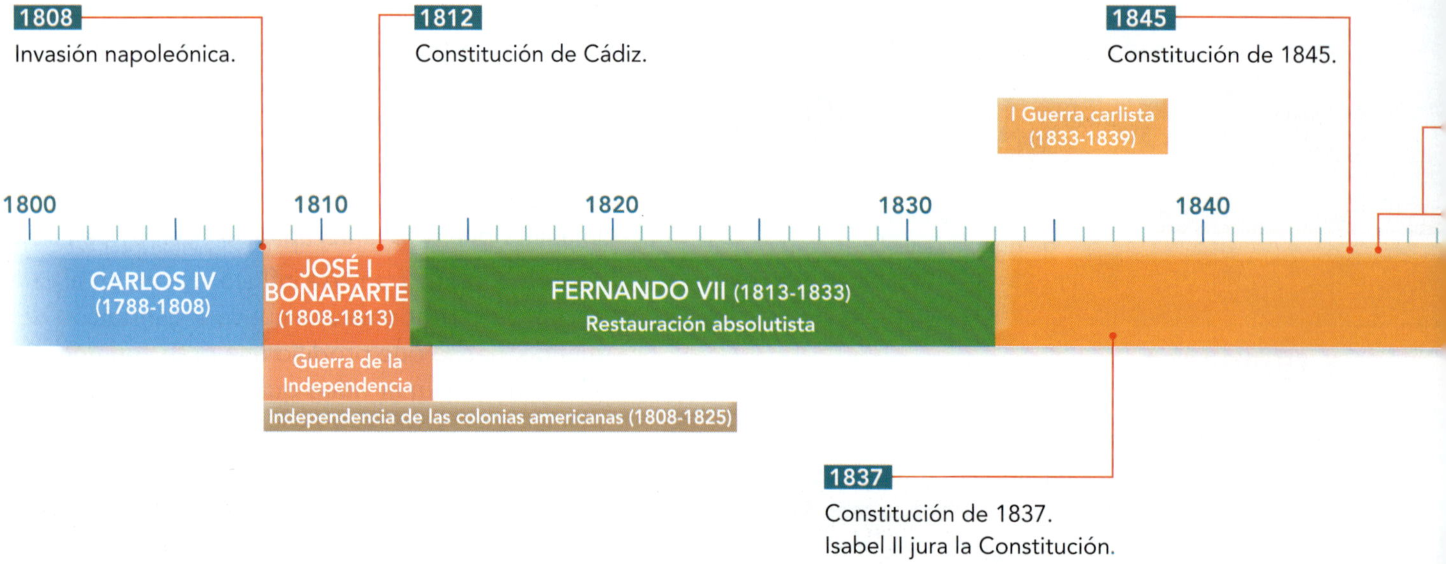

El Sexenio Democrático (1868-1874)

Durante estos seis años se vivieron cambios muy profundos y hubo un intento de democratización del Estado. Después de un gobierno provisional, se instauró una nueva dinastía en la persona de Amadeo de Saboya, cuyo reinado duró dos años. Por último, se proclamó la Primera República, a la que puso fin el general Martínez Campos.

La Restauración monárquica

En 1874, el general Martínez Campos proclamó rey de España a Alfonso de Borbón, hijo de Isabel II. Hasta finales de siglo se mantuvo la estabilidad política y se alternaron en el poder el partido liberal de Sagasta y el partido conservador de Cánovas; sin embargo, la alternancia política se consiguió a través de la corrupción y el fraude electoral.

Dibujo satírico sobre el turno pacífico.

Los primeros fríos (1892), de Miquel Blay, es un claro ejemplo de la minuciosidad del Realismo.

La sociedad española en el siglo XIX

Con la caída del absolutismo y el Antiguo Régimen desapareció la sociedad estamental, que estaba dominada por la aristocracia, y se establecieron las clases sociales según la riqueza. Muy lentamente, el país se fue industrializando y empezaron a extenderse los movimientos obreros (sindicalismo, socialismo, anarquismo).

Las clases dirigentes estaban compuestas por la antigua nobleza, que mantenía las propiedades agrarias, aunque muchos se empobrecieron. La alta burguesía era la clase adinerada, pues eran los propietarios de las industrias y los bancos.

La clase media estaba constituida por pequeños comerciantes, profesionales liberales, propietarios de talleres artesanos, funcionarios, etc.

Las clases humildes estaban formadas por los campesinos, que no eran los propietarios de la tierra que trabajaban, y los obreros de las fábricas y sus familias, que malvivían en las ciudades industrializadas. Sin lugar a dudas, la mayor parte de la población pertenecía a las clases humildes, cuyas condiciones de vida eran muy precarias. En muchas ocasiones, la pobreza de las clases más humildes fue reflejada con gran fidelidad por los escritores, pintores y escultores del Realismo.

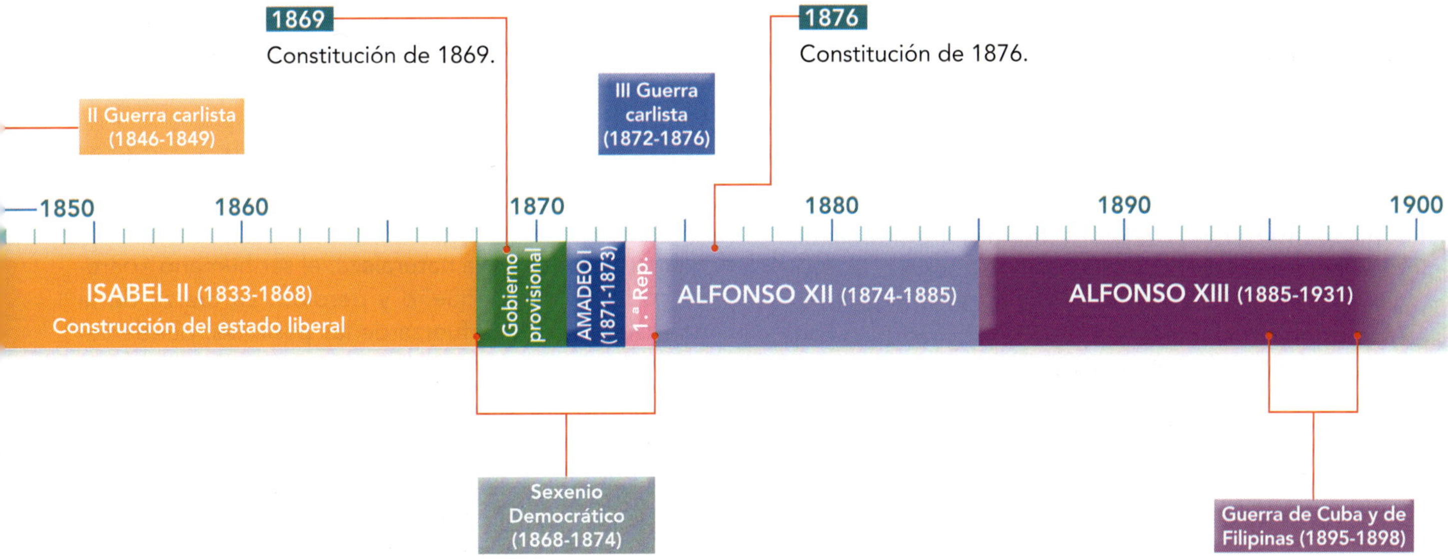

El siglo XIX: el Romanticismo

APRENDO A MIRAR

Observa este cuadro romántico de 1756. El pintor Jean Henry d'Arles nos muestra un barco que naufraga en medio de un mar tempestuoso. Al lado, unos hombres, mínimos ante la fuerza de la naturaleza desatada, huyen en una barca[1]. En lo alto de una roca, unas ruinas[2] ofrecen el contraste entre lo sólido y lo incierto.

Como puedes observar, estás ante un paisaje plenamente romántico y estas son sus características más importantes:

- **El subjetivismo**. El Romanticismo exalta en sus obras los sentimientos personales del artista. El temperamento romántico, rebelde y libertario, muchas veces angustiado, refleja su tormento interior en paisajes de cielo y mar dominados por la furia de la naturaleza. Otras veces, lo refleja en lugares como cementerios o ruinas.
- **La importancia del paisaje**. Los románticos inventaron el paisaje como argumento de un cuadro, hasta ese momento solamente era el marco de una historia y nunca el protagonista.

  El paisaje se convierte así en un símbolo del atormentado espíritu romántico. De hecho, hasta el Romanticismo no se pintaban paisajes marinos porque el mar no se consideraba como algo bello, pues la belleza era lo estable, lo luminoso, lo que tenía una forma definida, y el mar era todo lo contrario: cambiante y sin forma.

  Es precisamente esta característica la que mueve a los románticos a representar el mar como símbolo de la incertidumbre de la vida, de su fuerza arrolladora y de la libertad
- **La noche como marco del misterio**. También la noche en la pintura es un invento romántico. Hasta el Romanticismo, si no había luz, no había belleza. La luz, la claridad y el orden eran básicos en la estética neoclásica del siglo anterior.

  En el Romanticismo, la noche es la protagonista de muchas obras porque en ella todo es posible: lo natural y lo sobrenatural. La noche es el marco perfecto del misterio.

  La noche aparece con todos los matices de la oscuridad gracias a la luz de la luna, otro invento de la estética romántica.
- **El irracionalismo y la desmesura**. En el Romanticismo también se considera materia de arte lo extraño, lo desmesurado, como una tormenta.

  Frente al poder de la naturaleza, el ser humano aparece como un ser pequeño y perdido. La fuerza de la naturaleza, como la fuerza de las pasiones, puede llegar a dominar y destruir al ser humano.
- **La libertad creadora**. El hecho de pintar la noche, el mar embravecido, la luna, las tormentas... nos indica hasta qué punto los románticos rompieron con la tradición anterior en la búsqueda incesante de la libertad creadora.

El Romanticismo

En España, el Romanticismo, movimiento ideológico y estético, se inicia en 1834 con el regreso de los liberales exiliados tras la muerte de Fernando VII.

Características del Romanticismo

Subjetivismo

Frente a la estética neoclásica que anteponía lo social a lo personal, el Romanticismo pone el foco en la importancia de manifestar y defender los sentimientos individuales, sentimientos frecuentemente exaltados o melancólicos. Lo veremos en los versos de Espronceda y de Bécquer.

Evasión de la realidad

Los románticos persiguen un ideal que choca contra los convencionalismos sociales de la burguesía. Por eso se evaden a escenarios lejanos y exóticos o a tiempos pasados, donde consideran que esos ideales pudieron haberse realizado. Lo veremos en las novelas históricas, como por ejemplo *Ivanhoe*, de Walter Scott, o en algunas de las leyendas de Bécquer.

Importancia del paisaje

Los románticos utilizan el paisaje y la naturaleza para mostrar sus sentimientos, frecuentemente exaltados. El mar, "a quien nadie impuso leyes", será el símbolo de la libertad absoluta. Lo veremos en la "Canción del pirata" de Espronceda.

Irracionalismo y desmesura

Hasta el Romanticismo, la belleza era la mesura, la medida, la armonía y la proporción. Por el contrario, los románticos destacan la belleza de la noche, de lo oscuro, de lo desmesurado. Lo veremos en el protagonista de *Don Juan Tenorio*, la obra de teatro de Zorrilla.

Libertad creadora

Los románticos se enfrentaron a la estética neoclásica oponiendo la libertad creadora a las reglas del arte. Así, mezclan en la misma obra la prosa y el verso, o fragmentos líricos, narrativos y dramáticos, como sucede en *El estudiante de Salamanca* de Espronceda. El lenguaje literario es apasionado, con abundancia de exclamaciones e interrogaciones retóricas.

En los primeros años del Romanticismo español, muchos autores imitaron a los escritores extranjeros, aunque sin demasiado éxito, pues lo hacían sin asimilar sus propósitos artísticos.

Uno de los escritores más imitados fue George Gordon Noel Byron, más conocido como Lord Byron (1788-1824), que sirvió de gran inspiración para los poetas románticos. Se involucró en revoluciones en Italia y murió defendiendo Grecia contra los turcos.

Lord Byron in albanian dress (1814), de Thomas Phillips.

Don Juan Tenorio

DON JUAN.

Por dondequiera que fui
la razón atropellé,
la virtud escarnecí,
a la justicia burlé,
y a las mujeres vendí.
Yo a las cabañas bajé,
yo a los palacios subí,
yo los claustros escalé,
y en todas partes dejé
memoria amarga de mí.

Ni reconocí sagrado,
ni hubo ocasión ni lugar
por mi audacia respetado;
ni en distinguir me he parado
al clérigo del seglar.
A quien quise provoqué,
con quien quiso me batí,
y nunca consideré
que pudo matarme a mí
aquel a quien yo maté.

José ZORRILLA: *Don Juan Tenorio*. Ed. Vicens Vives, 2014.

Aplico y razono

1. En el texto, don Juan Tenorio está dando cuentas a don Luis Mejía sobre la apuesta que hicieron sobre cuál cometería más bellaquerías en un año. ¿Cuáles son las "hazañas" de las que presume?
2. Investiga la época y el momento del día en el que se produce este enfrentamiento y relaciónalo con las características estéticas románticas.
3. ¿Qué otras características del Romanticismo observas?

1 El siglo XIX: poesía romántica

1.1 La poesía romántica

Cuando en 1833 muere el rey absolutista Fernando VII, los exiliados liberales regresan a España y traen con ellos una corriente literaria que triunfaba ya en Europa: el **Romanticismo**.

Poetas como el duque de Rivas y Espronceda regresan del exilio con una nueva manera de entender la poesía, a la que liberan de las estrictas reglas neoclásicas. La nueva poesía romántica hará del **subjetivismo** y la **libertad** los dos centros sobre los que desarrollarse. Observa esta tabla:

POESÍA NEOCLÁSICA	POESÍA ROMÁNTICA
Importancia de lo social • El Neoclasicismo piensa que, a través de la razón y la experiencia, el ser humano puede alcanzar la felicidad colectiva e individual. La poesía es un fiel reflejo de esta ideología. • Lo individual está supeditado a lo social.	**Subjetivismo** • El poeta romántico no cree que la razón sea la guía para conseguir la felicidad, porque el ser humano se mueve por pasiones que pueden ser más poderosas que la razón. • El poeta romántico indaga en esas pasiones y las expresa con toda su fuerza perturbadora en unos versos que giran alrededor de sí mismo y sus emociones. • Lo individual prima sobre lo social.
Respeto a las reglas del arte • No se mezclan verso y prosa ni lírica y narrativa en una obra.	**Libertad absoluta: polimetría y mezcla de géneros** • Se mezcla la lírica con la narrativa y el drama; también el verso y la prosa en la misma obra, o versos largos y versos cortos como expresión de su libertad creadora.
Lenguaje equilibrado • Su lenguaje es culto, sencillo y claro para llegar fácilmente a los lectores y mejorar su nivel cultural.	**Lenguaje apasionado** • Abundan las interrogaciones y las exclamaciones con las que el poeta expresa sus sentimientos doloridos o rebeldes. Son frecuentes sustantivos como *lamento*, *vacío*, *horror*, *muerte*, *locura* y *desesperación*.

José Zorrila (1817-1893)

Fue el poeta más famoso de su época, además de un dramaturgo de éxito. Dentro de su poesía destacan las *Leyendas*: historias extraordinarias ambientadas en el pasado y en forma de romance. Aquí tienes un fragmento de una de ellas:

Una mujer en tal punto,
en faz de gran aflicción,
rojos de llorar los ojos,
ronca de gemir la voz,
suelto el cabello y el manto,
tomó plaza en el salón
diciendo a gritos: –¡Justicia,
jueces; justicia, señor!
Y a los pies se arroja, humilde,
de don Pedro de Alarcón. [...]
Alzóla cortés don Pedro
calmando la confusión [...],
diciendo:
–Mujer, ¿qué quieres?
–Quiero justicia, señor.
–¿De qué?
–De una prenda hurtada.
–¿Qué prenda?
–Mi corazón.
–¿Tú le diste?
–Lo presté.
–¿Y te lo han devuelto?
–No.
–¿Tienes testigos?
–Ninguno.
–¿Y promesa?
–¡Sí, por Dios!
Que al marcharse de Toledo
un juramento empeñó.
–¿Quién es él?
–Diego Martínez.
–¿Noble?
–Y capitán, señor.
–Presentadme al capitán,
que cumplirá si juró.

José ZORRILLA: "A buen juez, mejor testigo" (adaptación), *Biblioteca Virtual Miguel de Cervantes*. Web [Consulta: 23 de noviembre de 2020].

Courtyard of the artist's studio (1877), de Jean Louis Ernest Meissonier.

edubook

En la unidad 9 de tu Edubook encontrarás:

- La leyenda "A buen juez, mejor testigo" completa con varias actividades.

José de Espronceda (1808-1842)

Espronceda representa al poeta romántico por excelencia: exaltado, rebelde y apasionado. Su poesía se enmarca dentro del Romanticismo progresista, frente al Romanticismo tradicionalista de Zorrilla.

En muchas de sus **canciones**, los protagonistas viven al margen de la sociedad y denuncian las injusticias sociales: "El mendigo", o proclaman su amor a la libertad: "Canción del pirata" (ver en la página 187).

Espronceda experimenta la mezcla de géneros (lírico, narrativo y dramático) en su largo poema *El estudiante de Salamanca* (1839), en el que también usa versos de diferentes medidas. Su lenguaje es exaltado y pasional, con frecuentes interrogaciones y exclamaciones.

El protagonista de este poema, don Félix de Montemar, después de seducir y abandonar a doña Elvira, que muere de amor y tristeza, se encuentra con una misteriosa mujer con velo y la sigue hasta un apartado lugar donde ella le revela ser el cadáver de doña Elvira y le exige matrimonio. Don Félix se resiste hasta que muere asfixiado por el abrazo del esqueleto de la mujer.

La novia espectral de *El estudiante de Salamanca*, que exige una vez muerta un matrimonio que nunca tuvo en vida, es común en los románticos y en algunas películas modernas, como *La novia cadáver*, de Tim Burton.

Aplico y razono

1

Segundo don Juan Tenorio,
alma fiera e insolente[1],
irreligioso y valiente,
altanero[2] y reñidor.
Siempre el insulto en los ojos,
en los labios la ironía,
nada teme y todo fía
de su espada y su valor.

Corazón gastado, mofa[3]
de la mujer que corteja,
y, hoy despreciándola, deja
la que ayer se le rindió.
Ni el porvenir temió nunca,
ni recuerda en lo pasado
la mujer que ha abandonado,
ni el dinero que perdió.

1. **insolente**: orgulloso, descarado.
2. **altanero**: altivo, soberbio.
3. **mofa**: burla.

2

Mas ¡ay! que se disipó
tu pureza virginal,
tu encanto el aire llevó
cual la aventura ideal
que el amor te prometió.

Hojas del árbol caídas
juguetes del viento son:
las ilusiones perdidas
¡ay! son hojas desprendidas
del árbol del corazón.

3

DON DIEGO. ¡Mal caballero!
DON FÉLIX. Don Diego,
mi delito no es gran cosa.
Era vuestra hermana hermosa:
la vi, me amó, creció el fuego,
se murió, no es culpa mía;
y admiro vuestro candor[1],
que no se mueren de amor
las mujeres de hoy en día.

1. **candor**: ingenuidad.

José DE ESPRONCEDA: *El estudiante de Salamanca* (adaptación), *Biblioteca Virtual Miguel de Cervantes*. Web [Consulta: 23 de noviembre de 2020].

***El estudiante de Salamanca*, de Espronceda**

1 Texto **narrativo** cuyo protagonista es don Félix de Montemar, personaje que aúna en su carácter los rasgos del héroe romántico: donjuanismo, malditismo, provocación, belleza y osadía.

4. ¿Qué tiene en común don Félix con don Juan Tenorio? ¿Este tipo de personajes se dan hoy día?

2 Texto **lírico**, ejemplo de la mezcla de los tres géneros que hay en la obra.

5. Busca las cualidades de las heroínas románticas y señala qué tienen en común con doña Elvira.

3 Texto **dramático** en el que se enfrentan don Félix y el hermano de doña Elvira, al que don Félix acaba matando.

6. ¿Qué diferencias observas entre la mujer de la leyenda de José Zorrilla y doña Elvira? Anótalas en tu cuaderno.

7. ¿Qué características del Romanticismo aprecias en estos tres fragmentos de *El estudiante de Salamanca* de Espronceda? Haz la actividad en tu cuaderno.

1.2 El posromanticismo

Hacia 1850 se aprecian algunos cambios en el mundo de la poesía lírica. Aún se publican con éxito los poemas de los años treinta y cuarenta de Zorrilla y Espronceda; sin embargo, muchos poetas sienten cierto cansancio de los "excesos románticos". Estamos ante una nueva sensibilidad poética llamada **posromanticismo**.

Retrato de Gustavo Adolfo Bécquer (1862), de Valeriano Domínguez Bécquer, hermano del poeta.

Características de la poesía posromántica

- **Lengua poética sencilla y natural**. La nueva poesía se aleja de la intensidad sentimental de la poesía anterior y busca un lenguaje natural cercano al lenguaje coloquial, incluyendo la ironía.

Rima XXVI

Va contra mi interés al confesarlo;
no obstante, amada mía,
pienso, cual tú, que una oda solo es buena
de un billete de banco al dorso escrita.

Gustavo Adolfo BÉCQUER (fragmento)

- **Interés por el cantar popular**. Los nuevos poetas advierten que las canciones populares tienen las características que ellos están buscando: brevedad, sencillez, intensidad y sugerencia, y las incorporan a sus poemas.

Cantar popular

Desde que te ausentaste,
sol de mis soles,
ni los pájaros cantan
ni el río corre.
¡Ay, amor mío!
ni los pájaros cantan,
ni corre el río.

Rima XXXVIII

¡Los suspiros son aire, y van al aire!
¡Las lágrimas son agua, y van al mar!
Dime, mujer: cuando el amor se olvida,
¿sabes tú adónde va?

Gustavo Adolfo BÉCQUER

Sol ardiente de junio (1895), de Frederic Leighton.

- **Intimismo**. El poeta sigue hablando de sus sentimientos personales y ubicando el yo lírico como centro del poema, igual que en la poesía de Espronceda y Zorrilla; pero ahora lo hace en un tono íntimo, casi confidencial, muy alejado de la grandilocuencia anterior.

Rima XXXIII

Es cuestión de palabras, y, no obstante,
ni tú ni yo jamás,
después de lo pasado convendremos[1]
en quién la culpa está.

¡Lástima que el amor un diccionario
no tenga donde hallar
cuándo el orgullo es simplemente orgullo
y cuándo es dignidad!

Gustavo Adolfo BÉCQUER

1. **convenir**: acordar.

Comprendo, aplico y razono

8. Relee la rima XXXVIII y explica qué características de la poesía posromántica observas en ella.
9. El omitir información en el poema crea un mundo de sugerencias muy eficaz en la poesía. Es lo que se llama **supresión de la anécdota**. Relee la rima XXXIII y contesta en tu cuaderno:
   a. ¿Por qué motivo se han distanciado los enamorados? ¿Se explica en algún momento lo que ha pasado entre ellos?
   b. ¿Crees que esa información no expresada aumenta las sugerencias del poema y nos permite entrar a todos en esos versos como si reflejaran nuestra historia? ¿Por qué?

Gustavo Adolfo Bécquer (1836-1870)

Bécquer es el poeta que mejor sintetiza las características de la poesía del posromanticismo: **íntima**, **sencilla** y de **emoción contenida**.

De los poetas clásicos, como Jorge Manrique y Garcilaso de la Vega, aprendió a expresar los sentimientos más dolorosos en un **tono de baja intensidad**, muy alejado de la exaltación de los poetas románticos anteriores, aunque su poesía contenga el vocabulario romántico que ya conocemos.

Rimas

Bécquer fue publicando sus poemas en distintos periódicos y revistas, pero tras su prematura muerte, fueron sus amigos los que los recopilaron y ordenaron de tal manera que, aunque escritos para diferentes mujeres y en tiempos muy distintos, en conjunto forman un **cancionero** que expresa una historia de amor con su inicio feliz y apasionado y un final dramático para ambos.

Rima XX

Sabe, si alguna vez tus labios rojos
quema invisible atmósfera abrasada,
que el alma que hablar puede con los ojos
también puede besar con la mirada.

Gustavo Adolfo BÉCQUER

Gustavo Adolfo BÉCQUER: *Leyendas y rimas*, ilustrado por Jesús Gabán. Ed. Vicens Vives, 2013.

El lenguaje poético de Bécquer

- Lenguaje muy trabajado para conseguir una apariencia de sencillez.
- Recursos comunes con la poesía tradicional:
  - Rima asonante.
  - Mezcla de versos cortos y largos que aumentan el ritmo del poema.
- Figuras estilísticas que refuerzan el ritmo:
  - Anáforas.
  - Paralelismos.
  - Antítesis.
- Comparaciones y metáforas con base en la naturaleza.

Estructura de las *Rimas*

Bécquer utiliza dos procedimientos de composición: el **poema breve**, en el que suele exponer una idea o una intuición (rimas XX, XXXIII, XXXVIII), y el **poema largo**, muy frecuente en su poesía y muy interesante por los resultados. Observa:

Rima XXIV

Dos rojas lenguas de fuego
que, a un mismo tronco enlazadas,
se aproximan, y al besarse
forman una sola llama;

dos notas que del laúd
a un tiempo la mano arranca,
y en el espacio se encuentran
y armoniosas se abrazan;

dos olas que vienen juntas
a morir sobre una playa
y que al romper se coronan
con un penacho de plata;

dos jirones de vapor
que del lago se levantan,
y al juntarse allá en el cielo
forman una nube blanca;

dos ideas que al par brotan,
dos besos que a un tiempo estallan,
dos ecos que se confunden,
eso son nuestras dos almas.

Gustavo Adolfo BÉCQUER

El poema se construye con una anáfora que se repite y unos versos paralelísticos.

Esos versos paralelísticos son el término imaginario (I) de una metáfora cuyo término real aparece en el último verso del poema.

El término real (R) de la metáfora cierra el poema y le da unidad.

Aplico y razono

10. Señala en tu cuaderno qué recursos propios de la poesía de Gustavo Adolfo Bécquer observas en este poema.

11. El poema se construye sobre una idea: dos amantes que acaban siendo uno por amor.

Continúa esta rima eligiendo tres nuevos términos imaginarios y desarrollándolos, como hace Bécquer, antes de la estrofa final. Realiza la actividad en tu cuaderno.

12. Escribe una rima breve utilizando los mismos recursos que ha utilizado Bécquer, pero con vocabulario actual. Hazlo en tu cuaderno.

2.1 Las poetas románticas y posrománticas

Durante el siglo XIX, algunas mujeres lucharon para romper las convenciones sociales que les impedían acceder a los estudios superiores o dedicarse a la literatura. Es más, eran consideradas mujeres disfuncionales o "locas". Cuando a la autora inglesa **Mary Shelley** le preguntaron cómo había podido concebir *Frankenstein*, ella ironizó diciendo que era porque estaba loca.

El padre de Cecilia Böhl de Faber, más conocida con el pseudónimo masculino de **Fernán Caballero**, contesta así en una carta a su exmujer:

> La esfera intelectual no se ha hecho para las mujeres [...]. ¿Por qué son desgraciadas todas las mujeres sabias? ¿Por qué se las detesta? No he encontrado todavía una mujer a quien la más pequeña superioridad intelectual no produzca alguna deficiencia moral.
>
> Carta de Nicolás Böhl de Faber a su esposa Frasquita Larrea (adaptación).

Frente a esta baja concepción intelectual de la mujer, muchas se rebelaron, como Rosalía de Castro en su artículo "Las literatas", y escribieron poemas, novelas y obras de teatro.

Gertrudis Gómez de Avellaneda (1814-1873) y Carolina Coronado (1820-1911)

Entre las poetas del XIX, ellas dos alcanzaron la fama literaria por la gran calidad de sus obras. Gómez de Avellaneda fue considerada la mejor poeta de su época, y Coronado escribió los versos más encendidos por la libertad.

Gertrudis Gómez de Avellaneda, oriunda de Cuba, fue la poeta más famosa de su tiempo. También escribió varias obras de teatro y la primera novela antiesclavista de la literatura: *Sab* (1841), once años antes que *La cabaña del tío Tom*, de Harriet Beecher Stowe.

Fue propuesta para ocupar un puesto en la RAE, pero Menéndez Pelayo se opuso con el único argumento de que era mujer.

Detalle del cuadro *Gertrudis Gómez de Avellaneda* (1857), de Federico de Madrazo.

Comprendo y razono

Significado de las palabras "yo amé"

Con *yo amé* dice cualquiera
esta verdad desolante[1]:
–Todo en el mundo es quimera,
no hay ventura verdadera
ni sentimiento constante.

Yo amé significa: –"Nada
le basta al hombre jamás:
la pasión más delicada,
la promesa más sagrada
son humo y viento... ¡y no más!".

Gertrudis GÓMEZ DE AVELLANEDA

A la abolición de la esclavitud en Cuba

Si libres hizo ya de su mancilla[2]
el águila inmortal los africanos,
¿por qué han de ser esclavos los hermanos,
que vecinos tenéis en esa Antilla?

¿Qué derecho tendrás, noble Castilla,
para dejar cadenas en sus manos,
cuando rompes los cetros[3] soberanos
al son de libertad que te acaudilla[4]?

No, no es así: al mundo no se engaña.
Sonó la libertad, ¡bendita sea!
Pero después de la triunfal pelea,

no puede haber esclavos en España.
¡O borras el baldón[5] que horror inspira,
o esa tu libertad, pueblo, es mentira!

Carolina CORONADO

1. **desolante**: derivado *desolar*: asolar.
2. **mancilla**: deshonra.
3. **cetro**: supremacía.
4. **acaudillar**: dirigir.
5. **baldón**: injuria.

13. ¿Qué características del Romanticismo observas en el poema de Gertrudis Gómez de Avellaneda?

14. Gómez de Avellaneda conoció a Bécquer. ¿Qué rasgos comunes observas entre los dos poetas?

15. Las mujeres románticas, dada su situación de dependencia del padre, marido o hermano, abanderaron el abolicionismo en España contra la esclavitud. ¿Qué argumentos da contra la esclavitud Carolina Coronado en su poema?

16. ¿Qué rasgos propios del Romanticismo hay en este poema de Coronado? Realiza la actividad en tu cuaderno.

Rosalía de Castro (1837-1885)

Rosalía no se limitó a escribir sobre temas sensibles y alejados de lo social o político, como se esperaba de una mujer. En sus dos primeros libros de poemas: *Cantares gallegos* y *Follas novas* (*Hojas nuevas*), escritos ambos en gallego, no solo canta a su tierra, sino que además denuncia las condiciones precarias de los emigrantes gallegos y la pobreza que los lleva a marcharse lejos de su tierra.

La poesía en lengua castellana

El tema común de la poesía de Rosalía de Castro es la saudade, esa íntima angustia que nace del ser sin raíces que se siente huérfano y extraño en la tierra que habita y, sobre todo, en su propia vida.

Este sentimiento de honda melancolía lo vemos también, y mucho más afianzado, en su último libro de poemas: *En las orillas del Sar*, escrito en castellano. En esta obra, los versos largos de 16 sílabas le permiten expresar hondamente los matices de sus atormentados pensamientos.

Rosalía de Castro nació en 1837. La suya es una de las voces más sinceras e intimistas de la poesía gallega y castellana, pues expresa como nadie el **desamparo** de cualquier ser humano **ante la existencia** y la **aspereza de la vida**.

Adiós, ríos

Adiós, ríos; adiós, fontes;
adiós, regatos pequenos;
adiós, vista dos meus ollos,
non sei cándo nos veremos.

Deixo amigos por estraños,
deixo a veiga polo mar,
deixo, en fin, canto ben quero...
¡Quén puidera nond deixar!

Mais son probe e, ¡mal pecado!,
a miña terra n'é miña,
que hastra lle dan de prestado
a beira por que camiña
ó que naceu desdichado.

Non me olvides, queridiña,
si morro de soidás...
tantas légoas mar adentro...
¡Miña casiña!, ¡meu lar!

Adiós, ríos; adiós, fuentes;
adiós, arroyos pequeños;
adiós, vista de mis ojos,
no sé cuándo nos veremos.

Dejo amigos por extraños,
dejo tierra por el mar,
dejo, en fin, cuanto bien quiero...
¡Quién lo pudiera no dejar!

Más soy pobre y, ¡mal pecado!,
mi tierra no es tierra mía,
que hasta le dan de prestado
el sitio por donde camina
al que nació desdichado.

No me olvides, queridita,
si muero de soledad...
tantas leguas mar adentro...
¡Mi casita!, ¡mi hogar!

Rosalía DE CASTRO: "Adiós, ríos", *Follas novas* (adaptación), en *Fundación Rosalía de Castro.* Web [Consulta: 24 de noviembre de 2020].

En las orillas del Sar

Dicen que no hablan las plantas, ni las fuentes, ni los pájaros,
ni la onda con sus rumores, ni con su brillo los astros:
lo dicen, pero no es cierto, pues siempre cuando yo paso
de mí murmuran y exclaman: –Ahí va la loca, soñando
con la eterna primavera de la vida y de los campos.

Astros, fuentes y flores, no murmuréis de mis sueños;
sin ellos, ¿cómo admiraros, ni cómo vivir sin ellos?

Rosalía DE CASTRO: *En las orillas del Sar* (fragmento), en *Antología poética*. Biblioteca Edaf, 2004.

Comprendo y razono

tiching.com/782536

Entra para escuchar este poema de Rosalía de Castro cantado por Amancio Prada.

edubook

En la unidad 9 de tu Edubook encontrarás:

- El poema "Adiós, ríos" completo con varias actividades.

17. ¿De qué se despide el protagonista lírico de los versos de *Follas novas*? ¿Qué sentimientos la embargan?

18. ¿En qué versos denuncia las condiciones precarias de los emigrantes gallegos? ¿Por qué tienen que emigrar?

19. ¿Qué características de la poesía de Rosalía de Castro percibes en estos dos fragmentos de sus poemas?

20. ¿Cómo interpretas que la poeta se refiera a sí misma como "la loca"? Explica qué tiene que ver este adjetivo con la consideración social de las mujeres escritoras del siglo XIX.

3 El siglo XIX: prosa romántica

3.1 El relato romántico: novelas, cuentos, leyendas y artículos de costumbres

El Neoclasicismo creía que la felicidad y el progreso individual solo era posible dentro de una sociedad culta, que usaba la razón y la ciencia para abandonar supersticiones y costumbres que reforzaban el atraso cultural.

El despotismo ilustrado del siglo XVIII y las invasiones napoleónicas quisieron extender por Europa esa idea de civilización racional y uniforme, pero consiguieron el efecto contrario: los pueblos invadidos rechazaron la opresión napoleónica y buscaron en su historia, sus lenguas y sus tradiciones las señas de identidad nacionales que les quería arrebatar la ocupación francesa.

Esas señas de identidad las encontraron en su pasado (cuanto más antiguo, más idealizado), al que rescataron en la **novela histórica**, en las **leyendas** y en los **cuentos populares**, que conservaba el pueblo oralmente, y también en los **artículos de costumbres** que pretendían destacar lo propio de cada lugar y mantenerlo a salvo de las nuevas corrientes culturales y sociales.

En Escocia, sir Walter Scott escribió una novela, *Ivanhoe* (1820), que tuvo un éxito clamoroso y fue imitada en toda Europa dando lugar al auge de la novela histórica que llega hasta nuestros días.

tiching.com/782537

Entra para escuchar "Los ojos verdes", de Gustavo Adolfo Bécquer.

El héroe individual frente a cualquier tipo de opresión

Los héroes románticos luchan solos contra cualquier tipo de poder absoluto, sea humano o divino. Surge así el héroe maldito que se enfrenta con el mismo ímpetu a los tiranos en la tierra que a los del más allá. A nada teme, y menos a la muerte. Su objetivo es vivir en absoluta libertad.

Son hijos del malditismo romántico personajes como Drácula o el monstruo de *Frankenstein*. También representan al héroe romántico personajes inolvidables como *Los tres mosqueteros*, *Ivanhoe* o *Robin Hood*.

Tristan e Isolda (1902), de Edmund Blair Leighton.

El pasado como escenario ideal para la idealización novelesca

Las novelas históricas transcurren en el pasado, casi siempre la Edad Media, porque simbolizaba el tiempo en el que aún era posible encontrar ideales como la justicia y la libertad, que en pleno siglo XIX se les antojaban imposibles.

NOVELA HISTÓRICA	CUENTOS Y LEYENDAS POPULARES	ARTÍCULO DE COSTUMBRES
Los protagonistas son inventados, mientras que los personajes secundarios (Ricardo Corazón de León, por ejemplo) son históricos. Muy politizadas, a menudo encierran alusiones concretas a acontecimientos recientes en la trama del pasado que narran. Autores y obras: • **Espronceda**: *Sancho Saldaña o El castellano de Cuéllar* (1834). • **Larra**: *El doncel de don Enrique el Doliente* (1834).	Los románticos creen que en los cuentos y tradiciones está contenido el espíritu de cada pueblo y sus características más auténticas. Por este motivo se recogen por escrito las leyendas y los cuentos de la tradición oral: • En Alemania, los **Hermanos Grimm** recogen cuentos como "Caperucita", "Blancanieves" o "La cenicienta". • En España lo hace **Gustavo Adolfo Bécquer** con sus *Leyendas*, relatos de misterio escritos en prosa poética y ubicadas en distintos lugares de la geografía española.	En los artículos de costumbres se reproducía con bastante fidelidad el habla popular y el comportamiento del pueblo o sus costumbres tradicionales. La mirada puede ser: • **Idealizada**, como se observa en los artículos de **Ramón de Mesonero Romanos**, como por ejemplo "Escenas matritenses". • **Crítica**, como veremos en **Mariano José de Larra** y sus *Artículos* (1828), en los que hace una severa descripción del atraso social y cultural de España.

3.2 El desarrollo del periodismo en el siglo XIX

Se distinguen en esta época dos grandes bloques de medios de comunicación: la **prensa política**, que utiliza el periódico para transmitir una determinada ideología, y la **prensa informativa**, es decir, empresas que tienen como objetivo informar y que buscan, además, el beneficio económico.

A mediados del siglo XIX se crearon las primeras **agencias de publicidad y de noticias**. El desarrollo del ferrocarril facilitó la distribución de la información, y el telégrafo impuso un nuevo periodismo en el que los mensajes debían ser claros, concisos y objetivos.

Mariano José de Larra (1809-1937)

Comenzó su carrera periodística con diecinueve años. Tuvo un matrimonio desgraciado y se enamoró de una mujer casada. Se quitó la vida a los veintiséis años cuando ella lo abandonó.

Lo más relevante de su obra fueron sus **artículos periodísticos** escritos con un **estilo cuidado pero sencillo**. En ellos se muestra muy crítico con la realidad española. Podemos clasificarlos en tres grupos:

- Los **artículos de crítica literaria**, en los que defiende que la literatura ha de ser verosímil y debe ayudar a la formación del pueblo.
- Los **artículos de costumbres** muestran su desacuerdo con algunas prácticas sociales: "El castellano viejo", "Los toros", "Las casas nuevas".
- Los **artículos políticos** critican el absolutismo y la intransigencia religiosa: "Día de difuntos", "Dios nos asista".

Mariano José de Larra nació en Madrid y pasó sus primeros años en Francia, lo que influyó mucho en su formación.

Escribió una novela histórica: *El doncel de don Enrique el Doliente* y dos dramas históricos ambientados en la Edad Media: *Macías* y *El conde Fernán González y la exención de Castilla.*

También nos ha dejado algunos poemas.

Sus **artículos periodísticos** los publicó con varios pseudónimos: Fígaro y El Pobrecito Hablador.

Comprendo, aplico y razono

Carta a Andrés escrita desde Las Batuecas por *El Pobrecito Hablador*

Y para confirmación de esto mismo, un diálogo quiero referirte que con cuatro batuecos de estos tuve no ha mucho, en que todos vinieron a contestarme en sustancia una misma cosa, concluyendo cada uno a su tono y como quiera:

–Aprenda usted la lengua del país –les decía–. Coja usted la gramática.

–La *parda* es la que yo necesito –me interrumpió el más desembarazado, con aire zumbón y de chulo, fruta del país–: lo mismo es decir las cosas de un modo que de otro.

–Escriba usted la lengua con corrección.

–¡Monadas! ¿Qué más dará escribir *vino* con b que con v? ¿Si pasará por eso de ser vino?

–Cultive usted el latín.

–Yo no he de ser cura, ni tengo de decir misa.

–El griego.

–¿Para qué, si nadie me lo ha de entender?

–Dese usted a las matemáticas.

–Ya sé sumar y restar, que es todo lo que puedo necesitar para ajustar mis cuentas. [...]

–Sabrá usted lo que han hecho los hombres...

–¡Calle usted, por Dios! ¿Quién le ha dicho a usted que cuentan las historias una sola palabra de verdad? ¡Es bueno que no sabe uno lo que pasa en casa...!

Y por último concluyeron:

–Mire usted –dijo el uno–, déjeme usted de quebraderos de cabeza; mayorazgo soy, y el saber es para los hombres que no tienen sobre qué caerse muertos.

Mariano José DE LARRA: "Carta a Andrés escrita desde las Batuecas por *El Pobrecito Hablador*" (adaptación), *Bibliteca Virtual Miguel de Cervantes.* Web [Consulta: 25 de noviembre de 2020].

21. El narrador le cuenta a Andrés su encuentro con cuatro personas. ¿Qué consejos les da?
22. ¿Que interés muestran por la cultura y el aprendizaje de nuevos conocimientos?
23. Indica el concepto que tienen del saber. ¿Por qué defienden que ellos no lo necesitan?
24. Señala los rasgos de la personalidad de estos hombres que critica el autor.

4 El siglo XIX: teatro romántico

4.1 El teatro romántico

El teatro fue el género de más éxito del Romanticismo. Se caracteriza por:

- La libertad al **rechazar la regla de las tres unidades** impuesta por el teatro neoclásico. Así, las obras rompen la unidad de acción, de tiempo y de lugar.
- Las obras románticas **mezclan lo trágico con lo cómico y la prosa con el verso** para representar las múltiples posibilidades del género dramático.
- La **escenografía** es muy importante y ayuda a intensificar el clima trágico o el ambiente de misterio de las obras teatrales.
- El **final trágico**, que siempre acaba con la vida de los protagonistas, representa el destino de aquel que no se ciñe a las reglas sociales y morales.

Observa las diferencias entre el teatro neoclásico y el teatro romántico:

	TEATRO NEOCLÁSICO	TEATRO ROMÁNTICO
Regla dramática	Se respeta la regla de las tres unidades: **acción**, **lugar** y **tiempo**.	Se rechaza la regla de las tres unidades: la acción transcurre en diversos lugares y en tiempos diferentes.
Temas	Situaciones de la **vida cotidiana**.	**Amores trágicos**, **temas filosóficos** e **histórico-legendarios**, ambientados en lugares excepcionales como ruinas y monasterios.
Personajes	Personas normales de la **clase media**.	Personajes **extraños**, perseguidos por un destino fatal.
Escenografía	**Lugares reales** como casas y mesones.	**Lugares impresionantes**: ciudades medievales, paisajes inhóspitos, cementerios, escenarios nocturnos con tormentas.
Finalidad	**Educar al pueblo** y difundir los ideales de la Ilustración.	**Expresar la individualidad**, los sentimientos exaltados y las emociones intensas.
Lenguaje	**En prosa**, manteniendo siempre la naturalidad y el **buen gusto**.	**En prosa y en verso**, mezclados. Se reivindica la expresión libre y sin ataduras.

Ventura de la Vega leyendo una comedia en el Teatro del Príncipe ante los actores de su época (1845), por Antonio María Esquivel.

Duque de Rivas (1792-1865)

El duque de Rivas escribe sus primeras obras con clara influencia neoclásica. Pero es su producción posterior la que hace de él uno de los escritores más representativos del teatro romántico español.

> Ángel de Saavedra, duque de Rivas, escribió: *Don Álvaro o la fuerza del sino*, drama romántico en el que introdujo innovaciones escénicas que sirvieron de inspiración para otros escritores.

Don Álvaro o la fuerza del sino

Don Álvaro y doña Leonor, hija del marqués de Calatrava, están enamorados y deciden huir juntos, pero el padre de ella los descubre. Don Álvaro no desea enfrentarse a él, pero, por azar, se dispara su arma y lo hiere de muerte.

Los amantes se separan y el protagonista va a luchar a Italia, donde se hace amigo de don Carlos, hermano de doña Leonor, aunque ninguno de los dos sabe cuál es la verdadera identidad del otro. Cuando don Carlos descubre quién es su amigo, lo reta a duelo y muere a manos de don Álvaro.

El héroe se retira a un convento, donde va a buscarlo el otro hermano de doña Leonor, don Alfonso. Cuando ella acude a socorrer a su hermano, don Alfonso la apuñala para vengar el honor de la familia. Don Álvaro, desesperado, provoca el peor de los desenlaces.

tiching.com/743702

Entra para leer *Don Álvaro o la fuerza del sino*, del duque de Rivas.

José Zorrilla (1817-1893)

José Zorrilla fue uno de los autores dramáticos más famosos del Romanticismo. Su obra de teatro *Don Juan Tenorio*, inspirada en un personaje del Siglo de Oro, muestra varios de los temas que más preocupan al ser humano: la libertad, el amor capaz de cambiar a las personas, y la relación del ser humano con la muerte y sus misterios.

En las obras de Zorrilla tiene más importancia la **acción** que el análisis de los personajes y sus conflictos, y están escritas con un **lenguaje sencillo**.

Escena de una representación de *Don Juan Tenorio* de 2007.

Don Juan Tenorio

Don Juan es un héroe apasionado y libertino capaz de traicionar a su amigo y engañar y conquistar a una novicia, doña Inés, para ganar una apuesta. Lo que no espera es que se enamorará perdidamente de ella y será correspondido.

Sin embargo, al raptar a la joven del convento se ve obligado a enfrentarse al padre de la muchacha, al que mata en un arrebato. Después de esto, el protagonista huye para no responder ante la justicia.

Cuando años después don Juan regresa, doña Inés ha muerto de amor y el protagonista invita al espíritu del padre de la joven, que desea venganza, a una cena espectral en un claro desafío a todas las leyes divinas y humanas. El desenlace supone el triunfo del ideal romántico de que es posible la salvación por amor.

Comprendo, aplico y razono

Don Juan Tenorio

DON JUAN.

Tarde la luz de la fe
penetra en mi corazón,
pues crímenes mi razón
a su luz tan solo ve. [...]
Y pues tal mi vida fue,
no, no hay perdón para mí.
Mas ¡ahí estáis todavía!
(*A los fantasmas.*) [...]
Dejadme morir en paz
a solas con mi agonía.
Mas, con esa horrenda calma,
¿qué me auguráis, sombras fieras?
¿Qué esperan de mí?
(*A la estatua de don Gonzalo.*)

ESTATUA.

Que mueras,
para llevarse tu alma.
Y adiós, don Juan; ya tu vida
toca a su fin, y pues vano
todo fue, dame la mano
en señal de despedida. [...]

DON JUAN.

¡Aparta, piedra fingida!
Suelta, suéltame esa mano,
que aún queda el último grano
en el reloj de mi vida.

José ZORRILLA: *Don Juan Tenorio*.
(adaptación), ilustrado por Gary Kelley.
Ed. Vicens Vives, 2015.

25. Describe a don Juan a partir de las palabras que expresa cuando se arrepiente de su pasado.

26. A los románticos les interesan los personajes malditos. Busca información sobre otros héroes malditos posteriores, como los de las novelas: *Drácula, Frankenstein* y *El extraño caso del Dr. Jekyll y Mr. Hyde*.

27. ¿Por qué crees que este tipo de personajes atrae tanto a los autores románticos? ¿Dirías que don Juan es también un héroe maldito? ¿Por qué?

28. Busca información sobre el protagonista del *El estudiante de Salamanca* de José de Espronceda y compáralo con la figura de don Juan Tenorio. Realiza la actividad en tu cuaderno.

En la noche del 16 de junio de 1818, unos jóvenes que habían alquilado una casa en Suiza, tras leer cuentos alemanes de fantasmas, decidieron escribir un relato de terror. En ese grupo estaban Lord Byron, Mary Shelley con su marido Pierce Shelley, y un médico amigo de Lord Byron: John William Polidor. Aquel reto dio como resultado *Franskentein*, escrito por Mary Shelley, y *El vampiro*, escrito por J. W. Polidor. *El vampiro* dio origen a posteriores novelas como *Drácula* (1897), de Bram Stoker, o películas como *Entrevista con el vampiro* (1994), de Neil Jordan, y la saga *Crepúsculo* (2005), de Stephenie Meyer.

Jane Austin (1775-1817). Obras:

- *Sentido y sensibilidad* (1811)
- *Orgullo y prejuicio* (1813)
- *Emma* (1815)

Mary Shelley (1797-1851). Obras:

- *Frankenstein* (1818)

Hermanas Brontë. Obras:

- Charlotte Brontë (1816-1855): *Jane Eyre* (1847)
- Emily Brontë (1818-1848): *Cumbres borrascosas* (1847)
- Anne Brontë (1820-1849): *La inquilina de Wildfell Hall* (1848)

Comprendo y razono

Frankenstein

Vi de pronto, a cierta distancia, la figura de un hombre que venía hacia mí a una velocidad sobrehumana. [...] Descubrí, al aproximarse más aquella forma (¡tremenda, odiosa visión!), que era el desdichado ser que yo había creado. [...] Mi enojo no tenía límites; me abalancé sobre él, impulsado por todos los sentimientos que pueden enconar a un ser contra la existencia de otro. Me eludió fácilmente, y dijo:

–¡Cálmate! Te ruego que escuches, antes de descargar tu odio contra mi desventurada cabeza. [...] Soy tu criatura, y seré incluso manso y dócil ante mi señor y rey natural, si tú también cumples tu parte, cosa que me debes. ¡Oh, Frankenstein!, no seas justo con los demás y déspota conmigo únicamente, ya que soy quien tiene más derecho que nadie a tu justicia, incluso a tu clemencia y afecto. Recuerda que soy tu criatura; debería ser tu Adán, pero soy más bien el ángel caído, a quien privaste de la alegría sin haber cometido mal alguno. En todas partes veo la felicidad, de la que solo yo me encuentro irrevocablemente excluido. Yo era afectuoso y bueno, y la aflicción me ha convertido en demonio. Haz que sea feliz, y volveré a ser virtuoso. [...] Créeme, Frankenstein; yo era benévolo; mi alma resplandecía de amor y humanidad, pero estoy solo, miserablemente solo. Si tú, mi creador, me detestas, ¿qué me cabe esperar de tus semejantes, que no me deben nada?

Mary SHELLEY: *Frankenstein* (adaptación), ilustrado por Fuencisla del Amo y Francisco Solé. Ed. Vicens Vives, 2019.

Blade Runner

29. Muchas de las novelas de Austin, Shelley y las hermanas Brontë han sido llevadas al cine. Investiga sobre estas películas y, si has visto alguna de ellas, explica qué te ha parecido.

30. El malditismo o desafío a cualquier poder divino o humano es una manifestación del espíritu romántico y de su ansia infinita de libertad. Observa cómo se dirige el monstruo (que nunca llega a tener nombre porque su creador, el Dr. Frankenstein, no se lo da jamás) a su padre. ¿Qué le reprocha?

31. Ese sentimiento de soledad absoluta por el abandono del creador a sus criaturas lo podemos observar en películas como *Blade Runner*. Mira el vídeo de arriba y señala qué tiene en común el replicante con el monstruo de *Frankenstein*.

32. La angustia romántica tiene su base en ese vacío, en esa soledad absoluta, en esa orfandad. Investiga sobre la vida de Rosalía de Castro y explica cómo su propia orfandad influyó en la saudade que experimenta tan profundamente.

Canción del pirata

Con diez cañones por banda,
viento en popa a toda vela,
no corta el mar, sino vuela
un velero bergantín[1].
Bajel pirata que llaman,
por su bravura, el Temido,
en todo mar conocido
del uno al otro confín.

La luna en el mar riela[2],
en la lona gime el viento,
y alza en blando movimiento
olas de plata y azul;
y ve el capitán pirata,
cantando alegre en la popa,
Asia a un lado, al otro Europa,
y allá a su frente Estambul.

"Navega, velero mío,
sin temor,
que ni enemigo navío,
ni tormenta ni bonanza
tu rumbo a torcer alcanza,
ni a sujetar tu valor.

Veinte presas
hemos hecho
a despecho
del inglés,
y han rendido
sus pendones
cien naciones
a mis pies".

Que es mi barco mi tesoro,
que es mi dios la libertad,
mi ley, la fuerza y el viento,
mi única patria, la mar.

"Allá muevan feroz guerra
ciegos reyes
por un palmo más de tierra;
que yo aquí tengo por mío
cuanto abarca el mar bravío,
a quien nadie impuso leyes.

Y no hay playa,
sea cualquiera,
ni bandera
de esplendor,
que no sienta
mi derecho
y dé pecho
a mi valor".

Que es mi barco mi tesoro...

"En las presas
yo divido
lo cogido
por igual.
Solo quiero
por riqueza
la belleza
sin rival".

Que es mi barco mi tesoro...

"Son mi música mejor
aquilones[3]
el estrépito y temblor
de los cables sacudidos,
del negro mar los bramidos
y el rugir de mis cañones.

Y del trueno
al son violento,
y del viento
al rebramar,
yo me duermo
sosegado,
arrullado
por el mar".

Que es mi barco mi tesoro...

José de Espronceda
(fragmento)

1. **bergantín**: navío de dos palos y velas.
2. **rielar**: brillar con luz temblorosa.
3. **aquilón**: viento del norte.

Comprendo, aplico y razono

Comprensión del texto

33. ¿Por qué la noche, el mar y la luna son tan importantes en el Romanticismo?

34. ¿Por qué crees que el autor del poema personifica el barco?

35. El Romanticismo pone de moda una serie de personajes que rechazan los valores tradicionales, pero que presentan un carácter generoso y defienden la justicia y la libertad.

¿Este pirata responde al modelo romántico de rebelde y justiciero? ¿Por qué? Haz la actividad en tu cuaderno.

Contenido, tema y estructura

36. Explica en tu cuaderno cuál es el tema de esta canción.

37. Señala en qué partes habla el narrador y dónde el pirata. Anótalo en tu cuaderno.

38. Aunque este poema presenta una estructura narrativa, es absolutamente lírico. Señala los recursos de ritmo y repetición que aprecies en él. Realiza la actividad en tu cuaderno.

39. En esta canción se combinan versos con diferente número de sílabas. Explica cómo se llama esta característica métrica desde el concepto de libertad del Romanticismo.

40. ¿Por qué crees que Espronceda utiliza cuatro versos como estribillo? ¿Qué aspectos del Romanticismo se reflejan en él? Responde a estas cuestiones en tu cuaderno.

Relación texto y contexto

41. Relaciona la "Canción del pirata" con el movimiento romántico, destacando tanto las características estéticas como las literarias. Realiza la actividad en tu cuaderno.

El siglo XIX: el Realismo y el Naturalismo

Observa el cuadro de Gustave Courbet, *Los picapedreros*, pintado en 1849, una obra fiel a la realidad que nos permite sentir emociones equivalentes a las del pintor que contempló esta escena.

El arte como espejo y denuncia de la realidad

Courbet muestra la pobreza a través de su pintura para que sea el espectador el que juzgue los hechos.

Nos lo cuenta el propio pintor en su carta a un amigo: "Me dirigía al castillo de Saint-Denis y me paré para observar a dos hombres que partían piedras en una carretera. Es difícil imaginar una indigencia más completa y más manifiesta..., así es como me vino la idea al espíritu de hacer de ello un cuadro".

Esa actitud se nos muestra en la obra a través de los elementos seleccionados para crear este cuadro:

- El **tema**: la pobreza y la miseria de las clases más desfavorecidas.
- Los **personajes**: un anciano y un muchacho de espaldas representan, al no mostrar su rostro, a todos los pobres y desfavorecidos que apenas sobreviven a pesar de su duro trabajo.
- El **color**: predominan los colores pardos y ocres, que llenan el cuadro. Solo un poco de azul en la esquina superior derecha muestra que están a pleno día.

Observación y descripción objetiva de la realidad

Courbet realiza una descripción minuciosa de los personajes y del ambiente que los rodea. Esto lo podemos ver en los puntos siguientes:

- Los instrumentos: picos, palas y cestos para transportar las piedras, o la olla con sus alimentos.
- La suciedad en los pies y las manos. Este hecho es una novedad en el arte: hasta el Realismo, la suciedad no era considerada objeto estético por ir en contra de la belleza.
- Los agujeros en la camisa del muchacho y el chaleco del anciano, los zapatos rotos y raídos, y los remiendos en sus ropas muestran la pobreza de sus vidas.
- El espacio es concreto y reconocible: el camino a Saint-Denis.

El arte como espejo de la realidad ha realizado su misión. Es ahora el espectador el que se encargará de interpretar lo que ha visto y de reaccionar frente a ello. Sin embargo, la idea de Courbet es que el arte debe tener una misión social.

El Realismo

Durante la segunda mitad del siglo XIX la burguesía era la clase social en alza gracias a los avances técnicos e industriales. Pero estos avances no fueron igual para todos: el campesinado y los proletarios de las grandes ciudades vivían en la pobreza, aunque ya empezaban a organizarse en los primeros sindicatos. **El arte quiso reflejar esta realidad de la forma más exacta posible y lo hizo, sobre todo, a través de la novela.**

Arriba, *Une Soirée* (1878), de Jean Béraud. Abajo, *El Cuarto Estado* (1901), de Giuseppe Pellizza da Volpedo.

Características del Realismo

El arte como espejo y denuncia de la realidad

Los escritores del Realismo muestran la realidad tal cual es. El novelista francés Sthendal (1783-1842) defiende que la novela debe ser un espejo que va por los caminos reflejando todo lo que se encuentra a su paso. El arte muestra la realidad y es el lector el que juzga lo que lee y actúa en consecuencia.

Observación y descripción de la realidad

La literatura quiere parecerse a las ciencias experimentales. Así, observa las distintas clases sociales y a los sujetos individuales con sus características lingüísticas, físicas y psicológicas. Emilia Pardo Bazán acudió durante meses a la fábrica de tabaco de A Coruña para captar los detalles del comportamiento y el habla de las obreras para su novela *La tribuna* (1883).

Realismo y Naturalismo

Según la influencia del ambiente en los personajes, hay dos corrientes:

- El **Realismo** cree que la influencia del ambiente es muy importante en los personajes. Así, en un ambiente muy pobre, analfabeto y desestructurado, lo normal es que los personajes tengan también una vida miserable. Sin embargo, con voluntad y ayuda se pueden superar esas limitaciones. En esta corriente realista encontramos al novelista **Benito Pérez Galdós**.
- El **Naturalismo** cree que el ambiente es determinante sobre los personajes, que un ambiente miserable y cruel condiciona a los que viven en él sin remedio, y que por mucho que quieran liberarse, el ambiente acaba imponiendo sus leyes. En esta corriente están **Emilia Pardo Bazán** y **Leopoldo Alas, Clarín**.

Misericordia

Vivía el matrimonio en un cuartito de la calle de San Carlos, que parecía el interior de una bombonera, y apenas se entraba en él se veía en todo una mano hacendosa. Para mayor dicha, el que en otro tiempo perteneció a la clase de los llamados golfos[1], adquiría el hábito y el gusto del trabajo productivo, y no habiendo cosa mejor en que ocuparse, se había hecho corredor de anuncios. Todo el santo día le teníais como un azacán[2], de comercio en comercio, de periódico en periódico, y aunque de sus comisiones había que descontar el considerable gasto de calzado, siempre le quedaba para ayuda del cocido, y para aliviar a la Juliana de su enorme tarea en la Singer[3]. Y que la moza no se andaba en chiquitas: su fecundidad no era inferior a su disposición casera, porque en el primer parto se trajo dos gemelos. No hubo más remedio que poner ama[4], y una boca más en la casa obligó a duplicar los movimientos de la Singer y las correrías de Antoñito por las calles de Madrid.

Benito Pérez Galdós: *Misericordia* (adaptación). Ed. Vicens Vives, 2011.

Razono

42. Relaciona el texto con las características del Realismo.

43. Indica qué tienen en común *Los picapedreros* de Courbet y este fragmento de Galdós.

1. golfos: aquí se refiere a las personas egoístas que carecen de principios morales y solo miran por el bienestar propio.
2. azacán: afanado en negocios.
3. la Singer: la máquina de coser.
4. ama: sirvienta.

6 El siglo XIX: novela realista

6.1 La novela realista

La literatura en la segunda mitad del siglo XIX es el fiel reflejo de una sociedad burguesa ávida de historias en las que puede verse reflejada; se convierte así la literatura en el **ocio** y el **espejo** de dicha sociedad.

Durante el Romanticismo vimos una corriente literaria que mostraba la vida de la gente corriente: sus fiestas, costumbres y preocupaciones. Los escritores plasmaban esa vida en los **artículos de costumbres**. Los autores románticos, como **Larra**, escribían sobre el día a día de sus conciudadanos, muchas veces con intención de modificar algunas conductas. La novela realista es la evolución natural de esa tendencia.

The Boys' Workhouse (1885), de Albert Gustav Arístides Edelfelt.

Charles Dickens hizo tomar conciencia a sus lectores sobre las miserables condiciones de vida de los niños huérfanos y el trabajo infantil en su novela *Oliver Twist*.

El lenguaje de la novela realista

Las novelas realistas pretenden reflejar la sociedad del momento y llegar al mayor número de lectores posible, lo que hace que el lenguaje literario sea:

- Sencillo y natural, cercano al lector medio.
- Diálogos vivos y ágiles que se adaptan al personaje, a su carácter y a su nivel sociocultural. El lenguaje de los personajes es su carta de presentación. Observa atentamente cómo hablan los personajes que piden limosna en la puerta de un templo en la novela *Misericodia* de Benito Pérez Galdós:

> –Pero qué, ¿no creéis lo que os dije? La Caporala es rica, mismamente rica, tal como lo estáis oyendo, y todo lo que coge aquí nos lo quita a los que *semos*[1] de verdadera *solenidá*[2], porque no tenemos más que el día y la noche.

1. *semos*: somos.
2. *solenidá*: solemnidad; se llamaba *pobres de solemnidad* a los muy pobres.

- Descripciones precisas y minuciosas, porque se da mucha importancia al ambiente en el que viven los personajes y la influencia que este puede tener en su carácter y comportamientos.

Evolución de la novela del Romanticismo al Realismo

	NOVELA ROMÁNTICA	NOVELA REALISTA
Temas	Históricos, misteriosos, extraordinarios y pintorescos.	Reflejan la vida cotidiana de la gente común de todas las clases sociales, también sus ideas religiosas, políticas y personales.
Personajes	**Héroes** idealizados y rebeldes o personajes atormentados.	**Son personajes normales** representativos de los distintos grupos sociales: burgueses, pueblo llano y las clases más desfavorecidas de la sociedad comparten protagonismo literario.
Espacio	Escenarios lejanos y misteriosos.	**Aquí**. Son escenarios reconocibles por los lectores.
Tiempo	Huida al pasado como escapatoria o escenario ideal.	**Ahora**. Es el tiempo contemporáneo de los que leen las novelas.
Narrador	Se impone el **subjetivismo** del narrador, que juzga y comenta lo que narra desde su punto de vista.	**Narrador objetivo**. Presenta los hechos y a los personajes para que sea el lector quien juzgue sus actos. Es un narrador omnisciente en 3.ª persona, que sabe todo lo que hacen o piensan sus personajes, y todo su pasado.
Lenguaje	Emocionalmente intenso.	**Sencillo y natural**. Da cabida a distintos niveles de lenguaje, desde el culto al vulgar, para dar verosimilitud a los personajes.

Benito Pérez Galdós (1843-1920)

Galdós escribe su obra con una clara vocación reformadora; desde sus primeras novelas a las últimas, ese espíritu humanista impregna todos sus textos. Sus obras se clasifican en cuatro etapas:

- **Los episodios nacionales**. Son historias noveladas sobre acontecimientos históricos. Entre ellos encontramos *Trafalgar* (1873).
- **Las novelas de tesis**. En ellas expone el conflicto entre dos posturas o tesis muy diferentes y opuestas. Así, el bien está representado por *Marianela* (1878), y el egoísmo por *Doña Perfecta* (1876).
- **Las novelas realistas**. En ellas se refleja con gran exactitud la complicada realidad social de su tiempo. A diferencia de las novelas de tesis, los personajes de estas novelas son complejos, llenos de matices y contradicciones y de una gran riqueza psicológica y humana. La mejor novela de esta etapa es *Fortunata y Jacinta* (1887).
- **Las novelas idealistas**. En sus últimos años, Galdós se centra en los aspectos espirituales del ser humano, sobre todo en la generosidad y la solidaridad. De este grupo es *Misericordia* (1897).

Retrato de Benito Pérez Galdós (1894), de Joaquín Sorolla.

Benito Pérez Galdós

Misericordia

Misericordia cuenta la historia de Benigna (Nina) una sirvienta ya anciana que mantiene a su señora, doña Francisca, una burguesa arruinada, pidiendo limosna sin que su ama lo sepa. Nina conoce a un mendigo marroquí, ciego, la mejor persona del mundo, y se hacen amigos. Cuando la señora recibe una herencia imprevista, rechaza a Nina porque ella quiere cuidar a su amigo muy enfermo.

–Yo de buena gana te recibiría otra vez aquí –afirmó doña Francisca–, pero no cabemos en casa... Ya sabes que te quiero, que tu compañía me agrada más que ninguna..., pero..., ya ves... Mañana estaremos de mudanza, y se te hará un hueco en la nueva casa... ¿Qué dices? ¿Tienes algo que decirme? Hija, no te quejarás: ten presente que te fuiste dejándome sin una miga de pan en casa, sola, abandonada... Y para que todo obre en contra tuya, olvidaste los sanos principios que siempre te enseñé, largándote por esos mundos en compañía de un morazo... Sabe Dios qué casta de pájaro será ese, y con qué sortilegios habrá conseguido hacerte olvidar las buenas costumbres. Dime, confiésamelo todo: ¿le has dejado ya?

–No, señora.

–¿Le has traído contigo?

–Sí, señora, abajo está esperándome.

–Como eres así, capaz te creo de todo..., ¡hasta de traérmelo a casa!

–A casa le traía porque está enfermo, y no le voy a dejar en medio de la calle –replicó Benigna con firme acento [...].

–No hay otra como tú para componer las cosas, y retocar tus faltas hasta conseguir que parezcan perfecciones; pero yo te quiero, Nina; reconozco tus buenas cualidades, y no te abandonaré nunca.

–Gracias, señora, muchas gracias.

–No te faltará qué comer ni cama en que dormir. Eres buena, buenísima; pero no abuses, hija; no me digas que venías a casa con el moro de los dátiles, porque creeré que te has vuelto loca.

–A casa le traía, sí señora, como traje a Frasquito Ponte, por caridad... Si hubo misericordia con el otro, ¿por qué no ha de haberla con este? ¿O es que la caridad es una para el caballero de levita, y otra para el pobre desnudo? Yo no lo entiendo así, yo no distingo... Por eso le traía; y si a él no le admite, será lo mismo que si a mí no me admitiera.

–A ti siempre..., digo, siempre no..., quiero decir..., es que no tenemos hueco en casa [...]. Yo, bien lo sabes, no tengo la virtud en el grado heroico que se necesita para alternar con la pobretería sucia y apestosa... No, hija, no: es cuestión de nervios. De asco me moriría, bien lo sabes. En fin, tú me conoces... ¿qué dices?

–Nada, señora, no he dicho nada, ni tengo nada que decir –murmuró Nina entre suspiros hondos–. Quédese con Dios.

Benito Pérez Galdós: *Misericordia* (adaptación).
Ed. Vicens Vives, 2011.

Razono

44. Señala qué características del Realismo observas en este texto.

45. Justifica por qué esta novela está considerada como idealista dentro de la producción literaria de Galdós.

7.1 La narrativa costumbrista de Fernán Caballero (1796-1877)

Fue hija de una intelectual adelantada a su tiempo, Frasquita Larrea, y de Nicolás Bölh de Faber. Recibió una esmerada educación y escribía en francés y alemán. Firmaba sus obras con un pseudónimo masculino: **Fernán Caballero**.

Entre su vida privada y su obra hay grandes diferencias. Se casó tres veces, la última a los 60 años con un hombre mucho más joven, lo que escandalizó a la sociedad de su tiempo, pero fue una defensora a ultranza de las tradiciones morales.

Su novela costumbrista *La Gaviota*, refleja su ideario. Así, Marisalada rechaza un matrimonio respetable y prefiere llevar una vida independiente y pasional, lo que la conducirá a la ruina. Lee el texto siguiente, donde le piden a la joven que acepte por marido a don Federico, un médico mucho mayor que ella que le daría todos sus caprichos y, además, podría sacar a su padre de la pobreza:

Mother and child reading (1896), de Frederick Warren Freer.

María había escuchado a la anciana con mucha atención, aunque afectando tener la vista distraída; cuando hubo acabado de hablar, calló un rato y dijo después con indiferencia:

–Yo no quiero casarme.

–¡Oiga! –exclamó tía María–, ¿pues acaso te quieres meter monja?

–Tampoco –respondió la Gaviota.

–¿Pues qué? –preguntó asombrada la tía María–, no quieres ser ni carne ni pescado? ¡No he oído otra! La mujer, hija mía, o es de Dios o del hombre; si no, no cumple con su vocación, ni con la de arriba, ni con la de abajo.

–¿Pues qué quiere usted, señora?, no tengo vocación ni para casada ni para monja.

–Pues hija –repuso la tía María–, será tu vocación la de la mula. A mí, Mariquita, no me gusta nada de lo que sale de lo regular; en particular a las mujeres, les está tan mal no hacer lo que las demás, que si fuera hombre, le habría de huir a una mujer así, como a un toro bravo.

Fernán CABALLERO: *La Gaviota* (adaptación). Ed. Verbum, 2018.

7.2 La novela naturalista de Emilia Pardo Bazán (1851-1921)

A diferencia de Fernán Caballero, Emilia Pardo Bazán fue una mujer que defendió toda su vida sus derechos como mujer y escritora. Tampoco pudo entrar en la RAE, el único argumento en contra es que era mujer, pero fue la primera catedrática de España; consiguió la Cátedra de Románicas de la Universidad Central, y sus conferencias en el Ateneo eran multitudinarias, un éxito absoluto. Escribió más de seiscientos cuentos, el primero a los 15 años. Fue la mejor novelista del siglo XIX.

Pardo Bazán fue la introductora de la **novela naturalista** en España. En sus novelas se destacan la importancia de la genética y el ambiente sobre la personalidad y los actos de sus personajes. Sin embargo, se distancia del Naturalismo francés porque, doña Emilia, de profundas ideas cristianas, defendía que el ser humano puede decidir entre el bien y el mal y es responsable de sus actos.

Así explica Pardo Bazán su adscripción al Naturalismo en el prefacio de *Un viaje de novios*:

Emilia Pardo Bazán

Emilia Pardo Bazán fue periodista, feminista, ensayista, dramaturga y poeta, y la introductora del Naturalismo en España. Hablaba inglés, francés y alemán.

Y siendo la novela, por excelencia, trasunto de la vida humana, conviene que en ella turnen, como en nuestro existir, lágrimas y risas, el fondo de la eterna tragicomedia del mundo.

Emilia PARDO BAZÁN: "Prefacio", *Un viaje de novios*, en *Biblioteca Virtual Miguel de Cervantes*. Web [Consulta: 3 de diciembre de 2020].

El escándalo que siguió a sus novelas y artículos periodísticos defendiendo sus posturas literarias fue tal que su marido le exigió que se retractara públicamente. Ella prefirió la separación matrimonial, aunque siguieron siendo buenos amigos y acudiendo juntos a las reuniones familiares.

Los pazos de Ulloa

Los pazos de Ulloa (1886) y su continuación, *La madre naturaleza* (1887), ambientadas en la Galicia profunda, presentan la historia de la familia Montenegro.

En este contexto, la novelista nos presenta la lucha entre un **mundo primitivo, violento** y **decadente**, representado por el marqués, su amante Sabel y el padre de esta, Primitivo, y **otro mundo más civilizado**, representado por Julián, el joven sacerdote del pazo, y Nucha, la esposa del marqués. Este mundo culto y bueno acaba siendo destruido por la brutalidad del primero.

Los pazos de Ulloa

De nuevo la increpó [a Sabel] airadamente el marqués:

–¿Y los perros, vamos a ver? ¿Y los perros?

Como si también los perros comprendiesen su derecho a ser atendidos antes que nadie, acudieron desde el rincón más oscuro, y, olvidando el cansancio exhalaron famélicos bostezos, meneando la cola y husmeando con el partido hocico. Julián creyó al pronto que había aumentado el número de canes, tres antes y cuatro ahora; pero al entrar el grupo canino en el círculo de viva luz que proyectaba el fuego, advirtió que lo que tomaba por otro perro no era sino un rapazuelo de tres o cuatro años, cuyo vestido, compuesto de chaquetón acastañado y calzones de blanca estopa, podía desde lejos equivocarse con la piel bicolor de los perdigueros[1], con quienes parecía vivir el chiquillo en la mejor inteligencia y más estrecha fraternidad.[...] El chiquillo gateaba por entre las patas de los perdigueros, que, convertidos en fieras por el primer impulso del hambre no saciada todavía, le miraban de reojo, regañando los dientes y exhalando ronquidos amenazadores. De pronto, la criatura, incitada por el tasajo[2] que sobrenadaba en la cubeta de la perra Chula, tendió la mano para cogerlo, y la perra, torciendo la cabeza, lanzó una feroz dentellada, que, por fortuna, solo alcanzó la manga del chico obligándole a refugiarse más que deprisa, asustado y lloriqueando, entre las sayas[3] de la moza, ya ocupada en servir caldo a los racionales. Julián, que empezaba a descalzarse los guantes, se compadeció del chiquillo, y, bajándose, le tomó en brazos, pudiendo ver que, a pesar de la mugre[4], la roña, el miedo y el llanto, era el más hermosos angelote del mundo.

–¡Pobre! –murmuró cariñosamente–. ¿Te ha mordido la perra? ¿Te hizo sangre? ¿Dónde te duele, me lo dices? Calla, que vamos a reñirle a la perra nosotros. ¡Pícara, malvada!

Reparó el capellán que estas palabras suyas produjeron singular efecto en el marqués. Se contrajo su fisonomía[5]: sus cejas se fruncieron, y, arrancándole a Julián el chiquillo con brusco movimiento, le sentó en sus rodillas, palpándole las manos, a ver si las tenía mordidas o lastimadas. Seguro ya de que solo el chaquetón había padecido, soltó la risa.

–¡Farsante! –gritó–. Ni siquiera te ha tocado la Chula [...] ¡A callarse y a reírse ahora mismo! ¿En qué se conocen los valientes?

Emilia PARDO BAZÁN: *Los pazos de Ulloa* (adaptación). Ed. Vicens Vives, 2014.

1. **perdiguero**: perro que caza perdices.
2. **tasajo**: pedazo de carne seco y salado para que se conserve.
3. **saya**: falda.
4. **mugre**: suciedad grasienta.
5. **fisonomía**: rostro.

Comprendo, aplico y razono

46. ¿Por qué confunde Julián a Perucho, el hijo ilegítimo del marqués y su criada Sabel, con los perros de caza?
47. Escribe en pocos renglones cómo crees tú que son las condiciones de vida de estos personajes para que sea posible esa confusión. Realiza la actividad en tu cuaderno.
48. ¿Cómo reacciona el sacerdote al ver el miedo del chiquillo? ¿Qué te dice eso de su carácter?
49. ¿Qué ambiente rodea al chiquillo? ¿Qué educación está recibiendo? ¿Crees que nacimiento, ambiente y educación influirán más tarde en su carácter y sus hechos? ¿Por qué?
50. Señala los aspectos del Naturalismo del texto.

8 El siglo XIX: novela naturalista

8.1 El Naturalismo en la novela realista española

Los naturalistas piensan que **el ser humano está determinado** por su condición genética y el ambiente económico, social y cultural en el que nace y se desenvuelve.

Esta concepción hace que en sus novelas las descripciones de la infancia de los protagonistas o del ambiente que los rodea a lo largo de su vida sean muy minuciosas, porque serán la explicación de las acciones y del destino que los aguarda.

Normalmente, los personajes se encuentran en situaciones de pobreza o marginación. Los autores se interesan por las clases más desfavorecidas y los ambientes más sórdidos para poner al descubierto los defectos de la sociedad.

El Naturalismo nace en Francia, de la mano de Émile Zola. En España, los dos autores más cercanos a este movimiento son Leopoldo Alas, Clarín, y una autora que ya conocemos: Emilia Pardo Bazán.

El **Naturalismo** pretendía demostrar que la herencia biológica y las circunstancias que rodean al individuo (clase social, ambiente...) condicionan la conducta del ser humano hasta el punto de que carece de libertad de decisión, y por lo tanto, de responsabilidad moral.

Leopoldo Alas, Clarín (1852-1901)

Clarín fue un excelente crítico literario. Los autores esperaban sus comentarios con expectación. Cuando Galdós publicaba una obra decía: "Ya veremos qué dice Clarín". Su exigencia como crítico también la podemos observar en su obra creativa, porque en ella percibimos un cuidado minucioso del lenguaje.

La Regenta es su novela más importante y también una de las mejores obras de la literatura española. Es una novela cercana al Naturalismo, ya que expone la **falta de libertad de sus personajes para elegir su destino**.

La novela está escrita con un lenguaje muy cuidado en el que abundan recursos como las comparaciones, las metáforas y los símbolos. En esta obra, además, ya se observan características que serán relevantes para la novela del siglo XX, como el monólogo interior de los personajes, o la narración de sueños y recuerdos.

Clarín escribió ensayos, como *Solos de Clarín*; cuentos, como "Pipá" y "¡Adiós, cordera!"; novelas, como *La Regenta* y *Su único hijo*; y una obra de teatro, *Teresa*.

La Regenta

La Regenta es la historia de Ana Ozores, una joven bella y sin recursos económicos obligada a casarse con un hombre bueno, pero demasiado mayor, del que no está enamorada.

Gracias a un recurso narrativo muy importante, el *flashback*, Clarín puede mostrarnos la infancia de sus protagonistas: la de Ana Ozores, huérfana desde pequeña y criada por una mujer áspera que nunca le dio cariño, y la de don Fermín de Pas, el sacerdote más poderoso de Vetusta, hijo de una mujer ambiciosa y sin escrúpulos morales que domina la vida de su hijo.

Esa infancia sin la atención necesaria influirá en sus vidas adultas. Ana, a quien su marido no cuida lo suficiente, creerá encontrar por primera vez el amor en los brazos de don Álvaro Mesía, un seductor ocioso que entretiene su tiempo en conquistarla.

Don Fermín, por su parte, no puede evitar enamorarse de ella, a pesar de ser su confesor, porque cree encontrar en ese amor lo único bueno que le ha pasado en la vida.

Además, en la novela hay otro elemento muy importante: la ciudad en la que viven, Vetusta (topónimo inventado para referirse a Oviedo). Clarín la trata como si fuera un personaje más porque influye en todos los habitantes. La describe minuciosamente haciendo una crítica de los diversos grupos sociales que la integran.

tiching.com/743461

Entra para saber más sobre la novela de Clarín *La Regenta*.

Dibujo de don Álvaro Mesía y Ana Ozores. Leopoldo ALAS, CLARÍN: *La Regenta*, ilustrado por Joan Llimona y Francisco Gómez Soler. Ed. Vicens Vives, 2018.

La Regenta

En este fragmento, Ana Ozores está muy enfadada con su marido porque le presta más atención a la caza que a ella. Don Víctor es muy mayor, tanto que nunca han podido mantener relaciones matrimoniales, pero quiere mucho a Ana y la cuida con esmero. A don Víctor solo le interesa su laboratorio casero y la caza. Ana le reprocha que no le haya dado un hijo, y recuerda, desde esta soledad de adulta, su soledad de niña, criada sin madre por una institutriz árida y con un padre ausente.

Ana oía ruidos confusos de la ciudad con resonancias prolongadas, melancólicas; gritos, fragmentos de canciones lejanas, ladridos. Todo desvanecido en el aire. [...] Miró al cielo, a la luz grande que tenía enfrente, sin saber lo que miraba. [...]

La luna la miraba a ella con un ojo solo; los eucaliptus de Frígilis, inclinando leve y majestuosamente su copa, se acercaban unos a otros, cuchicheando, como diciéndose discretamente lo que pensaban de aquella loca, de aquella mujer sin madre, sin hijos, sin amor, que había jurado fidelidad eterna a un hombre que prefería un buen macho de perdiz a todas las caricias conyugales.

Ella se moría de hastío[1]. Tenía veintisiete años, la juventud huía; veintisiete años de mujer eran la puerta de la vejez, que ya estaba llamando..., y no había gozado una sola vez de las delicias del amor de que hablan todos, que son el asunto de comedias, novelas y hasta de la historia. El amor es lo único que vale la pena de vivir, había ella oído y leído muchas veces. Pero ¿qué amor? ¿Dónde estaba ese amor? Ella no lo conocía [...].

Nada de hijos. Don Víctor no era pesado, eso es verdad. Se había cansado pronto de hacer el galán. ¡Oh, y lo que es como un padre se había hecho querer, eso sí! [...] Y la juventud huía, como aquellas nubecillas de plata rizada que pasaban con alas rápidas delante de la luna. [...] Detrás de los vellones[2] de plata que como bandadas de aves cruzaban el cielo, venía una gran nube negra que llegaba hasta el horizonte [...] Lo mismo era ella; como la luna, corría solitaria por el mundo a abismarse[3] en la vejez, en la oscuridad del alma, sin amor, sin esperanza de él... ¡Oh, no, no, eso no! [...]

Ana, casi delirante[4] veía su destino en aquellas apariencias nocturnas del cielo, y la luna era ella, y la nube, la vejez, la vejez terrible, sin esperanza de ser amada.

Leopoldo ALAS, CLARÍN: *La Regenta* (adaptación). Ed. Vicens Vives, 2018.

Escena de *La Regenta*, miniserie dirigida por Fernando Méndez-Leite en 1995.

1. **hastío**: aburrimiento extremo.
2. **vellón**: moneda acuñada en España en los siglos XVIII y XIX.
3. **abismarse**: hundirse.
4. **delirante**: con la razón perturbada por una enfermedad o pasión violenta.

Comprendo, aplico y razono

Comprensión del texto

51. A Ana la casan sus tías con don Víctor Quintanar porque, aunque este es muy mayor, tiene dinero. ¿Cómo se siente Ana en su matrimonio? ¿Qué es para Ana el amor? ¿Cómo vive ella ese matrimonio?

Contenido, tema y estructura

52. Clarín cuidaba de manera exquisita el lenguaje literario de sus obras. Copia las personificaciones del segundo párrafo y di a quién crees que representan los eucaliptus y la luna. Explícalo.

53. La luna sigue al sol, pero nunca coincide con él, así que representa tradicionalmente la soledad y la esterilidad de las mujeres. ¿Qué puede estar diciéndole esa luna personificada a Ana cuando la mira con "un solo ojo"?

La Regenta, de Clarín

54. Ana solo tiene 27 años y su marido le triplica la edad. ¿Qué crees que piensa Clarín de los matrimonios de conveniencia de su época a través de lo que puedes deducir del texto?

55. Observa detenidamente los recursos de los dos últimos párrafos. Identifica las comparaciones y las metáforas que encuentres en ellos y explica su significado según los sentimientos de Ana.

56. Resume brevemente el contenido de este fragmento y di cuál crees que es la intención de Clarín al escribirlo.

Relación texto y contexto

57. Explica las características de la novela realista y naturalista que observas en estas líneas de *La Regenta*.

LITERATURA

10 Modernismo y generación del 98. Vanguardias y generación del 27

La verbena (1927), de Maruja Mallo.

Observo...

- Observa atentamente el óleo *La verbena*, de Maruja Mallo, pintora de la generación del 27, y explica a tus compañeros y compañeras qué sensaciones te produce.
- ¿Qué elementos de una verbena popular puedes identificar en el cuadro?

... pienso...

- En *La verbena*, la seriedad de los gigantes y cabezudos contrasta con la alegría de las mujeres. ¿Qué te sugieren estas jóvenes de 1927? ¿Por qué?
- ¿Qué figuras humanas representan los gigantes y cabezudos? ¿Ves algún tipo de ironía o crítica social en ese contraste? ¿Cuál?

El beso (1908), de Gustav Klimt.

La persistencia de la memoria (1931), de Salvador Dalí.

En este tema aprenderás:

- Qué características destacan en la poesía del Modernismo y en la poesía de la generación del 98.
- Quiénes fueron los máximos exponentes de la poesía del Modernismo y de la poesía de la generación del 98.
- Qué caracterizó la novela de la generación del 98 y quiénes fueron los autores más destacados.
- Qué características destacan en la poesía de la generación del 27 y en cuántas etapas se divide.
- Quiénes fueron los autores más relevantes de la generación del 27.
- Quiénes fueron las autoras más destacadas de la generación del 27.

En marcha...

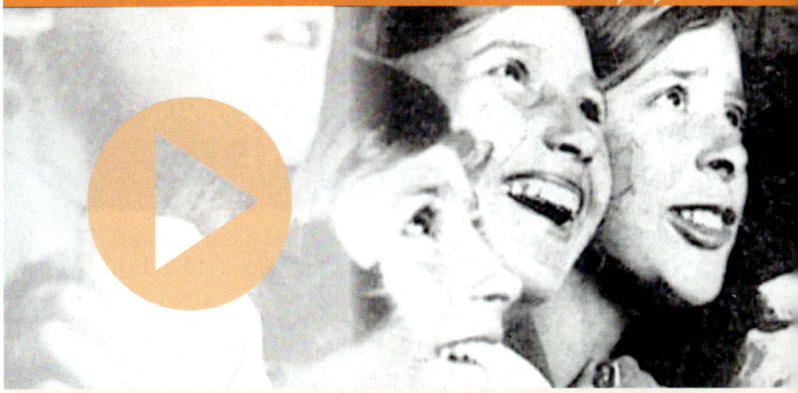

- Indica el tema central del vídeo. ¿De qué trata?
- En las primeras décadas del siglo XX se producen cambios acelerados que van a transformar la sociedad. ¿Qué papel desempeña la educación en estos cambios? ¿A qué se debió la mejora del nivel educativo de las mujeres? ¿Qué estudios secundarios eran los que más interesaban a las mujeres?
- Además de labores domésticas, de magisterio, telefonista y trabajadoras de correos, hacia la década de 1920 las mujeres accedieron a otros trabajos. ¿Cuáles? ¿Qué es lo que más se valoraba de ellas?
- Al final del vídeo se citan mujeres importantísimas a las que no se les ha dado la importancia que realmente tuvieron: Victoria Kent, María Zambrano, María Moliner... ¿Qué te parece este olvido?

... y comparto

- Investigad a Mallo, Klimt y Dalí. ¿Os parecen sus pinturas modernas o anticuadas? ¿Por qué?
- Estas obras tienen casi un siglo, o más. En grupos, definid los conceptos de moderno y antiguo, y aplicadlos a otras artes como la literatura, el cine o la arquitectura. Ejemplificad vuestros comentarios.

Los primeros años del siglo XX

DESCUBRO

El nuevo siglo se presentó deslumbrante: los avances de la ciencia y el desarrollo de la industria no dejaron de sorprender.

Europa en el primer tercio de siglo

Los grandes Estados europeos y Estados Unidos compitieron por el poder en Europa y en los vastos territorios de sus colonias en África y Asia. Las disputas entre ellos provocaron la Primera Guerra Mundial (1914-1918), en la que España no participó. El trágico balance de la guerra fue de más de 30 millones de muertos.

Acabada la Primera Guerra Mundial tuvo lugar una época de expansión económica, "los felices años 20". Pero, en el año 1929 la bolsa de Nueva York se hundió y, a consecuencia de ello, una profunda crisis económica se extendió por Europa, acompañada de un aumento de los conflictos sociales. Este ambiente de tensión y crisis social y económica facilitó la difusión de ideologías como el fascismo italiano y el nazismo.

Presidentes de los Estados vencedores de la Primera Guerra Mundial en el palacio de Versalles, donde se firmó la paz.

El Modernismo defendía las formas fantasiosas y libres y el predominio de la línea curva. *La Pedrera* (1906-1910), de Antonio Gaudí (Barcelona).

España en los inicios del siglo

En el año 1902, a los dieciséis años, el rey Alfonso XIII fue declarado mayor de edad. La alternancia política entre partidos (conservador y liberal) del siglo anterior siguió manteniéndose gracias al fraude electoral generalizado: se compraban votos y se manipulaban resultados.

Además, acababa de producirse el desastre de 1898 y España había perdido las últimas colonias de Cuba, Puerto Rico y Filipinas; ya no le quedaban posesiones del antiguo imperio español.

España era un país atrasado económica y socialmente: el 65% de la población era analfabeta, y los campesinos vivían en condiciones de pobreza extrema, mientras que las tierras estaban en manos de los propietarios latifundistas.

En pocas ciudades se había desarrollado la industria y, además, las condiciones de los obreros que trabajaban en ellas eran también muy duras.

1902 Mayoría de edad de Alfonso XIII.

1906 Ramón y Cajal recibe el Premio Nobel de Medicina.

1909 Semana Trágica.

1910 Canalejas inicia el reformismo liberal.

1914 Creación de la Mancomunidad de Cataluña.

1915 Publicación de *Ideal Andaluz.*

1900 — 1910

ALFONSO XIII (1885-1931)

La evolución política

Los gobiernos pronto vieron la necesidad de reformar el sistema político y mejorar la economía. Sin embargo, sus intentos fracasaron y se sucedieron las crisis de gobierno, acentuadas por las derrotas en la segunda guerra de Marruecos.

A esa situación habría que añadirle los conflictos permanentes entre la patronal y los movimientos proletarios, que reclamaban mejoras para las miserables condiciones de vida de los obreros y los campesinos.

En el año 1923, el general Miguel Primo de Rivera dio un golpe de Estado e impuso una dictadura militar con el consentimiento del rey. Primo de Rivera dimitió en 1930.

Al cabo de un año, el 14 de abril de 1931, se proclamó la II República y Alfonso XIII partió hacia el exilio.

Barricada durante los levantamientos de la Semana Trágica (1909) que tuvo lugar en Barcelona, cuando los obreros se negaron a embarcarse para ir a la guerra de Marruecos.

El atraso de las zonas rurales y los desequilibrios sociales eran muy visibles en la España de inicios del siglo XX.

El regeneracionismo

El regeneracionismo fue un movimiento político y cultural que denunció el atraso y la decadencia de España.

Uno de sus máximos exponentes fue Joaquín Costa, en cuya obra *Oligarquía y caciquismo* (1901) expuso los males que impedían el progreso de España. Fue suya la frase: "Despensa, escuelas y doble llave al sepulcro del Cid".

Los autores de la generación del 98 manifestaron la misma preocupación por España, denunciaron la burla del sistema electoral, el pacto de la Iglesia con las clases acomodadas, el poder excesivo de los militares, las duras condiciones de vida de las clases populares y la incultura generalizada entre la población.

Todos ellos sintieron la necesidad de exponer estos males a la opinión pública a través de sus artículos periodísticos, ensayos y obras literarias con la intención de ayudar a regenerar el país.

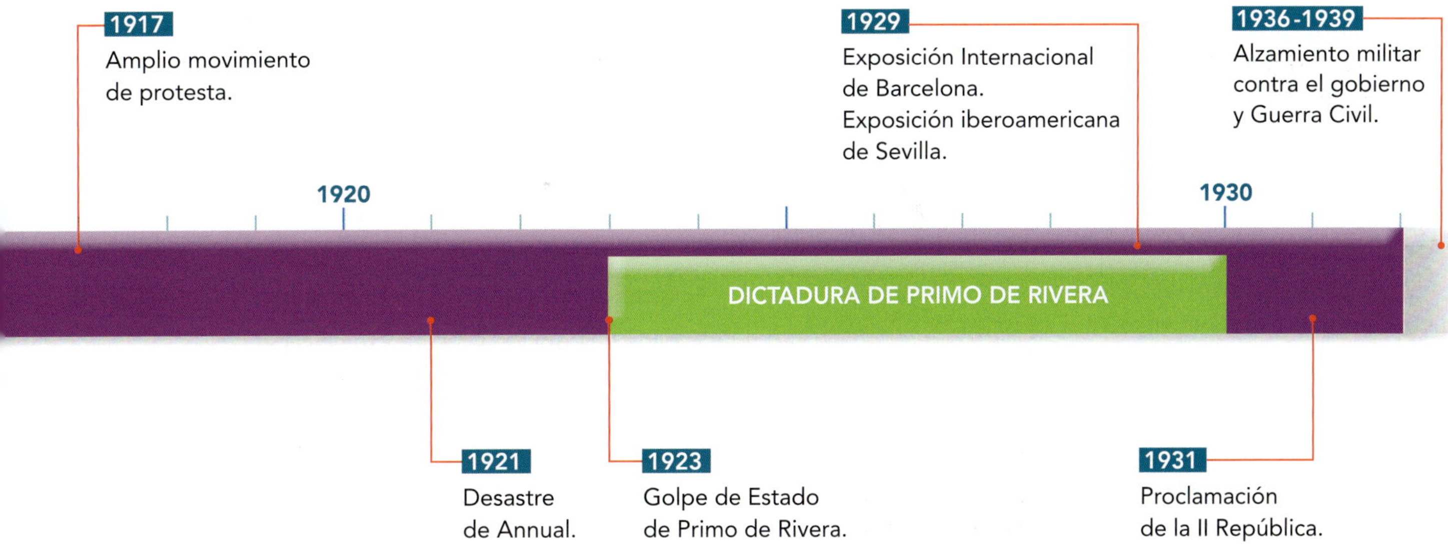

El siglo XX: el Modernismo

APRENDO A MIRAR

Observa este cartel del artista checo Alphonse Mucha: *Princesa Jacinta* (1911).

Sonatina

La princesa está triste... ¿Qué tendrá la princesa?
Los suspiros se escapan de su boca de fresa,
que ha perdido la risa, que ha perdido el color.
La princesa está pálida en su silla de oro,
está mudo el teclado de su clave sonoro;
y en un vaso, olvidada, se desmaya una flor. [...]

¡Ay!, la pobre princesa de la boca de rosa
quiere ser golondrina, quiere ser mariposa,
tener alas ligeras, bajo el cielo volar;
ir al sol por la escala luminosa de un rayo,
saludar a los lirios con los versos de mayo
o perderse en el viento sobre el trueno del mar. [...]

¡Pobrecita princesa de los ojos azules!
Está presa en sus oros, está presa en sus tules,
en la jaula de mármol del palacio real;
el palacio soberbio que vigilan los guardas,
que custodian cien negros con sus cien alabardas,
un lebrel que no duerme y un dragón colosal.

Rubén DARÍO (fragmento)

Características del Modernismo

Este cartel de Mucha reúne varias de las características del Modernismo:

- **Presencia de elementos decorativos y ornamentales**. Los modernistas pretenden hacer de la belleza estética un elemento revulsivo contra la sociedad burguesa, más interesada en lo práctico y lo útil.

  La belleza, precisamente por ser inútil y no productiva, era verdaderamente revolucionaria. El concepto de "el arte por el arte" es uno de los puntos claves del Modernismo.

- **La imaginación y la fantasía como reacción al realismo del siglo XIX**. El Modernismo explora la fantasía en sus temas en contraposición con la descripción objetiva de la realidad propia del Realismo y del Naturalismo.

- **Arte de los sentidos**. Los modernistas quieren recuperar el arte de emocionar a través de los sentidos, sobre todo de la **vista**, con todos los colores y sus matices, y del **oído**, con todos los ritmos posibles de frases y versos.

Comprendo, aplico y razono

1. Observa el cartel. ¿Predomina el realismo o la fantasía? ¿Qué elementos decorativos observas?
2. ¿Qué pretende Mucha al elaborar este cartel: crear belleza estética o comunicar un mensaje? ¿Por qué?
3. Lee el poema de Rubén Darío y describe dónde vive la princesa, y cómo es su vida y lo que la rodea.
4. Justifica si el poema anterior es realista o fantástico.
5. Elige una opción y justifica tu elección:
   - El poema es una reflexión sobre asuntos importantes del ser humano.
   - El poema pretende crear un mundo de fantasía, belleza y musicalidad ("el arte por el arte").

Observa esta pintura de Aureliano de Beruete: *Guadarrama desde la Moncloa* (1893).

Características de la generación del 98

Este cuadro de Beruete reúne muchas de las características estéticas que fueron comunes a la ideología política, la pintura y la literatura de la generación del 98:

- **Sencillez y sobriedad**: no hay adornos superfluos, lo que importa es la sensación de amplitud, la sencillez y la sobriedad. El arte modernista buscaba el adorno y la belleza sensorial; por el contrario, los artistas de la generación del 98 buscan la belleza a través de la sencillez y la claridad.
- **Castilla como símbolo**: a diferencia de la estética modernista, Beruete no ha elegido un tema exótico o fantástico, sino la sierra de Guadarrama, un espacio cercano y muy conocido. De la misma manera, los autores de la generación del 98 miran el paisaje de Castilla, sobrio y fuerte, como símbolo del pueblo castellano.
- **El paisaje como metáfora del alma**: cuando un artista pinta o escribe sobre un paisaje, lo hace siempre desde su estado de ánimo; así, el paisaje se convierte en un símbolo del alma del que lo contempla.

Campos de Soria

¡Oh, sí! Conmigo vais, campos de Soria,
tardes tranquilas, montes de violeta,
alamedas del río, verde sueño
del suelo gris y de la parda tierra,
agria melancolía
de la ciudad decrépita.
Me habéis llegado al alma,
¿o acaso estabais en el fondo de ella?
¡Gentes del alto llano numantino
que a Dios guardáis como cristianas viejas,
que el sol de España os llene
de alegría, de luz y de riqueza!

Antonio MACHADO:
Campos de Castilla (fragmento).

Comprendo y aplico

6. Explica con qué colores representa Beruete la tierra y los montes. ¿Son alegres o melancólicos? ¿Por qué?
7. Observa los colores del poema. ¿Se parecen a los de Beruete? ¿Qué otros colores introduce Machado?
8. ¿En qué versos se identifican el poeta y el paisaje?
9. Si el paisaje es el resultado del estado de ánimo del que lo mira, describe cuál crees que es el de Machado ante la tierra de Soria. Haz la actividad en tu cuaderno.
10. Señala las diferencias que percibes entre los poemas "Campos de Soria" de Antonio Machado y "Sonatina" de Rubén Darío.

1.1 La poesía en el Modernismo y en la generación del 98

Entre 1880 y 1914 se desarrollan dos movimientos literarios que renuevan la literatura del siglo XX. Son el **Modernismo** y la **generación del 98**.

Ambos coinciden en el rechazo de la vida burguesa y en la necesidad de **recuperar la belleza del lenguaje literario**, que ellos creían descuidada en los autores realistas del período anterior.

- El **Modernismo** busca la belleza a través de la exploración de las posibilidades externas de la poesía: musicalidad, colores, texturas, búsqueda de nuevos ritmos, y la utilización de un vocabulario exótico y sugerente. Todas estas características las has podido comprobar en las páginas anteriores con el fragmento de "Sonatina" de Rubén Darío.

  En España, este movimiento evolucionó hacia un Modernismo intimista en el que la melancolía se expresa a través de colores suaves, y el atardecer se presenta como símbolo del fin de la vida y de la melancolía existencial.

  Poetas como Juan Ramón Jiménez y Antonio Machado, que se inician como modernistas, luego evolucionarán hacia otros rumbos poéticos.

- La **generación del 98** siente profundamente la crisis política, social y cultural de España y deciden modernizar la sociedad y la literatura.

  Si los modernistas se evadían hacia lugares remotos y exóticos, los del 98 realizan un viaje interior: "¡Adentro!", dice Unamuno, marcando el camino.

  Los autores del 98 ahondan hacia lo más profundo del ser humano. Esto se refleja en un lenguaje sobrio, sugerente, simbólico y muy cuidado.

  Son autores del 98 Antonio Machado, Azorín, Pío Baroja, Miguel de Unamuno y Ramón María del Valle-Inclán.

El poeta nicaragüense Rubén Darío (1867-1916) inició el Modernismo en España con *Azul* (1888).

La importancia de Rubén Darío es enorme en toda la poesía hispánica. Sus hallazgos poéticos y musicales fueron el inicio de la gran poesía española del siglo XX.

Rubén Darío

Comprendo, aplico y razono

XXXIII

¿Mi amor?... ¿Recuerdas, dime,
aquellos juncos tiernos,
lánguidos[1] y amarillos
que hay en el cauce seco?...

¿Recuerdas la amapola
que calcinó el verano,
la amapola marchita,
negro crespón[2] de campo?...

¿Te acuerdas del sol yerto[3]
y humilde, en la mañana,
que brilla y tiembla roto
sobre una fuente helada?...

Antonio MACHADO: "Del camino" (fragmento), *Soledades*.

1. **lánguido**: débil.
2. **crespón**: tela negra que se usa en señal de luto.
3. **yerto**: tieso o rígido, especialmente a causa del frío o de la muerte.

11. A Machado le preguntan por su amor, y él contesta con tres metáforas. Si *amor* es el término real de todas, ¿cuáles son los términos imaginarios?
12. ¿Qué información sobre el amor da el primer término imaginario? Redáctalo con tus palabras.
13. ¿Qué información da el segundo término imaginario? Señala la metáfora aposicional de la segunda estrofa.
14. ¿Qué información da sobre su amor el tercer término imaginario?
15. Relee la rima XXIV de Bécquer que tienes en la unidad 9. Como este poema de Machado, Bécquer construye su poema con una sola metáfora. ¿Dónde sitúa Bécquer el término real y dónde los términos imaginarios? ¿Dónde los sitúa Machado? ¿Crees que Bécquer ha influido en Machado? Justifícalo.

Antonio Machado (1875-1939)

La poesía de Machado en sus inicios se acerca al Modernismo, como has podido comprobar en el poema de la página anterior, aunque muy pronto se identifica con la ética y la estética de la generación del 98. Así vemos que su **lenguaje literario es sencillo**, pero a la vez presenta una **gran densidad**. En sus versos percibimos reflexiones muy profundas sobre el ser humano, el tiempo, la vida y la muerte.

También el **tema de España** se refleja en muchos de sus poemas. En ellos observamos una visión muy crítica sobre el atraso del país y sus vicios ancestrales, pero hay también muchos versos esperanzados que cantan a la juventud, al trabajo y a la inteligencia para lograr la salida de sus problemas más graves.

En su primer libro, *Soledades, galerías y otros poemas* (1907), observamos cierta influencia modernista, matizada por un tono reflexivo e intimista.

En *Campos de Castilla* (1912-1917) recoge poemas sobre la honda belleza de las tierras castellanas, pero también sobre su atraso y su inmovilismo. En él aparecen numerosos poemas de contenido social y crítico, además de los dedicados a la muerte de Leonor, su esposa, a los diecisiete años.

En *Nuevas canciones* (1923) encontramos canciones de corte popular y proverbios que son auténticas reflexiones filosóficas.

Retrato de Antonio Machado (1917), de Joaquín Sorolla.

Machado era sevillano, pero su estancia en Soria marcó su vida y obra. Allí se enamoró de Leonor.

Antonio Machado

LIII

Ya hay un español que quiere
vivir y a vivir empieza,
entre una España que muere
y otra España que bosteza.

Españolito que vienes
al mundo, te guarde Dios.
Una de las dos Españas
ha de helarte el corazón.

Antonio MACHADO: *Campos de Castilla*.

CXXII

Soñé que tú me llevabas
por una blanca vereda,
en medio del campo verde,
hacia el azul de las sierras,
hacia los montes azules,
una mañana serena.

Sentí tu mano en la mía,
tu mano de compañera,
tu voz de niña en mi oído
como una campana nueva,
como una campana virgen
de un alba de primavera.
¡Eran tu voz y tu mano
en sueños, tan verdaderas!...
Vive, esperanza, ¡quién sabe
lo que se traga la tierra!

Antonio MACHADO: *Campos de Castilla*.

CXIX

Señor, ya me arrancaste lo que yo más quería.
Oye otra vez, Dios mío, mi corazón clamar.
Tu voluntad se hizo, Señor, contra la mía.
Señor, ya estamos solos mi corazón y el mar.

Antonio MACHADO: *Campos de Castilla*.

XXIII

No extrañéis, dulces amigos
que esté mi frente arrugada.
Yo vivo en paz con los hombres
y en guerra con mis entrañas.

Antonio MACHADO: *Proverbios y cantares*.

Comprendo, aplico y razono

16. Resume el contenido del poema LIII. ¿Qué ideas expone Machado en los cuatro primeros versos? ¿Qué profetiza el poeta en los cuatro últimos?
17. Machado quedó desolado con la muerte de su esposa. Resume el contenido del poema CXXII. ¿En qué versos se percibe la juventud de Leonor?
18. ¿Qué colores del poema CXXII y qué adjetivos muestran la alegría de soñar con Leonor?
19. En el poema CXIX, Machado vuelve a referirse a la pérdida de Leonor. ¿Qué símbolo representa la muerte en este poema? ¿Recuerdas otros poetas que han utilizado ese símbolo? ¿Se puede aplicar a la pérdida de cualquier ser querido? ¿Por qué?
20. Resume el contenido del poema XXIII.
21. ¿Qué características de la poesía modernista o de la generación del 98 observas en estos poemas?

Juan Ramón Jiménez (1881-1958)

Juan Ramón Jiménez es uno de los maestros más importantes de la poesía del siglo XX. Su obra se suele dividir en tres períodos:

- **Etapa sensitiva** (1898-1915). Sus primeros libros se sitúan dentro de la influencia modernista. En esta etapa predominan los colores suaves y los sentimientos melancólicos. Pertenecen a esta época: *Arias tristes* (1903), *Jardines lejanos* (1903) y *Platero y yo* (1914).
- **Etapa intelectual** (1916-1936). Juan Ramón va depurando su lenguaje de los adornos modernistas y empieza a escribir un tipo de poesía desnuda y sencilla que expresa la esencia de las cosas y de los sentimientos. De este momento es *Diario de un poeta recién casado* (1917), en el que ya utiliza el verso libre y elimina la rima, porque busca un lenguaje poético depurado de todos los adornos innecesarios.
- **Etapa suficiente o verdadera** (1937-1958). Juan Ramón Jiménez se exilió al principio de la Guerra Civil. En el exilio escibió *Dios deseado y deseante* (1948-49), libro de poemas en prosa, aunque profundamente lírico y libre ya de cualquier atadura formal.

Retrato de Juan Ramón Jiménez (1903), de Joaquín Sorolla.

Juan Ramón Jiménez nació en Moguer, Huelva. Recibió el Premio Nobel de Literatura en 1956.

Comprendo, aplico y razono

Yo dije que me gustaba...

Yo dije que me gustaba
–ella me estuvo escuchando–
que, en primavera, el amor
fuera vestido de blanco.
Alzó sus ojos azules
y se me quedó mirando,
con una triste sonrisa
en los virjinales labios.
Siempre que crucé su calle,
al ponerse el sol de mayo
estaba seria en su puerta,
toda vestida de blanco.

Juan Ramón Jiménez: *Arias tristes* (fragmento).

Aun cuando el mar es grande...

Aun cuando el mar es grande,
como es lo mismo todo,
me parece que estoy ya a tu lado...
Ya solo el agua nos separa,
el agua que se mueve sin descanso,
¡el agua, solo el agua!

Juan Ramón Jiménez: *Diario de un poeta recién casado* (fragmento).

¿Es el lucero del alba?

¿El lucero del alba?
¿O es el grito
del claro despertar de nuestro amor?

Juan Ramón Jiménez: *Eternidades* (fragmento).

22. ¿Qué comentario realiza el protagonista lírico en el primer poema? ¿Cómo reacciona la muchacha? ¿Sienten ambos idénticos sentimientos? ¿Por qué lo sabes? ¿Qué siente el protagonista lírico cuando ve a la joven vestida de blanco en su puerta? Relaciona el tema de este poema con el título del libro.

23. Lee el segundo poema y explica por qué el poeta se siente más cerca de su amada aunque los separe el mar. ¿Tu escrito es más largo o más corto que los seis versos que ocupa este poema? Explica desde esta experiencia por qué decimos que su poesía en esta etapa es sencilla, depurada y densa.

24. Lee el tercer poema. ¿Tiene rima? Investiga sobre el verso libre. ¿Crees que este tipo de estructura métrica, común al segundo poema, favorece la sencillez que busca el poeta? ¿Por qué?

25. ¿Por qué identifica el poeta el lucero del alba con el despertar del amor? Explícalo con tus palabras.

26. ¿En qué etapa de la obra de Juan Ramón Jiménez ubicarías el libro *Arias tristes*? ¿Por qué?

27. Juan Ramón Jiménez escribía con *j* todas las palabras que tuvieran el sonido fuerte de *g*. Localiza un ejemplo en el primer poema.

1.2 La novela en la generación del 98

Los jóvenes escritores de la generación del 98 quieren reformar la narrativa anterior. Se diferencian de los autores realistas en que:

- Se interesan más por el **mundo interior** de sus personajes que por los hechos externos que les suceden. De ahí que escaseen las descripciones exteriores para centrarse en las descripciones de sentimientos y en las dudas existenciales de sus personajes.
- En las novelas se presentan **varios puntos de vista** para exponer diversas opiniones sobre un mismo hecho. Algunas se acercan al ensayo.
- **España y sus problemas** son un tema recurrente en sus obras.
- El lenguaje literario se cuida más que en el siglo anterior; los autores del 98 utilizan un **lenguaje sencillo pero muy elaborado**, hasta el punto de que algunos fragmentos de Azorín parecen verdaderos poemas en prosa.

José Martínez Ruiz, Azorín (1873-1967)

Azorín se interesó por todos los géneros literarios menos por la poesía. Fue periodista, un magnífico ensayista y autor de varias novelas.

Su lenguaje literario se caracteriza por las oraciones cortas y un vocabulario riquísimo y minucioso. Sus primeras novelas son de corte autobiográfico, como *La voluntad* (1913), pero es en los ensayos, como *Castilla* (1912), donde consigue sus mejores páginas. Azorín suele enlazar pasado y presente en un espacio intemporal lleno de magia y sugerencias.

Retrato de Azorín (1941), de Ignacio Zuloaga.

De pensamiento anarquista en su juventud, pasó a ser conservador en su madurez. Él fue quien dio nombre al grupo de jóvenes que querían cambiar la literatura a principios del siglo XX en un ensayo que tituló: "La generación de 1898".

Las nubes

Calisto y Melibea se casaron –como sabrá el lector, si ha leído *La Celestina*– a pocos días de ser descubiertas las rebozadas entrevistas que tenían en el jardín. Se enamoró Calisto de la que después había de ser su mujer un día que entró en la huerta de Melibea persiguiendo un halcón. Hace de esto dieciocho años. Veintitrés tenía entonces Calisto. Viven ahora marido y mujer en la casa solariega[1] de Melibea; una hija les nació, que lleva, como su abuela, el nombre de Alisa. [...] No tiene Calisto nada que sentir del pasado; pasado y presente están para él al mismo rasero de bienandanza[2]. Nada puede conturbarle[3] ni entristecerle. Y, sin embargo, Calisto, puesta en la mano la mejilla, mira pasar a lo lejos, sobre el cielo azul, las nubes. [...]

Alisa se halla en el jardín, sentada, con un libro en la mano. [...] En el jardín todo es silencio y paz. En lo alto de la solana, recostado sobre la barandilla, Calisto contempla estático a su hija. De pronto, un halcón aparece revolando rápida y violentamente por entre los árboles. Tras él, persiguiéndole, todo agitado y descompuesto, surge un mancebo[4]. Al llegar frente a Alisa, se detiene absorto, sonríe y comienza a hablarle.

Calisto lo ve desde el carasol[5] y adivina sus palabras. Unas nubes redondas, blancas, pasan lentamente, sobre el cielo azul, en la lejanía.

AZORÍN: "Las nubes" (adaptación), *Castilla*. Alianza Ed., 2013.

1. solariega: relativo al linaje antiguo y noble.
2. bienandanza: felicidad, fortuna en los sucesos.
3. contubar: alterar o inquietar a alguien o causar intranquilidad en su ánimo.
4. mancebo: joven soltero.
5. carasol: corredor o pieza destinada en la casa para tomar el sol.

Comprendo, aplico y razono

28. ¿Es cierto que se casaron Calisto y Melibea? ¿Qué les pasó en la obra de Fernando de Rojas del s. XV?
29. ¿Por qué sabe el padre las palabras que le está diciendo a su hija el joven que acaba de entrar en el jardín?
30. El tiempo se presenta de manera circular y el presente repite el pasado. Explícalo, en tu cuaderno, a partir de lo que sucede en este fragmento.
31. Azorín suele utilizar parejas de palabras para describir situaciones o personajes, como las que tienes subrayadas. Busca en el texto otras parejas de palabras con esa función.
32. Recrea, como Azorín, un clásico cambiando el final.

Miguel de Unamuno (1864-1936)

Miguel de Unamuno traslada a su obra literaria los dos temas que le preocupan con mayor intensidad: **el problema de España**, por un lado, y **el problema existencial**, por el otro. Ambos temas aparecen una y otra vez tanto en sus novelas como en sus ensayos, en sus artículos periodísticos o en sus obras teatrales.

- En los **ensayos**, Miguel de Unamuno expuso sus dos máximas preocupaciones: **el sentido de la existencia** y **el problema de España**. Algunos títulos son: *Del sentimiento trágico de la vida* (1913) y *Por tierras de Portugal y España* (1911).
- En las **novelas** vuelve a defender las ideas que ya había expuesto en muchos de sus ensayos. Sus personajes son portadores de conflictos existenciales más que personajes de carne y hueso. Unamuno, consciente de que sus novelas no eran novelas al uso, las denominó *nivolas*.

  San Manuel Bueno, mártir (1930) es una novela breve en la que se suprime toda descripción accesoria, porque lo que importa son las dudas existenciales del cura don Manuel, que ha perdido la fe, pero lo oculta a los demás para que la ilusión del paraíso les ayude a soportar su pobreza tanto espiritual como material.

El lenguaje literario de Unamuno se ajusta a su concepción de la literatura. Por un lado, utiliza palabras populares, que él llama "terruñeras", para mostrar el arraigo del ser humano con las tradiciones y con su tierra. Por otro lado, utiliza numerosos juegos de palabras, antítesis y paradojas para expresar las dudas y las contradicciones humanas.

Retrato de Miguel de Unamuno (1920), de Joaquín Sorolla.

Unamuno fue uno de los intelectuales más brillantes de la generación del 98. A los 27 años ya era catedrático de griego de la Universidad de Salamanca. Escribió novelas, ensayos, poesía, teatro y numerosos artículos periodísticos.

Comprendo

San Manuel Bueno, mártir

Su vida era activa y no contemplativa, huyendo cuanto podía de no tener nada que hacer [...]. ¡Hacer!, ¡hacer! Bien comprendí yo ya desde entonces que don Manuel huía de pensar ocioso y a solas, que algún pensamiento le perseguía. Así es que estaba siempre ocupado, y no pocas veces en inventar ocupaciones [...].

Trabajaba también manualmente, ayudando con sus brazos a ciertas labores del pueblo. En la temporada de trilla íbase a la era a trillar[1] y aventar[2], y en tanto aleccionaba o distraía a los labradores, a quienes ayudaba en estas faenas. Sustituía a las veces a algún enfermo en su tarea.

Un día del más crudo invierno se encontró con un niño, muertecito de frío, a quien su padre le enviaba a recoger una res a larga distancia, en el monte.

–Mira –le dijo al niño–, vuélvete a casa a calentarte, y dile a tu padre que yo voy a hacer el encargo [...].

Y es que huía de la ociosidad y de la soledad. De tal modo que, por estar con el pueblo, y sobre todo con el mocerío y la chiquillería, solía ir al baile. Y más de una vez se puso él a tocar el tamboril para que los mozos y las mozas bailasen.

Miguel DE UNAMUNO: *San Manuel Bueno, mártir* (adaptación). Ed. Cátedra, 2014.

1. **trillar**: quebrantar el cereal maduro tendido en la era y separar el grano de la paja.
2. **aventar**: echar al viento los granos y la paja para que caigan separados.

33. La narradora de este texto es una mujer: Ángela Carballino, que escribe el relato en primera persona. Localiza en el texto la primera persona.

34. ¿Por qué sospecha Ángela que algo le sucede a su amigo, el sacerdote don Manuel?

35. ¿Qué verbo expresa la lucha de don Manuel contra su angustia interior?

36. ¿A qué se dedica el sacerdote cuando termina sus labores religiosas? ¿Por qué lo hace?

Pío Baroja (1872-1956)

Pío Baroja ha sido considerado el gran novelista de la generación del 98 y uno de los mejores escritores del siglo XX. Baroja escribió cuentos, novelas y libros de memorias.

Su pensamiento, muy crítico con la sociedad, se refleja en la creación de unos personajes solitarios e inadaptados que, aunque quieren cambiar el mundo, acaban siendo vencidos por la sociedad y por sus propios conflictos internos.

De entre las numerosas novelas de Baroja destacan:

- *La busca* (1903). El protagonista, Manuel, es un muchacho pobre, hijo de la sirvienta de una pensión, que trabaja en varios oficios, entre ellos de panadero, pero no consigue progreso alguno y acaba como un golfo más por las calles de Madrid.
- *El árbol de la ciencia* (1911). Andrés Hurtado, el protagonista de la novela, es una persona inadaptada y muy crítico con la sociedad, que estudia Medicina y trabaja como médico, aunque no siente vocación. Andrés Hurtado se ve abocado a un final trágico.

La lengua literaria de Baroja comparte el deseo de sencillez de los autores del 98. Prefiere las oraciones cortas y los diálogos naturales que se acercan al lenguaje común de la calle.

Retrato de Pío Baroja y Nessi (1914), de Joaquín Sorolla.

Baroja estudió medicina (aunque ejerció poco tiempo) y trabajó en la panadería familiar. Sus vivencias las vuelca en sus novelas, en las que expresa un enorme desencanto de la sociedad y del ser humano.

Aplico y razono

El árbol de la ciencia

Muchas veces a Hurtado le parecía Alcolea una ciudad en estado de sitio. El sitiador era la moral. Allí no había nada que no estuviese almacenado y recogido: las mujeres, en sus casas; el dinero, en las carpetas; el vino, en las tinajas.

Andrés se preguntaba: "¿Qué hacen las mujeres? ¿En qué piensan? ¿Cómo pasan las horas?". Difícil era averiguarlo. Con aquel régimen de guardarlo todo, Alcolea gozaba de un orden admirable; solo un cementerio cuidado podía sobrepasar tal perfección.

Esta perfección se conseguía haciendo que el más inepto fuera el que gobernara. [...] La política de Alcolea respondía perfectamente al estado de inercia y desconfianza del pueblo. Era una política de caciquismo, una lucha de dos bandos contrarios: los Ratones eran liberales, y los Mochuelos, conservadores.

En aquel momento dominaban los Mochuelos. El Mochuelo principal era el alcalde, un hombre delgado, vestido de negro, muy clerical, cacique de formas suaves, que suavemente iba llevándose todo lo que podía del municipio.

El cacique liberal del partido de los Ratones era don Juan, un tipo bárbaro y despótico, corpulento y forzudo, con unas manos de gigante; hombre que, cuando entraba a mandar, trataba al pueblo en conquistador. Este gran Ratón no disimulaba, como el Mochuelo; se quedaba con todo lo que podía, sin tomarse el trabajo de ocultar decorosamente sus robos.

Alcolea se había acostumbrado a los Mochuelos y a los Ratones, y los consideraba necesarios.

Pío BAROJA: *El árbol de la ciencia* (adaptación). Ed. Cátedra, 2014.

37. ¿Cómo era la vida cotidiana en Alcolea? ¿Qué tienen en común los Mochuelos y los Ratones? ¿En qué se diferencian? Explica qué quiere decir Pío Baroja en la última frase.

38. Este fragmento se puede dividir en dos partes. Explica qué se recoge en cada una de ellas.

39. Define con cuatro adjetivos el estilo literario de Baroja que puedes observar en este texto.

40. Busca información sobre el caciquismo y relaciónalo con este fragmento. ¿Qué opinión tiene Baroja de la política de su época? Relaciona el texto con el regeneracionismo.

Ramón María del Valle-Inclán (1866-1936)

Valle-Inclán cultivó casi todos los géneros literarios: la narrativa, el ensayo, la poesía lírica y el teatro. Su obra teatral, absolutamente revolucionaria, abrió las puertas del teatro español a la modernidad con la creación del **esperpento**.

Etapas en la obra literaria de Valle-Inclán

En su obra literaria podemos distinguir dos etapas diferentes cuyas características se manifestarán tanto en sus novelas como en sus obras teatrales.

Primera etapa (1902-1920)

Sus obras están dentro de la corriente modernista. En su obra narrativa de este período destacan las *Sonatas* (1902-1905). Su protagonista es el marqués de **Bradomín**, un seductor "feo, católico y sentimental", que narra sus aventuras eróticas desde el recuerdo. El lenguaje de las *Sonatas* es sensorial y muy rítmico, casi prosa poética en muchos de sus fragmentos.

Windflowers (1847-1917), de John W. Waterhouse.

Sonata de primavera

María Rosario también tenía una hermosa leyenda. Cuando bajaba al jardín traía la falda llena de espliego que esparcía entre sus vestidos. María Rosario hubiera querido convertir el palacio en un albergue donde se recogiese la procesión de viejos y lisiados, de huérfanos y locos que llenaban la capilla pidiendo limosna y salmodiando padrenuestros [...].

María Rosario fue el único amor de mi vida. Han pasado muchos años, y al recordarla todavía se llenan de lágrimas mis ojos áridos, ya casi ciegos.

Ramón María DEL VALLE-INCLÁN: *Sonata de primavera. Sonata de estío* (adaptación). Alianza Ed., 2010.

Segunda etapa (1920-1936)

Tras su experiencia como corresponsal durante la Primera Guerra Mundial (1914), se produce en la vida y la obra de Valle-Inclán un giro radical. Abandona sus posiciones políticas más conservadoras y la estética del Modernismo, y su posición crítica se agudiza acercándose a los postulados de la generación del 98.

Nace así el **esperpento**, una respuesta ética y estética que quiere mostrar la miseria material y moral de España, a través de unos personajes degradados física y moralmente, que la reflejan en toda su crudeza.

La esperpentización de personajes y ambientes la consigue a través de:

- La **animalización** y **cosificación** de los personajes, que los aleja de su naturaleza humana para dejar al descubierto su cara más egoísta. Estos personajes están incapacitados para cualquier bondad porque ni su carácter ni el ambiente, corrupto y degradado que los rodea, lo permiten.
- El **desclasamiento**. Los personajes, de todas las clases sociales, son igual de insolidarios, incultos, pretenciosos y chabacanos.

Son de esta segunda etapa las novelas: *Tirano Banderas* (1926) y *La corte de los milagros* (1927). Y su mejor obra de teatro: *Luces de bohemia* (1924).

Retrato de Valle-Inclán (1931), de Ignacio Zuloaga.

Valle-Inclán era un apasionado del cine, pensaba, hacia el año 1900, que el día en que por fin fuera sonoro, el cine sería el arte más completo porque uniría imagen, palabra y movimiento.

Ramón María del Valle-Inclán

Máscaras de la naturaleza muerta (1911), de Emil Nolde.

Los pintores expresionistas deformaban los rasgos y utilizaban colores muy contrastados para representar con exactitud la verdadera esencia de las cosas, lo que no puede verse a simple vista.

El **esperpento** usa el mismo punto de vista (animalización y desclasamiento) para describir la miseria moral de sus personajes, despojándolos de toda humanidad.

Luces de bohemia

Luces de bohemia (1920) es una de las mejores obras de teatro del siglo XX. En ella se muestra la última noche de Max Estrella, escritor bohemio, pobre y ciego, que recorre distintos espacios de Madrid antes de morir.

El recurso del **personaje itinerante** da la posibilidad a Valle de mostrar diferentes ambientes de Madrid (como símbolo de España): desde la casa miserable donde vive Max Estrella hasta el lujoso y chabacano despacho del ministro de la Gobernación; desde la librería de Zaratustra hasta la taberna de Picalagartos. Y, sobre todo, las calles en penumbra de una ciudad en una noche de manifestaciones, cristales rotos, muertos y violencia.

En este texto conoceremos a Zaratustra, un librero más interesado en el dinero que en la cultura; al protagonista, Max Estrella, poeta ciego y pobre; a don Latino, su amigo y también traidor compañero, y al bohemio don Gay, que acaba de regresar de Inglaterra y está fascinado con la vida inglesa y su religión oficial: el anglicanismo.

ESCENA II

La cueva de ZARATUSTRA en el Pretil de los Consejos. Rimeros de libros hacen escombro y cubren las paredes. Empapelan los cuatro vidrios de una puerta cuatro cromos de un novelón por entregas. [...] ZARATUSTRA, abichado y giboso –la cara de tocino rancio y la bufanda de verde serpiente– [...]. En la puerta, Max Estrella y don Latino de Hispalis [...].

MAX. ¡Mal Polonia recibe a un extranjero!

ZARATUSTRA. ¿Qué se ofrece?

MAX. Saludarte y decirte que tus tratos no me convienen.

ZARATUSTRA. Yo nada he tratado con usted.

MAX. Cierto. Pero has tratado con mi intendente, don Latino de Hispalis.

ZARATUSTRA. ¿Y ese sujeto de qué se queja? ¿Era mala la moneda?

Don Latino interviene con ese matiz del perro cobarde, que da su ladrido entre las piernas del dueño.

DON LATINO. El maestro no está conforme con la tasa y deshace el trato.

ZARATUSTRA. El trato no puede deshacerse. [...] Todo el atadijo conforme estaba, acabo de venderlo ganando dos perras. Salir el comprador, y entrar ustedes.

El librero, al tiempo que habla, recoge el atadijo que aún está encima del mostrador y penetra en la lóbrega trastienda, cambiando una seña con don Latino. [...]

Un retén de polizontes pasa con un hombre maniatado. Sale alborotando el barrio un chico pelón montado en una caña, con una bandera.

EL PELÓN. ¡Vi-va-Es-pa-ña!

ZARATUSTRA. ¡Está buena España!

Ante el mostrador, los tres visitantes, ilusionados y tristes, divierten sus penas en un coloquio de motivos literarios [...]. Eran intelectuales sin dos pesetas.

DON GAY. Es preciso reconocerlo. No hay país comparable a Inglaterra. [...]

ZARATUSTRA. Es verdad que se lavan mucho los ingleses. Lo tengo advertido. Por aquí entran algunos, y se les ve muy refregados. Gente de otros países, que no sienten el frío como nosotros, los naturales de España.

DON LATINO. [...] Me traslado a Inglaterra. Don Gay, ¿cómo no te has quedado tú en ese paraíso?

DON GAY. Porque soy reumático, y me hace falta el sol de España.

ZARATUSTRA. Nuestro sol es la envidia de los extranjeros.

MAX. ¿Qué sería de este corral nublado? ¿Qué seríamos los españoles? Acaso más tristes y menos coléricos... Quizá un poco más tontos... Aunque no lo creo.

Ramón María DEL VALLE-INCLÁN: *Luces de bohemia. Esperpento* (adaptación). Ed. Espasa Calpe, 1996.

Comprendo, aplico y razono

Contenido, tema y rasgos esperpentizadores

41. El mundo de la cultura está esperpentizado en esa cueva de Zaratustra, viejo librero que se ha conchabado con don Latino para quedarse con lo único que le quedaba al poeta ciego: sus libros. ¿En qué momento sabemos que el librero y don latino están de acuerdo en estafar a Max Estrella?

42. Valle creía en la obra de arte total, por eso sus acotaciones están tan cuidadas como los diálogos. Señala los **rasgos esperpentizadores** (animalizaciones, cosificaciones y desclasamiento) tanto del espacio como de los personajes que hay en las acotaciones.

43. ¿Qué rasgos esperpentizadores hay en los diálogos?

Relación texto y contexto

44. ¿Cómo define Max a esa España y a los españoles?

45. Explica los rasgos de este fragmento que unen la obra teatral de Valle a la generación del 98.

El siglo XX: las vanguardias

Marc Chagall (1887-1985) pintó *París a través de la ventana* en 1913. La ciudad se había convertido en aquellos años en el centro de los experimentos vanguardistas y de la modernidad europea.

Características de las vanguardias

- **Subjetivismo e irracionalismo**. Hasta la llegada de las vanguardias, la realidad era el modelo a seguir. Pero con el surgimiento de nuevas formas de plasmar la realidad, como, por ejemplo, la fotografía, los pintores empiezan a experimentar con las posibilidades que ofrece la pintura y van más allá de la mera copia de la realidad.

  Ahora los artistas pueden, por ejemplo, alejarse de la realidad y mostrar el **desconcierto**: observa ese tren boca abajo[1], que representa el metro de París; o el **asombro** ante el primer paracaidista[2] sobre la ciudad, que tuvo lugar en el año 1912; o la **modernidad** de la Torre Eiffel[3] y de aquellos edificios que la rodean; o el **misterio** en el gato con rostro humano[4] y en las dos figuras horizontales[5] que flotan felices en el espacio; o la **libertad** que sugiere la ventana entreabierta...

  En este cuadro, Chagall muestra sus sentimientos: en él no vemos la ciudad de París real, sino la ciudad tal y como la percibe el pintor.

  De esta manera, el arte da un gran paso: ya no mostrará la realidad, sino las emociones subjetivas, y por lo tanto irracionales, que siente el artista.

- **Experimentación**. La pintura, liberada de tener que representar la realidad, quiere descubrir las posibilidades expresivas de los materiales que utiliza, por ejemplo, la fuerza del color. Observa el rostro azul[6], autorretrato del pintor, un rostro de doble perfil que sugiere sentimientos ambivalentes; observa también el poder del rojo que llena de enorme fuerza todo el cuadro.

Las vanguardias

Entre las dos guerras mundiales se suceden una serie de movimientos experimentales que abarcan todas las artes: la pintura, la escultura, la arquitectura y la literatura, y que recibirán el nombre de **vanguardias**.

ticching.com/745005

Entra y mira el vídeo atentamente y contesta a las preguntas.

Características de la literatura vanguardista

Subjetivismo e irracionalismo

Los vanguardistas ya no se creen en la necesidad de reproducir la realidad para representarla o criticarla desde un punto de vista racional, como hizo la literatura realista o los autores de la generación del 98.

Ahora se acercan a ella desde un **punto de vista subjetivo** e irracional, como hace Lorca en el "Romance de la pena negra" que tienes a la derecha. La literatura de vanguardia es **irracionalista** porque prima la mirada subjetiva sobre la razón lógica.

Experimentación formal

Si en la pintura se experimenta con el color o las figuras, **en la literatura se experimenta con el lenguaje**. Los poetas se arriesgan con las metáforas y los símbolos, presentando como semejantes términos muy alejados entre sí y obligando al lector a encontrar las relaciones que los unen. El lenguaje poético se vuelve más difícil, pero también más sugerente, como has podido comprobar en los versos de Lorca.

Romance de la pena negra

Las piquetas de los gallos
cavan buscando la aurora[1]
cuando por el monte oscuro
baja Soledad Montoya.

Federico GARCÍA LORCA:
Romancero gitano (fragmento).

1. las piquetas de los gallos cavan buscando la aurora: el canto del gallo actúa como una piqueta que cava en la oscuridad de la noche hasta romperla y permitir que pasen los rayos del sol.

Dos movimientos de vanguardia

- **Futurismo**. Filippo Tommaso **Marinetti** sienta las bases en 1909, en Italia. El futurismo rechaza los temas tradicionales, como el amor o la belleza, y realiza un canto a los **avances de la técnica**, como, por ejemplo, la perfección de un automóvil de carreras.
- **Surrealismo**. André **Breton** estableció las bases en 1924, en Francia. El surrealismo pretende liberar el subconsciente de las ataduras de la razón a través de la **escritura automática**, que proviene del fluir del pensamiento, y no del pensamiento consciente.

Romance sonámbulo

Verde que te quiero verde.
Grandes estrellas de escarcha
vienen con el pez de sombra
que abre el camino del alba.
La higuera frota su viento
con la lija de sus ramas,
y el monte, gato garduño[1],
eriza sus pitas[2] agrias.
¿Pero quién vendrá? ¿Y por dónde...?
Ella sigue en su baranda,
verde carne, pelo verde,
soñando en la mar amarga.

Federico GARCÍA LORCA:
Romancero gitano
(fragmento).

1. gato garduño: mamífero nocturno, muy parecido al lince, que se alimenta de animales pequeños.
2. pita: planta verde con hojas triangulares que tienen espinas en el margen y en la punta.

Aplico

46. Lee el romance sin tratar de entender lo que quiere decir el poeta palabra por palabra. Déjate llevar por las sugerencias del texto y describe brevemente lo que has sentido al leerlo.

47. El lenguaje visionario es ilógico y sugerente. A imitación del cuadro de Chagall, dibuja el contenido del poema: el espectro en el balcón y el monte del fondo formado por el lomo de un gato erizado de miedo, solo que en vez de pelos hirsutos tiene pitas llenas de pinchos.

2 Vanguardias y generación del 27

2.1 La generación del 27

La **generación del 27** la forman un grupo de amigos poetas que tienen muchas cosas en común: edades parecidas, formación universitaria, y conocen muy bien tanto la tradición poética española como la poesía de vanguardia que se estaba escribiendo en Europa.

Características de la generación del 27

- **Unen lo mejor de la tradición y de la vanguardia**. Los poetas del 27 suman las mejores características de la poesía clásica y de la moderna. Precisamente se llaman generación del 27 por la conmemoración del tricentenario de la muerte de Góngora en 1627. Así vemos que:
  - De la poesía medieval recuperan la **gracia** y la **frescura** del romancero y de las canciones medievales de tipo popular.
  - De Garcilaso, Lope, Quevedo y Góngora recogen la **brillantez** y la **perfección del lenguaje**, y el **soneto** como forma poética.
  - De Bécquer y de sus contemporáneos, Antonio Machado y Juan Ramón Jiménez, toman la necesidad de **depurar la poesía** y el poder del **símbolo poético**.
  - De las vanguardias se quedan con las posibilidades que ofrece el **subjetivismo**, la **irracionalidad** y la **experimentación** lingüística.
- **Consiguen el equilibrio entre hermetismo y claridad**. Estos poetas son muy modernos en cuanto al lenguaje elegido, como las metáforas y comparaciones visionarias, pero **equilibran este lenguaje irracional** con formas métricas clásicas, como romances, canciones y sonetos.

  A menudo eligen temas tradicionales, pero expresados de forma brillante y revolucionaria, como puedes comprobar a continuación en el romance "San Gabriel" de Lorca.

Poetas de la generación del 27

- Federico García Lorca
- Rafael Alberti
- Gerardo Diego
- Luis Cernuda
- Vicente Aleixandre
- Pedro Salinas
- Jorge Guillén
- Manuel Altolaguirre
- Emilio Prados
- Dámaso Alonso
- Ernestina de Champourcín
- Josefina de la Torre

Ernestina de Champourcín y Josefina de la Torre son las únicas mujeres poetas que Gerardo Diego incluyó en su *Antología* de 1934.

Aplico y razono

San Gabriel

Un bello niño de junco,
anchos hombros, fino talle,
piel de nocturna manzana,
boca triste y ojos grandes,
nervio de plata caliente,
ronda la desierta calle.
Sus zapatos de charol
rompen las dalias del aire,
con los dos ritmos que cantan
breves lutos celestiales.
En la ribera del mar
no hay palma que se le iguale,
ni emperador coronado
ni lucero caminante.
Cuando la cabeza inclina
sobre su pecho de jaspe,
la noche busca llanuras
porque quiere arrodillarse.
Las guitarras suenan solas
para san Gabriel Arcángel,
domador de palomillas
y enemigo de los sauces.
San Gabriel: El niño llora
en el vientre de su madre.
No olvides que los gitanos
te regalaron el traje.

Federico GARCÍA LORCA:
Romancero gitano (fragmento).

48. ¿"Niño de junco" es una metáfora tradicional o visionaria? ¿Por qué?
49. ¿Qué atributos de la manzana son comunes a la piel? ¿Qué cualidades de la noche pueden reflejarse en la piel de un niño gitano? Explica desde estos dos puntos de vista la metáfora y di si es tradicional o visionaria.
50. ¿Hay en este romance recursos de la lírica tradicional, como la anáfora o la personificación?
51. Relaciona el tamaño de la noche y el de las llanuras, y explica la personificación que hay en estos versos.
52. ¿Qué aspectos tradicionales y vanguardistas observas?

2.2 Etapas y autores de la generación del 27

1.ª etapa (1922-1928). Síntesis y poesía pura

Los poetas reflejan en sus obras una **síntesis** perfecta de **tradición y vanguardia**. También algunos poetas siguen la línea de la **poesía pura** que trazó Juan Ramón Jiménez, y que rechazaba en el poema lo personal y biográfico del poeta.

En esta etapa, Lorca escribe el *Romancero gitano*, y Alberti gana el premio Nacional de Literatura con *Marinero en tierra*.

2.ª etapa (1928-1931). Época humanizada

El surrealismo se impone en muchos poetas del grupo. Vuelven así los **temas personales**, como la infancia, el amor o la denuncia social. Lorca escribe *Poeta en Nueva York*; Alberti, *Sobre los ángeles*; Luis Cernuda, *Los placeres prohibidos*, y Emilio Prados, *Andando, andando por el mundo*.

Además de las comparaciones y metáforas visionarias, el surrealismo introduce otros recursos como la acumulación caótica.

3.ª etapa (1931-1936). Poesía social

Los poetas no son ajenos a los **asuntos sociales y políticos** de España. Muchos simpatizan con la Segunda República (1931) y reclaman una poesía sin pureza, pegada a los problemas de la gente.

Rafael Alberti publica *El poeta en la calle*, y Federico García Lorca, *Llanto por Ignacio Sánchez Mejías*.

4.ª etapa (1936). Guerra Civil y exilio

Al estallar la **Guerra Civil** (1936) muchos poetas fueron perseguidos. Lorca muere asesinado en Granada en 1936 y la mayoría tiene que marcharse de España. En el **exilio** publican nuevos libros de poemas en los que la nostalgia de la patria perdida y el desarraigo son las notas dominantes en su poesía.

La acumulación caótica

Cuando nos embargan los sentimientos, estos se suceden desordenadamente, y es la razón la que los ordena.

La **acumulación caótica** es una sucesión de imágenes irracionales que intentan reproducir sensaciones que aún no han pasado por la razón lógica. Este recurso tuvo una amplia difusión en la poesía vanguardista.

Observa el poema de más abajo: "Hay voces libres". En él vemos una **acumulación caótica** de personificaciones que, tomando como hilo de unión la palabra ***sangre***, que se repite machaconamente, consigue trasladarnos una acumulación de sensaciones que reflejan claramente la angustia del autor.

Hay voces libres

Hay sangre:
sangre que duerme y no descansa
y sangre que baila y grita al compás de la muerte,
sangre que se escapa de las manos cantando
y sangre que se pudre estancada en los cuévanos[1].
Hay sangre que inútilmente empaña los cristales,
y sangre que pregunta y camina y camina,
sangre que enloquecida se dispara
y sangre que se ordena gota a gota para nunca entregarse.
Hay sangre en lo que no se dice
y sangre que no se calla y no se calla.
Hay sangre que rezuma medio seca bajo las telas sucias
y sangre floja bajo las venas que se para y no sale. [...]
Y corazones que golpean la pared como una llama.

Emilio PRADOS: *Andando, andando por el mundo* (fragmento).

1. cuévano: cesto grande y hondo.

Aplico y razono

53. Lee este poema y no te preocupes de entender exactamente el significado de cada palabra. Expresa brevemente qué impresiones sientes al leerlo.

54. ¿Qué características propias de la etapa a la que pertenece este libro observas en el poema?

55. Describe una reunión de jóvenes utilizando la técnica de la acumulación caótica. Puedes usar cualquier palabra como símbolo de los jóvenes o un símbolo de tu invención.

56. Explica o dibuja qué te sugiere el último verso. Realiza la actividad en tu cuaderno.

Rafael Alberti (1902-1999)

Rafael Alberti publica, a los 23 años, su primer libro de poemas: *Marinero en tierra*, por el que recibe el Premio Nacional de Literatura.

Marinero en tierra (1925) está dentro de la **corriente neopopularista**, que rescata la sencillez de los temas y la métrica de la poesía popular, pero renovada por la poesía de vanguardia. En su obra, el mar representa la libertad, la infancia y la felicidad, y el ritmo de sus olas inspiran el ritmo de sus versos.

Más tarde, y dentro de la **estética surrealista**, Rafael Alberti publica *Sobre los ángeles* (1929), libro que refleja su crisis espiritual y personal. Tras la Guerra Civil se exilia a Francia primero, y a Argentina e Italia después.

En esos años escribe sobre su añoranza de la patria lejana en obras como *Baladas y canciones del Paraná* (1954), o *El poeta en la calle* (1931-1965), donde recoge su **poesía social**.

El ángel de los números es una de las ilustraciones de Rafael Alberti para su libro *Sobre los ángeles*. La primera vocación del poeta fue la pintura.

Comprendo, aplico y razono

El mar. La mar

El mar. La mar.
El mar. ¡Solo la mar!

¿Por qué me trajiste, padre,
a la ciudad?

¿Por qué me desenterraste
del mar?
En sueños, la marejada
me tira del corazón;
se lo quisiera llevar.

Padre, ¿por qué me trajiste
acá?

Rafael ALBERTI: *Marinero en tierra* (fragmento).

Hoy las nubes me trajeron...

Hoy las nubes me trajeron,
volando, el mapa de España.
¡Qué pequeño sobre el río,
qué grande sobre el pasto
la sombra que proyectaba!
Se le llenó de caballos
la sombra que proyectaba.
Yo, a caballo, por su sombra
busqué mi pueblo y mi casa.
Entré en el patio que un día
fuera una fuente con agua.
Aunque no estaba la fuente,
la fuente siempre sonaba.
Y el agua que no corría
volvió para darme agua.

Rafael ALBERTI: *Baladas y canciones del Paraná* (fragmento).

1. **pasto**: hierba que el ganado pace en el mismo terreno donde se cría.
2. **proyectar**: referido a una sombra, hacerla visible sobre una superficie.

57. En el primer poema, Alberti quiere representar el ritmo del mar en sus dos primeros versos. ¿Crees que lo consigue? ¿Con qué recurso? Realiza la actividad en tu cuaderno.

58. En el segundo poema, Alberti ve que una nube en el cielo tiene una extraña forma que le recuerda algo. ¿Qué forma es esa? ¿A qué le recuerda? Haz la actividad en tu cuaderno.

59. ¿Qué sucede entonces en la imaginación del poeta? Ese recorrido imaginario, ¿a dónde lo lleva?

60. ¿Qué crees que simboliza que su país sea una sombra?

61. ¿Qué piensas que simboliza que ya no haya una fuente en su patio? ¿Puede el poeta olvidar aquella agua fresca?

62. ¿Qué simboliza aquella agua fresca para el poeta?

63. ¿Qué piensas que significan los dos últimos versos?

64. ¿Crees que este poema refleja la poesía de un exilado? ¿Por qué? ¿Cuáles son esos sentimientos?

Pedro Salinas (1891-1951)

Los primeros libros de Pedro Salinas están dentro de la influencia de la **poesía pura** de Juan Ramón Jiménez.

Salinas no siguió la corriente surrealista; su labor fue ir depurando el lenguaje para darle la mayor exactitud y precisión. Por este motivo su poesía es **muy densa**, pues utiliza sobre todo antítesis, paradojas y juegos de palabras para concentrar todo lo posible el significado en unos versos breves y sin rima.

Si me llamaras, sí

¡Si me llamaras, sí,
si me llamaras!

Lo dejaría todo,
todo lo tiraría:
los precios, los catálogos,
el azul del océano en los mapas,
los días y sus noches,
los telegramas[1] viejos
y un amor.
Tú, que no eres mi amor,
¡si me llamaras!

Pedro SALINAS: *La voz a ti debida* (fragmento).

1. telegrama: mensaje transmitido por telégrafo, es decir, mediante un sistema de comunicación a distancia.

Aunque Salinas no presenta alardes vanguardistas, sí podemos encontrar pistas del **futurismo** en sus poemas.

Comprendo

65. ¿Qué palabras del poema se refieren a los avances de la técnica y los inventos de este primer tercio del siglo XX? ¿Qué movimiento de vanguardia recogía este tipo de avances?

66. En el poema se nos da a entender que la amada del poeta es un amor secreto. Indica en tu cuaderno de qué versos se desprende esta información.

Salinas publica un libro de poesía amorosa que ha quedado como uno de los mejores poemarios de amor del siglo XX: *La voz a ti debida* (1933). Es un único poema fraccionado en unidades más pequeñas. En él reflexiona sobre todos los estados del amor: la búsqueda, la felicidad y el desencuentro. El libro tuvo una segunda parte: *Razón de amor* (1936), donde escribe sobre el fin de aquella historia amorosa.

La forma de querer tú

La forma de querer tú
es dejarme que te quiera.
El sí con que te me rindes
es el silencio. Tus besos
son ofrecerme los labios
para que los bese yo.
Jamás palabras, abrazos
me dirán que tú existías,
que me quisiste: jamás.
Me lo dicen hojas blancas,
mapas, augurios[1], teléfonos;
tú, no.
Y estoy abrazado a ti
sin preguntarte, de miedo
a que no sea verdad
que tú vives y me quieres.
Y estoy abrazado a ti
sin mirar y sin tocarte.
No vaya a ser que descubra
con preguntas, con caricias,
esa soledad inmensa
de quererte solo yo.

Pedro SALINAS: *La voz a ti debida* (fragmento).

1. augurio: presagio, anuncio, indicio de algo futuro.

Comprendo, aplico y razono

67. ¿Qué palabras se refieren a avances de la técnica?

68. ¿La amada lo quiere o solo se deja querer por él? El poeta te da la respuesta en las tres antítesis de los seis primeros versos. Explica qué quiere decir.

69. ¿Por qué medios busca saber la verdad el poeta ante la pasividad o el silencio de su amada?

70. Salinas expresa su miedo a saber la verdad. ¿Cuál crees tú que es esa verdad?

71. ¿Te parece Pedro Salinas un poeta cercano y actual? ¿Por qué?

Vicente Aleixandre (1898-1984)

Vicente Aleixandre es uno de los poetas que mejor entendieron el surrealismo en poesía. Recibió el Premio Nobel de Literatura en 1977.

Aplico

Soy el destino

Soy el caballo que enciende su crin contra el pelado viento,
soy el león torturado por su propia melena,
la gacela que teme al río indiferente,
el avasallador tigre que despuebla la selva,
el diminuto escarabajo que también brilla en el día.

Vicente ALEIXANDRE: *La destrucción o el amor* (fragmento).

72. ¿Cuál es el recurso propio del surrealismo que predomina en estos versos?

73. Explica con qué elementos de la naturaleza se identifica el poeta. Continúa esta estrofa con dos o tres versos más manteniendo el paralelismo y la personificación como recursos estilísticos.

Etapas en la obra literaria de Aleixandre

- **1.ª etapa**: sus primeros libros están dentro del **surrealismo**; sin embargo, la íntima unión con la naturaleza permite entender el significado de sus metáforas visionarias. Muestra, gracias a las acumulaciones caóticas y a otros recursos surrealistas, la relación del ser humano con todo lo creado. Son de esta etapa *La destrucción o el amor* (1933) y *Sombra del paraíso* (1934).
- **2.ª etapa**: el ser humano, capaz de sobrevivir gracias a la solidaridad entre las personas, es el protagonista, y la naturaleza pasa a ser el marco en el que transcurre la vida. De esta etapa es *Historia del corazón* (1954).

Aplico

El último amor

Amor mío, amor mío.
Y la palabra suena en el vacío. Y se está solo.
Y acaba de irse aquella que nos quería. Acaba de
salir. Acabamos de oír cerrarse la puerta.
Todavía nuestros brazos están tendidos. Y la voz se
queja en la garganta. [...]

Cállate. Vuelve sobre tus pasos. Cierra despacio la
puerta, si es que no quedó bien cerrada.
Regrésate.
Siéntate ahí y descansa.
No, no oigas el ruido de la calle. No vuelve. No
puede volver.
Se ha marchado, y estás solo.
No levantes los ojos para mirarlo todo, como si en
todo aún estuviera.

Se está haciendo de noche.
Ponte así: tu rostro en tu mano.
Apóyate. Descansa.
Te envuelve dulcemente la oscuridad, y lentamente
te borra.

Todavía respiras. Duerme.
Duerme si puedes. Duerme poquito a poco,
deshaciéndote, desliéndote en la noche que
poco a poco te anega.

¿No oyes? No, ya no oyes. El puro
silencio eres tú, oh dormido, oh abandonado,
oh solitario.
¡Oh, si yo pudiera hacer
que nunca más despertases!

Vicente ALEIXANDRE: *Historia del corazón* (fragmento).

Los **versículos** son los versos de un poema que no están sujetos a rima y tienen extensión variable. El ritmo se consigue con la repetición de palabras, frases o ideas. Fue uno de los metros preferidos en el surrealismo.

74. ¿Cómo se llama este tipo de versificación? ¿Cómo consigue el ritmo? Justifica tu respuesta.

75. ¿En qué situación se queda el protagonista lírico tras el abandono de la amada? Explícalo.

Luis Cernuda (1902-1963)

Luis Cernuda es el poeta más solitario e introvertido del grupo. Convierte en poemas sus experiencias personales: sus amores desafortunados, su soledad y el exilio por la Guerra Civil. En ellos refleja siempre la tensión entre sus sueños y la realidad. Por este motivo reúne en 1936 todos sus libros bajo un solo título: *La realidad y el deseo.*

A dos voces

Tus ojos son los ojos de un hombre enamorado;
tus labios son los labios de un hombre que no cree
en el amor. Entonces dime el remedio, amigo,
si están en desacuerdo realidad y deseo.

Luis CERNUDA: *La realidad y el deseo* (fragmento).

Vicente Aleixandre y Luis Cernuda (1990), de Herminio Molero.

Sus primeros libros importantes están dentro de la influencia del **surrealismo**: *Los placeres prohibidos* (1931) y *Donde habite el olvido* (1932).

Poco a poco abandona los artificios del surrealismo para escribir con un **lenguaje más cercano**, como sucede en *Las nubes* (1940), *Poemas a un cuerpo* (1950-1956) y *Desolación de la quimera* (1956). Cernuda busca la sencillez del lenguaje hablado y el tono coloquial, aunque también percibimos en ellos un fondo clásico.

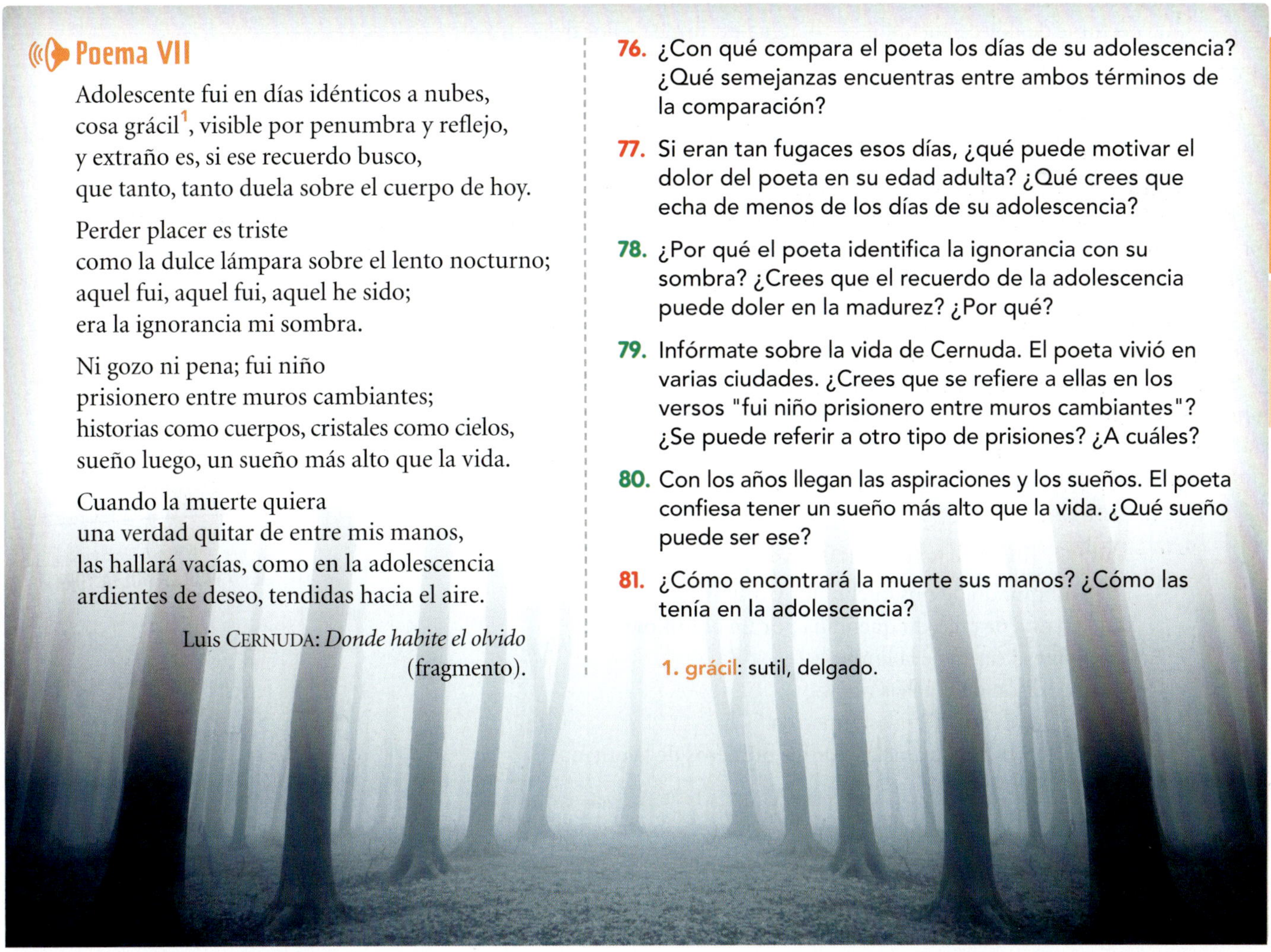

Poema VII

Adolescente fui en días idénticos a nubes,
cosa grácil[1], visible por penumbra y reflejo,
y extraño es, si ese recuerdo busco,
que tanto, tanto duela sobre el cuerpo de hoy.

Perder placer es triste
como la dulce lámpara sobre el lento nocturno;
aquel fui, aquel fui, aquel he sido;
era la ignorancia mi sombra.

Ni gozo ni pena; fui niño
prisionero entre muros cambiantes;
historias como cuerpos, cristales como cielos,
sueño luego, un sueño más alto que la vida.

Cuando la muerte quiera
una verdad quitar de entre mis manos,
las hallará vacías, como en la adolescencia
ardientes de deseo, tendidas hacia el aire.

Luis CERNUDA: *Donde habite el olvido* (fragmento).

Aplico y razono

76. ¿Con qué compara el poeta los días de su adolescencia? ¿Qué semejanzas encuentras entre ambos términos de la comparación?

77. Si eran tan fugaces esos días, ¿qué puede motivar el dolor del poeta en su edad adulta? ¿Qué crees que echa de menos de los días de su adolescencia?

78. ¿Por qué el poeta identifica la ignorancia con su sombra? ¿Crees que el recuerdo de la adolescencia puede doler en la madurez? ¿Por qué?

79. Infórmate sobre la vida de Cernuda. El poeta vivió en varias ciudades. ¿Crees que se refiere a ellas en los versos "fui niño prisionero entre muros cambiantes"? ¿Se puede referir a otro tipo de prisiones? ¿A cuáles?

80. Con los años llegan las aspiraciones y los sueños. El poeta confiesa tener un sueño más alto que la vida. ¿Qué sueño puede ser ese?

81. ¿Cómo encontrará la muerte sus manos? ¿Cómo las tenía en la adolescencia?

1. **grácil**: sutil, delgado.

Federico García Lorca (1898-1936)

Lorca dejó una importantísima obra poética y teatral antes de ser asesinado a los 38 años, al principio de la Guerra Civil. Su obra se divide en dos etapas.

1.ª etapa (1921-1927). Tradición y vanguardias

Es sus primeros libros comprobamos la perfecta unión de tradición y vanguardia. **Las vanguardias** se perciben en el lenguaje elegido lleno de metáforas muy arriesgadas y brillantes; **la tradición** se refleja en la elección de los temas populares y en la métrica: romances y canciones con estribillo. Son de esta etapa: *Canciones* (1927) y *Romancero gitano* (1928). Pertenecen a *Romancero gitano*: "Romance sonámbulo" (p. 211), "San Gabriel" (p. 212) y "Romance de la luna, luna" (p. 221).

Comprendo, aplico y razono

Canción de jinete (1860)

En la luna negra
de los bandoleros,
cantan las espuelas.

Caballito negro.
¿Dónde llevas tu jinete muerto?

La duras espuelas
del bandido inmóvil
que perdió las riendas.

Caballito frío.
¡Qué perfume de flor de cuchillo!

En la luna negra
sangraba el costado
de Sierra Morena.

Caballito negro.
¿Dónde llevas tu jinete muerto?

La noche espolea
sus negros ijares
clavándose estrellas.

Caballito frío.
¡Qué perfume de flor de cuchillo!

En la luna negra,
¡un grito! y el cuerno
largo de la hoguera.

Caballito negro.
¿Dónde llevas tu jinete muerto?

Federico GARCÍA LORCA: *Canciones* (fragmento).

82. El jinete está muerto, pero toda la naturaleza que lo rodea está viva gracias a las personificaciones del poema. Anótalas en tu cuaderno.

83. Observa los estribillos del poema y señala con qué adjetivo se identifica al caballo con el jinete muerto.

84. ¿Cómo será la flor que nace de un cuchillo? ¿Qué color tendrá? ¿A qué puede oler esa flor de cuchillo?

85. El caballo del jinete regresa transportando el cadáver al campamento. ¿Qué frase del poema refleja la sorpresa de sus compañeros?

2.ª etapa (1927-1936). El influjo del surrealismo

En 1929, Lorca viaja EE. UU. y allí escribe un libro: *Poeta en Nueva York*, cuyo lenguaje cercano al surrealismo le sirve de vehículo para expresar su angustia personal, el desconcierto que le provocan la gran ciudad deshumanizada y el alejamiento del hombre de la naturaleza.

Nueva York (oficina y denuncia)

Hay un mundo de ríos quebrados y distancias inasibles
en la patita de ese gato quebrada por un automóvil,
y yo oigo el canto de la lombriz
en el corazón de muchas niñas.
Óxido, fermento, tierra estremecida.
Tierra tú mismo que nadas por los números de la oficina.

Federico GARCÍA LORCA: *Poeta en Nueva York* (fragmento).

También pertenecen a esta etapa *Sonetos del amor oscuro* y *Llanto por Ignacio Sánchez Mejías*, en el que se unen ambas etapas de manera perfecta.

El teatro de Lorca

Al mismo tiempo que escribe y publica sus libros de poemas, Lorca escribe y estrena sus obras teatrales.

Para Lorca, el teatro tenía la función de representar a través de sus personajes **las grandes pasiones del ser humano**, su verdadera identidad. Y también **debía reflejar las características particulares de una sociedad concreta**.

Así vemos que la dictadura de Primo de Rivera se puede entrever en su obra *Mariana Pineda* (estrenada en 1927), la heroína de Granada que murió defendiendo la libertad frente al monarca absoluto Fernando VII.

Las pasiones humanas y la presión social son los ejes de *La casa de Bernarda Alba* (1936), en la que una madre autoritaria e implacable obliga a sus hijas a un encierro total por el luto que han de guardar durante años por la muere del padre. Ese autoritarismo fiero solo conduce a las muchachas a la desgracia y también a la muerte de Adela, la más joven, y la que con más fuerza defiende su derecho a la libertad y al amor.

En el teatro de Lorca observamos **tres temas fundamentales**:

- El poder de la naturaleza sobre los seres humanos.
- La frustración, que anula a quien no puede realizarse en libertad.
- La muerte.

Esta unión de temas universales y situaciones concretas hace al teatro de Lorca internacional, próximo y profundamente humano.

Lorca dirigió durante cinco años la compañía teatral *La Barraca*, formada por estudiantes, que llevó el teatro de Calderón y Lope por los pueblos de España.

Lorca y La Barraca

Aplico y razono

La casa de Bernarda Alba

PONCIA. ¡Cómo han puesto la solería[1]!

BERNARDA. Igual que si hubiese pasado por ella una manada de cabras. [...] Niña, dame un abanico.

ADELA. Tome usted. (*Le da un abanico redondo con flores rojas y verdes.*)

BERNARDA. (*Arrojando el abanico al suelo.*) ¿Es este el abanico que se da a una viuda? Dame uno negro y aprende a respetar el luto de tu padre.

MARTIRIO. Tome usted el mío.

BERNARDA. ¿Y tú?

MARTIRIO. Yo no tengo calor.

BERNARDA. Pues busca otro, que te hará falta. En ocho años que dure el luto no ha de entrar en esta casa el viento de la calle. Haceros cuenta que hemos tapiado con ladrillos puertas y ventanas. Así pasó en casa de mi padre y en casa de mi abuelo. Mientras, podéis empezar a bordar el ajuar[2]. En el arca tengo veinte piezas de hilo [...]. Magdalena puede bordarlas.

MAGDALENA. Lo mismo me da. [...] Sé que no me voy a casar. Prefiero llevar sacos al molino. Todo menos estar sentada días y días dentro de esta sala oscura.

BERNARDA. Eso tiene ser mujer.

MAGDALENA. Malditas sean la mujeres.

BERNARDA. Aquí se hace lo que yo mando. Ya no puedes ir con el cuento a tu padre. Hilo y aguja para las hembras. Látigo y mula para el varón. Eso tiene la gente que nace con posibles[3].

Federico GARCÍA LORCA: *La casa de Bernarda Alba* (adaptación). Ed. Vicens Vives, 2014.

1. **solería**: suelo de baldosas.
2. **ajuar**: ropa del hogar de uso común en la casa.
3. **con posibles**: con dinero; gente rica que no tenía que trabajar.

86. ¿Por qué arroja el abanico al suelo Bernarda? ¿Qué indica esto de su carácter?

87. Martirio tiene 24 años, y Adela, 20. Pasado el período de luto, ¿a qué edad podrán salir a la calle, vestir de colores y tener novio? Justifica desde este punto de vista las palabras de Martirio.

88. ¿Qué crees que critica Lorca en estas costumbres y en las palabras de Martirio: "Malditas sean las mujeres"?

89. ¿Qué opina Bernarda del papel de las mujeres y de los hombres? Justifica las características del teatro de Lorca y sus temas desde este fragmento.

2.3 Las mujeres de la generación del 27

Durante la década de 1920, hasta la Guerra Civil (1936-1939), las mujeres desarrollaron una enorme actividad cultural, paralela a la de sus compañeros varones con los que compartían actos y creación literaria. Muchas de estas mujeres eran poetas, filósofas, actrices, directoras de teatro y de cine, pintoras y periodistas. Ellas también tenían sus puntos de encuentro: en el **Lyceum Club Femenino**, la primera asociación femenina española, y la **Residencia de señoritas**, el primer centro oficial destinado a fomentar la enseñanza universitaria para mujeres en España, y que dejó de funcionar en 1939. De entre todas ellas rescataremos a las que siguen.

Pura Ucelay (1883-1972)

Fue directora teatral. Creó clubs teatrales en distintas ciudades para representar obras poco comerciales pero de gran calidad. Invirtió su dinero en estos proyectos.

María Teresa León (1903-1988)

Fue periodista, narradora, poeta y directora de teatro. Se exilió durante la Guerra Civil. Entre su obra destacan sus libros de cuentos, como *Morirás lejos* (1942).

Concha Méndez (1898-1986)

Fue poeta, guionista de cine y editora de gran prestigio. Editó obras de Federico García Lorca y Miguel Hernández.

Ernestina de Champourcín (1905-1999)

Gerardo Diego la incluyó en su famosa *Antología* de 1934 como un miembro más de la generación del 27. Su poesía tiene como tema más importante el amor y también una profunda espiritualidad religiosa.

Carmen Conde (1907-1996)

Fundó en 1931, con su marido, la Universidad Popular de Cartagena. Es una de las poetas más profundas del s. XX. Fue la primera mujer en ser admitida en la RAE.

Margarita Xirgu (1888-1969) fue una de las mejores actrices de todos los tiempos. No solo representaba obras de teatro, también las dirigía y apoyaba a los autores teatrales por su calidad y no por su comercialidad.

Las sin sombrero

Comprendo y aplico

Cuando llegue la noche

Cuando llegue la noche
donde todo renace,
diré: "Vengo, Señor",
diré... no diré nada...
pues hará mucho tiempo
que se agotó mi canto
y hará siglos, tal vez,
que sellaste mi boca.

Pero antes de esa noche
déjame que les diga...
Déjame dar a otros
la gloria que me abriste.
Es tan hondo el Amor
y hay tantos que lo aguardan.

Cuando llegue la noche,
quiero haberlo cantado.

Ernestina de CHAMPOURCÍN
(fragmento)

Entrega

Guardaré mi voz en un pozo de
[lumbre
y será crepúsculo toda la vida.

Ya girarán más leves los cuchillos
porque no encontrarán dónde
[herirme.

Erguida de rocíos negros,
para ti cantaré.

¡Que no me busquen los sin vista,
que no me llamen los ahogados,
que no me sientan los que huyo!

A mi soledad de reflejos,
amor,
solo tú.

Carmen CONDE

90. El poema de Champourcín es una oración:

a. ¿Qué le pide a Dios?

b. ¿Por qué quiere comunicar sus sentimientos a otros?

c. En la poesía mística, la noche es un símbolo de unión con Dios y también de soledad y de pérdida de la fe. ¿En cuál de estos dos sentidos crees que es usada aquí?

91. El poema de Conde es un poema de amor, pero de un amor que ha de ocultarse:

a. ¿Qué palabras sugieren peligro?

b. ¿Cómo reacciona la poeta ante las posibles amenazas?

c. Justifica el título del poema.

Romance de la luna, luna

La luna vino a la fragua
con su polisón de nardos[1].
El niño la mira, mira.
El niño la está mirando.
En el aire conmovido
mueve la luna sus brazos
y enseña, lúbrica[2] y pura,
sus senos de duro estaño.
–Huye luna, luna, luna.
Si vinieran los gitanos,
harían con tu corazón
collares y anillos blancos.
–Niño, déjame que baile.
Cuando vengan los gitanos,
te encontrarán sobre el yunque
con los ojillos cerrados.
–Huye luna, luna, luna,
que ya siento sus caballos.
–Niño, déjame, no pises
mi blancor almidonado.
El jinete se acercaba
tocando el tambor del llano.
Dentro de la fragua el niño
tiene los ojos cerrados.
Por el olivar venían,
bronce y sueño, los gitanos.
Las cabezas levantadas
y los ojos entornados.
¡Cómo canta la zumaya[3],
ay, cómo canta en el árbol!
Por el cielo va la luna
con un niño de la mano.
Dentro de la fragua lloran,
dando gritos, los gitanos.
El aire la vela, vela.
El aire la está velando.

Federico GARCÍA LORCA:
Romancero gitano.

1. **polisón de nardos**: la falda amplia y redonda de la luna (polisón) es blanca y perfumada como los nardos.
2. **lúbrico**: provocativo, libidinoso.
3. **zumaya**: pájaro nocturno cuyo canto se considera presagio de la muerte en la tradición popular.

El "Romance de la luna, luna" muestra el mito de la luna raptora de niños. La luna, mujer estéril, está condenada a ir tras su amado, el sol, pero nunca lo alcanza. La única forma de ser madre es raptar un hijo ajeno y llevárselo con ella.

Comprendo, aplico y razono

Contenido, tema y recursos estilísticos

92. Un romance es un poema narrativo y lírico. Como relato, el argumento se suele dividir en tres partes: introducción, nudo y desenlace:

- **a.** Resume brevemente el contenido de este romance y señala los versos que ocupan cada una de las tres partes del argumento. Hazlo en tu cuaderno.
- **b.** Ahora, señala el tiempo y los distintos espacios donde se desarrolla el argumento.

93. ¿Qué tipo de relación se establece entre el niño y la luna? ¿Cómo se comporta la luna con el niño? ¿Y el niño con la luna? Responde en tu cuaderno.

94. En los romances son frecuentes los diálogos:

- **a.** ¿Quiénes dialogan aquí? ¿Quiénes son los protagonistas y quiénes son los secundarios?
- **b.** Ahora que ya has localizado los diálogos, señala los versos donde habla el narrador.

95. Además de narrativo, un romance es un poema lírico. Lo observamos por la intensidad de las emociones y el uso muy frecuente de los recursos estilísticos:

- **a.** Para mostrar la fascinación del niño al ver a la luna, Lorca utiliza la repetición de palabras. ¿Qué recurso de ritmo y repetición hay en los versos 3 y 4? ¿Qué más repeticiones de palabras se dan en el romance? ¿Quién las pronuncia? ¿Qué te indican esas repeticiones? Responde en tu cuaderno.
- **b.** ¿Qué recurso estilístico observas en el verso 8? Señala, en tu cuaderno, cuál es el término real (R) y cuál es el término imaginario (I).
- **c.** En el paralelismo de los versos 27 y 28 hay una antítesis. Señálala en tu cuaderno.

Relación texto y contexto

96. ¿Qué características observas en este poema de la generación del 27 y de la 1.ª etapa de la poesía de Lorca?

Opinión personal

97. ¿Te ha gustado el poema? Si es así, explica las razones, y si no te ha gustado explica el porqué.

tiching.com/782887
Entra para poder escuchar este romance de Federico García Lorca, musicado y cantado por Paco Ibáñez.

LITERATURA

11 La literatura desde 1939 hasta 1975. El franquismo

Esquina de un patio, de Amalia Avia.

Observo...

- Observa *Esquina de un patio* de Amalia Avia. ¿Cómo crees que vive la gente que habita esta casa? Descríbelo brevemente.
- Observa la verja de hierro incrustada en un muro en el cuadro de Isabel Quintanilla. ¿Qué impresión te produce ese doble aislamiento con el exterior?

... pienso...

- El escritor Camilo José Cela dijo: "Amalia Avia es la pintora de las ausencias, la amarga cronista del 'por aquí pasó la vida marcando su amargura e inevitable huella de dolor'". ¿Qué huellas de la vida podéis deducir en la pintura *Esquina de un patio*? Enumeradlas entre todos.

Jardín (1977), de Isabel Quintanilla.

Tapia del estudio de Urola (1972), de Isabel Quintanilla.

... y comparto

- ¿Qué tipo de vida simbolizan estos dos cuadros de Isabel Quintanilla?
- A España no se le permitió el ingreso en la ONU hasta 1955 por el rechazo de los países democráticos a la dictadura franquista. Enumerad qué elementos de las tres pinturas reflejan ese aislamiento internacional.

En este tema aprenderás:

- Qué características destacan en las generaciones literarias de las décadas de 1940, 1950 y 1960.
- Qué caracterizó a los poetas arraigados y a los poetas desarraigados.
- Cuáles son los rasgos de la poesía de la generación del medio siglo y qué autores destacaron con éxito.
- Cuáles son las características de la novela existencial de la década de 1950 y quiénes la cultivaron.
- En qué consistió el realismo social de la década de 1950 y qué autores fueron sus precursores.
- Qué destaca de la novela experimiental de la década de 1960 y quiénes fueron los autores más relevantes.
- En qué consistió la novela del exilio y quiénes fueron sus máximos exponentes.
- Cómo se desarrolló el teatro desde 1936 hasta 1975 y quiénes fueron los autores más representativos.

En marcha...

- ¿Qué es lo que cuenta la obra *La Fundación*?
- Indica un hecho real, vivido por Antonio Buero Vallejo, que se recoge en la obra.
- ¿Qué es lo que poco a poco va descubriendo el espectador a lo largo del desarrollo de la acción de la obra?
- ¿Qué es en realidad esa "fundación"?
- Explica brevemente en qué consiste el "efecto de inmersión".
- Resume qué es lo que piensan otros autores teatrales de la importancia de Antonio Buero Vallejo y de su obra *La Fundación*.

El siglo XX: el franquismo

DESCUBRO

En 1939 estalló la Segunda Guerra Mundial, que tocó a su fin en 1945 y España quedó alineada con las potencias del Eje (Alemania de Hitler e Italia de Mussolini).

Acabada la guerra con la derrota del Eje, los vencedores se dividieron entre los partidarios de EE. UU., líder de Occidente, y los comunistas, liderados por la Unión Soviética.

El mundo quedó escindido en dos bloques enfrentados en la Guerra Fría hasta el año 1963, en que se inicia la coexistencia pacífica entre ambos bloques.

En 1969, EE. UU. hizo posible la llegada del ser humano a la Luna, hito histórico del siglo XX.

María Zambrano (1904-1991), filósofa y ensayista, volvió a España después de 45 años de exilio.

Una dictadura militar

Tras la victoria en la Guerra Civil (1939), Franco impuso una dictadura militar que suprimía las libertades democráticas: libertad de expresión, de asociación, de manifestación, de religión, de prensa...

La Constitución de 1931 fue anulada, los partidos y sindicatos obreros prohibidos, las elecciones suprimidas y las instituciones republicanas desmanteladas. También se abolieron los Estatutos de Autonomía.

Las etapas del franquismo (1939-1975)

La dictadura perduró hasta la muerte de Franco en el año 1975.

Este período puede dividirse en dos etapas:

- **Primera etapa** (1939-1959). Es una etapa de aislacionismo internacional y estancamiento económico que se prolongó hasta 1959. Durante los primeros años, España quedó aislada política y económicamente al ser el único Estado de la Europa occidental que tenía un sistema de gobierno dictatorial afín al de Hitler y Mussolini.

  En el año 1946, el régimen de Franco fue condenado por la ONU. Fueron años de hambre, racionamiento de alimentos y mercado negro.

  En 1953 se inició cierta apertura internacional debido al interés de Estados Unidos en instalar bases americanas en España a causa de la Guerra Fría. En este año, España pactó los primeros acuerdos con Estados Unidos y firmó el Concordato con la Santa Sede.

Durante la década de 1940 la población sufrió importantes privaciones.

- **Segunda etapa** (1959-1975). A partir de 1959, España afianzó su amistad con Estados Unidos, hecho que favoreció la inversión norteamericana y de otros países capitalistas. La economía se desarrolló a un buen ritmo y España se situó entre los principales países industrializados del mundo gracias a la implantación de los Planes de Desarrollo.

  También ayudaron a mejorar la economía los miles de españoles emigrados a Europa, que periódicamente enviaban dinero a sus familias, y las divisas que aportaba un turismo en continuo auge. Es la época del desarrollismo, en que la sociedad española experimentó un notable cambio.

La llamada "generación yeyé", de la década de 1960, simbolizaba, gracias a su imagen moderna, los cambios de la sociedad española.

El exilio exterior y el "exilio interior"

Al terminar la Guerra Civil, unos 470000 españoles tuvieron que exiliarse y entre ellos se fueron grandes talentos de las artes y las ciencias. Muchas universidades americanas los recibieron, pero sus aportaciones culturales no se conocieron en España porque la censura impidió la llegada de sus publicaciones.

Los que permanecieron en España tuvieron grandes dificultades en su vida cotidiana. Muchos de ellos se vieron abocados al "exilio interior", y otros tantos fueron perseguidos y encarcelados.

La cultura durante el franquismo

La cultura española estuvo controlada por la censura, que se encargaba de mantener alejada del público cualquier manifestación que se desviara de los ideales católicos, militaristas y sociales del régimen.

Pese a la censura, algunas obras como *La colmena*, de Camilo José Cela, o el teatro de Antonio Buero Vallejo describieron las penosas condiciones de vida de los españoles.

El cine, fundamentalmente de evasión y de humor sencillo y sin pretensiones, se convirtió en la manifestación cultural más popular durante estos años de represión.

En 1966, el ministro Manuel Fraga suprimió la censura previa, pero la ley permitía sancionar y secuestrar aquellas publicaciones que atacasen al régimen.

El filme *Bienvenido, míster Marshall* (1953), de Luis García Berlanga, consiguió eludir la censura y realizar una acertada crítica social.

El cuadro *Nevera de hielo*, de 1966, fue presentado por el pintor Antonio López como ejercicio para acceder a la cátedra de Preparatorio de colorido en la Escuela Superior de Bellas Artes de San Fernando, en Madrid. No se la concedieron, y la cátedra fue ocupada por un pintor más afín a los principios tradicionales del arte.

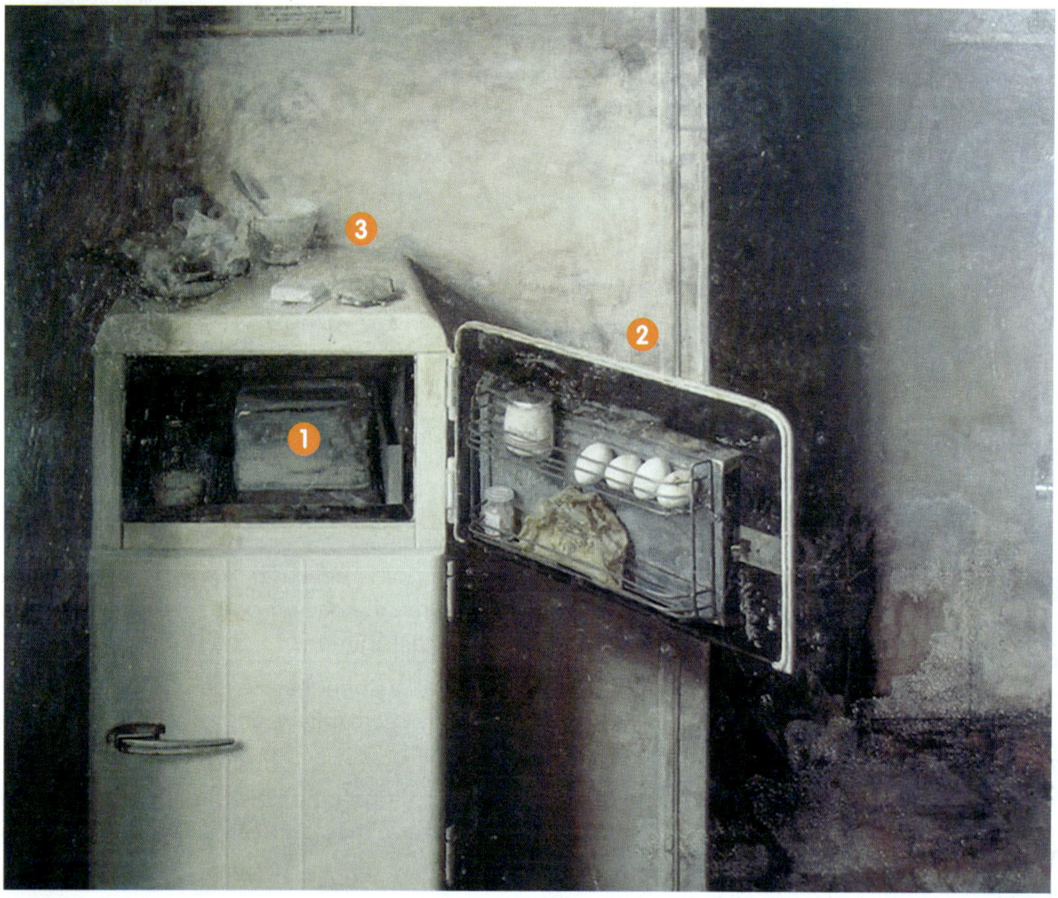

Características del realismo social

Como puedes observar, este cuadro parece casi una fotografía. El realismo que impregna la obra sorprende y desconcierta, pero ni es una fotografía ni pretende serlo.

Es una pintura que muestra un bodegón, pero este es un bodegón de pobreza. Los clásicos de frutas y abundante comida y rico colorido los reconocemos enseguida; sin embargo, este nos indica todo lo contrario: escasez, abandono y falta de color. En él podemos ver representadas las características estéticas de estos años:

- **El arte como símbolo de la existencia**. En un cuadro o en una obra literaria nada es inocente y nada se deja al azar. La selección de los temas, los colores, la luz... nos muestra el punto de vista estético del artista, pero también su visión del mundo. Observa cómo todo el cuadro comunica la sensación de pobreza, frío y silencio:
  - La **luz** crea una atmósfera irreal de tiempo detenido, paralizado. Además de que el bloque[1] de la parte de arriba de la nevera es de hielo, el frío impregna todo el cuadro gracias a la gama de colores.
  - La **gama de colores**, limitada a blancos y grises, se llena de matices en la suciedad de las paredes y en el deterioro de la nevera.

  El tiempo detenido, la escasez y la pobreza están simbolizados a través de la cotidianeidad de una nevera de hielo, pero también simbolizan la vida difícil de aquellos años en España.

- **El arte como denuncia: el realismo social**. Observa los elementos que Antonio López ha elegido para pintar su bodegón. Con ellos se representa una situación social de penuria íntima, secreta y cotidiana:
  - Una habitación vieja y vacía al fondo, con paredes desconchadas y sucias y sin ventanas.
  - Una nevera con la puerta grande cerrada y la puerta de arriba abierta[2]. Allí hay pocos alimentos y muy básicos, seleccionados por el color blanco y por el frío que precisan.
  - Encima de la nevera hay un pequeño monedero, un tazón y varios envoltorios[3].

- **El arte como experimentación formal**. Al elegir como protagonista de su cuadro un objeto que pasa inadvertido por lo habitual y cotidiano, el pintor inaugura una nueva manera de reproducir estéticamente la realidad, acercándose a lo sencillo con la capacidad simbólica que posee el arte.

La literatura de 1940 a 1960

La década de 1940: la literatura como símbolo de la existencia

La férrea censura no permitía a los escritores mostrar nada que no fuese la exaltación gloriosa de los vencedores de la guerra, lo que dejaba fuera cualquier obra que pudiera considerarse crítica con la situación del país.

La solución fue mostrar la realidad de forma indirecta a través de los **problemas existenciales**. Los protagonistas de las obras son unos personajes abocados a la destrucción como resultado del ambiente sórdido, miserable y violento en el que se desarrolla su vida.

Es lo que hace Camilo José Cela en la novela *La familia de Pascual Duarte* (1942), Antonio Buero Vallejo en su obra de teatro *Historia de una escalera* (1949) y el poeta Dámaso Alonso en su libro de poemas *Hijos de la ira* (1944).

La década de 1950: la literatura como denuncia

En la década de 1950, los escritores creen que la literatura es un instrumento útil para cambiar el mundo. Surge así un movimiento literario al que se denominó **realismo social**.

Para que la literatura cumpla esta finalidad de cambio social, esta debe llegar a todo tipo de lectores; por este motivo, el lenguaje literario es más sencillo, pues anteponen ese ideal de cambio a la belleza literaria.

A su vez, los protagonistas pasan de ser seres individuales a seres colectivos y representativos de las distintas clases sociales. Es lo que sucede en *La colmena* (1951), de Cela, o en *El camino* (1950), de Delibes.

La década de 1960: la literatura como experimentación

El fin de la censura permite la entrada de la nueva novela europea y norteamericana. Esto, unido al cansancio del realismo social, propicia experimentos como el **desorden cronológico** o el **monólogo interior**. La novela que marca el cambio es *Tiempo de silencio* (1962), de Luis Martín Santos.

Jean-Paul Sartre (1905-1980) afirmaba que la literatura es un instrumento útil para cambiar el mundo gracias a la belleza y a las emociones que suscita en el lector. Pero también afirmaba que el escritor que solo busca la belleza y no se compromete con su tiempo es un irresponsable, porque **todo aquel que no denuncia la injusticia es cómplice de la injusticia**.

Mujer con alcuza[1]

Pero el horrible tren ha ido parando
en tantas estaciones diferentes [...].
Ella
recuerda solo
que en todas hacía frío,
que en todas estaba oscuro,
y que al partir, al arrancar el tren
ha comprendido siempre
cuán bestial es el topetazo de la injusticia absoluta,
ha sentido siempre
una tristeza que era como un ciempiés monstruoso [...],
como si con el arrancar del tren le arrancaran el alma,
como si con el arrancar del tren le arrancaran innumerables
[margaritas, blancas cual su alegría infantil en la fiesta del pueblo,
como si le arrancaran los días azules, el gozo de amar a Dios y esa
[voluntad de minutos en sucesión que llamamos vivir.

Dámaso ALONSO: *Hijos de la ira* (fragmento).

1. **alcuza**: vasija para conservar aceite.

Comprendo, aplico y razono

1. ¿Qué elementos en común presentan la mujer sola en la estación del tren y el cuadro de Antonio López?
2. Describe cómo imaginas la estación del tren y a la mujer.
3. Este poema está escrito en versículos. Explica cómo se consigue el ritmo a pesar de no tener rima y presentar medidas de versos tan diferentes.
4. Relaciona la opinión de Jean-Paul Sartre con la literatura existencial y social. Justifica por qué el arte, a medida que es más hermoso, es también más eficaz removiendo conciencias.

1 La poesía en las décadas de 1940, 1950 y 1960

1.1 La generación del 36

Forman esta generación varios escritores con obras muy marcadas por la guerra, las persecuciones del régimen, los encarcelamientos y el exilio.

De entre todos ellos, es importante destacar la figura de Miguel Hernández, considerado el precursor de esta generación de poetas.

Dámaso Alonso clasificó a los poetas de la generación del 36 en dos grupos: los **arraigados** y los **desarraigados**, según si sus ideas estaban cercanas al régimen franquista o alejadas de él.

Miguel Hernández (1910-1942)

Miguel Hernández compartió versos, ideas estéticas y amistades con los poetas de la generación del 27; sin embargo, lo ubicamos en esta etapa porque gran parte de su poesía es el puente que une a los autores del 27 con la poesía existencial y social de las décadas de 1940 y 1950.

- **1.ª etapa**. Con ayuda económica de sus amigos, Miguel hizo dos viajes a Madrid (en 1931 y en 1934), donde entra en contacto con las vanguardias poéticas y se hace amigo de varios poetas de la generación del 27. Como resultado de aquella experiencia destaca especialmente *El rayo que no cesa* (1935), libro de sonetos de amor, dolor y ausencia.
- **2.ª etapa**. Cuando estalla la Guerra Civil, Miguel escribe *Viento del pueblo* (1936). Estos poemas apasionados y de gran belleza buscan un lenguaje poético sencillo para llegar al mayor número de lectores y animarlos a defender los ideales republicanos, como sucede en el poema "Andaluces de Jaén".
- **3.ª etapa**. Al acabar la guerra, en 1939, Miguel es hecho prisionero. En la cárcel compone *Cancionero y romancero de ausencias* (1939-1942). En este, el lenguaje poético se vuelve sencillo y elemental para representar el dolor de cualquier persona que ha sido privada de su su libertad, como puedes comprobar en el poema "Nanas de la cebolla" (pág. 233).

Miguel Hernández fue encarcelado junto a otros intelectuales republicanos. Murió en la cárcel a los 32 años. En prisión compuso este poema:

No puedo olvidar
que no tengo alas,
que no tengo mar,
vereda ni nada
con que irte a besar.

Cancionero y romancero de ausencias

ticching.com/783010

Entra para escuchar "Andaluces de Jaén" en la voz de Paco Ibáñez.

Miguel Hernández

Aplico y razono

Umbrío por la pena

Umbrío por la pena, casi bruno[1],
porque la pena tizna[2] cuando estalla,
donde yo no me hallo no se halla
hombre más apenado que ninguno.

Sobre la pena duermo solo y uno,
pena es mi paz y pena mi batalla,
perro que ni me deja ni se calla,
siempre a su dueño fiel, pero importuno.

Cardos y penas llevo por corona,
cardos y penas siembran sus leopardos
y no me dejan bueno hueso alguno.

No podrá con la pena mi persona
rodeada de penas y de cardos:
¡cuánto penar para morirse uno!

Miguel HERNÁNDEZ: *El rayo que no cesa* (fragmento).

5. ¿Qué relación tienen los adjetivos *umbrío* y *bruno* con la pena? ¿Por qué?
6. ¿Qué tienen en común la pena y el ladrido del perro?
7. ¿De qué está formada la corona del poeta? ¿Qué tienen en común los sustantivos *corona* y *cardo*? ¿Por qué esa corona está en su cabeza?
8. Relaciona el tema y el lenguaje poético de este soneto con el libro al que pertenece.

1. **bruno**: de color muy oscuro.
2. **tiznar**: manchar con humo.

1.2 Los poetas arraigados

Estos poetas publicaban en las revistas *Escorial* y *Garcilaso*. Sus temas exaltaban la **religiosidad** y los **valores tradicionales**.

Luis Rosales (1910-1992)

Luis Rosales es uno de los mejores poetas de este grupo. Su poema *La casa encendida* (1949) está considerado una de las cumbres de la poesía del siglo XX.

La casa encendida

Es un largo poema escrito en versículos en el que el poeta evoca su infancia, a sus padres y hermanos, y a Pepa, la mujer que los cuidó de pequeños.

Sus características son:

- **La supresión de los límites entre los géneros**. El tono general es narrativo, pero la intensidad lírica se consigue gracias a la fuerte emotividad y al ritmo que aportan las repeticiones al versículo.
- **Las numerosas repeticiones**. Además de aportar el ritmo, reproducen la insistencia de las ideas aportando coherencia al recuerdo.
- **El uso de las comparaciones frente a las metáforas**. El poeta prefiere las comparaciones, y las escribe muy variadas y complejas.

Los temas principales de los poetas arraigados son: el amor, la familia, la religión y el paisaje, entre otros. Todos son tratados desde un punto de vista íntimo y conservador.

tiching.com/745562

Entra para saber más sobre Luis Rosales.

La casa encencida

Y puede ser que habitemos aún aquella casa de la
[infancia
donde el latido del corazón tenía las mismas letras
[que la palabra hermano;
y Gerardo,
ya sabéis que Gerardo quería llegar a ser como un
[domingo cuando fuera mayor [...]
y puede ser que yo sea niño,
–Pepa, Pepona, ven–,
y Pepona llegaba hasta nosotros con aquel alborozo
[de negra en baño siempre,
con aquella alegría de madre con ventanas [...].
–Pero, Pepa, Pepona, ¿dónde estás?– [...]
y vosotros recordaréis conmigo
que tenía un cuerpo grande y popular,
y una carne remisa y confluente
que le cambiaba de sitio acomodándose
[continuamente a su postura [...]
y vosotros sabéis que todavía
después de quieta siempre, era tan buena, [...]
que muchas veces las avispas se le quedaban quietas
[en las manos,
y ahora está en una cama de carne de hospital,
con el cuerpo en andrajos,
y vosotros sabéis, y Dios lo sabe, que se llamaba Pepa,
–Pero, Pepa, Pepona, ven, ¿cómo no vienes?" [...]
y vosotros sabéis que sus manos han sido
[las paredes de la primera casa que tuvimos,
durante muchos años,
hasta que al fin la casa grande,
la casa de la infancia fue cayéndose,
la casa de la hora única, con su cielo y su juego
[indivisibles,
se fue cayendo, al fin, sobre nosotros, con la muerte
[de Pepa.

Luis Rosales:
La casa encendida (fragmento).

Comprendo y aplico

9. ¿Cómo recuerda Luis Rosales su infancia? ¿Qué quiere decir el verso "donde el latido del corazón tenía las mismas letras que la palabra hermano"?
10. Describe cómo era la relación de Pepa con los niños.
11. Señala las comparaciones que hay en este fragmento y explica su significado.
12. ¿Cómo consigue el ritmo Rosales en sus versículos? Pon algún ejemplo.

1.3 Los poetas desarraigados

Muchos poetas contrarios ideológicamente al franquismo se exiliaron tras la Guerra Civil; otros se quedaron en España, pero fueron condenados al silencio. En ese "exilio interior" sus versos hablaban de **angustia** y **desolación personal**.

- **La poesía existencial**. Durante las décadas de 1940 y 1950, la poesía muestra el vacío y la soledad existenciales. En esos momentos los temas religiosos son frecuentes en poemas angustiados en los que se pregunta a Dios por el sentido de la muerte y del sufrimiento del ser humano.

  Destacan en esta etapa autores como Dámaso Alonso, con *Hijos de la ira* (1944), León Felipe, con *Ganarás la luz* (1942), y Blas de Otero, con las obras *Ángel fieramente humano* (1950) y *Redoble de conciencia* (1950), ambos reunidos posteriormente en un solo libro: *Ancia*.

- **La poesía social**. Entre las décadas de 1950 y 1960, la poesía da el paso definitivo y sale a la calle. Muchos poetas creen que escribir sobre los sentimientos no es adecuado en una época en la que no hay libertad. La evolución de la etapa existencial a la social se puede explicar como un cambio **del *yo* al *nosotros***.

  En este período publican autores como Blas de Otero, con *Pido la paz y la palabra* (1955), y Gabriel Celaya, con *Cantos íberos* (1955). En este último, la poesía aparece como una forma de acción eficaz para cambiar el mundo en su poema "La poesía es un arma cargada de futuro".

Vaso (1969), de Isabel Quintanilla. Oberva las características de la pintura realista de este cuadro.

ticHing.com/782989

Entra para escuchar "La poesía es un arma cargada de futuro", cantada por Paco Ibáñez.

Aplico y razono

El salto

Somos como un caballo sin memoria,
somos como un caballo
que no se acuerda ya
de la última valla que ha saltado.

Venimos corriendo y corriendo
por una larga pista de siglos y de obstáculos.
De vez en vez, la muerte...
¡el salto!

Y nadie sabe cuántas
veces hemos saltado
para llegar aquí, ni cuántas saltaremos todavía
para llegar a Dios que está sentado
al final de la carrera...
esperándonos.

Lloramos y corremos,
caemos y giramos,
vamos de tumbo en tumbo
dando brincos y vueltas entre pañales y sudarios[1].

León FELIPE: *Ganarás la luz.*

1. **sudario**: tela que se pone en el rostro de un difunto.

En el principio

Si he perdido la vida, el tiempo, todo
lo que tiré, como un anillo, al agua,
si he perdido la voz en la maleza,
me queda la palabra.

Si he sufrido la sed, el hambre, todo
lo que era mío y resultó ser nada,
si he segado las sombras en silencio,
me queda la palabra.

Si abrí los labios para ver el rostro
puro y terrible de mi patria,
si abrí los labios hasta desgarrármelos,
me queda la palabra.

Blas DE OTERO: *Pido la paz y la palabra.*

13. Lee el poema de Felipe. ¿Por qué crees que identifica a los seres humanos con el caballo? Explica la metáfora "la muerte... ¡el salto!".

14. Lee el poema de Otero. ¿Qué importancia tiene la palabra para el poeta? Señala los paralelismos.

1.4 La generación del medio siglo

Entre las décadas de 1950 y 1960, un grupo de jóvenes, que eran niños durante la Guerra Civil, empieza una nueva andadura poética. Algunos poetas de esta generación son Ángel González, Jaime Gil de Biedma, José Agustín Goytisolo, María Victoria Atencia y Francisco Brines. Los rasgos más frecuentes de su poesía son:

- **Un cambio en los temas que se desplaza de lo social a lo personal**. La infancia, el amor, la amistad y la vida cotidiana son los temas principales.
- **Un lenguaje poético muy sencillo**. Los maestros son Antonio Machado y Luis Cernuda. Este último proponía un "lenguaje corriente, pero intensificado".
- **La estética del verso**. A pesar de la sencillez, cuidan siempre la estética del verso, algo que habían descuidado muchos poetas sociales, más pendientes de la eficacia social y política de los versos que de su belleza. Ahora, en estos poemas, son frecuentes la parodia, el juego de palabras y los rasgos de humor que suelen ocultar impotencia y tristeza por la situación que les ha tocado vivir.

Muchos poemas sociales de las décadas de 1960 y 1970 fueron convertidos en canciones de éxito por cantautores como Joan Manuel Serrat y Paco Ibáñez, llegando así al gran público, algo que no habían conseguido los libros de poesía, cuya lectura era mucho más minoritaria.

Comprendo, aplico y razono

Autobiografía

Cuando yo era pequeño
estaba siempre triste,
y mi padre decía,
mirándome y moviendo
la cabeza: hijo mío,
no sirves para nada.

Después fui al colegio
con pan y con adioses,
pero me acompañaba
la tristeza. El maestro
graznó: pequeño niño,
no sirves para nada.

Vino, luego, la guerra,
la muerte –yo la vi–
y cuando hubo pasado
y todos la olvidaron,
yo, triste, seguí oyendo:
no sirves para nada.

Y cuando me pusieron
los pantalones largos,
la tristeza enseguida
cambió de pantalones.
Mis amigos dijeron:
no sirves para nada.

En la calle, en las aulas,
odiando y aprendiendo
la injusticia y sus leyes,
me perseguía siempre
la triste cantinela:
no sirves para nada.

De tristeza en tristeza
caí por los peldaños
de la vida. Y un día,
la muchacha que amo
me dijo, y era alegre:
no sirves para nada.

Ahora vivo con ella,
voy limpio y bien peinado.
Tenemos una niña,
a la que, a veces, digo,
también con alegría:
no sirves para nada.

José Agustín GOYTISOLO:
Salmos al viento.

15. ¿Cuál es la frase que el poeta ha oído más veces en su vida? ¿Con qué tono se la dice cada personaje del poema? ¿Cómo sabes que al final suena diferente?

16. ¿Qué sentido tiene la misma afirmación en boca del poeta dirigida a su hija? ¿Por qué lo sabes?

17. En el poema hay una personificación. Indica cuál es y qué quiere decir el poeta con ella en esa estrofa.

18. ¿Cómo definirías este lenguaje poético? ¿Qué rasgos comparte con los de su generación?

19. Busca el poema "Palabras para Julia" y señala qué consejos recibió la niña de su padre, Goytisolo.

tiching.com/782990

Entra para escuchar la versión musical del poema "Palabras para Julia" de Ismael Serrano.

Ángel González (1925-2008)

Ángel González pertenece a la generación del medio siglo. Desde su primer libro de poemas, *Áspero mundo* (1955), ya se puede observar cómo el amor, el paso del tiempo o la crítica social estarán presentes en su poesía hasta sus últimas publicaciones. A partir de 1968, toda su obra aparece publicada bajo el título de *Palabra sobre palabra*.

Los temas más frecuentes a lo largo de su trayectoria poética son:

- El **tiempo**, como agente constructor y destructor del ser humano.
- El **amor**, como única fuerza que da sentido a la vida y vence a la muerte.
- La **crítica social e histórica**, llena de acidez e ironía.

El **lenguaje poético** busca siempre la sencillez y la cercanía con el lector, porque el poeta desea compartir con todos la experiencia de la poesía.

Sin embargo, esta claridad no debe confundirnos; el poeta depura el lenguaje poético para que parezca claro y sencillo, pero es una lenguaje muy trabajado en el que la ironía y los juegos de palabras, a veces cercanos al chiste, crean una falsa sencillez de lengua coloquial.

ticking.com/745568

Entra para saber más sobre Ángel González.

Comprendo, aplico y razono

Muerte en el olvido

Yo sé que existo
porque tú me imaginas.
Soy alto porque tú me crees
alto, y limpio porque tú me miras
con buenos ojos,
con mirada limpia.
Tu pensamiento me hace
inteligente, y en tu sencilla
ternura, yo soy también sencillo
y bondadoso.
Pero si tú me olvidas
quedaré muerto sin que nadie
lo sepa. Verán viva
mi carne, pero será otro hombre
–oscuro, torpe, malo– el que la habita...

Ángel GONZÁLEZ: *Áspero mundo.*

Glosas a Heráclito

1
Nadie se baña dos veces en el mismo río.
Excepto los muy pobres.

2
Los más dialécticos, los multimillonarios:
nunca se bañan dos veces en el mismo
traje de baño.

3
(*Traducción al chino.*)
Nadie se mete dos veces en el mismo lío.
(Excepto los marxistas-leninistas.)

4
(*Interpretación del pesimista.*)
Nada es lo mismo, nada
permanece.
Menos
la Historia y la morcilla de mi tierra:
se hacen las dos con sangre, se repiten.

Ángel GONZÁLEZ: *Palabra sobre palabra.*

20. Lee "Muerte en el olvido". ¿Cómo es el poeta visto desde los ojos de la amada? ¿De qué manera lo cambiará el desamor? ¿Qué fuerza concede el poeta al amor en la vida del ser humano?

21. Lee el poema "Glosas a Heráclito". ¿Qué significa la palabra *glosa*? ¿Cómo crees que el autor está glosando a Heráclito en las tres primeras glosas: en serio o en broma? ¿Por qué?

22. ¿Qué sucede en la última glosa? ¿Qué tienen en común la Historia y las morcillas? ¿Cuál crees que es el efecto que causa esta comparación en el lector? Justifica la respuesta.

Nanas de la cebolla

La cebolla es escarcha
cerrada y pobre:
escarcha de tus días
y de mis noches.
Hambre y cebolla:
hielo negro y escarcha
grande y redonda.

En la cuna del hambre
mi niño estaba.
Con sangre de cebolla
se amamantaba.
Pero tu sangre,
escarchaba de azúcar,
cebolla y hambre.

Una mujer morena,
resuelta en luna,
se derrama hilo a hilo
sobre la cuna.
Ríete, niño,
que te tragas la luna
cuando es preciso.

Alondra de mi casa,
ríete mucho.
Es tu risa en los ojos
la luz del mundo.
Ríete tanto
que en el alma, al oírte,
bata el espacio.

Tu risa me hace libre,
me pone alas.
Soledades me quita,
cárcel me arranca.
Boca que vuela,
corazón que en tus labios
relampaguea.

Es tu risa la espada
más victoriosa.
Vencedor de las flores
y las alondras.
Rival del sol,
porvenir de mis huesos
y de mi amor. [...]

Desperté de ser niño.
Nunca despiertes.
Triste llevo la boca.
Ríete siempre.
Siempre en la cuna,
defendiendo la risa
pluma por pluma. [...]

Al octavo mes ríes
con cinco azahares.
Con cinco diminutas
ferocidades.
Con cinco dientes
como cinco jazmines
adolescentes.

Frontera de los besos
serán mañana,
cuando en la dentadura
sientas un arma.
Sientas un fuego
correr dientes abajo
buscando el centro.

Vuela niño en la doble
luna del pecho.
Él, triste de cebolla.
Tú, satisfecho.
No te derrumbes.
No sepas lo que pasa
ni lo que ocurre.

Miguel HERNÁNDEZ:
Cancionero y romancero de ausencias (fragmento).

tiching.com/745568
Entra para escuchar este poema cantado por Joan Manuel Serrat.

White onions (2011), de Robena.

En la tercera estrofa, el poeta habla de su esposa, Josefina, quien está amamantando a su hijo. La blancura de su pecho se asemeja a la luna. Así el niño, al mamar, se traga la luna.

Comprendo, aplico y razono

Comprensión del texto

23. ¿A quién va dirigido el poema: a la mujer del poeta o al hijo de este?

24. ¿Qué supone para el poeta, en la cárcel y condenado a muerte, la risa de su hijo?

Contenido, tema y estructura

25. Haz un resumen del contenido de este poema y destaca el tema en una oración no muy larga.

26. La primera y la última estrofas repiten elementos blancos y redondos. ¿Cuáles? ¿Hay otros elementos comunes en la primera y la última estrofas? ¿Cuáles?

Lenguaje literario

27. Explica qué recurso literario hay en "la cebolla es escarcha cerrada y pobre".

28. ¿Qué efectos consigue la risa del niño en el poeta?

29. Enumera todos los términos imaginarios de la metáfora de la estrofa octava.

Relación texto y contexto

30. Relaciona esta composición con la obra de Miguel Hernández y la evolución de su estilo.

31. Relaciona este poema con el contexto histórico y personal del poeta.

2 La novela desde 1939 hasta 1975

2.1 La novela tras la Guerra Civil

Tras la Guerra Civil, la novela atraviesa por las mismas tres etapas que la poesía: novela existencial (década de 1940), novela social (década de 1950) y búsqueda de nuevas formas (década de 1960). También en la novela observamos dos grupos:

- Los **novelistas cercanos al régimen franquista** publicaron sin dificultad novelas de tipo heroico donde se exaltaban los valores del bando vencedor, como la novela *Madrid, de corte a checa* (1938), de Agustín de Foxá.
- Los **novelistas que no compartían esos ideales** estuvieron silenciados por la censura, que además controlaba la entrada de las novelas europeas y norteamericanas. En estas circunstancias, los novelistas españoles solo tenían como modelos a los grandes autores de la generación del 98; Unamuno y Pío Baroja se convierten, así, en sus maestros.

Carmen Laforet (1921-2004) renovó la narrativa de la década de 1940 con su prosa fresca, directa y espontánea. Ganó el primer Premio Nadal a los 24 años con su novela *Nada* (1945). En ella se narra la historia de Andrea, una joven que va a estudiar a Barcelona y vive en un ambiente opresor y claustrofóbico.

2.2 La novela existencial de la década de 1940

Se llama existencial porque los autores se ven obligados por la censura a convertir los problemas sociales en problemas existenciales e individuales. Estas novelas trasponen al ámbito de lo privado lo que era una realidad social. Es lo que hacen Camilo José Cela en *La familia de Pascual Duarte* (1942) y Carmen Laforet en su novela *Nada* (1945).

La familia de Pascual Duarte es el relato autobiográfico en primera persona de un asesino que muere ajusticiado por sus crímenes. Sin embargo, el lector percibe claramente que el ambiente de miseria y brutalidad en el que nace y vive Pascual es la base de su comportamiento criminal.

edubook

En la unidad 11 de tu Edubook encontrarás:

- Un fragmento de *Nada* con varias actividades.

Características de la novela existencial

- **Tratamiento lineal** del **tiempo**.
- **Protagonista** frecuentemente **desorientado o marginado**.
- Narración en **primera persona** con predomino del monólogo interior.

Aplico

La familia de Pascual Duarte

Mi instrucción escolar poco tiempo duró. Mi padre, que, como digo, tenía un carácter violento y autoritario para algunas cosas, era débil y pusilánime[1] para otras: en general tengo observado que el carácter de mi padre solo lo ejercitaba en asuntos triviales, porque en las cosas de trascendencia, no sé si por temor o por qué, rara vez hacía hincapié. Mi madre no quería que fuese a la escuela y siempre que tenía ocasión, y aun a veces sin tenerla, solía decirme que para no salir de la vida de pobre no valía la pena aprender nada. Dio en terreno abonado, porque a mí tampoco me seducía la asistencia a las clases, y entre los dos, y con la ayuda del tiempo, acabamos convenciendo a mi padre, que optó por que abandonase los estudios. Sabía ya leer y escribir, y sumar y restar, y en realidad para manejarme ya tenía bastante. Cuando dejé la escuela tenía doce años; pero no vayamos tan de prisa, que todas las cosas quieren su orden y no por mucho madrugar amanece más temprano.

Camilo José CELA: *La familia de Pascual Duarte* (adaptación). Ed. Vicens Vives, 2014.

1. pusilánime: sin valor para soportar las desgracias.

32. En esta novela hay aspectos de la novela picaresca: relato en 1.ª persona, padres sin honra, y personajes que presentan la miseria moral y social. Di cuáles de estas características observas en este texto.

33. A pesar de su escasa instrucción, el vocabulario de Pascual Duarte es, irónicamente, culto. Relee el texto y señala los rasgos de lenguaje culto que encuentres en este texto.

2.3 El realismo social de la década de 1950

Hacia 1951 se inicia una tímida liberalización política que animará a los novelistas a mostrar la realidad social de España. Como los poetas, los novelistas creen que la literatura puede servir para cambiar el mundo. Para lograr ese objetivo, la novela debía abandonar los recursos más difíciles y adoptar nuevos procedimientos narrativos para acercarse al mayor número de lectores posible.

Características del realismo social

- **Protagonista colectivo**. Los personajes son representativos de las distintas clases sociales. Entre todos ellos y sus distintas circunstancias aparece lo que realmente importa al autor: crear el retrato colectivo de la sociedad. No hay héroes, pues la mayor heroicidad es sobrevivir a ese entorno opresivo.
- **Tiempo interno reducido**. Para poder mostrar el mayor número de casos diferentes, se reduce el tiempo. En *La colmena*, de Cela, el tiempo es de dos días y medio. En *Entre visillos*, de Carmen Martín Gaite, es el primer trimestre de un curso escolar. En *El Jarama*, de Sánchez Ferlosio, el tiempo interno es de 16 horas.
- **Temática**. Denuncian las injusticias y las desigualdades sociales.
- **Lenguaje sencillo y directo**. Se aproximan al habla común: oraciones cortas, repeticiones, elipsis y también recursos propios de la afectividad.

Carmen Martín Gaite (1925-2000) es una de las mejores novelistas del s. XX. Todas sus obras hablan de la soledad y de la búsqueda de un interlocutor válido para compartir sus sentimientos.

Carmen Martín Gaite

edubook

En la unidad 11 de tu Edubook encontrarás:

- Un fragmento de *El Jarama* con varias actividades.

Comprendo, aplico y razono

Entre visillos

Esta novela narra la vida de un grupo de amigos y sus relaciones familiares, sociales y amorosas durante el primer trimestre de un curso escolar en el instituto. En esta obra se critica el sometimiento de la mujer, el aburrimiento, la hipocresía social y la soledad de las mujeres de posguerra. Natalia escribe en su diario para superar el hastío y la falta de amigos con los que conversar (el ansiado interlocutor válido).

Hoy ha venido por segunda vez Petrita López. El primer día que vino estuve tan antipática que no sé cómo ha tenido ganas de venir más. Se ha quedado a comer. Entró Mercedes en el cuarto, que es donde estábamos, y dijo: "Que se quede a comer Petrita, si quiere", con la voz de naturalidad que pone para invitar a sus amigas. Y Petrita dijo que bueno, que se quedaba. Es una pánfila que da pena. No es que sea mala chica, pero a lo primero se la toma manía por la cara que tiene de belleza de calendario, los labios pintados mucho y el pelo con moño, tirante para atrás. Parece que se va a poner uno a hablar con una chica mayor, muy de rompe y rasga, y luego es tan tímida y tan ignorante que no le pega nada ir arreglada así y tener ese cuerpo de mayor. Hoy me daba pena de ella y la he hablado un poco más que el otro día, aunque he tenido que hacer esfuerzos para sacar conversaciones. Por lo visto es medio prima de Gertru, y me ha dicho una cosa que no sé si será verdad, pero me ha dejado muy pasmada. Que el novio de Gertru es un pinta y que en su casa ha oído ella decir que cuando va a Madrid vive con una señora extranjera.

Carmen MARTÍN GAITE: *Entre visillos* (adaptación). Ed. Destino, 1975.

34. Petrita es una amiga impuesta a Natalia para que sociabilice. ¿Qué opinión tiene Natalia de ella?
35. La única salida social correcta de una mujer en la posguerra es dar con un buen marido. ¿Qué te indica el aspecto físico de Petrita? ¿Crees que Natalia tiene los mismos intereses? ¿Por qué?
36. Gertru se va a casar con su novio, aunque su familia sabe que es un pinta (pero es piloto de aviación). ¿Qué crees que critica la autora en el texto?
37. Señala qué rasgos del texto hacen que la novela de Martín Gaite pertenezca al realismo social: personajes, lenguaje literario, denuncia social, etc.

Camilo José Cela (1916-2002)

Camilo José Cela fue un virtuoso del lenguaje. Su obra narrativa es amplia y variada, escribió libros de viajes, cuentos y novelas. Cela concibe la novela como un género abierto a la experimentación, por este motivo en cada una de sus novelas utiliza una técnica distinta.

- ***La familia de Pascual Duarte*** (1942) es una novela violenta y amarga que dio origen al **tremendismo**. Tienes un fragmento en la página 234.
- ***Pabellón de reposo*** (1945) es, por el contrario, una novela casi estática, formada por los diálogos de unos enfermos de un sanatorio antituberculoso.
- ***San Camilo, 1936*** (1969) es un largo monólogo interior sin pausas ortográficas que narra las experiencias del protagonista en Madrid la semana anterior al estallido de la Guerra Civil.
- ***La colmena*** (1951) recoge durante un tiempo muy limitado, dos días y medio, las vidas de múltiples personajes que sobreviven como pueden en el Madrid de la posguerra, junto a unos pocos que nadan en la opulencia.

  En *La colmena*, el **protagonista** es **colectivo**: la ciudad de Madrid. Entre todos los personajes anodinos y machacados sobresale Martín Marco, un personaje itinerante, sin domicilio fijo, que vive gracias al cariño de su hermana Filo y a la amistad de los pocos amigos que le quedan.

  Martín no puede ni trabajar ni ganarse la vida porque "no tiene papeles", es decir, se esconde por algo relacionado con la Guerra Civil.

  El lenguaje literario de *La colmena* es muy rico, una mezcla de sencillez y retoricismo, crudeza y sensibilidad, poesía y burla.

Además de estar dividida en capítulos, *La colmena* está estructurada en secuencias.

La secuencia es un fragmento narrativo menor que el capítulo donde se desarrolla una unidad temática.

Camilo José Cela recibió el Premio Nobel de Literatura en el año 1989.

Comprendo y razono

La colmena

El matrimonio González vive al final de la calle de Ibiza, en un pisito, y lleva un apañado pasar[1], aunque bien sudado. Ella trabaja hasta caer rendida, con cinco niños pequeños y una criadita de dieciocho años para mirar por ellos, y él hace todas las horas extraordinarias que puede y donde se tercie; esta temporada tiene suerte y lleva los libros en una perfumería, donde va dos veces al mes para que le den cinco duros por las dos. [...] Otras veces, cuando no encuentra un tajo[2] para las horas de más, don Roberto se vuelve triste y ensimismado y le da el mal humor.

Los cuñados, por esas cosas que pasan, no se pueden ni ver. [...] La pobre Filo, entre la espada y la pared, se pasa la vida ingeniándoselas para capear el temporal de la mejor manera posible.

Cuando el marido no está en casa le fríe un huevo o le calienta un poco de café con leche al hermano, y cuando no puede, porque don Roberto hubiera armado un escándalo espantoso llamándole vago y parásito, la Filo le guarda las sobras de la comida, que baja la muchacha hasta la calle.

–¿Es esto justo, Petrita?

–No, señorito, no lo es. [...]

Aquel día tocó que el marido de Filo no estuviese en casa y Martín se comió su huevo y se bebió su taza de café.

Camilo José Cela: *La colmena* (adaptación). Ed. Vicens Vives, 2015.

1. **un apañado pasar**: gozan de medianas comodidades.
2. **tajo**: lugar de trabajo.

38. ¿En qué condiciones vive el matrimonio González? ¿Cómo lo define Cela? ¿Qué quiere decir con esa frase?

39. ¿De qué se alimenta Martín Marco?

40. ¿Qué características propias del realismo social percibes en *La colmena*?

41. Relaciona este texto con el contexto de la posguerra.

Miguel Delibes (1920-2010)

A través de la larga trayectoria de Miguel Delibes podemos conocer las distintas etapas de la narrativa española en las últimas décadas del siglo XX:

- **La novela existencial**: *La sombra del ciprés es alargada* (1948).
- **El realismo social**: *Las ratas* (1962).
- **La experimentación formal**: *Los santos inocentes* (1982).
- **La novela histórica**: *El hereje* (1998).

Los **temas** que prevalecen en sus obras son el amor a la naturaleza y la defensa de los más débiles, junto con una crítica rotunda a los prepotentes y los opresores. El mundo infantil aparece frecuentemente en sus novelas, siempre tratado con cercanía, complicidad y respeto.

Su **lengua literaria** busca la sencillez y la claridad, pero eso no es obstáculo para que encontremos en sus páginas un vocabulario muy rico, tanto urbano como rural. En sus obras vemos reflejados todos los registros lingüísticos, desde el culto al coloquial, e incluso el vulgar y fragmentario de los analfabetos.

De su extensa obra narrativa destacamos dos novelas:

- ***El camino*** (1950) narra los recuerdos de un niño que debe abandonar su pueblo y sus amigos para ir a estudiar a un internado de la ciudad. Desde la mirada de los niños podemos contemplar los problemas de los adultos.
- ***Cinco horas con Mario*** (1966) es el largo soliloquio de Carmen ante su marido muerto la noche de su velatorio. Durante cinco horas, a través de los reproches que le hace, vemos las diferencias que separaban al matrimonio: Carmen, una mujer tradicional, y Mario, un catedrático de ideología liberal que defiende los derechos de los desfavorecidos.

Miguel Delibes fue un precursor del ecologismo mucho antes de que se firmara el Manifiesto de Tenerife en 1983. En el discurso de recepción de la RAE en 1975 dijo: "El hombre de hoy usa y abusa de la naturaleza como si hubiera de ser el último inquilino de este desgraciado planeta, como si detrás de él no se anunciara un futuro".

Muchas obras de Miguel Delibes han sido adaptadas al cine.

Miguel Delibes

El camino

Germán, el Tiñoso, distinguía como nadie a las aves por los espasmos del vuelo o por la manera de gorjear[1]; adivinaba sus instintos; conocía sus costumbres; presentía la influencia de los cambios atmosféricos en ellas y se diría que, de haberlo deseado, hubiera aprendido a volar.

Esta debilidad del hijo del zapatero le acarreó por otra parte muy serios y sensibles contratiempos. En cierta ocasión, buscando un nido de malvises[2] entre la maleza de encima del túnel, perdió el equilibrio y cayó aparatosamente sobre la vía, fracturándose un pie.

Al cabo de un mes, don Ricardo le dio por curado, pero Germán, el Tiñoso, renqueó de la pierna derecha durante toda su vida. Claro que a él no le importaba esto demasiado, y siguió buscando nidos con el mismo inmoderado afán que antes del percance.

En otra ocasión, se desplomó desde un cerezo silvestre, donde acechaba a los tordos, sobre una enmarañada zarzamora. Una de las púas le rasgó el lóbulo de la oreja derecha de arriba abajo, y como él no quiso cosérselo, le quedó el lobulillo dividido en dos como la cola de un frac.

Miguel DELIBES: *El camino* (adaptación). Ed. Destino, 2007.

1. **gorjear**: cantar.
2. **malvís**: tordo de plumaje verde oscuro.

42. ¿Qué precio paga Germán por su amor a los pájaros?

43. ¿Qué palabras propias del medio rural hay en el texto?

44. Señala las características de la obra narrativa de Delibes que percibes en este fragmento.

Comprendo y aplico

2.4 La novela experimental de la década de 1960

A lo largo de la década de 1960 se percibe la necesidad de buscar nuevas técnicas narrativas y formas más novedosas de escribir novelas.

Características de la novela experimental formal

- Los **personajes** son seres abatidos, apenas supervivientes sociales que reflexionan hondamente sobre la sociedad que les ha tocado vivir.
- El **argumento** se diluye bastante, importan más las numerosas introspecciones de los personajes y se introducen otros elementos extraños a la novela, como anuncios o guías de viajes. Es la técnica del *collage*.
- El **lenguaje** es muy cuidado, muy literario, con novedades como la eliminación de los signos de puntuación.

Dos novelistas en esta línea experimental son Luis Martín Santos con *Tiempo de silencio* (1962) y Juan Goytisolo con *Señas de identidad* (1966).

La novela *Tiempo de silencio* de Luis Martín Santos fue símbolo de la nueva novela.

2.5 La novela del exilio

Los novelistas que tuvieron que exiliarse continúan escribiendo novelas que la censura impide publicar en España. Algunos de estos escritores son:

- **Ramón J. Sender** (1902-1982). Su novela *Réquiem por un campesino español* (1953) narra los años de la Guerra Civil.
- **Rosa Chacel** (1898-1994). En *Memorias de Leticia Valle* (1946) cuenta en primera persona la vida de una muchacha joven.
- **Max Aub** (1903-1972). Su obra *Laberinto mágico* (1943-1968) agrupa seis novelas que narran desde el inicio de la Guerra Civil hasta que finaliza.

Otros novelistas del exilio son Francisco Ayala y Arturo Barea. Cabe destacar también a Manuel Andújar, que no llegó a publicar ninguna obra en España.

Aplico y razono

Tiempo de silencio

Pedro es un médico que se dedica a la investigación oncológica. En este monólogo interior repasa los hechos que le han llevado a la comisaría mientras se investiga la muerte de una muchacha, de la que él es inocente.

No pienses. Estás bien aquí. Todo da igual; aquí estás tranquilo, tranquilo, tranquilizándote poco a poco. Es una aventura. Tu experiencia se amplía. Ahora sabes más que antes. Sabrás mucho más de todo, sabrás lo que han sentido otros, lo que es estar ahí abajo, donde tú sabías que había otros y nunca te lo podías imaginar. Tú enriqueces tu experiencia. Llegas a conocer mejor lo que eres. Si realmente eres miedoso, si te aterrorizas. Si te pueden. Lo que es el miedo. Lo que el hombre sigue siendo detrás del miedo, desde debajo del miedo, al otro lado de la frontera del miedo. Si estás aquí serenamente no es un fracaso. Triunfas del miedo. El hombre imperturbable, el que sigue siendo imperturbable, entero, puede decir que triunfa, aunque todos, todos, crean que está cagado de miedo, que es una piltrafa, un gusarapo[1].

No pensar. No pensar. No pensar. Lo que ha ocurrido, ha ocurrido. No pensar. No pensar tanto. Quedarse quieto. Apoyar la cabeza aquí. Se está bien. Se está bien aquí apoyado, sin pensar.

Luis MARTÍN SANTOS: *Tiempo de silencio* (adaptación). Ed. Seix Barral, 2007.

1. **gusarapo**: especie de gusano.

45. ¿Qué intenta Pedro para no dejarse hundir en esas circunstancias? ¿Por qué crees que es tan importante dominar la imaginación para dominar el miedo?

46. ¿Es frecuente que nos hablemos a nosotros mismos como lo hace Pedro? Escribe un texto en el que expreses tus pensamientos en un monólogo interior.

Cinco horas con Mario

Una mujer es un ser indefenso, Mario, necesita que la dirijan, calamidad, por eso me hubiera horrorizado casarme con un hombre bajito, que la autoridad debe manifestarse inclusive en la estatura, fíjate, que te parecerá una bobada. Pero a ti todo te daba de lado; los escaparates, ni mirarlos; la animación, ni caso; el cine, ¡bah!; los toros no te gustaban. Que es lo mismo que cuando regresaste de la guerra, hijo, no se me olvidará mientras viva, mira que todo el mundo andaba loco por aquellos entonces, pues tú, no señor, y eso que la habías ganado, que si la llegas a perder. [...]

Y no es que yo no vaya a decir que no haya injusticias, ni corrupción, ni cosas de esas, pero siempre las ha habido, ¿no? Como siempre hubo pobres y ricos, Mario, que es ley de vida, desengáñate.

Yo me troncho contigo, cariño, "nuestra obligación es denunciarlas", así, lo dijo Blas, punto redondo, pero ¿quién te ha encomendado a ti esa obligación si puede saberse?

Tu obligación es enseñar, Mario, que para eso te hiciste catedrático, que para denunciar las injusticias ya están los jueces y para remediar las penas, la beneficencia, dichoso don Nicolás, que yo no sé cómo la gente lee *El Correo*, si se te cae de las manos, hijo, no trae más que miserias y calamidades, que si miles de niños sin escuelas, que si hace frío en las cárceles, que si los peones se mueren de hambre, que si los paletos[1] viven en condiciones infrahumanas, pero ¿puede saberse qué es lo que pretendéis? ¡Si hablarais claro de una vez! Porque si a los paletos les ponen ascensor y calefacción, dejarían de ser paletos, ¿no?

1. paleto: persona rústica y sin habilidad para desenvolverse en ambientes urbanos.

Miguel DELIBES: *Cinco horas con Mario* (adaptación). Ed. Destino, 2006.

Comprendo, aplico y razono

Comprensión del texto

47. A través de los reproches de Carmen en este soliloquio ante el cadáver de su marido podemos vislumbrar el carácter de ambos. ¿Por qué crees que Mario no se sintió feliz a pesar de que los suyos habían ganado la guerra?

48. ¿Qué cosas no le gustaban a Mario y qué ideas defendía? ¿Son las mismas que las de su mujer?

49. Haz una breve descripción de Carmen, según las cosas que critica de Mario y sus propias ideas.

50. Mario escribía en *El Correo*, el periódico de don Nicolás. ¿Qué se denunciaba en ese diario?

51. En todo el texto solo hay una frase de Mario. Localízala y explica a qué se refiere con ella.

Contenido, tema y estructura

52. Resume el contenido de este fragmento y escribe cuál es el tema.

53. El texto puede dividirse estructuralmente en dos partes. Señala cuáles son y resume su contenido.

Lenguaje literario

54. ¿Qué variedad del lenguaje utiliza Carmen: culto, estándar, familiar o vulgar? Pon algún ejemplo que justifique tu respuesta.

55. ¿Qué sustantivos le dirige Carmen a su marido? ¿Te parecen cariñosos? ¿Hay en ellos algún tipo de crítica evidente o subyacente? ¿Cuál?

56. ¿Qué modos verbales emplea cuando se dirige a Mario? ¿Qué te indica del carácter de esta mujer?

57. ¿Qué tiempo verbal emplea cuando se dirige a él? ¿Por qué usa ese tiempo a pesar de que ha muerto?

58. ¿Qué actitud tenía Carmen hacia su marido cuando este vivía? Dedúcela de los sustantivos y de los tiempos verbales con los que se dirige a él.

Relación texto y contexto

59. ¿Qué aspectos de la obra de Delibes ves en el texto?

60. Relaciona este texto con la novela que se escribe en España en la década de 1960 y las circunstancias políticas y sociales en las que se produce.

3 El teatro desde 1939 hasta 1975

3.1 El teatro en la España de la censura

Al finalizar la Guerra Civil, el régimen político que se instauró en España, caracterizado por la falta de libertades, impuso al teatro un férreo sistema de **censura** que revisaba los textos y el montaje de todas las obras dramáticas.

En estas circunstancias, la producción teatral de estos años se caracterizó por la ausencia de contenidos críticos, la desaparición de los intentos de renovación y la recuperación de temas y géneros de épocas anteriores que buscan el entretenimiento del público.

Por un lado, se mantienen la **comedia burguesa** –que sigue la tradición de Jacinto Benavente– y el **teatro humorístico** de Enrique Jardiel Poncela y Miguel Mihura. Por otro lado, hacia finales de la década de 1940, Antonio Buero Vallejo y Alfonso Sastre desarrollan un **teatro comprometido, crítico e inconformista** que aborda los temas esenciales de la existencia humana con una técnica realista.

Posteriormente surge un grupo de autores que durante los siguientes años desarrollan su labor dramática en condiciones muy difíciles. Unos siguen la estética realista; otros tratan los mismos temas, pero alejados del realismo.

En la década de 1960 surgen grupos de teatro independiente como Los Goliardos, La Cuadra o Els Joglars, que ven en las ideas de Artaud y Brecht, Ionesco y Beckett nuevos caminos para la expresión artística.

Enrique Jardiel Poncela (1901-1952)

Jardiel Poncela creó en sus obras un humor inverosímil cercano al surrealismo y no exento de cierta dosis de crítica social. Entre sus obras destacan *Cuatro corazones con freno y marcha atrás* (1936), *Eloísa está debajo del almendro* (1940) o *Los ladrones somos gente honrada* (1941), cuya fuerza cómica mantiene plena vigencia.

Miguel Mihura (1903-1979)

Miguel Mihura dio a conocer su primera obra antes de la guerra. *Tres sombreros de copa*, escrita en 1932 y estrenada en 1952, no tuvo un gran éxito de público a pesar de su originalidad.

Tras este fracaso, Mihura se acomoda a los gustos de la burguesía para hacer un teatro más comercial: suaviza su humor ilógico e incongruente por medio de la ternura y del sentimentalismo en comedias como *Sublime decisión* (1955), *Melocotón en almíbar* (1958) o *Maribel y la extraña familia* (1959).

Tres sombreros de copa

El autor conjuga el teatro de humor con un toque vanguardista. Su **originalidad** reside en el **lenguaje**, el **humor disparatado** y las **situaciones insólitas**. Mihura satiriza la rutina y la mediocridad de la burguesía de provincias.

Dionisio, el protagonista, es un joven sin personalidad que la noche antes de su boda entra en contacto con un grupo de actores de un teatro de variedades, entre los que se encuentra Paula, una joven e ingenua bailarina que representa el anhelo de libertad.

Dionisio tiene que decidir entre la libertad que le brinda Paula y la vida acomodada y mediocre que le traerá el matrimonio con su prometida. La fuerza dramática de la obra reside precisamente en el enfrentamiento de estas dos visiones de la vida.

La renovación de la escena europea

El **teatro expresionista** denuncia la esclavitud y la guerra, y estructura la acción en escenas. Los personajes son anónimos y, a veces, simbólicos.

El **teatro épico** de Bertold Brecht pretende que el espectador se distancie de los hechos a través del extrañamiento. El autor evita que el público se identifique con los personajes.

El **teatro de la crueldad** de Antonin Artaud propone acabar con la supremacía del texto y devolver al espectáculo su carácter de rito. A menudo utiliza escenas de gran violencia.

El **teatro del absurdo** de Eugène Ionesco y Samuel Beckett expresa la angustia de la existencia a través de formas dramáticas absurdas: la falta de intriga, los personajes como peleles y las palabras sin sentido.

Maribel y la extraña familia

Esta obra cuenta la historia de Marcelino, viudo desde hace unos años, que llega a Madrid en busca de una novia que le devuelva la alegría de vivir. En un bar conoce a Maribel, una chica "moderna", de quien se enamora. Pronto la lleva a su casa, donde su madre y su tía la acogen con cariño. Maribel se acostumbra a la vida apacible que le ofrece esa extraña familia y empieza a ilusionarse con el cambio de vida que le traerá el amor de Marcelino.

tiching.com/746470
Entra para saber más sobre Miguel Mihura.

Tres sombreros de copa

DIONISIO. ¡Paula! ¡Yo no me quiero casar! ¡Vámonos juntos a Chicago...!

DON ROSARIO. (*Dentro.*) ¡Don Dionisio! ¡Don Dionisio...!

DIONISIO. ¡Escóndete...! ¡Es don Rosario! ¡No debe verte en mi cuarto!

(*PAULA se esconde tras el biombo*[1].)

DON ROSARIO. (*Entrando.*) ¡Ya está el coche esperándole! ¡Salga pronto, don Dionisio! ¡Es una carroza blanca con dos lacayos[2]! ¡Y dos caballitos blancos con manchas café con leche! ¡Vaya caballitos blancos! ¡Ya las criadas están tirando confeti! ¡Y los camareros ya tiran migas de pan! ¡Salga pronto, don Dionisio...!

DIONISIO. (*Mirando hacia el biombo, sin querer marcharse.*) Sí..., ahora voy...

DON ROSARIO. ¡No! ¡No! Delante de mí... Yo iré detrás ondeando la bandera con una mano y tocando el cornetín... [...]

DIONISIO. (*Sin dejar de mirar al biombo.*) Es que... (*PAULA saca una mano por encima del biombo, como despidiéndose de él.*) ¡Adiós...!

DON ROSARIO. (*Cogiéndole de las solapas del chaqué y llevándoselo tras él.*) ¡Viva el amor y las flores, capullito de azucena!

(*Y ondea la bandera. DIONISIO vuelve a despedirse con la mano. Y también PAULA. Y DON ROSARIO y DIONISIO desaparecen por el foro*[3]*. PAULA sale de su escondite. Se acerca a la puerta del foro y mira. Luego corre hacia el balcón y vuelve a mirar a través de los cristales. La trompeta de DON ROSARIO sigue sonando, más lejos cada vez, interpretando una bonita marcha militar. PAULA saluda tras los cristales con la mano. Después se vuelve. Ve los tres sombreros de copa y los coge... Y de pronto, cuando parece que se va a poner sentimental, tira los sombreros al aire y lanza el alegre grito de la pista: "¡Hoop!" Sonríe, saluda y cae el telón.*)

Miguel MIHURA: *Tres sombreros de copa* (adaptación).
Ed. Vicens Vives, 2008.

Miguel Mihura fundó en 1941 *La Codorniz*, una de las revistas más importantes de humor gráfico y literario del franquismo.

1. **biombo**: mampara que se utiliza para dividir espacios en una habitación.
2. **lacayo**: mozo que camina delante de la caballería en la que va su amo.
3. **desaparecer por el foro**: hacer mutis por el foro (salir de escena).

61. Realizad una lectura dramatizada del fragmento.

62. Comenta la contradicción entre lo que Dionisio le dice a Paula y lo que finalmente hace. ¿Qué aspectos de su personalidad deduces de esta escena?

63. ¿Qué prejuicios sociales muestra Dionisio al mandarle a Paula que se esconda?

64. Valora la actitud de Paula. ¿Cómo reacciona cuando Dionisio la deja? ¿Qué rasgo de su carácter muestra al espectador con su modo de actuar?

65. Teniendo en cuenta que esta es la escena final de la obra, ¿qué emociones o sentimientos crees que puede experimentar el público? ¿Por qué?

Antonio Buero Vallejo (1916-2000)

El teatro de Buero Vallejo se divide en tres etapas, todas con un tema común: **la tragedia del individuo**. Sus dramas están llenos de seres humanos que luchan, protestan o se rebelan, junto a otros que se resignan ante las situaciones injustas para poder realizarse en la vida.

Buero Vallejo sufrió las consecuencias de la Guerra Civil. Fue condenado a muerte por sus ideas republicanas, pero esta condena fue conmutada por la de cadena perpetua. En 1946, tras ocho años en la cárcel, consiguió la libertad condicional.

Etapas en la obra literaria de Antonio Buero Vallejo

Primera etapa

Las primeras obras de Buero Vallejo tienen como tema central la **realidad contemporánea**.

La acción se sitúa en un **tiempo real** y en un **espacio escénico realista**, como *Historia de una escalera*, que ganó el Premio Lope de Vega en 1949.

Segunda etapa

En esta etapa, Buero se centra en el tema histórico, como en *Un soñador para un pueblo* (1958), sobre la figura de Esquilache, o *Las Meninas* (1960), protagonizada por Velázquez. El pasado le sirve al autor para reflexionar sobre el presente.

Buero introduce la discontinuidad temporal y sitúa la acción en lugares escénicos abstractos. Al final de esta etapa escribe *El tragaluz* (1967), en la que introduce personajes que actúan como narradores y que interrumpen y comentan los hechos.

edubook

En la unidad 11 de tu Edubook encontrarás:

- Un fragmento de *Un soñador para un pueblo* con varias actividades.

Tercera etapa

Posteriormente, Buero Vallejo escribió una serie de obras en las que la acción llega al espectador a través de la **visión subjetiva** de uno de los personajes, que, además, padece alguna limitación física o psíquica. El espectador no ve la realidad, sino la versión que de ella tiene el protagonista de la obra.

Por ejemplo, en *El sueño de la razón* (1970), centrada en la figura de Goya, Buero hace vivir al público la sordera del célebre pintor, o en *La Fundación* (1974), el público cree con Tomás, mentalmente trastornado, que una celda en la que esperan varios presos políticos condenados a muerte es un lujoso centro de investigación. Tanto *El sueño de la razón* y como *La Fundación* siguen representándose hoy en día con éxito de crítica y público.

Sus **personajes** encarnan dos formas de entender la vida: el **hombre de acción**, integrado en la sociedad y a veces carente de escrúpulos, frente a la **persona angustiada y dubitativa** que sueña con la libertad y la perfección. Sin embargo, ninguno de los dos es puro, ambos poseen virtudes y defectos; son, al mismo tiempo, inocentes y culpables.

Sobre estas líneas, cartel de *El sueño de la razón* (montaje de 2017) de la Compañía Ferroviaria, bajo la dirección de Paco Macià, y cartel de la adaptación de Irma Correa de *La Fundación* (montaje de 2018) para La Joven Compañía, dirigida por José Luis Arellano.

Historia de una escalera

(DON MANUEL, padre de ELVIRA, sale vestido de calle. Los trajes de ambos denotan una posición económica más holgada[1] *que la de los demás vecinos.)*

DON MANUEL. *(A DOÑA ASUNCIÓN.)* Buenos días. *(A su hija.)* Vamos. [...]

ELVIRA. Buenos días, doña Asunción.

COBRADOR. Perdone, señora, pero tengo prisa.

DOÑA ASUNCIÓN. Sí, sí... Le decía que ahora da la casualidad que no puedo... ¿Podría volver luego?

COBRADOR. Mire, señora: no es la primera vez que pasa y...

DOÑA ASUNCIÓN. ¿Qué dice?

COBRADOR. Sí. Todos los meses es la misma historia. ¡Todos! Y yo no puedo venir a otra hora ni pagarlo de mi bolsillo. Conque si no me abona, tendré que cortarle el fluido[2].

DOÑA ASUNCIÓN. ¡Pero si es una casualidad, se lo aseguro! Es que mi hijo no está, y...

COBRADOR. ¡Basta de monsergas! Esto le pasa por querer gastar como una señora en vez de abonarse a tanto alzado. Tendré que cortarle.

(ELVIRA habla en voz baja con su padre.)

DOÑA ASUNCIÓN. *(Casi perdida la compostura.)* ¡No lo haga, por Dios! Yo le prometo...

COBRADOR. Pida a algún vecino...

DON MANUEL. *(Después de atender a lo que le susurra su hija.)* Perdone que intervenga, señora. *(Cogiéndole el recibo.)*

DOÑA ASUNCIÓN. No, don Manuel. ¡Faltaba más!

DON MANUEL. ¡Si no tiene importancia! Ya me lo devolverá cuando pueda.

DOÑA ASUNCIÓN. Esta misma tarde; de verdad.

DON MANUEL. Sin prisa, sin prisa. *(Al COBRADOR.)* Aquí tiene.

COBRADOR. Está bien. *(Se lleva la mano a la gorra.)* Buenos días. *(Se va.)*

Antonio BUERO VALLEJO: *Historia de una escalera* (adaptación), ilustrado por Victor G. Ambrus. Ed. Vicens Vives, 2011.

1. **holgado**: dicho de una persona que vive con desahogo o bienestar.
2. **fluido**: corriente eléctrica.

66. En grupos de cuatro personas, realizad la lectura expresiva del texto.

67. Enumera los personajes que aparecen en esta escena y comenta aquellos problemas a los que se enfrentan.

68. Resume el argumento e indica el tema.

69. Presta atención a las acotaciones escénicas y describe las emociones de los personajes.

70. Indica el lugar en que sucede la acción.

71. ¿A qué género dramático pertenece esta obra? ¿Es una comedia, una tragedia o un drama? ¿Por qué?

72. Analiza la forma de hablar de los personajes. Después, copia en tu cuaderno algunas expresiones del cobrador que lo identifican como funcionario.

73. Relaciona el contenido de esta escena con el contexto económico y social de la España de la posguerra.

74. ¿Qué rasgos permiten definir esta obra como realista?

Francisco Nieva (1924-2016)

Nieva trata los mismos temas de denuncia que sus coetáneos realistas, pero lo hace desde nuevos planteamientos estéticos en los que se puede apreciar una gran influencia de las vanguardias y también del esperpento:

- Estructura la obra en una serie de **cuadros o escenas** cortas e independientes.
- Presenta **personajes populares prototípicos** que encarnan una idea o pasión.
- Diseña un **espacio escénico irreal**, alegórico y onírico.
- Prefiere la **farsa** y la **parodia** con elementos grotescos y absurdos surrealistas.
- Usa un **lenguaje popular**, a veces absurdo, e incorpora frases hechas y refranes.

Sus obras más destacadas son: *Malditas sean Coronada y sus hijas* (1968), *Coronada y el toro* (1974) y *Sombra y quimera de Larra* (1976).

Nieva trabajó como escenógrafo y profesor de la Escuela de Arte Dramático de Madrid. Su obra, de gran originalidad, no triunfó en los escenarios españoles hasta la llegada de la democracia y el fin de la censura.

Tanto la selección de sus personajes como el lenguaje se cimentan en raíces populares. Además, sus obras incorporan, en ocasiones, la música y el canto por influencia de la zarzuela y el género chico.

Fernando Arrabal (1932)

Arrabal pudo iniciar para el teatro español una corriente original que fundiría la tradición satírico-grotesca con las influencias de las vanguardias europeas, pero su primera obra, *Los hombres del triciclo*, fue un fracaso. Se exilió a Francia, país en el que desarrolló su producción dramática reconocida en toda Europa.

Su dramaturgia evoluciona desde el teatro del absurdo, a lo que él mismo denominó **teatro pánico**, una fórmula teatral que busca perturbar al espectador presentándole escenas delirantes. En sus obras representa la confusión de la existencia humana con personajes inadaptados que viven situaciones absurdas. Todo se ve sometido a un proceso de confusión que genera una forma teatral innovadora.

Algunas de sus obras son *Pic-Nic* (1952), *El triciclo* (1953), publicada anteriormente como *Los hombres del triciclo*, y *El cementerio de automóviles* (1959).

Fernando Arrabal

Razono

Pic-Nic

(*La batalla hace furor. Se oyen tiros, bombazos, ráfagas de ametralladora.* ZAPO, *solo en escena, está acurrucado entre los sacos. Tiene mucho miedo. Cesa el combate. Silencio.* ZAPO *saca de una cesta de tela una madeja de lana y unas agujas. Se pone a hacer un jersey que ya tiene bastante avanzado. Suena el timbre del teléfono de campaña.*)

ZAPO. Diga... Diga... A sus órdenes mi capitán... En efecto, soy el centinela de la cota 47... Sin novedad, mi capitán... Perdone, mi capitán, ¿cuándo empieza otra vez la batalla?... Y las bombas, ¿cuándo las tiro?... ¿Pero, por fin, hacia dónde las tiro, hacia atrás o hacia adelante?... No se ponga usted así conmigo. No lo digo para molestarle... Capitán, me encuentro muy solo. ¿No podría enviarme un compañero?... Aunque sea la cabra... (*El capitán le riñe.*) A sus órdenes... A sus órdenes, mi capitán. (ZAPO *cuelga el teléfono. Refunfuña.*)

(*Silencio. Entra en escena el matrimonio Tepán con cestas, como si vinieran a pasar un día en el campo. Se dirigen a su hijo, Zapo, que, de espaldas y escondido, no ve lo que pasa.*)

SEÑOR TEPÁN. (*Ceremoniosamente.*) Hijo, levántate y besa en la frente a tu madre. (ZAPO, *aliviado y sorprendido, se levanta y la besa en la frente con mucho respeto. Quiere hablar. Su padre lo interrumpe.*) Y ahora, bésame a mí. (*Lo besa en la frente.*) [...]

ZAPO. Perdonadme. Os tenéis que marchar. Está prohibido venir a la guerra si no se es soldado.

SEÑOR TEPÁN. A mí me importa un pito. Nosotros no venimos al frente para hacer la guerra. Solo queremos pasar un día de campo contigo, aprovechando que es domingo.

Fernando ARRABAL: *Pic-Nic* (adaptación). Ed. Cátedra, 1977.

75. Valora la situación absurda con que comienza la obra e indica los elementos sobre los que descansa el absurdo. Realiza la actividad en tu cuaderno.

76. ¿Qué efecto produce este cruce de planos entre un día en el campo de batalla y un día de campo?

77. Indica qué es lo que critica el autor en esta escena.

Malditas sean Coronada y sus hijas

La acción se sitúa en un bárbaro y anacrónico país donde reina Coronada. En la primera parte de la obra, el espectador, a través de los ojos del forastero Silverio, descubre este extraño mundo: los cerdos están presentes en el decorado, en los sonidos y en algunos modos de expresión. En la segunda parte, situada ya en el palacio de Coronada, Silverio se casará con una de las mujeres de ese reino.

Nieva intenta comprender el misterio de la existencia humana rompiendo los convencionalismos y mostrado un mundo lleno de lógicas absurdas.

(*Allí están* PRISCILA *y* AVEDELMA, *dos criadas guapas pero un tanto bastas, planas y despatarradas. Cuando ríen imitan de forma natural, habitual, el balido de las cabras, el gruñido de los cerdos, el grito de algunas aves domésticas. Lo hacen burlonamente, claro está, pero se ve que todo ello es consecuencia de una mímesis obligada por el excesivo contacto con esos animales. Durante el diálogo, las dos sirvientas, apresuradas, terminan de hacer la cama y van luego introduciendo en el dormitorio el equipaje de* SILVERIO. *Es de noche. Varias antorchas de sebo iluminan la escena. En conjunto, todo debe suscitar una impresión apesadumbrada y dramática.*)

PRISCILA. Y viene de lejos, solo y sin criado.

AVEDELMA. Es un mozo guapísimo.

PRISCILA. ¿Qué sabes tú, si no le has visto antes de que cayera al cieno? Yo sí puedo decir que le he visto. Ya venía sucio, lleno de polvo, pero era una gloria contemplarle, con aquel pelo revuelto y los ojos espantados de forastero. Y ¡zas!, nada más abrir la portezuela del coche, mi pobre burrito se cae en el cieno negro y se levanta diciendo que se llama Silverio, caballero en viaje, y que necesita alojamiento. [...]

AVEDELMA. (*Levantando uno de los bultos y dejándolo caer.*) ¡Uff! Me estoy debilitando de la ilusión.

PRISCILA. (*Transportando otro.*) Pues esta maleta es pesada como una cerda y sus diez crías.

AVEDELMA. Ya, ya. ¿Qué vendrá dentro?

PRISCILA. ¡Ve tú a saber! Cosas bonísimas y forasteras, de las que se fabrican en la otra parte del mundo, en el "más allá". Nosotros somos también el "más allá" para los de allá, pero ¡menuda desilusión se llevan cuando se topan con el "más acá"! Qué triste suerte que las forasteras no seamos nosotras. [...]

AVEDELMA. Pues, hija, solo te basta pasar la frontera para serlo. [...]

PRISCILA. ¿No escuchas? Creo que se acerca. Las botas le arrastran como dos vacas dormidas.

AVEDELMA. ¡Cómo me late el corazón! [...]

(*En el marco de la puerta aparece Silverio. Elegantísima silueta envuelta hasta los ojos en espesos grumos de barro gris. Sobre la cara, cubriéndosela por completo, lleva, en efecto, una mascarilla del mismo color. Esta mascarilla se le puede ir levantando, según pide la acción. Las muchachas se recomponen instintivamente, siguiendo unas actitudes y gestos que denotan un género de coquetería local. Se ensanchan las faldas, se ensalivan las cejas, patalean hacia atrás para sacudirse el barro de los zapatos, se restriegan la nariz.*)

AVEDELMA. (*Tras una pausa en la que intenta dominar su turbación.*) Entre el señor, que aquí es el cuarto. Estas servidoras le dan la bienvenida.

PRISCILA. Sí, señor, entre y no se sienta contrariado por el percance del charco. Sepa usted que eso de andar rebozado en barro es aquí cosa natural.

Francisco NIEVA: *Malditas sean Coronada y sus hijas* (adaptación). Ed. Espasa, 2007.

Comprendo, aplico y razono

Comprensión del texto

78. Resume la acción representada en este texto.

79. Señala la comicidad que se desprende de las criadas.

Contenido, tema y estructura

80. Silverio representa al joven héroe. ¿Qué significado puede tener el hecho de que aparezca por primera vez en escena totalmente embarrado?

81. Observa las acotaciones y los gestos de coquetería con que las criadas reciben a Silverio. El teatro no realista a veces degrada, animaliza o robotiza a los personajes. ¿Ocurre esto en este fragmento? ¿Por qué?

Lenguaje literario

82. Nieva utiliza la lengua de forma muy original. Señala las expresiones propias del lenguaje popular que observes.

Relación texto y contexto

83. ¿Te parece convencional el mundo que refleja esta escena? ¿Crees que el autor consigue despertar sorpresa en el espectador? Justifica tu respuesta.

84. A pesar de que la obra está ambientada en un país imaginario, ¿crees que podría referirse simbólicamente a la sociedad española de su tiempo (ambiente cerrado, falta de nivel cultural...)? ¿Por qué?

LITERATURA

12 La literatura desde 1976 hasta la actualidad. La democracia

La salita (1970), de Equipo Crónica.

Observo...

- *La salita* es un *collage* formado por figuras de un cuadro muy famoso de Velázquez. ¿De qué cuadro se trata?
- Como hizo Velázquez, los dos pintores de Equipo Crónica también se retratan. Localízalos. ¿Crees que el humor puede formar parte del arte? ¿Por qué?

... pienso...

- ¿Crees que este comedor burgués es el esperado para estos personajes palaciegos? ¿Qué elementos del cuadro son propios de un comedor de clase media?
- En el cuadro hay elementos del arte pop. ¿Te resulta interesante esta mezcla pop, burguesa y de arte clásico? ¿Debe el arte investigar caminos nuevos?

El abrazo (1976), de Juan Genovés.

El hombre de Nápoles (1982), de Jean-Michel Basquiat.

... y comparto

- Comentad qué impresión os produce el cuadro de Genovés pintado un año después de la muerte de Franco. ¿Qué creéis que está expresando el pintor?
- Basquiat murió a los 27 años. Quiso elevar la pintura callejera y los grafitis a obra de arte. ¿Os parece que lo consigue? ¿Creéis que los graffitis son arte? ¿Por qué?

En este tema aprenderás:

- En qué consistió la poesía española de las décadas de 1970 y 1980.
- Qué caracteriza a la novela contemporánea y quiénes son sus máximos representantes.
- Cuál fue la evolución del teatro en España en la década de 1980 y qué autores destacaron.
- Cómo ha sido el teatro en las últimas décadas y qué dramaturgos han cosechado mayores éxitos.
- En qué consistió la literatura hispanoamericana del siglo XX.
- Quiénes fueron los máximos exponentes de la poesía hispanoamericana del siglo XX.
- Qué novelistas destacaron en la narrativa hispanoamericana del siglo XX.

En marcha...

- Según el poeta Luis García Montero, ¿qué es hacer un buen poema? ¿Y qué no puede ser nunca un poema?
- ¿Qué responde García Montero a la pregunta de la periodista: "Las palabras, ¿crees que son las alas del sentimiento o pueden ser también los barrotes del sentimiento?"? ¿Por qué dice el poeta que el idioma puede llegar a ser mezquino?
- Según García Montero, ¿cómo se degradan las palabras? ¿Estás de acuerdo con sus ideas?
- Comenta con tus compañeros y compañeras de clase qué relación tenéis con la poesía. ¿Os gusta leer poemas? ¿Escribís poemas alguna vez? Si es así, ¿por qué o para qué escribís poemas?

Los siglos XX y XXI: la democracia

DESCUBRO

A finales del siglo XX, la política internacional experimentó un cambio decisivo: se desintegró la URSS, desaparecieron los dos bloques existentes hasta entonces y Estados Unidos quedó como la única superpotencia.

El capitalismo organizó la economía mundial. Los avances en la comunicación y la informática crearon un mundo interdependiente donde cualquier noticia puede extenderse por todo el planeta en cuestión de segundos.

Sin embargo, el mundo globalizado presenta innumerables problemas: en el año 2008 se inició una crisis económica que alcanzó dimensiones mundiales; la contaminación y la sobreexplotación provocan grandes peligros medioambientales y se hace imprescindible la imposición del desarrollo sostenible; continúan existiendo graves conflictos armados como, por ejemplo, en Próximo Oriente y en zonas de África; miles de refugiados intentan llegar a Europa en busca de un futuro mejor...

En un mundo globalizado y tecnológico se recibe mucha información.

Mensaje televisivo de Juan Carlos I para contrarrestar el intento de golpe de Estado de 1981.

España y la transición

Tras la muerte de Franco en 1975, Juan Carlos I juró su cargo como rey. Meses después, Adolfo Suárez fue nombrado jefe de gobierno y, con el apoyo de buena parte de la oposición, llevó a cabo la transformación política.

En pocos años se sucedieron una serie de acontecimientos que llevaron a España a la democracia: se celebraron las primeras elecciones democráticas; se aprobó la Constitución de 1978 y se estableció el Estado de las Autonomías. En 1981 hubo un intento de golpe de Estado, pero fracasó y el camino democrático libremente escogido por los españoles continuó su andadura.

En 1985, España firmó el Tratado de Adhesión a la Comunidad Económica Europea.

La democracia y la participación en la política internacional

A partir de 1982, España comenzó un nuevo proceso democrático con el gobierno del PSOE, que se ha ido alternando en el poder con el Partido Popular. Además, España inició su incorporación a los organismos internacionales marcada por dos hitos importantes:

- La adhesión a la Comunidad Económica Europea (posteriormente Unión Europea) en el año 1985 significó la entrada en el mercado común europeo y la realización de importantes infraestructuras financiadas gracias a los fondos comunitarios.
- El ingreso en la OTAN (Organización del Tratado del Atlántico Norte), que supuso la participación de tropas españolas en distintos lugares del mundo donde había conflictos armados.

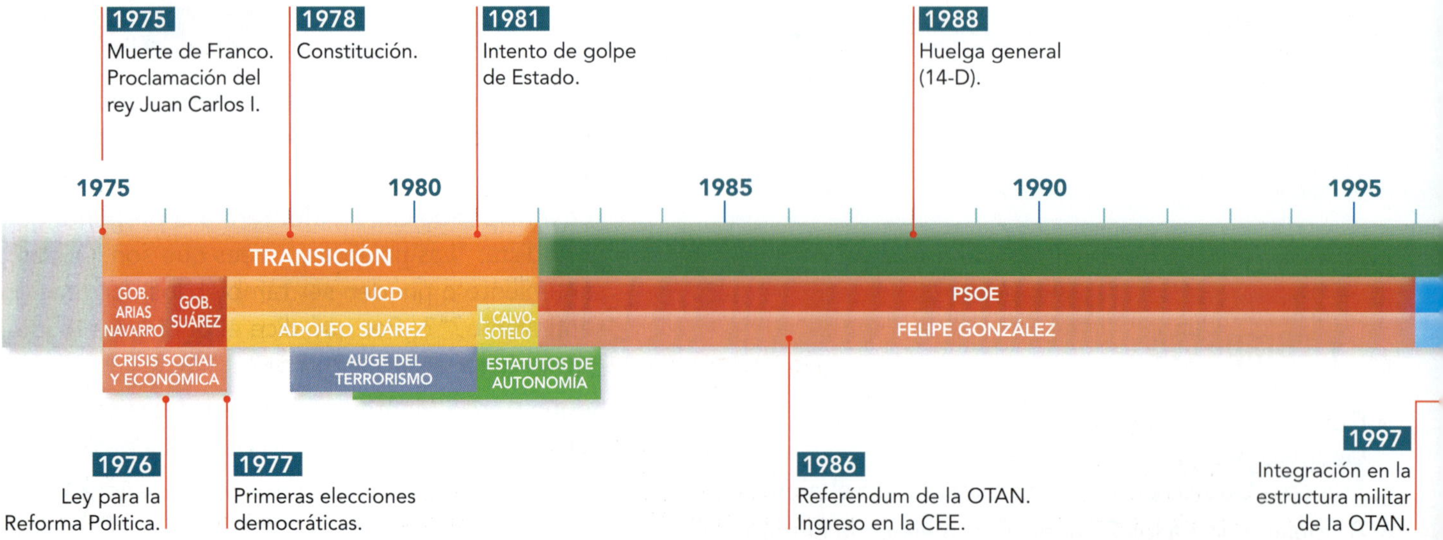

El Estado del bienestar

El país había salido del franquismo con una economía poco competitiva, sobre todo en relación con otros países europeos, y con una sociedad atrasada a causa de la censura, que controlaba cualquier manifestación cultural.

La liberalización se inició a través del reconocimiento explícito de las libertades en la Constitución de 1978. Para la creación artística y literaria fue fundamental el hecho de poder expresar y difundir pensamientos, ideas y opiniones.

El desarrollo económico de España desde la década de 1980 y hasta el año 2007 permitió la creación del Estado del bienestar, gracias al cual se generalizó la atención sanitaria y farmacéutica; se extendieron los servicios asistenciales, las jubilaciones y las prestaciones por desempleo, y la enseñanza pasó a ser obligatoria y gratuita hasta los 16 años.

El progreso económico permitió la mejora de las infraestructuras, como, por ejemplo, la red ferroviaria.

La emigración de jóvenes es frecuente hoy en día.

Durante la pandemia, el uso de mascarilla es obligatorio también en las aulas.

Los cambios sociales

También tuvieron lugar profundos cambios sociales, como la disminución del número de matrimonios y la ley del divorcio, la bajada de la natalidad, el incremento de la esperanza de vida, la incorporación masiva de la mujer al mundo laboral, la mejora de las condiciones de vida, el desarrollo de las ciudades, etc.

El progreso económico originó la llegada de un gran número de inmigrantes atraídos por el desarrollo económico, y en casi 20 años recibimos más de cuatro millones de personas en busca de trabajo. Con su llegada se incrementó la riqueza económica y cultural de nuestro país.

Sin embargo, a partir de 2008 tuvo lugar una grave recesión económica. Numerosos inmigrantes regresaron a sus países de origen y muchos jóvenes españoles tuvieron que emigrar a otros lugares para buscar trabajos más cualificados.

Cuando Europa y España estaban saliendo de la grave recesión, la llegada de una pandemia mundial, la COVID-19, ha vuelto a sumir a todo el continente en una profunda crisis sanitaria, que está teniendo graves consecuencias económicas.

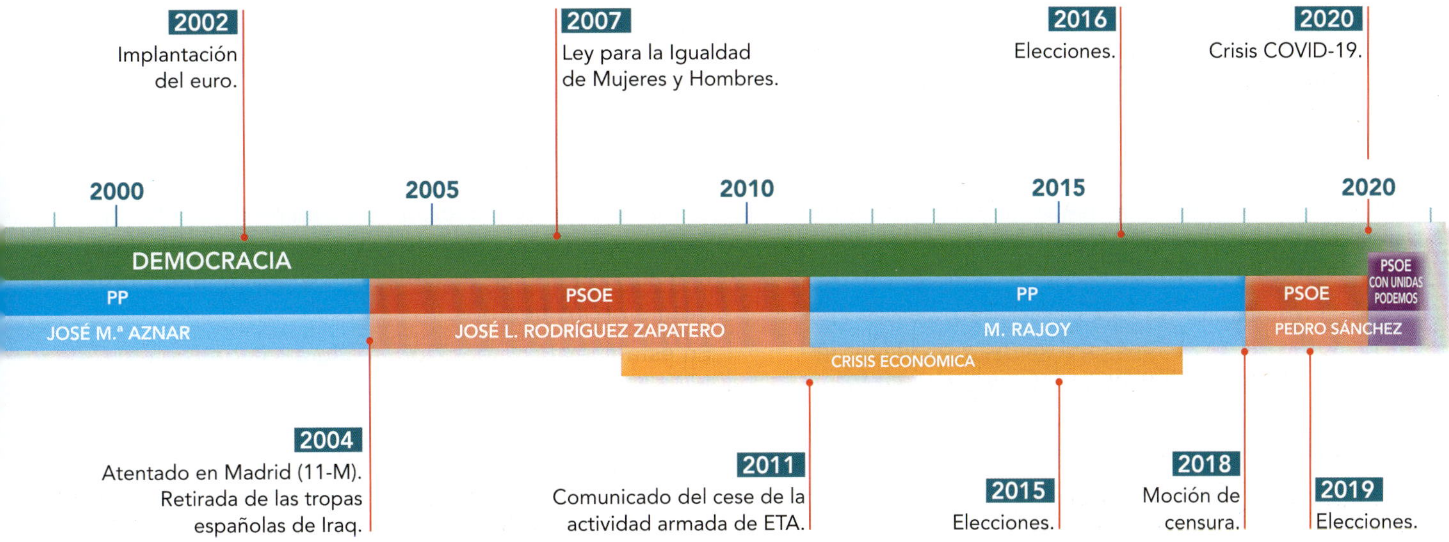

Los siglos XX y XXI: la democracia

Observa el cuadro *Gato* (1983), de Menchu Lamas. En él podemos observar algunas de las características estéticas de los nuevos caminos artísticos que se abren a partir de 1975.

Aletargados en perpetua siesta...

Aletargados en perpetua siesta
después de inconfesables andanzas nocturnas,
desatendidos o alertas,
los gatos están en la casa para ser consentidos,
para dejarse amar indiferentes.
Dios hizo los gatos para que hombres y mujeres
aprendan a estar solos.

Darío JARAMILLO: *Gatos* (fragmento).

ticching.com/746019

Entra para leer más poemas de la obra *Gatos*, de Darío Jaramillo.

Características del arte en la democracia

En este cuadro podemos observar algunas de las características estéticas y de los nuevos caminos del arte que se abren con el inicio de la democracia:

- **Optimismo y libertad creativa**. Desde 1975, el entusiasmo que se vive en España con la reciente democracia coincide con una tendencia internacional del sentido lúdico del arte, que busca la creación de imágenes atractivas capaces de provocar el gozo visual del espectador.

  Este gato, que evoca la ingenuidad primitiva, está resuelto de manera sencilla a base de colores primarios y planos.

  Su figura, que está reducida a los elementos imprescindibles, ocupa todo el lienzo-casa con sus enormes patas que giran como los rayos del sol, simbolizado en el amarillo luminoso del fondo.

  El gato, en su estatismo feliz y silencioso, parece indicarnos todas las direcciones del viento y de la libertad con sus cuatro patas humanizadas acabadas en forma de manos.

  Los partidos políticos que surgieron con la democracia también usaron como símbolo los colores primarios que puedes observar en el cuadro de Menchu Lamas.

- **Mixtificación cultural**. El cuadro reinterpreta un símbolo mítico presente en varias culturas: la cruz con aspas –símbolo del sol girando–, que se encuentra en la cultura hindú desde el siglo V a. C.; en la cultura vasca como *lauburu*; y en la cultura gallega como *trisquel* –en forma de hélice–, de origen irlandés.

  Este antiquísimo símbolo representa, en tan distintos lugares del mundo, el bienestar, la buena suerte, la salud y el éxito.

- **Convivencia generacional**. El cuadro de Menchu Lamas comparte espacio creativo con pintores de generaciones anteriores que van evolucionando dentro de su propia estética y particularidades expresivas.

  Observa ahora el cuadro de la página siguiente: *Nevera nueva* (1991-1994), de Antonio López. El pintor manchego también deja constancia del cambio y optimismo de los tiempos.

  En esta nueva composición, a diferencia de *Nevera de hielo* (1966), que viste en la unidad 11, la luz blanca, luminosa, la limpieza y el orden, la abundancia y el colorido de los alimentos, y las dos puertas abiertas nos están indicando que los nuevos aires de libertad ya componen el nuevo bodegón de la cultura española.

En noviembre de 1975 muere Francisco Franco y se abre una nueva etapa que tendrá hondas repercusiones en la vida política, social y cultural de España. En 1977 se celebran las primeras elecciones libres y democráticas, y el 6 de diciembre de 1978 se proclama la Constitución.

Durante estos años, y no sin dificultades, la democracia y la libertad se afianzan; en 1986 se produce el ingreso en la Unión Europea y el crecimiento económico se desarrolla a tal ritmo que España deja de ser un país de emigrantes para convertirse en un país de inmigración.

Nevera nueva (1991-1994), de Antonio López.

Características de la literatura en la democracia

Desde el punto de vista cultural, y a grandes rasgos, podemos destacar cuatro grandes características de la literatura en democracia.

Optimismo y libertad creativa

La censura acabó en 1975 y, a partir de ese momento, entraron en el país las publicaciones de los autores exiliados y las corrientes literarias más importantes.

Ausencia de normas estéticas dominantes

La pluralidad ideológica y estética preside las creaciones artísticas. Conviven con éxito la novela histórica con la novela negra o la intimista, la poesía del silencio con la de la experiencia, y el teatro realista con el teatro experimental.

Mixtificación cultural

En el último cuarto del siglo XX y en los primeros años del siglo XXI, la cultura se vuelve global gracias a los medios de comunicación y a la revolución informática, hasta tal punto que las corrientes estéticas y literarias se conocen y se desarrollan casi simultáneamente en todos los países con acceso a Internet.

Convivencia generacional

A partir de 1975, la literatura española ofrece un panorama en el que conviven autores de diferentes generaciones y tendencias.

Siguen publicando los autores aún vivos de la generación del 27, como Rafael Alberti, y la gran calidad de esta generación es reconocida con la concesión del **Premio Nobel a Vicente Aleixandre en 1977**.

Los novelistas de la etapa anterior continúan en plena producción literaria: Miguel Delibes escribe en estos años sus novelas más experimentales, y **Camilo José Cela recibe el Premio Nobel en 1989**. Igualmente, los poetas de la generación del medio siglo, como Ángel González, Juan Goytisolo, José Hierro y Paco Brines, ejercen una gran influencia en los poetas jóvenes de las décadas de 1980 y 1990 con su amistad y su magisterio.

La literatura hispanoamericana

La literatura hispanoamericana se desarrolla con enorme éxito y vitalidad elevando la literatura en lengua castellana a lo más alto del panorama literario mundial, y siendo reconocida su excelencia con numerosos premios. Recibieron el **Premio Nobel de Literatura**, solo en los últimos treinta años del siglo XX y los primeros años del siglo XXI:

- Pablo Neruda (1971)
- Gabriel García Márquez (1982)
- Octavio Paz (1990)
- Mario Vargas Llosa (2010)

Aplico y razono

1. Observa el cuadro *Gato* de Menchu Lamas. A pesar de la sencillez de los trazos, ¿crees que es un gato en feliz reposo o en acción? Relaciónalo con el poema de Darío Jaramillo.
2. ¿Con qué finalidad han sido creados los gatos según Jaramillo? ¿Por qué pueden enseñar esa cualidad?
3. ¿Qué diferencias observas entre los cuadros de Antonio López *Nevera de hielo*, de la unidad 11, y el de esta página, *Nevera nueva*? Relaciona ambos cuadros, señala sus diferencias y relaciónalas con los cambios políticos, sociales y culturales producidos en estos años.

1 La poesía en las décadas de 1970 y 1980

1.1 La poesía en la década de 1970: novísimos y culturalistas

La poesía anterior no había logrado el cambio social que deseaba, así que los nuevos poetas ya no se sienten en la obligación de dar testimonio ideológico y dedican sus esfuerzos a experimentar con el lenguaje. Los llamados **poetas novísimos**, conocidos a través de la antología *Nueve novísimos*, quisieron renovar el lenguaje poético experimentando con todas sus posibilidades, incluso las tipográficas, como la supresión de las mayúsculas o de los signos de puntuación, como puedes observar en el poema de más abajo de Martínez Sarrión.

Los poetas amplían también la temática de sus versos, así surgen nuevos temas:

- **La metapoesía**. Son poemas que hablan de la propia poesía, del acto de la escritura y de las dificultades del lenguaje para exponer con precisión los sentimientos y las ideas del poeta.
- **El culturalismo**. La cultura, tanto clásica como moderna (la cultura pop, el género negro, el cine, los viajes, las referencias a otros poetas...), se convierte en centro y tema de este tipo de poesía.

  Dentro de la corriente culturalista, también asistimos a una renovación de los mitos clásicos, que se adaptan a la vida contemporánea, y una renovación de los tópicos literarios. Por ejemplo, el tópico del *carpe diem*, que invita a disfrutar del día y de la vida, en manos de la poeta Aurora Luque se convierte en *carpe noctem*, invitándonos a gozar de la vida nocturna.

En 1970 se publica la antología de José María Castellet *Nueve novísimos*. En ella aparecen nombres como Antonio Martínez Sarrión, Guillermo Carnero, Pere Gimferrer y Leopoldo María Panero, entre otros.

Comprendo, aplico y razono

el cine de los sábados

maravillas del cine galerías
de luz parpadeante entre silbidos
niños con sus mamás que iban abajo
entre panteras un indio se esfuerza
por alcanzar los frutos más dorados
yvonne de carlo baila en scherazade
no sé si danza musulmana o tango
amor de mis quince años marilyn
ríos de la memoria tan amargos
luego la cena desabrida y fría
y los ojos ardiendo como faros

Antonio MARTÍNEZ SARRIÓN:
Teatro de operaciones.

Interior

A menudo converso con mis sueños.
Los invito a salirse de la noche
y se sientan con ojos neblinosos,
junto a mi mesa sucia de papeles.
Y les pregunto sobre su sintaxis
porque se ofenden si hablo de semántica.

Hoy he recuperado de sus manos
un fragmento de ti tan exquisito
como una noche de junio en Gil de Biedma,
un otoño en Keats o aquel sabor a polo de naranja
de las viejas mañanas de domingo.

Aurora LUQUE:
Problemas de doblaje.

4. Lee el poema de "Teatro de operaciones", de Martínez Sarrión. ¿Cómo recuerda el poeta el ambiente de los cines de barrio los sábados?
5. ¿Qué le esperaba en su casa? ¿Qué significaba para él el cine de los sábados?
6. ¿Qué características encuentras en este poema propias de esta etapa de la poesía? Anótalas en tu cuaderno.
7. En "Interior", de Luque, ¿con quién conversa la poeta? ¿De dónde salen y dónde se sientan?
8. La poeta introduce en el poema elementos lingüísticos. ¿Cuáles son? ¿Qué es el metalenguaje?
9. Busca información sobre Gil de Biedma y Keats.
10. ¿Este poema es metapoesía o culturalista? ¿Por qué?

1.2 La poesía del silencio

Una de las corrientes poéticas más interesantes de estos años es la que algunos llaman **poesía del silencio**, una poesía cercana a la poesía pura. Los poetas se preguntan si el lenguaje puede plasmar sentimientos absolutos como el horror ante el exterminio nazi, por ejemplo. ¿Con qué palabras se puede transmitir la indefensión y la crueldad extrema?

En el fondo, estos interrogantes se están preguntando sobre la capacidad de la palabra para expresar lo más hondo y desconocido de la experiencia humana. Como los místicos del Siglo de Oro, los poetas del silencio investigan las posibilidades expresivas del lenguaje ante situaciones o sentimientos inefables.

Algunos rasgos de la poesía del silencio son:

- **Poemas breves** en los que es más importante lo que se sugiere que lo que se dice explícitamente con palabras.
- **Poemas muy densos** de significado; unas pocas palabras contienen muchas posibilidades significativas.
- Exigen un **lector cómplice** que se atreva a imaginar y a desentrañar los significados superpuestos en el poema.

Algunos poetas del silencio son: José Ángel Valente, Antonio Gamoneda, Ada Salas, Andrés Sánchez Robaina, Jaime Siles y Olvido García Valdés.

José Ángel Valente dijo: "Mucha poesía ha sentido la tentación del silencio. Porque el poema tiende por naturaleza al silencio".

Comprendo, aplico y razono

Cima del canto

Cima del canto.
El ruiseñor y tú
ya sois lo mismo.

José Ángel VALENTE:
Fragmentos de un libro futuro.

Acerqué mis labios a tus manos...

Acerqué mis labios a tus manos y tu piel tenía la suavidad de los sueños.

Algo semejante a la eternidad rozó un instante mis labios.

Antonio GAMONEDA: *Sílabas negras.*

No sabe del dolor la piedra...

No sabe del dolor la piedra
que golpea. No la estremece[1] el grito
ni acaricia la mano
que la lanza. Obedece a su peso
y al deseo del aire.
Mineral
es mi voz.

Hambriento corazón qué puedo darte.

Ada SALAS: *La sed.*

1. **estremecer**: conmover, alterar.

11. Lee el poema de Valente. ¿Por qué el poeta se identifica con un ruiseñor? ¿Qué características debe tener la poesía para que se pueda identificar con el canto del ave? ¿Qué características de este poema coinciden con las de la poesía del silencio?

12. Lee el poema de Gamoneda. ¿Con qué identifica el poeta la piel de su nieta? ¿Por qué crees que siente algo parecido a la eternidad?

13. En el poema de Salas, ¿qué tres cosas desconoce la piedra o no puede hacer?

14. ¿A qué debe obedecer la piedra? ¿Por qué? Explica por qué la piedra es inocente y obediente. La poeta identifica sus palabras, su voz, con la piedra. ¿En qué verso se da esa identificación?

15. Si alguien es inocente y obediente, ¿es culpable del dolor que causa? ¿Por qué?

16. El corazón de la poeta está hambriento y solamente se alimenta de palabras. Explica con tus palabras, y desde este punto de vista, la preocupación del último verso. Hazlo en tu cuaderno.

1.3 La poesía de la experiencia

En la década de 1980, algunos autores ponen la poesía a pie de calle sin renunciar ni al compromiso ético ni al cuidado del lenguaje.

Algunos rasgos comunes de estos poetas son:

- En general rechazan los experimentos de la poesía culturalista. Se recupera en el poema el **lenguaje cercano** y el tono conversacional.
- Este **lenguaje** aparentemente **sencillo** está muy **cuidado**.
- Suelen utilizar **versos imparisílabos**, frecuentemente de once y siete sílabas sin rima; y también estrofas tradicionales como tercetos, pareados y silvas.
- Los **temas** hacen referencia a la **vida cotidiana**.
- Es frecuente el **uso de la ironía** y otras formas de distanciamiento. Para ellos, la poesía no es un acto de confesión sino de sinceridad y reflexión.

Algunos poetas cercanos a este tipo de poesía son Luis García Montero, Felipe Benítez Reyes, Eloy Sánchez Rosillo, Miguel D'Ors, Carlos Marzal, Vicente Gallego, Amalia Iglesias, Antonio Cabrera, y otros poetas que vienen de la poesía culturalista como Luis Alberto de Cuenca.

Aplico y razono

El desayuno

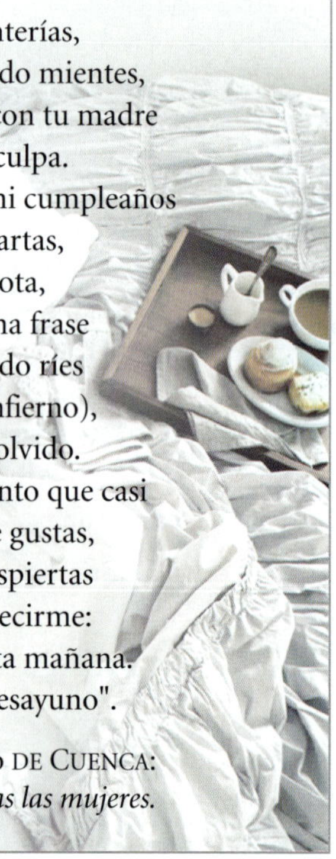

Me gustas cuando dices tonterías,
cuando metes la pata, cuando mientes,
cuando te vas de compras con tu madre
y llego tarde al cine por tu culpa.
Me gustas más cuando es mi cumpleaños
y me cubres de besos y de tartas,
o cuando eres feliz y se te nota,
o cuando eres genial con una frase
que lo resume todo, o cuando ríes
(tu risa es una ducha en el infierno),
o cuando me perdonas un olvido.
Pero aún me gustas más, tanto que casi
no puedo resistir lo que me gustas,
cuando, llena de vida, te despiertas
y lo primero que haces es decirme:
"Tengo un hambre feroz esta mañana.
Voy a empezar contigo el desayuno".

Luis Alberto DE CUENCA:
Su nombre era el de todas las mujeres.

Señor, usted no sabe...

Señor,
usted no lo sabe
y sin embargo sus arrugas,
tersándome la mañana,
me han obligado a iniciar una huelga de novios
desde que lo conozco.

Y hoy
–mientras los dos nos mirábamos de reojo, cada uno
en un extremo de la barra–,
mi guedeja[1] más anarquista[2]
ha optado definitivamente por afiliarse[3] a sus ojos.

Almudena GUZMÁN:
Usted.

1. **guedeja**: mechón de pelo sobre el rostro.
2. **anarquista**: doctrina que propugna la supresión del Estado y la eliminación de todo poder que reduzca la libertad individual.
3. **afiliarse**: inscribirse en una organización o grupo.

---

17. Lee "El desayuno". ¿Qué le gusta al poeta de su amada? ¿Es frecuente que gusten esas cosas? ¿Por qué?

18. En la poesía amorosa tradicional abunda la descripción física de la mujer: su belleza, sus ojos... ¿Qué es lo que más valora el poeta de ella?

19. ¿Qué quiere decir en el décimo verso? ¿Qué recurso literario hay? Señala otros recursos literarios.

20. El libro *Usted*, de Almudena Guzmán, narra la historia de amor de una alumna universitaria con su profesor. Señala qué datos hay en el poema que expliquen la diferencia de edad entre ambos. Después, explica la antítesis "sus arrugas, / tersándome la mañana".

21. Explica en tu cuaderno por qué estos dos poemas podrían situarse dentro de la poesía de la experiencia.

El amor difícil

Perdóname por ir así buscándote
tan torpemente...

Pedro SALINAS

Quizá tú no me viste,
quizá nadie me viese tan perdido,
tan frío en esta esquina. Pero el viento
pensó que yo era piedra
y quiso con mi cuerpo deshacerse.

Si pudiera encontrarte,
quizá, si te encontrase, yo sabría
explicarme contigo.

Pero bares abiertos y cerrados,
calles de noche y día,
estaciones sin público,
barrios enteros con su gente, luces,
teléfonos, pasillos y esta esquina,
nada saben de ti.

Y cuando el viento quiere destruirse
me busca por la puerta de tu casa.

Yo le repito al viento
que si al fin te encontrase,
que si tú aparecieses, yo sabría
explicarme contigo.

Luis GARCÍA MONTERO:
Habitaciones separadas.

Comprendo, aplico y razono

Comprensión del texto

22. ¿Con qué dos adjetivos se define el poeta mientras aguarda a su amada en la esquina de su casa?

23. ¿Qué hace el viento al creer que el poeta es tan de piedra como las esquinas de la calle?

24. ¿Qué pretende conseguir esperando a la amada en la calle? Hay un verso que se repite dos veces. ¿Cuál es?

25. ¿Por dónde busca el poeta a la amada? ¿La encuentra?

26. ¿Qué importa más: lo que ha sucedido entre los dos o la actitud del poeta? ¿Qué pretende el poeta con esa búsqueda de la amada?

27. ¿Qué hace el viento cuando quiere destruirse? ¿Por qué busca en ese sitio al poeta?

28. ¿Qué le dice el poeta al viento cuando lo encuentra? ¿Por qué se lo dice al viento?

29. Explica el título del poema y por qué crees que empieza con una cita de Pedro Salinas.

Contenido, tema y estructura

30. Resume brevemente el contenido del poema e indica en tu cuaderno cuál es el tema con una frase breve.

31. ¿Qué sucede en cada una de las dos partes del poema?

Lenguaje literario

32. Mide los versos de este poema. ¿Tiene rima?

33. ¿Cómo consigue el ritmo este poema?

34. Describe el tipo de lenguaje del poema. Señala si se parece al descrito como poesía de la experiencia.

Relación texto y contexto

35. Relaciona este poema con el contexto sociocultural de la poesía contemporánea (1976-2021).

36. Relaciona este poema con la poesía de la experiencia y comenta en qué aspectos se diferencia de otras corrientes de la poesía de esta época.

2 La narrativa en la democracia

2.1 La novela contemporánea

El fin de la censura en 1975 permitió que los autores pudieran al fin escribir sus obras sin más obstáculo que su capacidad de imaginación y sin más límites que los de su ingenio.

También en la novela observamos la convivencia de varias generaciones. La de Camilo José Cela y Miguel Delibes convive con la de Juan Marsé y Manuel Vázquez Montalbán, y todos ellos, a su vez, conviven con los más jóvenes, nacidos alrededor de la década de 1950, como Luis Landero y Arturo Pérez-Reverte.

Las características principales de la novela contemporánea son:

- **Vuelta al gusto por la narración**. Los novelistas se alejan de la experimentación formal de las décadas de 1960 y 1970, y vuelven al gusto por contar una buena historia que atrape al lector desde la primera página.
- **Creación de un nuevo formato narrativo: la metanovela**. Son novelas que cuentan el proceso de escribir una novela. En ellas se muestran las dificultades y las dudas que plantea todo relato. Por ejemplo, en *La ridícula idea de no volver a verte* (2013), de Rosa Montero, se narra cómo surge la posibilidad de escribir un relato sobre la vida de Madame Curie y el sufrimiento que esta soportó tras la muerte de su esposo. A partir del dolor de Marie Curie, la autora hace también una reflexión sobre el dolor insoportable tras la muerte de su pareja.
- **Resurgimiento de la literatura de género**. Son frecuentes las novelas que se adaptan a los subgéneros narrativos: novela negra, novela intimista, novela de aventuras... De entre todos los subgéneros, la novela histórica ha sido la de más éxito.

Rosa Montero (1951), novelista y periodista, ha llevado a la novela contemporánea la misma frescura y naturalidad que aportó a sus entrevistas en los periódicos. Su primera novela fue *Crónicas del desamor* (1979). A esta le siguieron, entre otras, *Te trataré como a una reina* (1983) y *La buena suerte* (2020).

Aplico y razono

La ridícula idea de no volver a verte

En julio de 1895, un año después de conocerse, Pierre y Marie se casaron en París por lo civil; con el dinero que les regalaron en la boda compraron dos bicicletas y su luna de miel consistió en irse pedaleando por media Francia. Marie había pedido que su traje de novia, que fue un regalo de la madre de Pierre, fuera "oscuro y práctico para poder usarlo después en el laboratorio, ya que solo poseo el traje que me pongo cada día". Wladislaw vino desde Varsovia para el evento y dijo a sus consuegros: "Tendrán una hija digna de ser querida en Marie. Desde que vino al mundo nunca me dio un disgusto". Cielos, ¿eso era lo mejor que podía decir de su hija? ¿Eso era lo único que le importaba?

Pierre le dijo a Marie que, si había permanecido soltero hasta los treinta y seis años, era porque no creía en la posibilidad de un matrimonio que respetara lo que para él era su prioridad absoluta, la entrega a la ciencia. Con ella, en cambio, había encontrado a su alma gemela. De hecho, al principio de su relación, en vez de mandarle un ramo de flores o bombones, Pierre le envió una copia de su último trabajo, titulado *Sobre la simetría de los fenómenos físicos. Simetría de una zona eléctrica y de una zona magnética*, que habrás de convenir que no es un tema que todas las chicas encuentren fascinante.

Rosa MONTERO: *La ridícula idea de no volver a verte* (adaptación). Ed. Seix Barral, 2013.

37. Infórmate sobre quién fue Marie Curie. ¿Cuántos vestidos tuvo tras su boda?

38. ¿Qué comentario hace el padre de Marie? ¿Qué opinas del regalo que le hace Pierre a Marie?

39. ¿Hay algún rasgo del lenguaje que te llame la atención por su modernidad? ¿Cuál?

40. ¿Qué rasgos de la novela contemporánea observas en este fragmento?

Manuel Vázquez Montalbán (1939-2003)

Vázquez Montalbán retrató la España posfranquista a través de las novelas que giran en torno a los casos que debe resolver el detective Pepe Carvalho. Este personaje, exagente de la CIA, protagoniza, entre otras novelas, *Yo maté a Kennedy* (1972), *Los mares del sur* (1979) y *Asesinato en el Comité Central* (1981).

Por sus páginas pasan políticos y burgueses, policías y delincuentes, y gente normal, que ofrecen un **retrato realista y crítico** del panorama sociopolítico de su época, que aparece como fondo de los crímenes de sus novelas.

Eduardo Mendoza (1943)

El lenguaje literario de Mendoza tiene una de sus bazas más importantes en la **parodia** y el **humor**. Este novelista es capaz de hacer verosímiles las situaciones más disparatadas.

Muchas de sus novelas tienen como escenario la ciudad de Barcelona, desde el siglo XIX, en *La verdad sobre el caso Savolta* (1975) y *La ciudad de los prodigios* (1986), hasta la década de 1990, en *Sin noticias de Gurb* (1991) y *La aventura del tocador de señoras* (2001).

Mendoza utiliza al mismo personaje principal en varias novelas. Así, el extraño protagonista detectivesco de *La aventura del tocador de señoras* es el mismo que en *El misterio de la cripta embrujada* (1978) y *El laberinto de las aceitunas* (1982), novelas todas de un humor ácido y corrosivo.

En *La verdad sobre el caso Savolta*, Mendoza mezcla rasgos de varios subgéneros narrativos: la novela policiaca, la sentimental, la picaresca, la social y la de humor.

En su novela *Sin noticias de Gurb* narra la historia de un extraterrestre que visita Barcelona antes de las Olimpiadas de 1992, y contempla la ciudad con la mirada sorprendida, crítica y fascinada del extranjero. Gurb tiene la maravillosa cualidad de cambiar de forma y adoptar la que necesite en cada momento.

La novela detectivesca

Los elementos estructurales de las novelas de detectives son:

- Un crimen aparentemente irresoluble.
- Un sospechoso principal.
- Una serie de sospechosos.
- Un policía ineficiente.
- Un detective frecuentemente aficionado.
- Un confidente del detective.
- Varias pistas falsas.
- Una solución inesperada.

Sin noticias de Gurb

12.00 Invaden la plaza niños recién salidos de los colegios [...]. El verlos me entristece aún más. En mi planeta no existe lo que aquí denominan la infancia. Al nacer nos introducen en nuestros órganos cogitativos[1] la dosis necesaria (y autorizada) de sabiduría, inteligencia y experiencia; pagando un suplemento, nos introducen también una enciclopedia, un atlas y un calendario [...]. Cuando alcanzamos la mayoría de edad, y previo examen, nos introducen el código de la circulación [...]. Pero infancia, lo que se dice infancia, no tenemos.

14.00 La contemplación sobre los niños y los viejos y la reflexión sobre mi propia existencia me han acongojado. [...] Corro entre las piernas de los transeúntes hasta encontrar un portal seguro y discreto donde recomponerme.

14.30 Decido adoptar la apariencia de Manuel Vázquez Montalbán y me voy a comer a Casa Leopoldo.

Eduardo MENDOZA: *Sin noticias de Gurb* (adaptación).
Ed. Seix Barral, 2015.

1. cogitativo: que tiene facultad de pensar.

41. ¿Qué opinas de la información que introducen en los cerebros de los compatriotas de Gurb? ¿Les permite ser libres? ¿Por qué lo sabes?

42. ¿Por qué hay ironía en esa información? ¿En qué se parece esta sabiduría a la de los españoles contemporáneos? Justifica la respuesta en tu cuaderno.

43. En las últimas líneas, Mendoza hace un homenaje lleno de humor a Vázquez Montalbán. Busca y explica su relación con el restaurante Casa Leopoldo.

Aplico y razono

Almudena Grandes (1960)

Las novelas de esta autora se circunscriben en el espacio y el tiempo de España durante el siglo XX: los años anteriores a la Guerra Civil, durante la guerra y la transición española. La autora denuncia que el silencio que impuso la dictadura tenía como objetivo inculcar el miedo para que las cosas no pudieran cambiar.

Su lengua literaria es muy cuidada. Maneja a la perfección todos los registros, desde el coloquial hasta el más lírico.

En *Malena es un nombre de tango* (1994) se observa la defensa de un ideal femenino alejado de los estereotipos sociales. Su última novela es *La madre de Frankenstein* (2020).

Almudena Grandes obtuvo el Premio Nacional de Narrativa en 2018 con *Los pacientes del doctor García*.

Luis Landero (1948)

Obtuvo un gran éxito con su primera novela, *Juegos de la edad tardía* (1989), con la que ganó el Premio Nacional de Literatura en 1990.

La novela *Juegos de la edad tardía* narra la historia de una vida inventada, la de Gregorio Olías, un hombre gris y mediocre que, medio en serio medio en broma, empieza a inventarse una realidad distinta a la suya para contentar las ilusiones de un representante comercial al que ha conocido por teléfono.

El balcón en invierno (2014) es un relato autobiográfico lleno de belleza y humor en el que Landero narra su infancia, los sueños de su padre, que pretendía hacerlo un hombre de provecho, su poca afición a los estudios y su mucho amor por la lectura y la poesía, lo que le llevó por el camino de la literatura. En esta línea se enmarca también *El huerto de Emerson* (2021).

tiching.com/783177

Entra para saber más sobre Luis Landero.

Comprendo y aplico

El balcón de invierno

Fiel al designio de hacer de ti no ya un hombre de provecho, sino un gran hombre, tu padre decidió meterte interno con ocho años en un colegio de curas de Madrid [...]. En una de las primeras clases un profesor os habló de las siete maravillas del mundo. Empezó a enumerarlas: las pirámides de Egipto, el Coloso de Rodas, los jardines de Semíramis, y cada vez que iba a decir una nueva, tú pensabas, ahora, ahora viene la Piedra Berrocal. Aquella fue otra de tus experiencias esenciales, el descubrimiento de que nadie tenía noticias de la Piedra, ni del castillo, ni de Valdeborrachos y ni siquiera de tu pueblo.

Todo un mundo de héroes y de mitos se vino abajo en un instante. De pronto te sentiste huérfano de mundo, de realidad. [...]

Quizá fue entonces cuando empezaste a convertirte en un mentiroso casi profesional. En Madrid les mentías a tus compañeros con las maravillas de tu pueblo, y cuando ibas al pueblo mentías sobre las maravillas de Madrid. [...] Y todos reían, y tu padre el primero, y al final mi madre, tan sensata, tan fiel y amorosa con la realidad diaria, siempre decía: "Hay que ver qué mentiroso ha salido este niño".

Luis LANDERO: *El balcón en invierno* (adaptación). Ed. Tusquets, 2014.

44. La Piedra Berrocal es una roca alrededor de la cual se disponen las casas del pueblo. ¿Por qué el niño espera que el maestro la nombre entre las maravillas del mundo? ¿Qué sucede cuando ve que no lo es? Responde a las preguntas en tu cuaderno.

45. ¿Qué salida tiene el niño para mantener el interés de los que habitan en ambos mundos?

46. ¿En qué otra obra de Landero el protagonista se inventa también la realidad? Haz la actividad en tu cuaderno.

Antonio Muñoz Molina (1956)

En sus novelas, los perdedores simbolizan a todos aquellos que se mueven por los arcenes de la historia, los derrotados, hacia los que mantiene la esperanza de una posible redención.

Su primera novela, *Beatus ille* (1986), narra la investigación que Minaya realiza sobre un autor –ficticio– de la generación del 27. En *Plenilunio* (1997), el protagonista se enfrenta a un asesino de escolares. Esta obra es, sobre todo, una novela que **denuncia el mal**, algo que ya casi ha asumido la sociedad de consumo y que también está presente en el terrorismo y en la injusticia. Su última novela es *Tus pasos en la escalera* (2019).

tiching.com/747820

Entra para saber más sobre Antonio Muñoz Molina.

Arturo Pérez-Reverte (1951)

Periodista y corresponsal de guerra durante más de veinte años, en sus novelas la acción y la intriga están perfectamente documentadas. Su minuciosidad y su habilidad para mezclar datos históricos y novelescos es tal que resulta prácticamente imposible deslindar unos de otros.

Dos de sus primeras novelas, *El maestro de esgrima* (1991) y *El Club Dumas* (1993), presentan una sabia mezcla de elementos populares y cultos, además de varios subgéneros narrativos: novela histórica, novela de acción y novela detectivesca.

En 1996 escribió *El capitán Alatriste*, primer volumen de la saga que tiene a Diego Alatriste como protagonista de aventuras y lances durante el Siglo de Oro español. Su última novela es *Línea de fuego* (2020), sobre la Guerra Civil española.

Alatriste es la versión cinematográfica que Agustín Díaz Yanes realizó en 2006.

Ana María Matute (1925-2014)

Novelista y escritora de cuentos infantiles y juveniles, supo reflejar en su obra la realidad y los tiempos difíciles de la Guerra Civil en su trilogía *Los mercaderes*, y el mundo de los sueños en *Olvidado rey Gudú* (1966), un cuento de hadas en el que la autora volcó su riquísimo mundo de fantasía.

Los niños fueron los protagonistas de sus relatos en *Los niños tontos* (1956), cuyo lenguaje literario bellísimo, duro y tierno a la vez, consiguió plasmar el mundo de la infancia con crudeza y sensibilidad.

Ana María Matute recibió el Premio Cervantes en 2010. Fue, además, miembro de la RAE.

Ana María Matute

Aplico y razono

Los niños tontos

El niño debía cumplir un año. Salió a la puerta y miró el borde de las cosas, donde se puso una luz de color distinto a todo. "Voy a cumplir un año, esta noche, a las diez", dijo. La luz se hizo más viva, extendiéndose, llenando la corteza del cielo. El niño tendió los brazos y empezó a andar, torpemente.

Tenía, sujeto a cada pie, un saquito de arena dorada. Oyó el grito estridente de los vencejos. Subían, como una salpicadura de tinta, hacia aquella luz hermosa. "Voy a cumplir un año, esta noche, a las diez". Pero el grito de los vencejos agujereó la corteza de luz, el color que era distinto a todas las cosas, y aquel año, nuevo, verde, tembloroso, huyó. Escapó por aquel agujero, y no se pudo cumplir.

Ana María MATUTE: *Los niños tontos* (adaptación). Ed. Espasa Calpe, 2016.

47. ¿Es este un relato realista o fantástico? ¿Por qué?

48. ¿Qué simbolizan para ti los saquitos de arena atados a sus piececitos? ¿Qué crees que quiere la autora comunicar con ellos?

49. ¿Cómo narra la muerte del niño: con dramatismo o con sutileza poética?

50. En tu cuaderno, escribe tu opinión sobre este cuento.

Juan Marsé (1933-2020)

Marsé era el único escritor de su época que no pertenecía a la burguesía; su formación fue autodidacta. Su primera novela, *Encerrados con un solo juguete* (1960), trataba de un obrero que hablaba de los de su clase con un lenguaje certero, fresco, muy trabajado y con indudable ironía.

Su búsqueda constante de renovación la vemos en el uso del monólogo interior en *Últimas tardes con Teresa* (1966), la historia de una burguesita que juega a progre ligando con el Pijoaparte, un murciano emigrante, pobre y medio delincuente al que abandona cuando se aburre de él.

Su lengua literaria es de una aparente sencillez, porque el autor busca la perfección en cada frase y en cada página. De su novela *Noticias felices en aviones de papel* (2014) tienes un fragmento en la página siguiente.

Juan Marsé

Javier Cercas (1962)

Javier Cercas es profesor universitario, ensayista, y autor de novelas y relatos breves. Con una de sus primeras obras, *Soldados de Salamina* (2001), consiguió un gran éxito a nivel nacional e internacional.

Soldados de Salamina es el relato de la investigación que el autor realiza para descubrir quién fue el soldado republicano que perdonó la vida en el último momento a Rafael Sánchez Mazas, famoso falangista que también fue novelista, al igual que su hijo Rafael Sánchez Ferlosio.

A través de la lectura de la obra, los lectores asistimos a las dudas, avances y retrocesos, descubrimientos y entusiasmo del autor conforme va encajando las piezas que lo conducen al final de la historia.

Aplico y razono

Soldados de Salamina

Durante toda la noche estuve dándole vueltas al asunto. [...] Imaginé un principio y un final, organicé episodios, inventé personajes, mentalmente escribí y reescribí muchas frases. [...]

Creo que hacia el amanecer conseguí dormirme. Antes de las nueve telefoneé de nuevo a Bolaño, pero no conseguí hablar con él hasta las doce, desde el periódico. Casi a bocajarro le pregunté si tenía intención de escribir sobre Miralles; me dijo que no. Luego le pregunté si alguna vez le había oído mencionar a Miralles el santuario de Collell; Bolaño me hizo repetir el nombre.

–No –dijo por fin–. No que yo recuerde.

–¿Y el de Rafael Sánchez Mazas?

–¿El escritor?

–Sí –dije–. El padre de Ferlosio. ¿Lo conoces?

–He leído alguna cosa suya, bastante buena, por cierto. ¿Pero por qué iba a mencionarlo Miralles? Nunca hablé con él de literatura. [...] ¿A qué viene este interrogatorio?

Ya iba a contestarle con una evasiva cuando reflexioné a tiempo que solo a través de Bolaño podía llegar a Miralles. Brevemente se lo expliqué.

–¡Javier! –exclamó Bolaño–. Ahí tienes una novela cojonuda. Ya sabía yo que estabas escribiendo.

–No estoy escribiendo... Y no es una novela. Es una historia con hechos y personajes reales.

–Da lo mismo –replicó Bolaño–. Todos los buenos relatos son relatos reales, por lo menos para quien los lee, que es el único que cuenta.

Javier CERCAS: *Soldados de Salamina* (adaptación). Ed. Tusquets, 2001.

51. ¿Qué características de la narrativa contemporánea observas en este fragmento?

52. Infórmate sobre los idiomas a los que se tradujo esta novela y su éxito internacional.

Noticias felices en aviones de papel

La señora Pauli, judía polaca superviviente de la invasión nazi de Varsovia, vive en Barcelona desde muy joven. Ahora, anciana y sola con su loro, parece haber perdido la cabeza y lanza a la calle avioncitos hechos con periódicos en los que subraya solo las buenas noticias. A veces también lanza magdalenas, yogures o croquetas. Bruno, su joven vecino de 15 años, la ayuda. Es el hijo de unos *hippies* que vivieron en Ibiza en la década de 1970 y ahora, ya separados, sobreviven como pueden.

Vendía sus cosas más preciadas porque necesitaba dinero para comprarse un casco de motorista, explicó, y que se llamaba Jan, pero todo el mundo le decía el Cocoliso. Añadió que dentro de poco entraría a trabajar en un taller de mecánico y de mayor sería piloto de motos de carreras. Su padre guardaba un almacén de chatarra en la calle Tres Señoras y su hermano el patinador tenía unas cicatrices muy malas en la piel y en el coco y el médico le había recetado baños de sol, y por eso venían a esta calle, porque era una calle tranquila y no pasaban coches y Oskar podía patinar sin peligro.

Menudo cuento, pensó Bruno, estos vienen porque han visto caer nueces y galletas del balcón. Observaba sus cabezas mal rapadas, cenicientas[1] y con alguna pupa, infectadas de una miseria extraña, como de tiempos pasados y sin posible cura, pero asumida por ellos tranquilamente, cuando de repente un avión de papel cayó a su lado.

–¿No te lo había dicho? –Bruno lo cogió–. Mira cómo está hecho, con una hoja de periódico. La señora Pauli hace miles de aviones, es su manía, y siempre marca palabras con un lápiz. Mira, lee lo que pone aquí en las alas.

El Cocoliso le quitó el avión de las manos y leyó: "Llega La Ciudad de los Muchachos". Enseguida cayó otro avión. [...]

–¿Lo ves? –dijo Bruno.

–¿Y qué?

–A veces los lanza por la noche, pero a la mañana siguiente el barrendero no deja ni uno, los barre sin darme tiempo a cogerlos. Si vienes temprano, verás caer muchos en esta calle... Oye, se me acaba de ocurrir una idea. ¿Quieres ganarte unas pelas? Te doy cinco céntimos por cada avión que recuperes.

–¿Y para qué quieres tú esos papeluchos, colega?

–Son para la vieja. Los que no se han estropeado al caer, los vuelve a lanzar.

Juan MARSÉ: *Noticias felices en aviones de papel* (adaptación). Ed. Lumen, 2014.

1. **ceniciento**: color gris claro, semejante a la ceniza.

Comprendo, aplico y razono

Comprensión del texto

53. ¿Quién es la señora Pauli? ¿A qué se dedica?
54. ¿Quién es el Cocoliso? ¿Qué sueños tiene? ¿Y Oskar? ¿Qué les sucede? ¿Por qué están en la calle de Bruno?
55. ¿Qué noticias ha marcado la señora Pauli?

Contenido, tema y estructura

56. Haz un resumen del contenido de este texto.
57. Escribe en una frase cuál es el tema del fragmento.
58. Señala las dos partes estructurales en las que se divide y explica qué sucede en cada una de ellas.

Lenguaje literario

59. Este texto alterna el estilo indirecto con el estilo directo. Señala los fragmentos en los que se usa una u otra forma de narrar.
60. ¿Qué nivel de lenguaje predomina en los diálogos: culto, estándar, coloquial, vulgar...? Pon ejemplos.

Relación texto y contexto

61. Relaciona el texto con la obra de Marsé, y señala qué rasgos de sus novelas y su lenguaje literario observas.
62. Relaciona, en tu cuaderno, este texto con el contexto literario, social y cultural de esta etapa de la narrativa.

3 El teatro en la democracia

3.1 El teatro en la España de la democracia

Con la transición democrática desaparece la censura en España y el nuevo **Ministerio de Cultura** establece centros estatales de teatro y fomenta la instalación de centros teatrales en las distintas Comunidades Autónomas.

En la escena española de estos años conviven las propuestas más vanguardistas con un teatro más comercial:

- **Se rescatan textos dramáticos de autores de la Guerra Civil** que no se habían podido difundir en la España franquista: se estrenan, entre otras obras, *Divinas palabras*, de **Ramón María del Valle-Inclán**; *La casa de Bernarda Alba*, de **Federico García Lorca**; y *Noche de guerra en el museo del Prado*, de **Rafael Alberti**.
- **Llegan por fin al público textos prohibidos** de **Antonio Buero Vallejo**, **Francisco Nieva** o **Fernando Arrabal**, así como un teatro más convencional representado, sobre todo, por **Antonio Gala**. Este autor estrena, con gran éxito de público y no tanta aceptación por parte de la crítica, obras como *Petra Regalada* (1980) o *La vieja señorita del paraíso* (1981).
- También llegan a los escenarios las **obras de nuevos autores**, algunos con una trayectoria anterior y otros, más jóvenes, entre los que es muy importante la presencia femenina.
- Los **grupos de teatro independiente** surgidos en décadas anteriores o desaparecen o se profesionalizan, formando compañías estables de gran éxito como **Els Joglars**, **Tábano**, **La Fura dels Baus**, **Els Comediants** y **La Cuadra**.

  Opuestos ideológicamente al franquismo, rechazan el teatro burgués e incorporan las nuevas formas de teatro de vanguardia: reivindican la figura del director y se apartan del texto escrito; se centran en las posibilidades expresivas del actor e introducen en sus montajes elementos propios del folclore y la fiesta popular –muñecos, gigantes y cabezudos, etc.– mezclados con trucos pirotécnicos que aportan a la escena una gran espectacularidad.

A partir de 1982, crece el apoyo institucional al teatro: se crea el Centro Dramático Nacional y se potencian festivales como el de Mérida, que pone en escena obras del teatro grecolatino; el de Almagro, dedicado al teatro clásico español; el de Sitges, que se centra en el teatro de vanguardia; o el Festival de Otoño de Madrid.

Teatro romano de Mérida.

A continuación, observa la tabla donde se recogen los rasgos más característicos del teatro durante la dictadura y el teatro en la democracia:

TEATRO DURANTE LA DICTADURA	TEATRO EN LA DEMOCRACIA
• Se instaura un sistema de **censura**. En las obras hay una ausencia de contenidos críticos. • En la década de **1940** triunfa el **teatro de consumo** para entretener a la burguesía, y el **teatro del humor** de Jardiel Poncela y Miguel Mihura. • En las décadas de **1950** y **1960** se desarrolla un **teatro realista** que habla de la injusticia social (Antonio Buero Vallejo, Antonio Gala). • Hacia **1970** aparece un **teatro crítico** con una estética experimental: personajes, acción y lenguaje simbólicos, y potenciación de lo espectacular sobre el texto (Francisco Nieva, Fernando Arrabal).  Fernando Arrabal.	• **Desaparece la censura** en 1977. Se representan obras prohibidas en las décadas anteriores. Pervive el teatro comercial. Desaparecen o se modifican los grupos de teatro independiente. • En la década de **1980**, un grupo de autores (Fermín Cabal, Alonso de Santos, José Sanchís Sinisterra) continúan la **tradición del teatro de humor**. Revitalizan géneros populares como el **sainete**. • Hacia **1990**, un grupo de autores (Ernesto Caballero y Paloma Pedrero, entre otros) reivindican la importancia del texto dramático y presentan obras innovadoras que critican a la burguesía. Sus temas preferidos son el destino del ser humano, la vejez, la soledad, las relaciones interpersonales, la situación de la mujer...  Sanchis Sinisterra fundó y dirigió distintos grupos de teatro independiente.

3.2 El teatro en la década de 1980

Entre los dramaturgos que triunfan en la década de 1980 figuran dos autores con una larga experiencia en grupos de teatro independiente: **José Sanchis Sinisterra** y **José Luis Alonso de Santos** (1942), quienes, junto con el actor y autor **Fernando Fernán-Gómez** (1921-2007), hacen aportaciones muy interesantes al teatro español de las últimas décadas.

José Sanchis Sinisterra (1940)

Sinisterra es uno de los autores más críticos con la historia de España y su tradición literaria. Sus obras se caracterizan por el compromiso social y la reflexión teórica sobre el propio teatro. Uno de sus mayores éxitos, *¡Ay, Carmela!* (1987), ambientada en 1938, cuenta cómo Carmela y Paulino, dos pobres comediantes republicanos, se ven obligados a actuar en Belchite, pueblo tomado por las tropas franquistas, ante los miembros de las milicias internacionales que van a ser fusilados al amanecer.

José Sanchis Sinisterra

Razono

¡Ay, Carmela!

PAULINO. Habrán visto que aquí no hay truco... La corbata ha sido troceada, y ahí tienen ustedes sus pedazos... Pues bien, presten mucha atención y comprueben mis poderes mágicos... (*Se lleva solemnemente las manos al pecho, realiza allí misteriosos pases mientras gira sobre sí mismo y, al quedar de nuevo frente al público, muestra su corbata... intacta.*) ¡*Vualá*!... que en francés quiere decir: "Mírala"... (*Ambos saludan ceremoniosamente al modo "oriental".*) ¡Pero esto no es nada, señores! A continuación vamos a presentarles un número portentoso que ha causado la admiración de todos los públicos en París, Londres, Moscú... (*Se asusta.*) No: quiero decir... en Berlín... en Roma... en Salamanca... en Zamora... En fin, en muchos sitios... ¡Carmela, la cuerda! [...] Proceda usted a atarme con todas sus fuerzas, sin trampa ni cartón... Apriete, apriete... que vean estos señores lo imposible que le resultaría a cualquier mortal deshacer esos nudos marineros por... (*En voz baja.*) No tanto, animal... (*Alto.*) esos nudos marineros por medios naturales... o incluso artificiales... Sí, señores: solo por medios sobrenaturales, por decirlo así, o sea... mágicos... (*A* CARMELA.) Bueno, mujer: ya está bien... (*Al público.*) Por decirlo así. Y ahora, los pies... (*Mientras,* CARMELA*, en cuclillas, procede a atarle los pies con el otro extremo, muestra al público las manos.*) Aquí tienen, señores, unos ligamentos... o sea: un atadijo que no veas... Nadie sería capaz de... [...].

CARMELA. ¿Te ato o no te ato?

PAULINO. Sí, claro, señorita... Áteme, áteme, pero... (*En voz baja.*) ¿Te acuerdas de los nudos?

CARMELA. (*Ídem.*) ¿Qué nudos?

PAULINO. (*Ídem.*) Los que te enseñé.

CARMELA. Ay, hijo… ¿Y yo qué sé?

PAULINO. (*Ídem.*) Pero, bueno… Entonces, ¿qué me has hecho?

CARMELA. (*Ídem.*) Pues, atarte.

PAULINO. (*Ídem.*) Pero ¿así... de cualquier manera?

CARMELA. (*Ídem.*) No, con nudos gorrineros.

PAULINO. (*Angustiado.*) ¿Nudos gorrineros? ¿Y eso qué es? (*De un brusco salto –pues tiene ya los pies atados– se separa de* CARMELA*, que cae sentada al suelo. Al público, encorvado, con falsa jovilidad.*) ¡Bien, señores! ¡Pues ya está! Aquí me tienen... atado como... como un gorrino! Lo que pasa es que... ha habido un... un fallo técnico. (*Se desplaza con ridículos saltitos hacia un lateral.*) Resulta que... los medios sobrenaturales... o sea, mágicos... Pues, eso: que esta noche parece que no van a... Conque el número portentoso no... no está a punto... de modo que... ¡ustedes perdonen! (*Y sale de escena con un último salto.* CARMELA *queda en escena sola, algo perpleja.*)

José SANCHIS SINISTERRA: *¡Ay, Carmela!* (adaptación). Ed. Cátedra, 2004.

63. Teniendo en cuenta el público al que se dirige la función de los comediantes, ¿qué sentido simbólico tiene el espectáculo de los nudos? Justifica la respuesta.

64. Analiza la doble comunicación de Paulino con Carmela y con el público. Explica cómo se expresa la angustia por medio de una escena aparentemente cómica.

José Luis Alonso de Santos (1942)

Alonso de Santos mezcla en sus comedias costumbristas elementos trágicos y cómicos, y se vale del humor y de un lenguaje popular y actual para conectar con el espectador. Entre sus obras destacan *La estanquera de Vallecas* (1980), sobre la historia de unos atracadores de poca monta que, tras robar a una pobre estanquera, acaban haciéndose sus amigos y entregándose a la policía, y *Bajarse al moro* (1984), sobre unos jóvenes que buscan su lugar en el mundo. Esta obra obtuvo el Premio Tirso de Molina en 1984.

José Luis Alonso de Santos trabajó en distintos grupos de teatro independiente (Tábano, Teatro Libre...) como autor, director y actor.

Comprendo y aplico

La estanquera de Vallecas

CUADRO I

TOCHO. Un paquete, señora. (*La anciana se lo alcanza y él se busca los duros*[1] *disimulando, mientras el otro vigila de reojo. A una seña se lanzan al lío, amaneciendo en un tris en las manos del más joven un pistolón de aquí te espero, con el que se hace dueño de la situación.*) ¡Manos arriba! ¡Esto es un atraco, como en el cine! ¡Señora, la pasta o la mando al otro barrio!

ABUELA. ¡Ay, Jesús, María y José! ¡Ay, Cristo bendito! ¡Santa Águeda de mi corazón! ¡Santa Catalina de Siena!...

TOCHO. Déjese de santos y levante el ladrillo. No nos busque complicaciones y a lo mejor le dejamos *pa* la compra de mañana. ¡Venga, que se nos hace tarde y nos van a cerrar! ¡Qué pasa! ¡La pasta o *la* pego un tiro, ya!

LEANDRO. (*Entrando desde la puerta.*) ¿Qué? ¿Está sorda o no oye? ¡El dinero! (*LA ABUELA, que se ha quedado un momento petrificada, se arranca de repente por peteneras y se pone a dar unos gritos que* pa *qué.*)

ABUELA. ¡Socorro! ¡Socorro, que nos roban!

LEANDRO. ¡Agarra a esa loca, que nos manda a los dos a Carabanchel!

TOCHO. ¡Calle! ¡Calle, condenada, o la...!

(*TOCHO la sujeta a duras penas tapándole la boca, mientras LEANDRO echa el cierre al negocio, atrancando la puerta. Luego saca una navaja y avanza hacia la vieja y la cosa se pone negra y a punto de salir en* El Caso *en la primera página.*)

LEANDRO. ¡A ver si nos estamos quieta! Esto no es una broma. Si grita otra vez, le saco las tripas al aire a ventilarse, ¿me oye?

TOCHO. ¡Será animal, no se pone a dar gritos así por las buenas! (*Se oye un ruido arriba.*) ¡Chisss, hay alguien arriba! ¡La escalera, cuidado! (*Sujeta a la vieja apuntándola, mientras LEANDRO, navaja en mano, se esconde junto a la escalera para coger al que baje. Aparece entonces ÁNGELES, la nieta, delgaducha y con gafas.*)

José Luis ALONSO DE SANTOS: *La estanquera de Vallecas* (adaptación). Ed. Castalia, 2010.

La estanquera de Vallecas fue llevada al cine en 1987 por el director Eloy de la Iglesia.

1. **duro**: antigua moneda española de cinco pesetas.

---

65. Realizad en clase una lectura expresiva del texto.

66. ¿Dónde sucede la acción? ¿El espacio escénico es realista o simbólico? Justifica la respuesta.

67. Indica la clase social de los personajes que intervienen en este fragmento.

68. Valora el uso del lenguaje popular en el texto.

3.3 El teatro de las últimas décadas

Junto a los anteriores dramaturgos, destaca un grupo de escritores más jóvenes, nacidos entre las décadas de 1950 y 1960 y formados en democracia, que inician su andadura a partir de 1980, consolidando sus trayectorias profesionales en las décadas siguientes. Surge, pues, un número amplio de nuevos dramaturgos que desarrollan una abundante literatura dramática de la que, no obstante, una mínima proporción llega a representarse sobre los escenarios.

Todos ellos reivindican de nuevo **la importancia del texto dramático y la figura del autor**, frente a la del director, y realizan algunos planteamientos innovadores, como romper las estructuras dramáticas tradicionales, distorsionar el lenguaje y el orden lógico de la trama, o difuminar los límites espacio-temporales. En sus obras pervive la crítica a la burguesía, frecuentemente teñida de ironía y humor.

Recuperan el **tema histórico** como espejo del presente y **actualizan los mitos** para contar su propia historia. Otros **temas recurrentes** son el destino del ser humano, la vejez y la soledad, las relaciones interpersonales, la situación de la mujer en un mundo regido por los hombres, o los problemas de los más desfavorecidos.

Entre los autores más representativos de las últimas décadas están: **Carmen Resino** (1941), **Concha Romero** (1945), **Ignacio del Moral** (1957), **Paloma Pedrero** (1957), **Ernesto Caballero** (1958), **Alfonso Armada** (1958) y **Juan Mayorga** (1965).

Las salas alternativas

Son espacios con un aforo inferior a 200 localidades. En ellas, diversos colectivos representan obras en las que se experimenta con nuevas formas expresivas para hablar de la realidad contemporánea con un lenguaje actual.

Lo importante no es la rentabilidad comercial, sino difundir entre los espectadores las obras de creadores comprometidos con su tiempo.

Juan Mayorga (1965)

Es director de la Cátedra de Artes Escénicas y del Máster en Creación Teatral de la Universidad Carlos III de Madrid. El 12 de abril de 2018 fue elegido **académico de la Lengua**.

Su teatro es complejo; todas sus obras presentan una **gran densidad narrativa**. En ellas, a menudo **se interesa por la historia para reflexionar sobre esta** y se interroga constantemente acerca de los límites entre realidad y ficción. También **comparte sus inquietudes filosóficas**: plantea preguntas que el propio espectador debe responder. Sus temas centrales son el ejercicio del poder, la violencia y la manipulación del ser humano sobre el ser humano.

Entre sus numerosas obras destacan: *Siete hombres buenos* (1989), *Cartas de amor a Stalin* (1997), *Animales nocturnos* (2003), *Hamelin* (2005) o *El chico de la última fila* (2006). Ha escrito también piezas teatrales breves y ha versionado textos clásicos de otros autores, como *La dama boba*, de Lope de Vega, *La vida es sueño*, de Calderón de la Barca, o *Don Juan Tenorio*, de José Zorrilla.

➔ *El chico de la última fila* (2006) cuenta la historia de Germán, profesor de Lengua y Literatura en un instituto. Mientras corrige la típica redacción encargada a sus alumnos sobre "Así fue mi fin de semana", al profesor le sorprende el escrito de Claudio, el chico callado que suele sentarse en la última fila. El joven relata su visita a la casa de su compañero Rafael Artola.

El chico de la última fila

GERMÁN. (*Lee.*) "El pasado fin de semana", por Claudio García. El sábado fui a estudiar a casa de Rafael Artola. La idea partió de mí, porque hace tiempo que deseaba entrar en esa casa. Este verano, todas las tardes me iba a mirar la casa desde el parque, y una noche el padre de Rafa casi me coge mirando desde la acera de enfrente. El viernes, aprovechando que Rafa acababa de fracasar en la clase de Matemáticas, le propuse un intercambio: "Tú me ayudas a mí con la Filosofía y yo a ti con las Matemáticas". No era más que un pretexto, claro. Yo sabía que, si aceptaba, sería en su casa, porque la mía está en una calle que Rafa no pisará jamás. A las once toqué el timbre y la puerta se abrió ante mí. Seguí a Rafa hasta su cuarto, que es como yo me imaginaba. Me las arreglé para dejarlo ocupado con un problema de trigonometría mientras yo, con la excusa de buscar una Coca-Cola, echaba un vistazo a la casa.

Juan MAYORGA: *El chico de la última fila* (adaptación).
Web [Consulta: 4 de marzo de 2021].

69. Después de leer este el texto, ¿qué intenciones te parece que puede tener Claudio respecto a su amigo? ¿En qué elementos basas tu sensación?

Razono

AaA

Paloma Pedrero (1957)

Pedrero es autora, actriz y directora de teatro. Expresa su **profunda preocupación por el ser humano** a través de unos personajes desvalidos, a menudo mujeres, que se enfrentan a la soledad, a la incomunicación y al desamor en busca de su identidad. Desarrolla las crisis de sus protagonistas en **piezas breves**, generalmente de un acto, con un tiempo y un espacio reducidos. Sus obras, aunque realistas, no están exentas de poesía y un cierto simbolismo que se expresa en los espacios, los objetos o los colores.

En 1985 estrenó *La llamada de Lauren*, su primera obra, y dos años más tarde obtuvo el Premio Tirso de Molina por *Invierno de luna alegre*.

Otras obras suyas son *Locas de amar* (1994), cuya desvalida protagonista consigue vencer sus dificultades confiando en sí misma, *La noche que ilumina* (1995), que pone en escena la violencia conyugal, y *En el túnel un pájaro* (1997), en la que aborda el tema de la vejez y la muerte con sentido crítico no exento de humor.

ticking.com/748875
Entra para saber más sobre Paloma Pedrero.

Comprendo, aplico y razono

La actriz rebelde

ACTRIZ. Hola. No, no hables que no se puede. Tú solo exprésate por gestos, con la cabeza, ¿vale? Oye, qué bien encontrarme por fin con un espectador guapo. Es que llevo una nochecita... [...]. Oye, no te rías que se van a dar cuenta de que no estoy diciendo el monólogo que me toca. De verdad, es que estoy hartita de soltar la confesión esa melodramática que me ha tocado. ¡Por Dios, qué mal de la cabeza están los autores! El mío es el de Paloma Pedrero, ¿la conoces? Pues la vas a seguir sin conocer (o no la vas a conocer más). Porque me niego a volver a soltar ese texto espantoso que ha escrito. Es que encima me tengo que pasar dos de los cuatro minutos llorando y no me da la gana, me niego a hacer diez veces el esfuerzo para un solo espectador. Pero tú disimula, hombre, no te rías, que mi monólogo no es de risa. Tú haz que te estoy diciendo algo muy interesante. A ver, pon cara de pena. Así no, hazlo bien, que tú sabes. Así, eso, muy bien. Después, en un momento dado, te voy a coger la mano. Tú no te sorprendas, haz que te lo esperas, ¿vale? Venga, vamos a jugar un ratito, vamos a descansar de tanta literatura y tanto rollo.

Yo te hago preguntas y tú me respondes con la cabeza. Despacito, muévela despacito para que no se den cuenta. Es que me gustas, eres cantidad de interesante. [...] No sé, a lo mejor eres el hombre de mi vida. ¿Y por qué no puedes ser tú? Oye, quién sabe. ¿Quieres jugar conmigo? Vale, pero con una condición, que no le cuentes absolutamente a nadie lo que te ha pasado aquí. Esto es cosa nuestra, de los dos. Es que como se entere el director se me cae el pelo. Pero es que esto es un absurdo. Estos autores vivos ya no saben lo que hacer para estrenar. Como no pueden de uno en uno, se juntan veinte y montan este circo. Y como cuando estrenan se quedan los teatros vacíos, pues se han inventado esto de los diez espectadores para poder decir que han llenado. Pobrecillos, a mí me dan una pena. Pero las actrices no tenemos la culpa de sus desgracias, así que yo paso.

Paloma PEDRERO: *La actriz rebelde* (adaptación), en VV.AA.: *La confesión*. Asociación de Autores de Teatro, 2001.

70. Lee el monólogo dándole la expresividad adecuada a su contenido.

71. Describe a la protagonista. ¿Cuáles son los rasgos más sobresalientes de su carácter? ¿De qué modo afronta la tarea que se le ha encomendado?

72. Identifica la crítica que hace del teatro actual la actriz del monólogo y relaciónalo con los problemas de la literatura dramática española de las últimas décadas. Realiza la actividad en tu cuaderno.

Naces, consumes, mueres

En esta obra, cuatro jóvenes actrices, abocadas al paro y la emigración, han sido contratadas para representar el auto sacramental *El gran mercado del mundo*, de Calderón de la Barca, en una convención sobre economía y espiritualidad. Mientras ensayan, van desgranando las distintas causas que han provocado la actual situación de crisis en un mundo dominado por los mercados.

KARINA. Hace unos años, cuando llegué a este país, todo era una fiesta. Crucé el océano Atlántico como un ave migratoria con visado[1] y permiso de residencia en busca de un lugar en la vieja y cálida Europa. Lo encontré a pesar de los estereotipos, ya sabéis, todo lo que la gente imagina cuando escucha la palabra Colombia, América del Sur..., pese a todo encontré mi lugar, me cautivó la alegría que se respiraba en la gran fiesta del milagro español. ¿Os acordáis? [...]

PAULA. Claro que me acuerdo. La Bolsa española terminaba el ejercicio con una ganancia enorme que solo los muy optimistas se habían atrevido a soñar. La inflación en aquel momento estaba bajo control.

JULIA. Estábamos que no parábamos, estábamos que nos salíamos. Parecía que al final iba a molar ser españoles. [...] ¿Y entonces qué pasó?

PAULA. ¿Qué pasó de qué?

JULIA. Si todo iba tan bien, ¿cómo llegamos hasta aquí...?

SANDRA.

Un buen día mi pueblo
se convirtió en un gran zoco
y ansiosos comerciantes sus hombres y mujeres,
y con las comisiones que por todo cobraban,
sacaban su tajada como lo más normal.
Y así los jubilados buscaban su propina
mostrando al forastero las tierras del paisano
dispuesto a vender. Si no les dabas guita,
no te soltaban prenda. Menudos son, ya ves... [...].

KARINA. Da igual lo que haya pasado, tenemos que avanzar.

JULIA. ¿Hacia dónde? ¿Hacia el abismo que tenemos delante...?

KARINA. No te pongas apocalíptica. El espectáculo debe continuar...

JULIA. O sea, el Mercado.

PAULA. Exacto. El Gran Mercado del Mundo.

Ernesto CABALLERO: *Naces, consumes, mueres* (adaptación). Ed. Cátedra, 2014.

1. visado: aportación de validez a un documento, como por ejemplo un pasaporte, por parte de la autoridad competente, para un determinado usos.

Escena de *Naces, consumes, mueres*, representada en 2013.

Comprendo, aplico y razono

Comprensión del texto

73. Realizad una lectura expresiva del texto.
74. Enumera los personajes de esta escena y señala algún rasgo de su personalidad que deduzcas de sus palabras.

Contenido, tema y estructura

75. Indica los distintos temas que plantean los personajes. ¿En qué medida se relacionan con la actualidad?
76. Di el subgénero dramático al que pertenece esta obra.

Lenguaje literario

77. ¿Qué tipo de lenguaje predomina: culto, coloquial, vulgar...? Pon ejemplos del texto.
78. Observa que el autor utiliza tanto la prosa como el verso libre. Señala en tu cuaderno el esquema métrico de los versos.

Relación texto y contexto

79. Relaciona este texto con las características de la producción dramática de las últimas décadas.

4 Literatura hispanoamericana contemporánea: poesía

4.1 La poesía hispanoamericana contemporánea

Durante el siglo XX, la poesía hispanoamericana y la española siguen rumbos paralelos y es frecuente observar interinfluencias a ambos lados del Atlántico. Esta trayectoria común se inicia con Rubén Darío (1867-1916) y continúa en la actualidad.

En la poesía hispanoamericana contemporánea, podemos distinguir diversas corrientes:

- **La poesía intimista**. Este tipo de poesía pretende expresar los temas más cercanos al ser humano, como son el amor, la amistad, el paso del tiempo...

  Muchos poetas se mueven dentro de esta línea, entre ellos Pablo Neruda, Mario Benedetti y Darío Jaramillo.

- **La poesía comprometida**. Esta poesía denuncia la violencia y las dictaduras, además de las diferencias entre las clases sociales, y entre blancos, negros e indígenas. Su lenguaje es sencillo y coloquial.

  En esta línea componen muchos poemas Pablo Neruda, Mario Benedetti y Juan Gelman.

- **La poesía negra**. La experimentación formal de las vanguardias se une con el folclore popular afroamericano y da como resultado la poesía negra. Más tarde se amplía la temática con la denuncia de la pobreza y de la marginación de negros e indígenas.

  En esta corriente situamos la poesía de Nicolás Guillen; su poema "La muralla" es un auténtico himno de integración y de paz.

La poesía hispanoamericana ha dado nombres importantísimos como la chilena Gabriela Mistral, Premio Nobel de Literatura en 1945, el argentino Jorge Luis Borges, y el mexicano Octavio Paz, Premio Nobel de Literatura en 1990.

César Vallejo (1892-1938)

La poesía de César Vallejo se puede clasificar en tres grupos:

- **Modernista**, presente en su primer libro *Los heraldos negros* (1919), aunque también tiene poemas de honda angustia existencial.
- **Vanguardista**, en su segundo libro, *Trilce* (1922). En esta etapa encontramos experimentos verbales que se adelantan al surrealismo jugando con la forma y el significado de las palabras.
- **Revolucionaria**, publicada después de morir el poeta: *Poemas humanos* (1938), y *España, aparta de mí este cáliz* (1938).

Las tres razas (1858), de Francisco Laso, precursor del indigenismo peruano.

Nicanor Parra (1914-2018)

Matemático, físico y poeta, Nicanor Parra es el creador de los **antipoemas**, una nueva forma de escribir poesía que rompió con las corrientes anteriores y acercó la poesía al lenguaje coloquial.

En su libro *Poemas y antipoemas* (1954) encontramos desde canciones populares, como "La cueca larga", a parodias llenas de humor y sarcasmo. Además, también abundan reflexiones sobre el amor y la soledad.

Mario Benedetti (1920-2009)

Benedetti es uno de los mayores exponentes de la poesía comprometida. Sus libros recogidos en *Inventario Uno, Dos y Tres* exponen, en un lenguaje sencillo y muy cercano, una firme denuncia sobre las injusticias sociales y la falta de libertad.

También la poesía intimista de tipo amoroso encontró en Benedetti una de las mejores voces poéticas del siglo XX.

Las dos Fridas (1939), de Frida Kahlo, quien plasmó el realismo mágico en sus obras.

Masa

Al fin de la batalla
y muerto el combatiente, vino hacia él un hombre
y le dijo: "¡No mueras, te amo tanto!".
Pero el cadáver ¡ay! siguió muriendo.

Se le acercaron dos y repitiéronle:
"¡No nos dejes! ¡Valor! ¡Vuelve a la vida!".
Pero el cadáver ¡ay! siguió muriendo.

Acudieron a él veinte, cien, mil, quinientos mil,
clamando: "Tanto amor y no poder nada contra la muerte".
Pero el cadáver ¡ay! siguió muriendo.

Le rodearon millones de individuos,
con un ruego común: "¡Quédate, hermano!".
Pero el cadáver ¡ay! siguió muriendo.

Entonces, todos los hombres de la tierra
le rodearon; los vio el cadáver triste, emocionado;
incorporose lentamente,
abrazó al primer hombre; echose a andar.

César VALLEJO: *España, aparta de mí este cáliz.*

La cueca[1] larga

Voy a cantarme una cueca
Más larga que sentimiento
Para que mi negra vea
Que a mí no me cuentan cuentos.

Los bailarines dicen
Por armar boche[2]
Que si les cantan, bailan
Toda la noche.

Toda la noche, sí
Flor de zapallo[3]
En la cancha es adonde
Se ven los gallos.

Nicanor PARRA: *Poemas y antipoemas* (fragmento).

1. **cueca**: baile popular que se baila con un pañuelo y dando vueltas.
2. **armar boche**: armar lío.
3. **flor de zapallo**: flor de la calabaza.

Táctica y estrategia

Mi táctica es
mirarte
aprender cómo sos
quererte como sos
mi táctica es
hablarte
y escucharte
construir con palabras
un puente indestructible
mi táctica es
quedarme en tu recuerdo
no sé cómo ni sé
con qué pretexto
pero quedarme en vos
mi táctica es
ser franco
y saber que sos franca
y que no nos vendamos
simulacros
para que entre los dos
no haya telón
ni abismos
mi estrategia es
en cambio
más profunda y más
simple
mi estrategia es
que un día cualquiera
no sé cómo ni sé
con qué pretexto
por fin me necesites.

Mario BENEDETTI: *Poemas de otros.*

80. Investiga en Internet en qué año se publicó el poema "Masa". ¿Qué circunstancia histórica española inspiró al poeta para publicarlo?

81. ¿En qué corriente poética incluirías "La cueca larga"? ¿Qué rasgos presenta de esa corriente?

82. El título "Táctica y estrategia", ¿podría aplicarse a la conquista amorosa, como una conquista bélica?

83. ¿Qué tácticas de ataque para la conquista utiliza el poeta? ¿Qué estrategia? ¿Qué diferencias hay entre ambas? Responde a las preguntas en tu cuaderno.

84. ¿Qué características de la poesía contemporánea observas en el poema de Benedetti? Anótalas en tu cuaderno.

Pablo Neruda (1904-1973)

Neruda es uno de los poetas más importantes del siglo XX en lengua castellana. Recibió el Premio Nobel en 1971. Las etapas de su poesía se pueden dividir en:

- **Primera época**. A los veinte años publicó *Veinte poemas de amor y una canción desesperada* (1924), poemario de una increíble perfección formal a pesar de la juventud del poeta cuando lo escribió.
- **Segunda época**. Etapa surrealista y de concienciación política. Destinado en la isla de Java y abrumado por la soledad, escribió *Residencia en la tierra I* (1931), en la que a través de un brillante lenguaje surrealista muestra su angustia y su soledad. Más tarde publicó *Residencia en la tierra II* (1935).

  Neruda viajó a España, donde conoció y se hizo amigo de los poetas de la generación del 27. Aquí se comprometió con los ideales de libertad y justicia universal. De este compromiso nacieron dos libros:

  – *Tercera residencia* (1947), libro lleno de angustia por la Guerra Civil española en el que incluyó su poema "España en el corazón".

  – *Canto general* (1950), dedicado a los pueblos indígenas de los que el poeta se convierte en portavoz. Dentro de este libro encontramos *Alturas de Machu Picchu*, doce poemas dedicados a todos los que han sido víctimas silenciosas de las diversas civilizaciones de América y del mundo.
- **Tercera época**. Desde 1950, Pablo Neruda escribió muchísimos versos. Entre ellos destacan *Los versos del capitán* (1952): son poemas de amor dedicados a su tercera esposa, Matilde Urrutia. Es una poesía sencilla en la que Neruda une el amor con la lucha por la libertad y la justicia y el canto por las cosas cotidianas.

Retrato de Pablo Neruda, de Eugenio Chicano.

Comprendo y razono

XII

Sube a nacer conmigo, hermano.
Dame la mano desde la profunda
zona de tu dolor diseminado[1].
No volverás del fondo de las rocas.
No volverás del tiempo subterráneo.
No volverá tu voz endurecida.
No volverán tus ojos taladrados.
Mírame desde el fondo de la tierra,
labrador, tejedor, pastor callado:
domador de guanacos[2] tutelares:
albañil del andamio desafiado:
aguador de las lágrimas andinas[3]:
joyero de los dedos machacados:
agricultor temblando en la semilla:
alfarero[4] en tu greda[5] derramado:
traed a la copa de esta nueva vida
vuestros viejos dolores enterrados. [...]
Yo vengo a hablar por vuestra boca muerta.
A través de la tierra juntad todos
los silenciosos labios derramados.

Pablo Neruda: *Alturas de Machu Picchu* (fragmento).

1. **diseminado**: esparcido.
2. **guanaco**: animal parecido a la llama.
3. **andina**: de la cordillera de los Andes.
4. **alfarero**: persona que crea vasijas u otros objetos con barro cocido.
5. **greda**: arcilla arenosa.

85. ¿A quién se dirige el poeta? ¿Qué les promete? ¿Cómo piensa cumplirlo?

86. ¿Qué oficios son convocados? ¿Son oficios humildes o prestigiosos?

87. ¿Qué puede aportar la poesía a la voz de los seres humanos que no pueden alzar la voz?

88. Ubica este fragmento dentro de la trayectoria poética de Pablo Neruda.

Tu risa

Quítame el pan, si quieres,
quítame el aire, pero
no me quites tu risa.
No me quites la rosa,
la lanza que desgranas[1],
el agua que de pronto
estalla en tu alegría,
la repentina ola
de plata que te nace.
Mi lucha es dura y vuelvo
con los ojos cansados
a veces de haber visto
la tierra que no cambia,
pero al entrar tu risa
sube al cielo buscándome
y abre para mí todas
las puertas de la vida.
Amor mío, en la hora
más oscura desgrana
tu risa, y si de pronto
ves que mi sangre mancha
las piedras de la calle,
ríe, porque tu risa
será para mis manos
como una espada fresca.
Junto al mar en otoño,
tu risa debe alzar
su cascada de espuma,
y en primavera, amor,
quiero tu risa como
la flor que yo esperaba,
la flor azul, la rosa
de mi patria sonora.
Ríete de la noche,
del día, de la luna,
ríete de las calles
torcidas de la isla,
ríete de este torpe[2]
muchacho que te quiere,
pero cuando yo abro
los ojos y los cierro,
cuando mis pasos van,
cuando vuelven mis pasos,
niégame el pan, el aire,
la luz, la primavera,
pero tu risa nunca
porque me moriría.

Pablo NERUDA:
Los versos del capitán.

1. **desgranar**: referido a las piezas ensartadas, soltarlas una a una.

2. **torpe**: persona falta de habilidad, agilidad o destreza.

Comprendo, aplico y razono

Comprensión del texto

89. ¿Qué le pide el poeta a la amada? ¿Por qué es tan importante para él? ¿En qué momentos del día y en qué estaciones del año debe reír la amada? Responde a las preguntas en tu cuaderno.

90. ¿De qué cosas puede prescindir el poeta para vivir? ¿Crees que esas cosas son superficiales o imprescindibles? ¿Qué valor tiene la risa de la amada ante estas afirmaciones? Haz la actividad en tu cuaderno.

Contenido, tema y estructura

91. Resume el contenido del poema y escribe cuál es el tema en una frase breve. Realiza la actividad en tu cuaderno.

92. Este poema se puede dividir en tres partes diferenciadas. Resume de manera breve el contenido de cada una de ellas. Realiza la actividad en tu cuaderno.

Lenguaje literario

93. En la primera estrofa hay una antítesis basada en un verbo, ¿cuál es? ¿En qué tiempo verbal está? Responde en tu cuaderno.

94. El poeta describe la risa de la amada en la segunda estrofa con una serie de metáforas. ¿Cuáles son? Señala en ellas el término real y el término imaginario. Realiza la actividad en tu cuaderno.

95. En la última estrofa hay otra antítesis basada en un verbo, ¿cuál es? ¿En qué tiempo verbal está? ¿Qué tiempo verbal predomina en el poema? ¿Cómo lo interpretas: como una orden o como una súplica? ¿Por qué? Responde a todas estas cuestiones en tu cuaderno.

Relación texto y contexto

96. Relaciona este poema de Pablo Neruda que acabas de ver con las corrientes de la poesía hispanoamericana y con la obra general del poeta.

5 Literatura hispanoamericana contemporánea: narrativa

5.1 La narrativa hispanoamericana a partir de 1940

A partir de la década de 1940, los nuevos escritores americanos convierten en tema principal de sus obras los problemas del ser humano contemporáneo. Utilizan un lenguaje narrativo brillante y barroco, cargado de sugerentes imágenes. También definen nuevas poéticas como la de **lo real maravilloso** o **realismo mágico**.

Juan Rulfo escribió *Pedro Páramo*, una de las novelas más importantes del realismo mágico hispanoamericano.

Miguel Ángel Asturias (1899-1974)

Premio Nobel de Literatura en 1967, es el autor de *El Señor Presidente* (1932), novela que tiene como protagonista a un dictador americano que simboliza todas las dictaduras.

Alejo Carpentier (1904-1980)

Premio Cervantes en 1977, escribió *Los pasos perdidos* (1953), obra en la que narra la historia de un compositor que abandona Nueva York y se adentra en la selva amazónica. Allí conoce a la mujer primitiva y se transforma en un hombre nuevo.

Juan Rulfo (1917-1986)

En *Pedro Páramo* (1955) narró el viaje de Miguel Preciado a Comala, pueblo natal de su madre, para buscar a su padre, el cacique del lugar. Sin embargo, allí encuentra un pueblo deshabitado y solo después de morir, a través de las voces de las almas en pena de los antiguos habitantes, consigue reconstruir el pasado de Comala y de su padre, Pedro Páramo.

Aplico y razono

El Señor Presidente

En palacio, el Presidente firmaba el despacho asistido por el viejecito que entró al salir el doctor Barreño y oír que llamaban a Ese Animal.

Ese Animal era un hombre pobremente vestido, con la piel rosada como ratón tierno, el cabello de oro de mala calidad, y los ojos azules y turbios perdidos en anteojos color de yema de huevo.

El Presidente puso la última firma y el viejecito, por secar de prisa, derramó el tintero sobre el pliego firmado.

–¡ANIMAL!

–¡Se... ñor!

–¡ANIMAL!

Un timbrazo..., otro..., otro... Pasos y un ayudante en la puerta.

–¡General, que le den doscientos palos a este, ya, ya! –rugió el Presidente; y pasó enseguida a la casa presidencial. La comida estaba puesta.

A Ese Animal se le llenaron los ojos de lágrimas. No habló porque no pudo y porque sabía que era inútil implorar perdón: el Señor Presidente estaba como endemoniado con el asesinato de Parrales Sonriente. A sus ojos nublados asomaron a implorar por él su mujer y sus hijos: una vieja trabajada y una media docena de chicuelos flacos. Con la mano hecha un garabato se buscaba la bolsa de la chaqueta para sacar el pañuelo y llorar amargamente –¡y no poder gritar para aliviarse!–, pensando, no como el resto de los mortales, que aquel castigo era inicuo; por el contrario, que bueno estaba que le pegaran para enseñarle a no ser torpe –¡y no poder gritar para aliviarse!–, para enseñarle a hacer bien las cosas, y no derramar la tinta sobre las notas –¡y no poder gritar para aliviarse!...–.

Entre los labios cerrados le salían los dientes en forma de peineta, contribuyendo con sus carrillos fláccidos y su angustia a darle aspecto de condenado a muerte.

Miguel Ángel ASTURIAS: *El Señor Presidente* (adaptación).
RAE, ASALE y Ed. Alfaguara, 2020.

97. Resume brevemente la acción que se narra en este fragmento.

98. Comenta la forma en que el autor caracteriza al viejecillo del texto: ¿qué sentimiento le hace ser tan torpe ante el Presidente? Responde en tu cuaderno.

99. Califica y valora la reacción del dictador: ¿de qué modo castiga el Presidente la torpeza del viejo?

Jorge Luis Borges (1899-1986)

Borges escribió, además de poemas y ensayos, narraciones breves de gran originalidad estructural. En ellas presenta al lector una serie de enigmas que al final tienen siempre un desenlace insólito.

Todas sus narraciones repiten una serie de **temas recurrentes** entre los que destacan la identidad humana, el destino y la fatalidad, la dudosa consistencia de todo lo real, el paso inexorable del tiempo, la eternidad y la muerte, el mundo como laberinto y la desdicha vinculada al sentimiento amoroso.

La prosa de Borges se caracteriza por la **precisión** y la **brevedad**. Otro rasgo de su estilo es la **continua manifestación de dudas y vacilaciones**: el narrador declara frecuentemente haber olvidado total o parcialmente los hechos. Borges refleja así su idea de la impotencia del lenguaje en su intento de describir el universo.

Sus narraciones breves y sus cuentos aparecen en obras como *Ficciones* (1944), *El Aleph* (1949) o *El libro de arena* (1975).

Jorge Luis Borges

Las ruinas circulares

Un mago llega a un templo en medio de la selva con un único propósito: crear en sueños a un hombre y llevarlo al mundo real. El dios del fuego le ordena que una vez materializado, ese hijo soñado deberá desplazarse a otros templos.

Con minucioso amor lo soñó durante catorce lúcidas noches. Cada noche lo percibía con mayor evidencia. [...] Soñó un hombre íntegro, un mancebo, pero este no se incorporaba ni hablaba, ni podía abrir los ojos. [...]

Ese múltiple dios le reveló que su nombre terrenal era Fuego, que en ese templo circular (y en otros iguales) le habían rendido sacrificios y culto y que mágicamente animaría al fantasma soñado, de suerte que todas las criaturas, excepto el fuego mismo y el soñador, lo pensaran un hombre de carne y hueso. [...] En el sueño del hombre que soñaba, el soñado se despertó.

El mago ejecutó esas órdenes. [...] Comprendió con cierta amargura que su hijo estaba listo para nacer. Esa noche lo besó por primera vez y lo envió al otro templo cuyos despojos blanqueaban río abajo. Antes (para que no supiera nunca que era un fantasma, para que se creyera un hombre como los otros) le infundió el olvido total. [...]

Al cabo de un tiempo que ciertos narradores de su historia prefieren computar en años y otros en lustros, lo despertaron dos remeros a medianoche: no pudo ver sus caras, pero le hablaron de un hombre mágico en un templo del norte, capaz de hollar[1] el fuego y de no quemarse. El mago recordó bruscamente las palabras del dios. Recordó que de todas las criaturas que componen el orbe[2], el fuego era la única que sabía que su hijo era un fantasma. Ese recuerdo, apaciguador al principio, acabó por atormentarlo. Temió que su hijo meditara en ese privilegio anormal y descubriera de algún modo su condición de mero simulacro.

[...] El término de sus cavilaciones fue brusco [...]. Porque se repitió lo acontecido hace muchos siglos. Las ruinas del santuario del dios del fuego fueron destruidas por el fuego. En un alba sin pájaros el mago vio cernirse contra los muros el incendio concéntrico. Por un instante pensó refugiarse en las aguas, pero luego comprendió que la muerte venía a coronar su vejez y a absolverlo de sus trabajos. Caminó entre los jirones de fuego. Estos no mordieron su carne, estos lo acariciaron y lo inundaron de calor y sin combustión.

Con alivio, con humillación, con terror, comprendió que él también era una apariencia, que otro estaba soñándolo.

Jorge Luis BORGES: "Las ruinas circulares" (adaptación), *Narraciones*. Ed. Cátedra, 1988.

1. **hollar**: pisar dejando señal.
2. **orbe**: mundo.

Aplico y razono

100. Enuncia en una frase el tema del texto y resume brevemente su argumento. ¿Podrías decir el tiempo y el lugar en que suceden estos hechos?

101. ¿Cuál es el punto de vista que adopta el narrador? ¿Qué efecto produce en el lector?

102. Identifica la presencia de los temas recurrentes en Borges: el destino, la inconsistencia de lo real, el concepto circular del tiempo, la vida como laberinto..., e interpreta el final del cuento. Haz la actividad en tu cuaderno.

5.2 La narrativa hispanoamericana en la década de 1960

En la década de 1960 comienzan a publicar una nueva promoción de autores hispanoamericanos: **Carlos Fuentes** (1928-2012), **Julio Cortázar** (1914-1984), **Mario Vargas Llosa** (1936), **Gabriel García Márquez** (1927-2014), etc. Aunque su evolución fue distinta, se pueden señalar algunas características comunes:

- **Subjetivismo**. El punto de vista del narrador adquiere una gran variedad de perspectivas. El subconsciente aparece expresado mediante técnicas como el monólogo interior o el uso de la segunda persona narrativa.
- **Ruptura de la linealidad temporal**. Unas veces se producen saltos cronológicos; otras se entrecruzan tiempos diferentes; y en ocasiones se adelantan acontecimientos que ocurrirán más tarde.
- **Variedad temática**. Se siguen tratando los temas existenciales. Es recurrente el tema de la soledad y la incomunicación. La muerte aparece a menudo y sirve, por contraste, para resaltar el valor de la vida.
- **Preocupación por los aspectos formales**. Las estructuras se complican exigiendo un lector activo capaz de organizar la materia narrativa. Intentan reflejar el habla hispanoamericana de cada uno de sus países.

El *boom* de la literatura hispanoamericana

El interés de las editoriales españolas y argentinas por recuperar el mercado hispanoamericano produjo un fenómeno político-comercial-publicitario: se publicaron en España las mejores obras de estos autores que se tradujeron a muchos otros idiomas, se dedicaron a ellos números monográficos de revistas y se realizaron adaptaciones cinematográficas de algunas novelas.

Todo ello contribuyó a despertar el interés de los lectores y provocó una amplia demanda de sus obras. Es lo que se llamó el *boom* de la literatura hispanoamericana.

En 1987, el director Francesco Rosi llevó al cine la novela de García Márquez.

Gabriel García Márquez (1927-2014)

García Márquez comenzó su labor literaria como periodista, y fue precisamente en el periódico *El Espectador*, de Bogotá, donde publicó sus primeros relatos. Su obra maestra es *Cien años de soledad* (1967).

La novela *Cien años de soledad* narra la historia de los cien años del pueblo de Macondo y de la familia Buendía, sus fundadores. La evolución de Macondo, que al comienzo es una comunidad primitiva e idílica aislada del mundo, reproduce a grandes rasgos la de muchos países hispanoamericanos.

La primera transformación de la aldea tiene lugar cuando se comunica con el exterior y se establecen en ella las primeras instituciones: el corregidor, la Iglesia... Después llegan el telégrafo, el ferrocarril, la luz eléctrica, el teléfono... Poco después se asienta en el pueblo una compañía bananera americana que lo transforma totalmente. A partir de este momento comienza la decadencia: la empresa americana se va y Macondo se convierte en un pueblo deprimido hasta que un cataclismo lo arrasa totalmente.

La familia Buendía está condenada a una soledad que se hace más evidente según avanza la historia. La pareja fundadora, José Arcadio Buendía y Úrsula Iguarán son primos y creen que tendrán un hijo monstruoso con cola de cerdo. Pero será la última pareja de la estirpe, Aureliano y Amaranta Úrsula, la que, siete generaciones más tarde, concebirá al último Aureliano quien, efectivamente, nacerá con esa cola de cerdo y será devorado por las hormigas.

Otras obras de García Márquez son: *El otoño del patriarca* (1975), *Crónica de una muerte anunciada* (1981), *El amor en los tiempos del cólera* (1985) y *El general en su laberinto* (1989), sobre la figura de Simón Bolívar. En 1982 recibió el Premio Nobel.

5.3 La narrativa hispanoamericana a partir de 1970

A partir de la década de 1970 comienzan a publicar otros autores como **Manuel Puig** (1932-1990), **Alfredo Bryce Echenique** (1939), **Isabel Allende** (1948), **Laura Esquivel** (1950) y **Augusto Monterroso** (1921-2003), que otorgan una gran importancia a la experimentación lingüística y reciben influencias de los medios de comunicación de masas. En sus obras, protagonizadas por personajes de la clase media baja urbana, hacen su aparición el lenguaje coloquial y las jergas.

Cien años de soledad

Y entonces vio al niño. Era un pellejo hinchado y reseco, que todas las hormigas del mundo iban arrastrando trabajosamente hacia sus madrigueras por el sendero de piedras del jardín. Aureliano no pudo moverse. No porque lo hubiera paralizado el estupor, sino porque en aquel instante prodigioso se le revelaron las claves definitivas de Melquíades, y vio el epígrafe de los pergaminos perfectamente ordenado en el tiempo y el espacio de los hombres. *El primero de la estirpe está amarrado en un árbol y al último se lo están comiendo las hormigas.*

Era la historia de la familia, escrita por Melquíades hasta en sus detalles más triviales, con cien años de anticipación. [...] En este punto, impaciente por conocer su propio origen, Aureliano dio un salto. Entonces empezó el viento, tibio, incipiente, lleno de voces del pasado, de murmullos de geranios antiguos, de suspiros de desengaños anteriores a las nostalgias más tenaces. No lo advirtió porque en aquel momento estaba descubriendo los primeros indicios de su ser, en un abuelo que se dejaba arrastrar por la frivolidad a través de un páramo alucinado, en busca de una mujer hermosa a quien no haría feliz. Aureliano persiguió los caminos ocultos de su descendencia, y encontró el instante de su propia concepción entre los alacranes y las mariposas amarillas de un baño crepuscular [...]. Estaba tan absorto que no sintió tampoco la segunda arremetida del viento, cuya potencia ciclónica arrancó de los quicios las puertas y las ventanas, descuajó el techo de la galería oriental y desarraigó los cimientos. Solo entonces descubrió que Amaranta Úrsula no era su hermana, sino su tía, y que Francis Drake había asaltado a Riohacha solamente para que ellos pudieran buscarse por los laberintos más intrincados de la sangre, hasta engendrar el animal mitológico que había de poner término a la estirpe. Macondo era ya un pavoroso remolino de polvo y escombros centrifugado por la cólera del huracán bíblico, cuando Aureliano saltó once páginas para no perder el tiempo en hechos demasiados conocidos y empezó a descifrar el instante que estaba viviendo, descifrándolo a medida que lo vivía, profetizándose a sí mismo en el acto de descifrar la última página de los pergaminos, como si se estuviera viendo en un espejo hablado. Entonces dio otro salto para anticiparse a las predicciones y averiguar la fecha y las circunstancias de su muerte. Sin embargo, antes de llegar al verso final ya había comprendido que no saldría jamás de ese cuarto, pues estaba previsto que la ciudad de los espejos (o de los espejismos) sería arrasada por el viento y desterrada de la memoria de los hombres en el instante en que Aureliano Babilonia acabara de descifrar los pergaminos, y que todo lo escrito en ellos era irrepetible desde siempre y para siempre, porque las estirpes condenadas a cien años de soledad no tenían una segunda oportunidad sobre la tierra.

Gabriel GARCÍA MÁRQUEZ: *Cien años de soledad* (adaptación). Ed. Cátedra, 2014.

Macondo, en *Cien años de soledad*, es una ciudad ficticia basada en Aracataca (Magdalena, Bogotá).

Comprendo, aplico y razono

Comprensión del texto

103. ¿Qué es lo que comprende Aureliano en este momento? ¿A qué pergaminos se refiere?

104. ¿Quién es Melquíades? ¿Por qué crees que es importante este personaje en la obra?

Contenido, tema y estructura

105. Resume brevemente el argumento de este fragmento. ¿A qué momento de la obra pertenece?

106. Indica el punto de vista que adopta el narrador.

Lenguaje literario

107. Analiza la descripción del huracán que asola Macondo mientras Aureliano descifra el manuscrito. Subraya los términos que el autor utiliza para marcar la gradación en su intensidad.

108. Valora el estilo de García Márquez señalando algunos de los recursos expresivos que utiliza.

Relación texto y contexto

109. Relaciona el estilo de este fragmento con el realismo mágico de la novela hispanoamericana del siglo XX.

ANEXO DE ORTOGRAFÍA

1. Dificultades ortográficas en algunas letras y dígrafos
   1.1 La *y* y el dígrafo *ll*
   1.2 La *b*, la *v* y la *w*
   1.3 La *h*
   1.4 La *g* y la *j*
   1.5 La *s, c, k, qu, z, x*
   1.6 La *r* y el dígrafo *rr*
   1.7 La *m* y la *n*
2. Dificultades ortográficas en la acentuación
   2.1 Los diptongos, triptongos e hiatos
   2.2 Los monosílabos. La tilde diacrítica
   2.3 Las palabras compuestas
   2.4 Palabras con varias posibilidades de acentuación
   2.5 Los préstamos de otras lenguas
   2.6 Abreviaturas y siglas
3. Otras dificultades ortográficas
   3.1 Cardinales, ordinales, partitivos y multiplicativos
   3.2 ¿Cómo se expresa la hora?
   3.3 Mayúsculas y minúsculas
   3.4 Palabras que se escriben juntas o separadas

Comprendo y aplico

¿Cuándo una canción se convierte en himno?

A veces solo son necesarios dos compases para sentir un furor que te sube de los pies a la cabeza y para que no haya vuelta atrás. Esta emoción llega, normalmente, al escuchar un himno, un *hit* musical que te hace perder el control.

Si acudimos a la Real Academia de la Lengua, encontramos varias acepciones que definen la palabra "himno". Entre ellas escogemos dos: "Composición poética o musical cuyo objeto es exaltar a una persona, celebrar una victoria u otro suceso memorable o expresar júbilo o entusiasmo" y "composición musical emblemática de una colectividad, que la identifica y que une entre sí a quienes la interpretan".

Desde su aparición en 1988, Resistiré se ha convertido en un himno de superación y de lucha contra cualquier adversidad.

De ambos sentidos, destaca la perspectiva humana y social que posee la palabra. Sí, un himno es una canción que expresa, identifica y une.

Podríamos afirmar que para que una canción se convierta en un himno necesita una letra y un contenido profundo, con el que puedas sentirte identificado y que no sea superfluo. En la era de la forma, el contenido sigue siendo imprescindible en el aspecto musical. Es imposible imaginar la melodía de *A quién le importa*, de Fangoria, sin una letra reivindicativa como la que tiene.

Resistiré, La Revolución Sexual, Insurrección, No dudaría, Malo... Todos estos temas poseen mensajes que los han hecho crecer con los años hasta consagrarse como referentes musicales.

Contra el maltrato machista, contra la guerra, a favor de la igualdad, por los derechos LGTBI, un sí a la paz... Las letras de las canciones, al fin y al cabo, trascienden cuando tienen un significado reivindicativo.

Aunque parezca que no, son estas canciones las que perduran en el tiempo, las que diez años más tarde de su lanzamiento siguen sonando en las listas de reproducción y en nuestras cabezas.

Sí, además de la melodía, la letra de una canción es clave para que se convierta en un himno.

Alejandro GÓMEZ LIZARRAGA: "La importancia de la letra en una canción... ¿la clave para que se convierta en un himno?", 8 de febrero de 2018, *Los 40*. Web [Consulta: 10 de diciembre de 2020].

1. En tu cuaderno, resume en pocas palabras el contenido del texto.
2. Compara la palabra *haya*, con otras como *aya* o *halla*. Señala las diferencias.
3. ¿Por qué se escriben con *g* las palabras *escogemos* e *imaginar* y con *j* la palabra *mensajes?*
4. La letra c tiene diferentes sonidos:
   - Localiza en los dos primeros párrafos palabras en las que la *c* represente el sonido /k/ y escríbelas.
   - Escribe también palabras como *emoción*, en las que la c represente el sonido /z/.
   - Localiza en todo el texto otras palabras con estos dos sonidos y diferentes grafías.
   - Busca y escribe dos palabras que contengan dos c seguidas. ¿Qué sonido representa cada *c*?
5. ¿Qué sonido tiene la *x* en palabras como *exaltar* o *expresa*?
6. Fíjate en las palabras destacadas en rojo:
   - En relación con las letras *n* y *m*, ¿qué norma se deduce de su forma de escritura?
   - Compáralas ahora con la palabra *convierta*. ¿Qué diferencias encuentras?

1.1 La *y* y el dígrafo *ll*

La letra *y* y el dígrafo *ll* se pronuncian de manera parecida. Varía solo el lugar por donde se deja salir el aire. Por ello, a veces el sonido es el mismo. El **yeísmo** consiste en pronunciar del mismo modo estos dos sonidos, lo que da origen de faltas de ortografía entre la *ll* y la *y*.

La *y* se usa como vocal en palabras como *rey*, o como consonante, en palabras como *ayer*.

Recuerda que...

En español, los dígrafos (grupos de dos letras que representan un solo sonido) son *ch*, *ll*, *qu*, *gu*, *rr*.

Comprendo y aplico

7. Fíjate en las palabras destacadas en azul de este texto:

> A veces, las leyes son muy raras. Juan vive en un chalet con jardín y tiene un caballo y un perrillo muy simpático. Algunas noches, el perro se asusta y no para de aullar. Él, entonces, lo consuela y arrulla hasta que se serena. Su vecino se rayó un buen día y lo denunció. Por la mañana, se estaba yendo a trabajar cuando llegó la poli. El perro se olió algo y huyó despavorido. En su carrera tiró a Juan que acabó con la pierna enyesada.

- ¿Cuál es el singular de *leyes*?
- Recuerda o busca en el diccionario algunos verbos más que terminen en *–ullar*.
- ¿De qué verbo es el gerundio *yendo*?
- Localiza y escribe en tu cuaderno cinco palabras de la familia léxica de *caballo*.

8. Completa este texto en tu cuaderno con las *ll* y las *y* que faltan:

- Marta vio bri___ar los ojos de animali___o asustado y frenó de golpe para no trope___arlo.
- Los embajadores regalaron al re___ unos bonsáis hermosísimos.
- El chico ra___ó sin querer la moto de su amigo y hu___ó sin decirle nada.
- No te escabu___as que he visto que lo has hecho tú.
- Su ___erno se acomodó en el tresi___o.
- El gato no paraba de mau___ar y Miguel lo arru___ó con ternura.
- Andrés tenía todo el codo magu___ado de la caída de la bicicleta.
- ¡Menudo baru___o! En cuanto llegaron a la piscina, los niños de zambu___eron en el agua.

CURIOSIDADES

La *y* en posición final se pronuncia como vocal, pero a efectos de acentuación se considera consonante. Por eso llevan tilde palabras como *póney* y no la llevan *jersey* o *carey*. ¿Cómo se acentuarían estas palabras si la *y* se considerara vocal?

PRESTA ATENCIÓN

Homónimos con *y* y *ll*

9. Completa en tu cuaderno estas oraciones con el homónimo que corresponde:

- (*arroyo/arrollo*) Casi ___ al animalillo cerca del ___.
- (*cayado/callado*) El anciano, el hombre ___, siempre utiliza para caminar un grueso ___.
- (*ayes/halles*) Si te guías por los ___ del chico, quizás ___ el lugar donde se cayó.
- (*hoyo/hollo*) ___ por primera vez este lugar remoto y encuentro un ___ impresionante.
- (*huya/hulla*) Dile que no ___ de este lugar, el polvo en suspensión no es dañino: está producido por la mina de ___.
- (*poyo/pollo*) Sentada en el ___, la mujer alimentaba al ___ con migas de pan.

TRUCO MEMORÍSTICO

Algunas formas verbales de verbos cuyo infinitivo no tiene ni *ll* ni *y* se escriben con *y*: *huir/huyó*.

VOCABULARIO

10. Escribe los sinónimos con *ll* o *y* de las palabras siguientes:

Sinónimos con *ll*	Sinónimos con *y*
• Acolchado, blando, ___.	• Cantera, ___.
• Abrumar, ___.	• Abuela, ___.
• Travesura, ___.	• Recua, ___.
• Herida, úlcera, ___.	• Casco, ___.
• Apelación, ___.	• Rígido, inmóvil, ___.
• Gimoteo, ___.	• Acostarse, ___.

1.2 La *b*, la *v* y la *w*

En el español hablado en la mayor parte de España, la *b* y la *v* se pronuncian igual, lo que da lugar a numerosas faltas de ortografía: *baca/vaca*. Es, por tanto, un error pronunciar la *v* con un sonido parecido a la *f*.

Las pocas palabras castellanas con *w* son de origen extranjero. En palabras de origen germánico, la *w* se pronuncia como *b*: *Wagner*; y en las de origen anglosajón, como *u* átona formando parte de un diptongo: *Walter, web, software*.

TRUCO MEMORÍSTICO

Se escriben con *v* algunos tiempos verbales de aquellos verbos cuyo infinitivo no tiene ni *b* ni *v*: *tener/tuve; andar/anduve; contener/contuve.*

Comprendo y aplico

11. Repasa las normas de la *b* y la *v* y copia este texto en tu cuaderno con las letras que faltan:

> Con la llo___izna que caía, A___el no encontra___a su lla___ero. Pensó que lo ha___ía ol___idado en la escuela de música, pues luego recordó que lo había colgado de un cla___o que había en la pared de la sala del cla___ecín. Encima del instrumento había un jarrón con unos ___ellos cla___eles rojos y eso lo ha___ía distraído. ___ol___ió de nuevo corriendo y allí encontró todas sus lla___es. Al ___ol___er de ___uelta a casa, en la puerta estaba Boby, el perro del ___ecino. Se asustó porque es un animal carní___oro y hace un tiempo mordió ___ien fuerte a una pobre ___ecina.

12. En las palabras en las que el sonido /b/ precede a otra consonante o está en posición final de sílaba, como *abdicar, boabab*, encontrarás una *b*; y en las que tienen los grupos *br* y *bl* en la misma sílaba también: *breve, cobre, sublimar, sembrado.*

a. Completa estos enunciados con alguna de estas palabras:

abducir • abdicar • obtener
obturar • baobab

- El rey se dejó ___ por su curandero y decidió ___ en su primogénito.
- Se quebró una rama del ___ y por eso se ___ el camino.
- El letrado quiso ___ la libertad del acusado, pero el jurado lo declaró culpable.

b. Completa en tu cuaderno las palabras a las que les falta el grupo *br* o *bl:*

> En el mes de a___il, la ___uma se extendió por el campo cu___iendo el sem___ado con un hermoso manto ___anco. Entre la nie___a se distinguía a los corzos que se acercaban a a___evar en la pequeña laguna que se extiende al a___igo de los pinos. Daban ganas de a___azar a esas tiernas criaturas, pero hubieran huido de forma a___upta al intentar acercarnos. Me sentí a___umada por tanta belleza: un campo abierto, sin alam___adas ni cercados y corzos salvajes bebiendo el agua clara.

13. En tu cuaderno, completa los enunciados que siguen con alguna de las palabras siguientes:

bulo • buque • biblioteconomía
bufido • búsqueda • ábside
absolución • sobrecarga • bibliófilo
suburbano • biblioteca
bióloga • subjefes • bucal

- El ___ del gato asustó al niño.
- La ___ investigaba las posibilidades de la tela de araña para la industria textil.
- Se lanzó al mar desde la cubierta del ___ e inició la ___ del supuesto tesoro.
- Las redes sociales se han llenado de ___ sobre los más diversos temas.
- Es muy importante tener una buena higiene ___.
- Carmen ha estudiado ___ y trabaja en la ___ municipal.
- Andrés es un ___ empedernido: busca ediciones antiguas de obras universales.
- El carguero llevaba ___ y acabó hundiéndose cerca del puerto.
- En el ___ de la catedral estaban los confesionarios que daban la ___ a los fieles.
- Los ___ nunca viajan en ___.

14. Fíjate en las palabras que tienen un grupo de letras destacadas en verde. Para cada una, escribe cuatro palabras más que empiecen o terminen de este modo y no aparezcan en el texto:

> El **vi**rrey llamó al **viz**conde en una tarde muy desapacible. **Llov**ía y las **llav**es del palacio **llev**aban varias horas perdidas. El virrey temía a sus **adv**ersarios. Había sido advertido por un criado advenedizo y el vizconde temía alguna adversidad. Decidió **subv**encionar a quien delatara a los traidores. En un br**eve** espacio de tiempo, el criado más long**evo** les advirtió de algo **obv**io: en los meses de **inv**ierno alguien había **clav**ado en la puerta un papel con una inscripción muy extraña.

Comprendo y aplico

15. Cuando las palabras con *w* están totalmente incorporadas al idioma, esta grafía se ha reemplazado por *v*, como en *vagón o vals*, o por *b* en palabras como *bismuto*. A veces, sobre todo en términos menos frecuentes, se alternan ambas grafías: *wolframio/volframio*.

a. ¿Cuáles de estas palabras están escritas correctamente? Cópialas todas en tu cuaderno con la ortografía correcta:

wagon • Wenceslao • wellingtonia
whisky • wáter • wamba
waterpolo • wolframio • watio
windsurf • wéstern • web

La palabra *vagón proviene del inglés wagon*, término que tienen el mismo significado que en castellano.

PRESTA ATENCIÓN

Homónimos con *b* y con *v*

La pronunciación idéntica de la *b* y la *v* provoca confusión en la escritura correcta de algunas palabras: *rebelar* (sublevar)/ *revelar* (descubrir un secreto, positivar un carrete de fotos); *tubo* (pieza cilíndrica)/ *tuvo* (pretérito indefinido de *tener*).

16. Completa las siguientes oraciones con la palabra adecuada:

- (*votar/ botar*) Fueron a ■ y, cuando supieron que iba ganando su opción, no paraban de ■.
- (*sabia/savia*) Las plantas son muy ■. Se alimentan de la luz solar y de los nutrientes, que ascienden con la ■ desde la tierra a las hojas.
- (*recabar/recavar*) Estaban las zanjas tan mal hechas que hubo que ■ de nuevo todo lo realizado el día anterior. Era imposible plantar allí nada.
- (*basta/vasta*) El granjero vendió una ■ superficie de su finca para dedicarla al ganado.
- (*bacilo/vacilo*) Este laboratorio investiga la naturaleza de algún ■ extraño que se descubrió últimamente.

B y *v* en una misma palabra

Algunas palabras pueden dar lugar a vacilaciones ortográficas al tener una *b* y una *v*: *adverbio*.

17. Escribe en tu cuaderno correctamente las siguientes palabras:

o■■iamente	■óv■da	■ule■ar
a■sol■er	■ené■olo	■í■ora
■er■orrea	■er■ena	■re■iario
di■isi■ilidad	o■ser■ar	re■er■erar

VOCABULARIO

18. ¿Conoces el significado de todos los adjetivos de esta lista: *brumosos, versátil, burlón, vulnerable, vernáculas, beligerante, vitalicias, bellaco, vacante, vegana, volátiles, virrey*?

Completa las oraciones con ellos en tu cuaderno:

- Los días ■ no me gustan nada.
- Lo más atractivo de este mueble es que es muy ■. Se le puede dar usos variados.
- Una de las plazas ■ ha quedado ■.
- En esta película, el personaje del ■ es, en realidad, un verdadero ■.
- En este país se hablan varias lenguas ■.
- La alimentación ■ es muy sana y respetuosa con un desarollo sostenible.
- No seas tan ■: te enfadas por cualquier cosa.
- Este cachorrillo es muy ■. Hay que prodigarle muchos cuidados.
- Los gases de esta gasolinera son muy ■ y un escape puede provocar serios accidentes.
- El espíritu ■ de los bufones era lo que más gustaba en la Corte.

1.3 La *h*

Ya sabes que la *h* es actualmente una letra muda, es decir, no representa ningún sonido. En una palabra puede aparecer en posición inicial (*hermosura*), intercalada (*adhesión*), o final (*¡bah!*).

Comprendo y aplico

19. Recuerda o busca en el diccionario palabras con *h* que comiencen igual que las que van en verde en el texto siguiente. Escríbelas en tu cuaderno:

> La hierba y la hiedra del huerto ocultaron el hueso que había escondido Bobi junto a la valla de hormigón. Era un hermoso perrito huérfano que habíamos encontrado con un hierro clavado en la patita que le había provocado una herida horrenda. Al principio intentó huir muerto de miedo, pero lo recogimos, lo llevamos al hospital y lo adoptamos. En nuestra humilde casa le dimos hospedaje. Al final, la gata Lola también lo aceptó como hermano y Bobi ha podido encontrar con nosotros un verdadero hogar.

20. Teniendo en cuenta el sentido de los siguientes elementos compositivos con *h*, indica en tu cuaderno de trabajo el significado de las palabras que siguen al cuadro:

- hagio-: *santo*
- halo-: *sal*
- hect-: *cien*
- heli-, helio-: *sol*
- hema-, hemato-, hemo-: *sangre*
- hemi-: *medio, mitad*
- hepat-: *hígado*
- hepta-: *siete*
- hetero-: *distinto, otro*
- hexa-: *seis*
- hidr-: *agua*
- higro-: *humedad*
- hiper-: *en exceso*
- hipno-: *sueño*
- hipo-: *debajo de, escasez de*
- hipo-, hip-: *caballo*
- histo-: *tejido*
- holo-: *todo*
- homeo-, homo-: *semejante, parecido*

halógeno • hipopótamo • hexasílabo
higrómetro • histología • homeopatía
hepatitis • heptaedro • hiperactivo • hemiciclo
holocausto • hipodérmico

21. Escribe en tu cuaderno de trabajo palabras nuevas a partir de las palabras y los elementos compositivos siguientes:

- **Palabras**: tenso, mercado, terapia, puerto.
- **Elementos**: heli-, hiper-, hidro-, hipo-.

22. Hay palabras con *h* inicial seguida de los diptongos *-ie-* o *-ue-*, a cuya familia léxica pertenecen términos sin *h*, debido a que en su origen no la tenían: *hueco – oquedad.*

a. Relaciona las palabras siguientes con las de la tabla, según la familia léxica a la que pertenezcan:

oscense • osamenta • onubense • férreo
orfanato • oquedad • osario • ovíparo
ferroso • ovario • óvulo

hueco	**hueso**	**huevo**	**hierro**
___	___	___	___
huérfano	**Huelva**	**Huesca**	
___	___	___	

b. Completa ahora estas oraciones con alguna de las palabras anteriores:

- En una ___ del muro encontraron la ___ de un ave prehistórica.
- Los niños abandonados fueron recogidos en un ___ estatal.
- Tiene una voluntad ___: lo que se propone lo consigue.
- En el cementerio de la ciudad han reformado el ___.
- Mi perra tiene un ___ inflamado y el veterinario le ha recetado un antiinflamatorio.
- Esta ave es ___: pone unos huevos enormes.
- Mi gata no puede tener gatitos: tiene una enfermedad que le impide producir ___.
- El sulfato ___ se toma para prevenir y tratar las anemias.
- Los nacidos en Huelva se denominan ___ y los nacidos en Huesca, ___.

Comprendo y aplico

23. Lee el texto y comprueba que las palabras destacadas en rojo que tienen la secuencia *-ue-* precedida de vocal, llevan *h* intercalada: *alcahueta, vihuela...*

> La vieja alcahueta tocaba la vihuela muy bien. Era también curandera y rehacía constantemente sus ungüentos. Su choza no era nada inhóspita: olía muy bien y todo el que entraba inhalaba los aromas medicinales de sus plantas. También era generosa. Había prohijado a una niña abandonada a la que le enseñaba a coser bolsitas para las semillas y hierbas que ella recetaba. La chica tenía buena voluntad, pero... ¡oh!, era inhábil para cortar, enhebrar, rehilar... Tenía un loro muy viejo que comía cacahuetes y ahuecaba el ala cada vez que alguien le ofrecía su manjar.

a. Escribe en tu cuaderno algunas palabras más con estas características.

b. Fíjate ahora en las palabras destacadas en azul. Las palabras derivadas de términos que comienzan con *h* inicial a las que se les ha añadido un prefijo conservan la *h* intercalada: *rehacía, inhóspita, inhalaba...* Escribe en tu cuaderno algunas palabras más con estas características.

c. Fíjate en la exclamación que aparece en el texto y recuerda que, en español, algunas interjecciones se escriben con *h* final: *¡bah! ¡eh! ¡oh!*

24. Completa los enunciados que siguen con alguna de estas palabras:

deshuesar • rehuir • deshumedecer • inhumano
ahijado • deshielo • prehispánico • deshonrar

- Me costó mucho ___ el pollo para rellenarlo.
- ¡Eh!, es ___ maltratar a los animales de compañía.
- Carlos, el hijo de mi hermana María, es mi ___ .
- Una de las faltas más reprobables es la de ___ a tus padres y hermanos.
- El mundo ___ ejerce una gran influencia sobre las culturas hispanoamericanas.
- No guardes la ropa húmeda. La tienes que ___ para evitar que coja mal olor.
- Me haré cargo de todo. No me gusta ___ mis compromisos y responsabilidades.
- En primavera se produce el ___ de las nieves de las cumbres y el valle se llena de pequeños riachuelos y cascadas.

CURIOSIDADES

- En el castellano antiguo, la *h* inicial de algunas palabras, procedente de la *f* latina se pronunciaba con una aspiración, que se ha perdido en el castellano actual (excepto en la expresión *cante jondo*).

  Sin embargo, se admite la aspiración de la *h* en algunas palabras extranjeras: *Sáhara* (sájara), *Hawai* (jaguay), *hámster* (jámster).

  Igualmente, algunas palabras que se pronunciaban con aspiración han acabado por escribirse con *j*: *jipi, jóquey*.
- ¿Sabías que hay palabras que se pueden escribir indistintamente con *h* y sin *h*, como *albahaca-albaca*? ¿Y sabías que hay palabras con *h* que también se pueden escribir con *y*: *hierba-yerba, hiedra-yedra*?

PRESTA ATENCIÓN

Homónimos con *h* y sin *h*

El hecho de que la *h* sea muda provoca que palabras diferentes se pronuncien exactamente igual: *Alhambra* (palacio árabe) /*alambra* (de *alambrar*); *abría* (de *abrir*)/ *habría* (de *haber*); *atajo* (camino, grupo)/ *hatajo* (rebaño).

25. Completa las siguientes oraciones con la palabra que le corresponde:

- (*echa/hecha*) ___ el café en la leche.
- (*errar/herrar*) El veterinario vino a ___ a la mula.
- (*deshechos/desechos*) Los chicos acabaron reciclando los ___.
- (*azar/azahar*) Adiviné por ___ que estas flores eran de ___.
- (*orca/horca*) Le condenaron a la ___ por traidor.
- (*unos/hunos*) Los ___ fueron ___ de los pueblos antiguos muy feroces.
- (*atajo/hatajo*) El pastor tenía que recorrer un largo trayecto con su ___ de cabras, pero conocía un ___ y no tardó tanto.

VOCABULARIO

26. Utiliza el diccionario e indica el significado de las palabras: *hacendado, histrión, hematuria, hacinar, hollar, hilarante, hidrofobia.*

1.4 La *g* y la *j*

Ya sabes que la *g* tiene un sonido fuerte cuando va delante de *e*, *i* (igual al sonido de la *j*): *ge*, *gi*. Esto da lugar a confusiones ortográficas entre la *g* y la *j*.

La *g* tiene un sonido suave delante de *a*, *o*, *u*. Para representar el sonido suave delante de *e*, *i*, se incluye una *u* en la escritura: *ga*, *gue*, *gui*, *go*, *gu*. Cuando esta *u* tiene que oírse se coloca sobre ella una diéresis (*pingüino*).

Aplico y razono

27. Localiza rápidamente en esta lista las palabras que tiene *g* o *j* y escríbelas en dos columnas:

confirmación • corregir • inteligente
examinar • potaje • contenido
primicia • garaje • mentalista • concisión
tejemaneje • repetir • geografía
álamos • incógnito • cortejo • tardanza
relajar • aviso • ojear
pedagogía • legión • neuralgia

28. En tu cuaderno completa con *g* o *j* estas palabras truncadas:

distra__e	ru__ir	indí__ena
force__ear	bendi__o	extra__o
diver__ente	gara__e	cerra__ería
in__enuo	insur__ente	afli__ir
a__etreo	bru__ería	venda__e
vina__era	pintarra__ear	pota__e

29. Completa con *g* o *j* las palabras incompletas de estos enunciados y cópialas en tu cuaderno:

- Álvaro tiene un vivero y vende hermosas plantas conseguidas con la técnica del esque__e
- Parece de lo más iló__ico, pero Ana tuvo que fin__ir con gran in__enio que era una experta.
- Los niños no paraban de carca__earse con las ocurrencias del payaso.
- Hay que refri__erar bien el jamón de York.
- Andrés y Elvira son de lo más foto__énicos. Las fotos de su boda quedaron preciosas.
- No les di__e justo lo que se merecían: no está bien co__er lo que no es suyo.
- Tiene un problema en los dedos del pie que le hacen co__ear li__eramente.
- Ya te tra__e los panes que me pediste. No dirás que soy mal mensa__ero.

30. ¿Llevan diéresis algunas de estas palabras? Escríbelas correctamente en tu cuaderno:

lengueta • linguista • apacigue • guerrero
antiguedades • bilingue • halagueño
cabalgues • piraguismo • enjuague
ceguera • unguento • delegue

31. Completa con *g* o con *j* estos dos textos y contesta a las preguntas:

> Antonio tenía una fuerte __aqueca y salió a tomar el aire. En la oscuridad vio que un extraño se había colado en su __ara__e. Le dio un poco de vérti__o, pero gracias a su enorme cora__e, se enfrentó a él. No necesitó usar la violencia pues sus te__emane__es psicoló__icos acabaron por convencer al intruso que se fue tranquilamente después de disculparse. Dicen que la ley prote__e a la __ente de bien y ese individuo no parecía violento, pero, por si acaso, llamó a la cerra__ería para ase__urar su gara__e, cambiando la cerradura. Después, se rela__ó y no pensó más en el incidente.
>
> Era un hombre afable que había te__ido una importante red de ami__os que le di__eron que no se distra__era por si el percance aún no había terminado.

> Hubo que corre__ir la inteli__ente pero poco práctica actuación de la le__ión con al__o de peda__o__ía. La costumbre de car__ar con mucho peso a sus espaldas por toda la __eografía del campo de batalla para pasar lo más de incó__nito posible producía en los soldados una fuerte cefal__ia que a veces les impedía fi__ar la vista en el horizonte.

a. Recuerda o busca en el diccionario otras palabras que terminen en *-aje* o *-eje* .

b. ¿Conoces el significado de la palabra *cefalalgia*? Dedúcelo sabiendo que el elemento compositivo *-algia* significa *dolor*.

c. Si de *cartílago* se deriva *cartilaginoso*, ¿qué palabra se deriva de *vértigo*?

d. ¿De qué verbo es el participio *tejido*?

e. Escribe cinco palabras más que terminen como *inteligente*.

PRESTA ATENCIÓN

¡No vaciles al pronunciar estas palabras!

- En palabras como *cónyuge, pergeñar, sufragismo* o *sufragista*, la *g* suena como *j*. Mucha gente se confunde y las pronuncia como /g/.
- En algunos topónimos y ciertos apellidos se conserva la *x*, grafía antigua de la *j*, que debe pronunciarse como /j/: *México*.
- En algunas palabras de origen extranjero, la *j* se articula como /y/: *jazz*.
- La *g* se pronuncia con sonido suave cuando va al final de sílaba o palabra (*dogma*) y en el grupo inicial *gn-* (*gnomo*). A veces en la escritura, este grupo inicial *gn-* se reduce a *n-* (*gnóstico: nóstico*).
- En palabras de origen extranjero, la *g* se articula como /y/: *ginseng*. En palabras extranjeras terminadas en *-ing*, la *g* no se pronuncia: *campin*.

32. Lee en alto correctamente:

gnosticismo • gnosis • *parking* • texano
gong • zigzag • airbag • Ximénez • tuareg
ranking • *casting* • jazz • *jacuzzi* • signo
iceberg • gnomo • blog

Homónimos con *g* y *j*

33. Completa en tu cuaderno estas oraciones con el homónimo que corresponde. Utiliza el diccionario si lo necesitas:

- (*gragea/ grajea*) ¡Este pájaro ___ tanto que tendré que tomarme una ___ para el dolor de cabeza!
- (*ingerir/ injerir*) Me cuesta mucho ___ pastillas demasiado voluminosas.
- (*vegete/ vejete*) No quiero que mi abuelo ___ en una residencia de ancianos.

VOCABULARIO

34. Busca el significado de *mejunje*, *aljibe*, *pergeñar*, *ambages*, *injerencia*, *álgido*, y completa:

- En el punto ___ de la película el protagonista se asoma al ___ y casi cae al pozo.
- No sé si esto será una ___ por mi parte, pero debo decirte sin ___ que te equivocas.
- Andrés, el chef, prepara unos ___ horribles.
- Entre todos los chicos pudieron ___ el desarrollo del evento en el último momento.

Comprendo y aplico

35. Observa estas imágenes y escribe en tu cuaderno las palabras con *g* o *j* a las que se refieren:

1. Compré los instrumentos para la clase de ___.
2. El ___ ganó la carrera.
3. Necesito alquilar una plaza de ___.
4. De la lámpara apareció un ___ sonriente.
5. Las ___ son animales nocturnos.
6. Son increíbles las propiedades del ___.
7. Se han encontrado con dos hermosas ___.
8. Los ___ antiguos son obras de arte.

1

2

3

4

5

6

7

8

1.5 La *s, c, k, qu, z, x*

- La *s* representa en español el sonido /s/.
- La *c*, la *k* y el dígrafo *qu* representan el sonido /k/.
  - La *c* suena /k/ ante *a, o, u*; ante las consonantes *l* y *r*; y al final de una sílaba o una palabra.
- La *c* se pronuncia /z/ ante *e, i*.
- La *x* se pronuncia de maneras distintas según su posición en la palabra:
  - Como /s/, cuando va en posición inicial (*xenofobia*);
  - Como /ks/, /gs/ o /s/, según el grado de relajación, cuando va en el interior de palabra o seguida de consonante (*exfoliante, pretexto, textil*) y cuando va entre vocales (*axila, exhibir*);
  - Como /ks/ cuando aparece en posición final (*Félix, tórax*).

  Estas diferencias en la pronunciación producen dudas y dificultades ortográficas, sobre todo con otras palabras que comienzan por *es-*.
- Se escribe *z* ante las vocales *a, o, u* (*zagal, zumo*); en posición final de sílaba y de palabra (*verduzco, feliz*); y ante *e, i* en sustantivos y adjetivos de origen no castellano (*nazi, zéjel, zen*).

CURIOSIDADES

¿Sabías que el sonido /z/ apareció en el castellano aproximadamente en el siglo XVII?

Antes de esta fecha, las palabras en las que aparecía una *z* se pronunciaban como /ds/: *vezino* (*vedsino*).

Había también un sonido /ts/ que se representaba con las letras: *c, ç* y *z*.

Cuando los sonidos /ds/ y /ts/ se unificaron, se representaron con la *z* y la *ç* desapareció de nuestra escritura.

Comprendo y aplico

36. Lee en alto las siguientes palabras, pronunciándolas correctamente:

quimono • túrmix • aclarar • exorbitado
arcadas • cacofonía • onix
aclamación • cecina • xenofobia
cíclico • blanduzco • exabrupto

37. Escribe correctamente las siguientes palabras:

___ilométrico	___eroseno	___abritillo
___arestía	___ebranto	___áiser
___iwi	___aronte	o___arina
ya___	hai___u	ana___el

38. Observa estas palabras que contienen la *k*. Después, en tu cuaderno, completa con algunas de ellas los enunciados que siguen:

káiser • kit • búnker • kiwi
anorak • karaoke • kárate • Kazajistán

- En este almacén venden un ___ de acampada muy bueno y barato.
- Creo que este año me apuntaré a ___ para hacer un ejercicio saludable.
- Es muy sano tomar un ___ en el desayuno.
- Todavía queda más de un ___ en algunas zonas de guerra.
- Le regalé un ___ a este pobre hombre para que no pasara tanto frío en la calle.
- ¡Qué país más remoto es ___!
- Me encanta ir al ___ a cantar con mis amigos.
- Guillermo II fue el último ___ del Imperio alemán.

39. Si de *líder* se forma *liderazgo*, ¿qué palabras se formarán añadiendo este mismo sufijo a las siguientes? Escríbelas en tu cuaderno:

maestre • hartar • hallar • mayor
novio • líder • mecenas
prior • almirante • arcipreste

40. Siguiendo este ejemplo: *tapiz/ tapizar*, forma verbos terminados en *-izar* a partir de las palabras siguientes:

ágil • agudo • real • suave
divino • desliz • granizo • hechizo
raíz • ameno • actual • fraterno

41. Escribe correctamente en tu cuaderno las palabras de este texto a las que les falta la *c* o la *z*:

Para aprender a jugar bien al ajedre___ hay que ser muy tena___. Hay algunas ONG que hacen una labor de mecena___go con niños en situa___ión de pobre___a y ponen en ac___ión todos sus recursos para que estos niños y niñas jueguen con efica___ia.

Hay una niña que muestra una gran elegan___ia y pre___isión en las jugadas que propone. No cono___co a ninguna otra persona tan joven con estas cualidades. Tal ve___, en un futuro más bien ___ercano, la selec___ionen para formar parte del equipo juvenil.

Comprendo y aplico

42. Escribe en tu cuaderno de trabajo un sinónimo de los siguientes términos que tenga algunas de las letras *s, c, k, qu, z, x*:

- (*s*) pacificar, aquietar, ___.
- (*x*) diferente, raro, ___.
- (*c*) disonancia acústica, ___.
- (*x*) residuo, caca, ___.
- (*cc*) preocupación, angustia, ___.
- (*z*) golpazo, estampida o explosión, ___.
- (*c*) alimentar, ___.
- (*qu*) halago, piropo, ___.
- (*c*) aroma, perfume olor, ___.

43. Escribe en tu cuaderno las palabras truncadas de este texto, completándolas con *x* o *s*:

> Fue e___actamente como te lo conté. Se produjo un hecho e___ecrable: un individuo e___altado e___cavó una zanja en su jardín. Muy e___citado, enterró algo allí y tapó el hueco. No e___agero si digo que todos los vecinos estaban muy e___camados por lo que podía aparecer cuando la policía e___aminara el hueco. El agente que llegó tuvo que e___calar por la tapia y entrar en la propiedad. Era un joven e___belto y muy fuerte. Cuando abrió la zanja, e___clamó algo ininteligible, mientras el individuo se e___cabullía detrás de la casa. Lo que había allí era la mascota del individuo.

PRESTA ATENCIÓN

¿Cuándo se escribe *c* y cuándo *cc*?

Por norma general, se escribe *-cc-* cuando en alguna palabra de la familia léxica del término aparece el grupo *-ct-*: *actor/ acción; adicto/ adicción*. Y con *-c-* aquellas palabras que solo tienen una *-t-* en su familia léxica: *relato/ relación; discreto/ discreción*.

44. Escribe la palabra adecuada (con *-c-* o *-cc-*) en los espacios en blanco:

- No es fácil que te permitan el a___eso a la biblioteca sin carnet de investigador.
- Se ha roto la suje___ión del cuadro y se ha caído.
- Ha tomado tanto sol que le ha salido un e___ema por todo el cuerpo.
- Tienes que a___ionar la palanca para que se abra la trampilla.
- Los chicos tienen hoy una audi___ión para ver si les permiten grabar un disco.
- Los guisos de judías y garbanzos necesitan una co___ión lenta.
- Ha publicado una obra de fi___ión.

¿Cuándo se escribe *k* y no *qu*?

Se emplea la *k* en palabras extranjeras en las que se respeta la grafía originaria: *kiwi, Kilimanjaro, Kenia...*

La RAE admite pares de palabras escritas, según los casos, con *k/q* o con *k/c*, prefiriendo siempre una de ellas (en este caso la primera de cada par): *bikini- biquini; euskera- eusquera; harakiri-haraquiri; kinesiología-quinesiología; kamikaze-camicace; troika-troica; vodka-vodca.*

La palabra *kilo* y sus derivados (*kilovatio, kilómetro*) ya solo se escriben con *k*.

45. Escribe correctamente las siguientes palabras:

___ina	___iebro	ra___eta	___irófano
se___ta	mo___eta	___urdistán	mo___a
pó___er	val___iria	___ilogramo	___atarí

Los parónimos

Las palabras parónimas siempre dan lugar a vacilaciones a la hora de escribirlas. En este caso, los parónimos propuestos contienen las letras o dígrafos *s, c, k, qu, z, x*:

46. Escribe la palabra correcta en los siguientes enunciados:

- (*absceso/acceso*) Le dieron ___ a la universidad aunque presentó tarde los documentos.
- (*rectificar/ratificar*) No quiso ___ su testamento: se ___ en lo expresado anteriormente.
- (*adición/adicción*) Bebe muchos refrescos azucarados. Va a crear ___.
- (*afición/afección*) Su ___ a navegar en invierno le produjo una seria ___ de garganta.
- (*sintaxis/síntesis*) Te presto mis apuntes de ___. Creo que son una ___ clara de todo lo que hemos dado en clase.
- (*estirpe/extirpe*) Esta mujer pertenece a la ___ de los antiguos condes de la zona.

VOCABULARIO

47. Busca en el diccionario el significado de las siguientes palabras y anótalo en tu cuaderno: *escoria, escalfar, exacerbar, escalpelo, exánime, escampar, escara, exequias, escarpia, exiguo, estigma.*

1.6 La *r* y el dígrafo *rr*

La letra *r* representa el sonido de una sola vibración cuando va entre vocales (*aros*) o en posición final (*cantar*) y más de una vibración cuando va al comienzo de palabra o detrás de *l*, *n*, *s*, *b* y *d* (*rostro, enredar, subrayar*, etc.).

El dígrafo *rr* representa el sonido vibrante múltiple y se escribe siempre que este sonido aparece entre vocales (*arrabal*).

Aplico y razono

48. Explica en tu cuaderno de trabajo en qué se diferencian estas palabras y cuál es el significado de cada una de ellas:

caro/carro   pero/perro   hiero/hierro
coro/corro   encerar/encerrar   aras/arras

49. Detrás de las consonantes *l-*, *n-* y *s-*, aunque aparezca en la escritura una sola *r* , *esta* se pronuncia como *r* vibrante múltiple: *alrededor, Israel.*

Escribe correctamente en tu cuaderno las siguientes palabras:

En__ique   des__iñonar   des__izar
des__atizar   hon__ar   en__ollar
son__eír   desen__oscar   mil__ayas

50. Cuando se forman palabras derivadas o compuestas con términos simples que se escriben con *r* inicial, hay que modificar la escritura de la palabra resultante. Al quedar la *r* entre vocales, la palabra se escribe con *rr*: *robo/ antirrobo; rojo/pelirrojo.*

a. Escribe en tu cuaderno correctamente las palabras siguientes añadiéndoles el prefijo *anti-*:

radar • republicano
reglamentario • reumático
reflectante • robo

b. Forma palabras derivadas o compuestas y escríbelas en tu cuaderno correctamente a partir de las siguientes palabras simples:

retrato • relieve • reloj • rector • ropa

51. Observa en esta tabla los distintos grupos consonánticos con *r*, y cópiala en tu cuaderno de trabajo con los ejemplos que faltan:

52. Si se añaden prefijos como *super-* o *hiper-* a palabras que comienzan por *r*, se deben mantener la doble *r* en la escritura, aunque al pronunciar se perciben dos sonidos y no uno: *realista/hiperrealista.*

Lee en alto y pronuncia correctamente las palabras que siguen. Después redacta en tu cuaderno enunciados en los que utilices algunas de ellas:

hiperrespetado • superrico • hiperraro
superreestructurado • hiperretocado

53. Hay palabras del castellano en las que aparece una *r*, detrás de las consonantes *b* y *d*. Esta *r* pertenece a una sílaba distinta y se pronuncia vibrante múltiple: *subrogar (sub-ro-gar).*

Lee en alto, pronunciando correctamente las siguientes palabras:

abrogar • subrayar • subreino • ciudadrealeño

54. Escribe este texto en tu cuaderno, con la *r* y el dígrafo *rr* donde corresponda:

> – Caballe__o, sus hijas queda__on muy lejos de estas tie__as. Os habéis desfallecido por el hamb__e y estáis junto a vuest__os soldados y a unos pob__es leñado__es desde hace veinte años. Pe__mitid que nuest__o calde__ete si__va pa__a __eanimar la vida de vuest__a máquina.
>
> – Desea__ía que al p__onuncia__ mis palab__as de ag__adecimiento se cuaja__a en o__o el ai__e que las sustenta, pa__a pode__ of__ece__os algo de mayo__ utilidad que la t__iste ve__bo__ea de un mo__ibundo.
>
> A. SANZOL: *La ternura* (adaptación). Ed. Antígona, 2017.

GRUPOS CONSONÁNTICOS	EJEMPLOS (A, E, I, O, U)				
br-	bramido	bretón	brisa	bronca	bruma
cr-			crisol		
dr-		drenaje			
fr-					fruta
gr-				grotesco	
pr-	praliné				
tr-					

1.7 La *m* y la *n*

La *m* puede ir al comienzo de la palabra, entre vocales y ante *b* y *p*. También aparece delante de *n* (*amnesia, columna*) y al final de palabras latinas (*currículum, álbum*) o de origen extranjero (*zum*, del inglés "zoom").

El sonido *n*, si precede a una consonante o a las letras *b* o *p*, se escribe con *m* (*ampolla, ambiguo*).

Comprendo y aplico

55. Escribe correctamente las siguientes palabras en tu cuaderno, añadiendo *n* o *m*:

o___bligo	i___versiones	co___valecencia
i___mediato	hi___no	da___nificar
i___perfecto	i___volucrar	co___moción
i___mortal	a___biguo	co___notar
e___vite	e___viudar	a___plificar

56. Completa en tu cuaderno las siguientes palabras con *-nn-* o *-nm-*:

co___utar	e___adrarse	co___inar
co___over	e___arañar	co___emorar
i___ovar	co___otar	i___obles
co___atural	e___egrecido	i___umerable

57. Copia en tu cuaderno las palabras de este texto que tengan los grupos *-mn-, -nm-* o *-nn-:*

> Es innegable que en este pueblo rinden culto solemne a la Inmaculada Concepción. Se trata de un sentimiento perenne e inmenso, fruto de la innata inocencia de las personas sencillas. Todas ellas parecen inmersas en una forma de espiritualidad muy ligada a las imágenes religiosas.
>
> Hay quien cree que este tipo de devoción es propio de personas inmaduras, pero yo no estoy tan seguro.

58. Escribe en el cuaderno las palabras que corresponden a los significados siguientes:

- Poner algo en un marco.
- Sacrificar una víctima.
- Que no tiene mancha.
- Connatural, como nacido con la persona misma.
- Mudar o alterar algo, introduciendo novedades.
- Perturbar, inquietar, alterar, mover fuertemente o con eficacia a alguien o algo.

VOCABULARIO

59. Recuerda o busca el significado de las siguientes palabras y completa con ellas estos enunciados: *inmaterial, indemne, inmersión, circunnavegar, connatural.*

- El submarinista tuvo un accidente en su última ___, pero salió ___.
- Magallanes consiguió ___ el mundo, entre agosto de 1519 y abril de 1521.
- La UNESCO ha declarado el Camino de Santiago como Patrimonio ___ de la Humanidad.
- Es ___ en el ser humano la curiosidad por el entorno.

PRESTA ATENCIÓN

- Las palabras *circunstancia, instinto* y *construcción* tienen el grupo *-ns-*. Es importante pronunciar la *n* claramente para evitar errores ortográficos. No debemos decir: *circustancia*, istinto** o *costrucción**.

60. Pronuncia y escribe correctamente las siguientes palabras:

co___trucción	co___tatar	co___tar
co___pirar	co___truir	co___telación

- Cuando a una palabra que comienza por consonante se le añade el prefijo *trans-* pueden producirse dos opciones: que se conserve el grupo (*transporte*) o que se reduzca a *tras-* (*trasfondo*).

61. Escribe correctamente en tu cuaderno las palabras siguientes que estén mal escritas:

trasferir • trasnochar • trasportar
trastorno • transeúnte • transferencia
transitar • transplante • trasformar

- En posición inicial, el grupo *mn* se puede escribir o simplificar: *mnemotecnia/nemotecnia*. Si va en el interior de la palabra se conserva completo siempre.

62. Escribe correctamente las siguientes palabras:

alu___o	hi___o	ó___ibus
sole___e	a___istía	calu___ia

Aplico y reflexiono

ACTIVIDADES

1. Completa estas palabras truncadas en tu cuaderno, con las *g* o *j* que faltan:

extra__o	insur__ente	vina__era	pota__e
diver__ente	gara__e	cerra__ería	in__enuo
a__etreo	bru__ería	venda__e	pintarra__ear
dí__ito	bendi__o	afli__ir	esfin__e

2. Escribe las palabras destacadas con o sin *h*, según las normas ortográficas:

> Entre todas las costumbres sanas está de tener en la (?)abitación un (?)umidificador que (?)umedezca el ambiente. Mejora la salud y el (?)umor. Pedro, acostumbrado a llevar una vida de (?)ermitaño, lo probó y quedó impactado. Tuvo que adoptar una actitud más (?)umilde. Su (?)umbrío apartamento cobró nueva vida y desde (?)umbral de la puerta de entrada ya se respiraba mucho mejor.

3. Siguiendo el ejemplo, escribe en tu cuaderno las palabras derivadas de las siguientes. Fíjate que pueden llevar una o dos *c*:

contraer/contracción	concreto/__	elegir/__
sujetar/__	discreto/__	inspector/__
cocer/__	actuar/__	objetar/__

4. Completa en tu cuaderno las palabras truncadas:

– En __imbabue abundan los caminos __ig__agueantes.
– Muchos antiguos na__is se refugiaron en Nueva __elanda.
– ¡Menudo __ipi__ape se organi__ó!
– La civilización a__teca fue una de las más avan__adas de América.

5. Localiza las palabras mal escritas en estos enunciados y escríbelas correctamente en tu cuaderno:

– Como su casa es de nueva costrución, ha instalado un sistema antirobo.
– Mi hermano Enrrique es muy simpático pero le gusta enrredar sin parar.
– El accidente le ha dañado el movimiento del brazo.
– Su istinto le dice que mejor no arriesgarse en esas cicustancias.
– Tiene una afición peremne por las mascotas raras.

¿Sabías que cada cierto tiempo la RAE introduce en su Diccionario palabras nuevas, usadas frecuentemente por los hablantes?

Algunas de las introducidas últimamente son: *casoplón, zasca, bordería, mensajear, arboricidio, sieso, amodorrante, capillita o rúter.*

6. Completa este poema de Antonio Machado con las *v, h, ll, y, g* y *j* que faltan. Anota correctamente las palabras truncadas en tu cuaderno de trabajo:

A un olmo seco

Al olmo __iejo, __endido por el ra__o
y en su mitad podrido,
con las __uvias de abril y el sol de ma__o
algunas __ojas __erdes le han salido.

¡El olmo centenario en la colina
que lame el Duero! Un musgo amari__ento
le mancha la corteza blanquecina
al tronco carcomido y pol__oriento.

No será, cual los álamos cantores
que __uardan el camino y la ri__era,
__abitado de pardos ruiseñores.

E__ército de __ormigas en __ilera
va trepando por él, y en sus entrañas
urden sus telas __rises las arañas.

Antes que te derri__e, olmo del Duero,
con su __acha el leñador, y el carpintero
te con__ierta en melena de campana,
lanza de carro o __ugo de carreta;
antes que ro__o en el __ogar, mañana,
ardas de alguna mísera caseta,
al borde de un camino;
antes que te descua__e un torbellino
y tronche el soplo de las sierras blancas;
antes que el río __asta la mar te empu__e
por va__es y __arrancas,
olmo, quiero anotar en mi cartera
la gracia de tu rama __erdecida.
Mi corazón espera
también, __acia la luz y __acia la vida,
otro milagro de la prima__era.

7. Lee con atención el texto de Agustina González que se encuentra en su obra *Idearium futurismo*:

"Kedan suprimidas por konpleto siete konsonantes del kastellano"

"Este libro ba todo eskrito en futurismo, para demostrar prákticamente ke no son necesarias siete letras del alfabeto kastellano, ke desaparesen kon… el modo de eskribir futurista, kon el ke las konsonantes c, h, qu, v, x y, z kedan suprimidas". Puede parecer la conclusión de un estudio sobre la ortografía que los adolescentes utilizan en sus mensajes de móvil. Pero no es reciente, aunque sí moderno. Es el inicio de *Idearium futurismo*, una propuesta radical de nueva ortografía realizada en 1926 por Agustina González López, mujer instruida, nacida en Granada.

La nueva ortografía del *Idearium futurismo* tenía su razón de ser en que "al ser más fásil se fijará toda la atensión en ellas [en las formas gramatikales i rretórikas], ke son las más importantes para la trasmisión del pensamiento … klaridad de pensamiento debe rreinar en todo eskrito para ke este sea útil". Pero más allá de pensar con más claridad, la simplificación ortográfica tiene, explica Agustina, otra intención, la de ayudar a quienes no sabían leer ni escribir: "Si los analfabetos an de aprender a leer i eskribir kon siete letras menos, i kon innumerables konbinasiones i formas ortográfikas suprimidas en este sistema futurista, lla es otra buena kualidad por la que merese atensión el futurismo".

González reconocía que la suya no es una idea "kompletamente orijinal", admite que se ha intentado antes, pero nada tan "rradikal" como su intento. Los anteriores suprimieron dos o tres letras. En su caso, "siete letras desaparesen por konpleto no kedándoles ofisio ninguno en nuestra eskritura futurista i en poko tiempo olvidaremos esta su estruktura". El éxito de su propuesta fue nulo y solo un siglo después y gracias a los teléfonos móviles, esa clase de ortografía circula de pantalla en pantalla. No volvió a recurrir a ella en sus textos posteriores.

Javier ARROYO: " Kedan suprimidas por konpleto siete konsonantes del kastellano" (adaptación), 18 de diciembre de 2019, *EL PAÍS*. Web [Consulta: 21 de diciembre de 2020].

Agustina González nació en Granada en 1891. Era una mujer instruida, con ideas propias que se adelantó a su época tanto en su filosofía de vida como en los métodos que proponía.

Quizás por eso, hacia 1936, murió fusilada en el mismo sitio que Federico García Lorca, quien se había inspirado en ella para escribir *La zapatera prodigiosa*.

a. Después de leer el texto, indica cuáles son las consonantes suprimidas por Agustina González.

b. Agustina González dice que la escritura del *Idearium futurismo* es más fácil y permite centrar la atención en las formas gramaticales y retóricas que son las importantes a la hora de transmitir pensamientos:
- ¿Estás de acuerdo con esta apreciación? Justifícalo.
- ¿Te resulta más fácil o más difícil entender los textos escritos con la ortografía propuesta por Agustina González?

c. La autora era de Granada y al escribir algunas palabras, *fásil, atensión, konbinasiones…*, suprime la *c* con sonido *z*. ¿Por qué crees que ha tomado esa decisión?

d. Indica cuáles de estas intenciones crees que guían a Agustina al proponer estos cambios en la ortografía:
- Ser más original que nadie.
- Escribir de la misma forma que se habla.
- Suprimir las faltas de ortografía.
- Ayudar a los que no saben leer ni escribir.

e. Curiosamente, la forma de escribir propuesta en el *Idearium futurismo* se parece a la forma de escribir mensajes de móvil actual. ¿Cuál te parece que es el objetivo de los jóvenes al simplificar las normas de ortografía en sus mensajes?

Clemencia a las estrellas (Editorial Ménades, 2019) reúne en un solo volumen las tres únicas obras conocidas de la escritora. El título reproduce sus últimas palabras antes de ser ejecutada: alzando sus ojos al cielo pidió clemencia a las estrellas.

Comprendo y aplico

'Perseverance': aterriza con éxito la mayor misión a Marte de la historia

La mayor misión a Marte de la historia ha aterrizado con éxito en el planeta rojo. El vehículo de exploración *Perseverance* ha tomado tierra este jueves en el cráter Jezero al filo de las diez de la noche, hora peninsular española. Comienza ahora la misión más ambiciosa de la NASA hasta la fecha con el objetivo de encontrar rastros de vida pasada.

Si este viaje hubiese sucedido hace 3500 millones de años, *Perseverance* estaría en medio de un gran lago de 45 kilómetros de diámetro alimentado por un río que arrastra sedimento, pues así se piensa que era el cráter Jezero en aquella época. Marte era entonces un planeta azul como la Tierra y se sabe que en este gemelo helado de nuestro planeta se dieron las condiciones básicas para que surgiese la vida. Pero hace millones de años el planeta rojo comenzó a perder su atmósfera, se rompió su equilibro y dio un giro mortal hasta convertirse en el desierto helado que es hoy.

La parte decisiva del aterrizaje ha sucedido hoy, con la entrada de la nave en la fina atmósfera de Marte, que es 100 veces menos densa que la de la Tierra. Esto supone que el rozamiento del aire frena mucho menos la vertiginosa velocidad de entrada, de unos 20 000 kilómetros por hora. Los retrocohetes, el enorme paracaídas y una grúa han logrado que el vehículo se pose a la velocidad de una persona caminando. La NASA ha retransmitido en directo todo el aterrizaje. Lo más emocionante han sido los "siete minutos de terror" previos al aterrizaje.

Un minuto después de entrar en la atmósfera, la nave alcanzó su pico de temperatura por el roce del aire: 1300 grados. Tras el despliegue del paracaídas, de casi 22 metros de diámetro y su posterior desenganche, entró en acción un dispositivo completamente nuevo: el TRN. Es un sistema de inteligencia artificial que toma fotos del suelo y va "pensando" cuál es el lugar más adecuado para tomar tierra. A 21 metros del suelo, una grúa desplegó unas cadenas de unos siete metros de largo de las que iba colgado el valioso *rover* o vehículo de exploración.

Uno de los objetivos principales dentro del cráter Jezero será el antiguo delta que formaba el río que desaguaba en la gran laguna. La misión oficial durará algo menos de dos años, aunque probablemente se extienda mucho más. Los responsables de la misión quieren visitar los lugares en los que aún pueden quedar moléculas orgánicas o minerales que podrían probar que en Marte hubo vida.

Nuño DOMÍNGUEZ: "*Perseverance*: aterriza con éxito la mayor misión a Marte de la historia" (adaptación), 18 de febrero de 2021, *El País*. Web [Consulta: 23 de febrero de 2021].

1. Describe la hazaña conseguida con el *Perseverance*.
2. Indica el lugar que se ha escogido para el amartizaje e indica por qué.
3. Señala en qué consiste el nuevo dispositivo TRN.
4. Según su acentuación, ¿qué tienen en común las palabras del texto que están en color azul y qué las diferencia? ¿Qué rasgo comparten las palabras escritas en color morado? ¿Qué tienen en común y qué diferencia a las dos palabras subrayadas?
5. Indica los diptongos de las palabras en naranja.
6. ¿Por qué llevan una tilde las palabras *vehículo* y *grúa*, que están escritas en verde?
7. Las palabras de color rojo son monosílabas. ¿En qué casos llevan tilde y en cuáles no la llevan?
8. La palabra *retrocohete* no figura en el diccionario de la RAE, y el periodista la ha acuñado a partir de dos elementos que la constituyen. ¿Cuáles son estos elementos y qué significado aportan?

2.1. Los diptongos, triptongos e hiatos

Recuerda que un **diptongo** es la unión de dos vocales en una sola sílaba, y **triptongo** es la unión de tres vocales en una sola sílaba. Forman un **hiato** dos vocales que, aunque van juntas, pertenecen a sílabas diferentes.

Comprendo y aplico

9. Recuerda las normas generales de acentuación e indica por qué llevan tilde o no la llevan las siguientes palabras del texto:

compasión • padece • budismo
entender • más • ética
pensadores • públicamente • él

10. ¿Por qué no llevan tilde las palabras siguientes?

piel • nivel • exterior
tribus • nariz • totalidad

11. Identifica las palabras con diptongo de estos enunciados y, en tu cuaderno, escríbelas con las tildes que necesiten:

- Vosotros mismos sabeis que si llegais tarde no os dejarán entrar.
- El humanoide llevaba auriculares dorados.
- Esta infusion está riquísima con un poco de miel.
- Os asombrais de lo difícil que es caminar por el bosque a causa de las lianas.
- Oireis sonidos producidos por la fauna salvaje, pero no os asusteis.
- Si ayudais a algún montañero accidentado, hacedlo sin causarle daño alguno.

12. Señala todos los diptongos que encuentres en las palabras de este texto:

> Salió del pueblo en un carro de ruedas tirado por bueyes. Hasta llegar a su destino, la casa de su novia, el trayecto era amplio. Cruzó un riachuelo poco profundo, pero no exento de peligros: en sus aguas habitaban caimanes que amenazaban a los viajeros desprevenidos. Poco a poco oscureció y empezó a escuchar diversos ruidos algo amenazadores: un crujido fortuito, aullidos lejanos, el batir de las alas de algún pájaro de mal agüero... el hombre empezó a sentir miedo y decidió detener la marcha.

13. Traza en tu cuaderno una tabla como esta y complétala con palabras que contengan los diptongos siguientes:

UI	IU	IA	IE	IO	OI
___	___	___	___	___	___
UA	**UE**	**UO**	**AU**	**EU**	**OU**
___	___	___	___	___	___

14. Identifica en esta lista de palabras las que tienen triptongo:

limpiaúñas	riais	pronunciación
anunciáis	eutanasia	Uruguay
biaural	semiautomático	carisma
prontitud	acariciéis	intercambiador
asediáis	contagiéis	asociación
atrofiáis	peluquera	abreviéis
parodiáis	curva	renunciáis

15. Escribe en tu cuaderno de trabajo distintas palabras que presenten los siguientes triptongos. Fíjate en los ejemplos:

iái: criáis, ___, ___, ___
iéi: anunciéis, ___, ___, ___
uái: amortiguáis, ___, ___, ___
uéi: actuéis, ___, ___, ___

16. Todas las palabras que representan estas ilustraciones tienen hiato. Encuéntralas y después redacta un enunciado con cada una de ellas:

1 
2 
3 
4 
5 
6 

Comprendo y aplico

17. Localiza en este amasijo las palabras que contengan un hiato y, en tu cuaderno de trabajo, redacta un enunciado con cada una de ellas:

alinear • perrera • opiáceo • parafernalia
afear • coadyuvar • perfume • meteoro
abucheo • demacrado • cuero
contraatacar • cefalea • poema • croan
timidez • balanceo • ateo • cloacas
alcarreño • cacarear • bombilla • Aarón
bombeasteis • manómetro • coartar

18. Subraya en los siguientes enunciados todas las palabras que tienen hiato y acentúalas ortográficamente si lo necesitan:

- Juan es muy perceptivo y si te dice que algo no va bien, creelo. Él suele trabajar los temas con ahinco y si a las diez de la noche ha ido a aporrear la puerta de tu casa, será por algo importante.
- Este hombre es un verdadero tahur. No te arriesgues a jugar con él al póquer, porque te desplumará sin que te des cuenta.
- Hay que llamar a los pintores. La humedad ha provocado que crezca moho en las paredes del sótano.
- No hables sin ton ni son. Elabora unas notas que te ayuden a recordar lo que deseas decir y reléelas antes de iniciar tu discurso.

19. Completa en tu cuaderno estos enunciados, escribiendo en los huecos en blanco alguna palabra con hiato:

- Al hijo de Almudena le gusta la percusión; toca la ___ con un grupo muy famoso.
- Andrés ___ como un tronco cuando sonó el despertador.
- En la tele ponían un programa con escenas graciosas de ___ ridículas.
- Es una pena viajar por el campo y ver extensos campos ___ abandonados.
- En el ___ de su conferencia, el autor explicó el esquema que seguiría en su intervención.
- En la protectora no sabían si el águila ___ cuando la soltaran.
- Muchas personas se ponen nerviosas con la ___ del café.

VOCABULARIO

20. Busca en el diccionario el significado de las siguientes palabras y escríbelo en tu cuaderno: *vaina, biaural, idoneidad, guieis, apogeo, meteorismo.*

PRESTA ATENCIÓN

Algunas palabras que se escribían con tilde, por resultar bisílabas en la pronunciación de buena parte de los hispanohablantes, han pasado ahora a escribirse sin tilde y considerarse monosílabas.

Sucede así en sustantivos como *guion* o *truhan* o los nombres propios *Sion* (localidad suiza) y *Ruan* (localidad francesa). Lo mismo ocurre con ciertas formas verbales de los verbos *criar, fiar, fluir, freír, guiar, huir, liar, piar* o *reír*, que han pasado también a escribirse sin tilde.

21. Completa esta tabla en tu cuaderno escribiendo las formas verbales que faltan:

VERBOS	CRIAR	FIAR	FLUIR	FREÍR	GUIAR	HUIR	LIAR	PIAR	REÍR
1.ª pers. sing. pret. perf. simple	crie	fie	flui	freí	guie	hui	lie	pie	
3.ª pers. sing. pret. perf. simple	crio	fio			guio		lio	pio	rio
2.ª pers. plur. presente de indic.	criais	fiais	fluis	freís	guiais	huis	liais	piais	reís
2.ª pers. plur. presente de subj.	crieis	fieis			guieis		lieis	pieis	

Comprendo y aplico

22. Escribe estas palabras en tu cuaderno distribuyéndolas en dos columnas, según tengan diptongo o hiato:

fuero • poema • piedra • aumentar
mediodía • copia • teatro
ahínco • buhardilla • cohete • fiel
marea • hueco • toalla • aire
ahorro • loable • geografía

23. En tu cuaderno, clasifica en dos columnas las palabras escritas en verde en este texto, según contengan diptongos o hiatos:

> El deseo de volar con alas, como el héroe cretense Ícaro, todavía ocurre en sueños cuando uno vuela con los brazos alargados como los pájaros. Algunos de nosotros solo levantamos unos pies sobre la tierra, como sucede con la levitación; otros se elevan hasta la cima de los árboles. [...]
>
> Una costumbre claramente prestada de los pájaros al hombre es la de vestirse con colores brillantes y pavonearse delante de la novia.
>
> Robert GRAVES: "Pájaros y hombres" (adaptación), en *Los dos nacimientos de Dionisio*. Ed. Seix Barral, 1984.

24. Indica si en estas palabras hay diptongo, triptongo o hiato y acentúalas correctamente:

averiguais • canoa • antiincendios • liais
coetaneo • contraataque • railes • antiautoritario
capicua • caiamos • biauricular • creelo

25. Indica si las siguientes palabras llevan diptongo, triptongo o hiato y justifica tu respuesta:

reflexología • exterior • antigüedad • influía
áreas • teoría • diez • pies • disminuido

26. Acentúa gráficamente de forma correcta los siguientes enunciados:

- Es una contradiccion decir que amais la vida en la naturaleza cuando, en realidad, despreciais a las sencillas gentes de los pueblos.
- ¿A qué esperais para averiguar qué es lo que realmente ha sucedido?
- Huid de aquí: hay peligro de desprendimientos.
- En esta reserva hay pájaros de todas clases: buhos, abubillas, cuervos, gorriones, aguilas...
- Dice mi madre que representeis en las fiestas una buena comedia de algun dramaturgo español.
- Los huevos fritos de este restaurante son los mejores de toda la ciudad.

27. En este texto hay quince diptongos y cinco hiatos. Localízalos y escríbelos en tu cuaderno de trabajo:

> En una ciudad alemana al sur de Fráncfort, el Departamento de Bomberos recibió una llamada inusual la tarde del domingo. Una rata se había quedado atrapada en un agujero de ventilación de la tapa de una alcantarilla y solicitaban su ayuda para liberarla.
>
> La primera persona en ver al animal en problemas fue una pequeña niña, según el servicio local de rescate de animales. Michael Sehr, de esta oficina, llegó entonces al lugar de la emergencia, pero no pudo liberar al roedor y llamó a los bomberos.
>
> Para la operación de rescate llegaron ocho bomberos, que levantaron la tapa del pozo y la apoyaron en cuñas, mientras que Sehr empujaba la rata. El animal fue finalmente liberado y lo soltaron de vuelta a la alcantarilla.
>
> El equipo de rescate de animales publicó fotografías y videos del roedor en su página de Facebook y cientos de usuarios aplaudieron la atención prestada a un animal que a menudo es objeto de exterminio.
>
> "El aplaudido rescate de una rata 'gorda' atascada en una alcantarilla en Alemania" (adaptación), 27 de febrero de 2019, *BBC News*. Web [Consulta: 10 de febrero de 2021].

2.2. Los monosílabos. La tilde diacrítica

Recuerda que las palabras monosílabas, por regla general, nunca se acentúan. Sin embargo, hay monosílabos tónicos que coinciden en su forma con otros monosílabos átonos. Con el fin de evitar confusiones, los monosílabos tónicos deben llevar tilde: *el* (artículo)/*él* (pronombre); *de* (preposición)/*dé* (de *dar*).

Esta tilde se denomina **tilde diacrítica**.

Comprendo y aplico

28. Observa las palabras en azul del texto. ¿Podrían escribirse de otra forma variando la posición del acento ortográfico? ¿Serían la misma palabra?

> Él lo tenía todo muy claro. Cuando le preguntaron por qué viajaba a Chile, no quiso aclararlo. Para mí el asunto sí que resultaba extraño. Parecía que ocultaba algo. ¿Qué se le habría perdido en Chile?, ¿cuánto tiempo iba a estar allí? Aún no había reservado un buen alojamiento. Sé que no soy más listo que nadie, y aunque Jacinto era mi amigo, desconfié de él. Así que decidí averiguar qué era lo que sucedía. Indagué y cuál no sería mi sorpresa cuando descubrí la verdad: Jacinto se había enamorado de una chica chilena.

29. Escribe en cada uno de estos enunciados alguna de estas palabras monosílabas:

guieis • fiais • huis • pio

- Si no os ___ de Ernesto, no le contéis vuestros secretos.
- El pájaro ___ sin parar hasta que lo sacaron de la jaula.
- Me pidió Amparo que ___ vosotros al grupo, que os sabéis mejor el camino.
- Siempre ___ de los conflictos, pero a veces hay que decir lo que se piensa.

30. Un caso especial de tilde diacrítica es la que sirve para diferenciar palabras interrogativas o exclamativas de otras iguales que no lo son. Fíjate en el ejemplo:

¿Qué querías cantar?/Me enteré de qué querías cantar./Me enteré de que querías cantar.

Indica la diferencia de significado entre estas parejas de enunciados:

- Ya verás cómo habla Ernesto./Ya verás como habla Ernesto.
- ¿Qué estás comiendo?/Me dijo que estás comiendo.
- ¿Dónde vamos? Es importante saberlo./Donde vamos es importante saberlo.
- Cuanto sabe lo ha aprendido en los libros./¡Cuánto sabe! Lo ha aprendido en los libros.
- No tengo qué beber./No tengo que beber.

31. Completa estas frases con el término que le corresponde:

- (El/él) ___ es un políglota: domina ___ ruso, ___ alemán y ___ sueco, además de su lengua materna.
- (Tu/tú) ¿Has subido ___ las cartas de ___ padre?
- (Cuando/cuándo) Quisiera saber desde ___ cuidas del cachorrillo: ___ te vi ayer no lo tenías, ¿no?
- (Mi/mí) Para ___ hermano lo más importante es la literatura; en cambio para ___ es la investigación espacial.
- (De/dé) Para comenzar a cantar el final ___ este acto, tienes que esperar a que el barítono te ___ pie al terminar su solo.
- (Si/sí) No digas ___ , ___ , tan efusivamente ___ estás pensando no, no.
- (Que/qué) ¡___ desastre de examen! Peor ___ esto no podré hacerlo mañana.
- (Mas/más) El dueño del piso que tengo alquilado quiere ___ dinero cada mes. He consultado con un abogado, ___ no me ha aclarado nada.
- (Como/cómo) Quisiera saber ___ se dice en inglés "carne con verduras". Cada día ___ lo mismo en el restaurante, por no saber pedir lo que quiero.
- (Quien/quién) ¿___ ha llamado? Sea ___ sea no le abras.

PRESTA ATENCIÓN

¡Nunca llevan tilde!

- El pronombre *ti* nunca lleva tilde, pues no hay que distinguirlo de ninguna otra palabra: *Para mí y para ti esto no es importante.*
- En una reforma de 2010, la RAE suprimió las tildes de los demostrativos (adjetivos o pronombres) que ahora se rigen por las normas generales de acentuación, por lo que, incluso en las casos de ambigüedad, se prescinde de la tilde: *Esta excusa es falsa: esta no sabe con quién está hablando.*

32. Indica qué tipo de ambigüedad puede darse en este enunciado:

- ¿Por qué ocultaron aquellos documentos al juez?

- *Es el mismo caso que el de la palabra solo. Solo* puede ser adjetivo (*Odia quedarse solo*), sustantivo (*Le salió muy bien el solo de piano*) o adverbio (*Compró solo dos barras de pan*). Es llana acabada en vocal, por lo que debe escribirse siempre sin tilde.

33. Copia los enunciados en tu cuaderno e indica si la palabra *solo* de estos enunciados es un adjetivo, sustantivo o adverbio:

- Solo sé que cuando Andrés se quedó solo cogió el violín e interpretó un solo dificilísimo.
- Solo sabe que no puede estar solo.

34. Aclara qué clase de ambigüedad se da con el uso de *solo* en los ejemplos que siguen. ¿De qué dos formas pueden interpretarse?

- *En la cocina solo soy incapaz de cocinar.*
- *Pedro trabaja solo los domingos.*

El extraño caso de *aun*...

- La palabra *aun* puede escribirse con tilde o sin ella. Cuando es sinónima de *incluso*, es monosílaba y átona y nunca lleva tilde: *Aun cuando insistas tres días seguidos no te saldrás con la tuya.* Pero cuando *aún* significa *todavía*, es bisílaba y tónica y siempre lleva tilde: *Aún no he comprendido las instrucciones.*

35. Completa en tu cuaderno de trabajo estos enunciados con *aun/aún:*

- ___ cuando se pasa el día estudiando, ___ no ha conseguido aprobar las oposiciones.
- Alicia es ___ más inteligente que César.
- ___ enfermo, se presentó al examen.
- ___ no ha decidido qué carrera estudiar.

Comprendo y aplico

36. Completa estos enunciados en tu cuaderno de trabajo con las tildes que faltan:

- Bien se que ese puesto no era para mi, así que no estoy demasiado preocupado.
- Los países en los que se cultiva te son especialmente atractivos para mi.
- Tu vales mucho. Se valiente y aclara tus ideas y sentimientos.
- ¿Que quieres hacer este fin de semana?
- Cuanto me apena que Javier y Ana hayan tenido un accidente de coche. Menos mal que las heridas no han sido mas graves.
- Quien diga que siempre llego tarde miente descaradamente.
- La policía no paraba de hacer preguntas al pobre chico; mas el parecía seguro de si mismo y contestó con serenidad.
- Mi libro se publicará mañana. ¿Podréis venir tu y Mar a la presentación? Me haría muchísima ilusión.
- Tu no eres especialmente cobarde, lo se. Pero tu reacción de ayer parecía inspirada por el miedo.
- Aun no me han traído el paquete que estoy esperando.

37. Acentúa ortográficamente las palabras del texto que han de llevar tilde:

> No os relajeis cantando en la excursion del miercoles porque podeis haceros daño en las cuerdas vocales y sufrir de afonia. Eso le sucedio a Sofia: a raiz de una desagradable discusion en la que alzo la voz estentoreamente, se quedó ronca y tardo en recuperarse dieciseis días. Aaron, nuestro director no os dejara cantar en el proximo concierto si no estáis en forma. Tiene a veces muy mal genio, pero es buena persona. Si, si, no os riais. Se que os sonará raro, pero para mi, el es un buen musico y una excelente persona. A veces, los miembros del coro cogen habitos negativos, pero yo le dije a Aaron: "No tengas en cuenta estos tropiezos; perdonanoslos y sigamos trabajando las piezas musicales con ilusion".

2.3. Las palabras compuestas

Recuerda que las **palabras compuestas** son las que se forman a partir de la unión de dos o más palabras simples. Se acentúan según las normas de acentuación, independientemente de cómo se acentúen por separado las palabras simples que las forman: *tío + vivo = tiovivo.*

En el caso de los adverbios terminados en *-mente*, si el adjetivo inicial lleva tilde, esta se mantiene en el adverbio. En caso contrario, el adverbio se escribirá sin tilde: *ágil/ágilmente; sutil/sutilmente.*

Aplico y razono

38. Lee el texto, fíjate en las palabras destacadas en color y contesta las preguntas:

> En la sesión teórico-práctica nos explicaron que en la elección del jurado se plantearon un sinfín de contratiempos.
>
> Los tres miembros sabelotodo, que se oponían a cualquier norma que se dictara, se retiraron sorpresivamente y hubo que buscar rápidamente a alguien que los sustituyera. El director de la Academia encontrolos en la Universidad de Humanidades.
>
> A pesar de su rápida reacción, el hecho tuvo consecuencias: los premios se anunciaron demasiado tarde y hubo aspirantes que renunciaron a él cortésmente. No les parecieron serias tantas idas y venidas.

a. Observa las palabras compuestas destacadas en rojo e indica qué términos simples las forman.

b. Comenta las peculiaridades de acentuación de cada una de las palabras compuestas anteriores: ¿qué diferencia se da en la acentuación en función de que los componentes de la palabra vayan juntos (*sinfín*) o separados (*teórico-práctico*)?

c. ¿A qué categoría gramatical pertenecen las palabras destacadas en verde? ¿Por qué algunas llevan tilde y otras no la llevan?

d. Indica qué palabras forman el término *encontrolos*. ¿Por qué esta palabra no lleva tilde si está formada por el verbo *encontró*, que sí lleva tilde, y el pronombre *los*?

39. Busca las palabras y completa esta tabla siguiendo el primer ejemplo:

Pintó el cuadro.	Lo pintó.	Pintolo.
La cirujana le operó tres dedos.		
El mecánico solucionó el problema.		
A Juan le perdonaron la injusta multa.		
Tiró la basura.		
Se olvidó la compra.		
Le regaló una pulsera.		

40. Escribe en tu cuaderno los adverbios en *-mente* derivados de los siguientes adjetivos:

eufórico	débil	dócil
ingenioso	viril	fértil
equilibrado	frágil	inútil
sabroso	brutal	tenaz
crudísimo	histérico	febril

41. Acentúa correctamente este texto, escribiéndolo en tu cuaderno de trabajo con las tildes que faltan:

> En la clase de Historia, la profesora nos propuso hacer rapidamente una actividad teorico-practica sobre los diferentes conflictos belicos mundiales: el problema arabe-israeli, las disputas saharaui-marroquis, las tensiones chino-americanas, la guerra kurdo-siria y las tensiones israelo-iranis. Nos pidió que organizaramos previamente dia a dia nuestro sistema de trabajo. Respecto a la información, nos sugirio buscarla en diversas fuentes serias y acreditadas, nombrandolas siempre al final de nuestro trabajo.

2.4. Palabras con varias posibilidades de acentuación

Hay términos en la lengua española que, siendo la misma palabra, admiten una **doble acentuación**: *vídeo/video, kárate/karate, paradisíaco/paradisiaco*. En estos casos, las dos formas son correctas, aunque según las zonas geográficas se usa más una u otra.

Existen otros términos que solo se diferencian por la **posición de la tilde**. Un claro ejemplo son las palabras *tritónicas*: *amplio/amplío/amplió, árbitro/arbitro/arbitró*. Estas palabras suelen pertenecer a categorías gramaticales diferentes.

Aplico y razono

42. Escribe en una tabla como esta otra forma de acentuación de las palabras propuestas. Después, redacta al menos cinco frases en las que utilices alguno de estos términos:

FORMA 1	FORMA 2	FORMA 1	FORMA 2
cardiaco		colonoscopia	
vídeo		alvéolo	
zodiaco		policiaco	
fútbol		búmeran	
icono		olimpíada	
ósmosis		dionisíaco	
alérgeno		omoplato	
reúma		electrolisis	
íbero		dínamo	

43. Completa los siguientes enunciados en tu cuaderno de trabajo, escribiendo la palabra que corresponde:

- Pedro es un buen cocinero: si prestas atención al vídeo, verás como (*cáscara/cascara/cascará*) los huevos con una destreza increíble.
- En el (*artículo/articulo/articuló*) de la sociedad de bibliotecarios, Carmen (*público/publico/publicó*) su último trabajo: el (*catálogo/catalogo/catalogó*) de todos los libros antiguos donados a la Universidad.
- Este hombre creyó que el tener mucho dinero lo (*legítimo/legitimo/legitimó*) para realizar actos que no están permitidos a otras personas, pero la ley es igual para todos.
- Yo no (*partícipe/participe/participé*) en la encerrona que le hicisteis a Javier.
- Un rasgo (*específico/especifico/especificó*) del *Homo sapiens* es su mayor volumen encefálico.

44. Repasa estos enunciados y subraya los términos que están mal acentuados ortográficamente para que todo el texto tenga sentido:

> La investigación policíaca determino que el bebedizo agrío daño el estómago del paciente, lo que genero una reacción por la que murió intoxicado. La autopsia descubrió que había recibido un fuerte golpe en el omoplato izquierdo y también que al pobre hombre se le había formado un coagulo en el corazón. El oficial dedujo que el transito se produjo de madrugada y así lo especifico en su detallado informe.
>
> Al abrigó de estas investigaciones, el hermano del paciente aligero los tramites para que sus abogados cursaran una denuncia contra el medico que lo atendió en el servicio de urgencias.

45. Observa bien estas frases y chistes, y explica qué ambigüedad se produce en cada caso debido a la colocación de la tilde y el significado de las palabras:

Por los siglos de los siglos...
Amen.

¡De gótica, mamá, te dije de gótica, no de gotica!

–Doctor, soy asmática.
¿Es grave?
–No, señora, es esdrújula.

2.5. Los préstamos de otras lenguas

Recuerda que los **préstamos** son palabras o expresiones pertenecientes a otras lenguas, que se incorporan al léxico español. Si proceden de lenguas vivas extranjeras, se llaman **extranjerismos** y si se trata de voces o expresiones latinas, reciben el nombre de **latinismos**.

Cuando se utilizan con su grafía y pronunciación originarias deben escribirse en letra cursiva o entre comillas: *Andrés juega al "paddle" todos los domingos.*

En cambio, aquellos que han modificado su grafía o su pronunciación originarias para adecuarse a las convenciones de nuestra lengua se escriben en letra redonda y se someten a las reglas de acentuación gráfica del español: *Andrés juega al pádel todos los domingos.*

Comprendo y aplico

46. Fíjate en los extranjerismos de este texto y, en tu cuaderno, sustituye cada uno de ellos por la expresión castellana correcta:

copia de seguridad • superventas
tienda de ropa • circunstancia desfavorable
niñera • entrenador personal

> La *baby-sitter* tenía que acudir a su trabajo en Londres al día siguiente, así que fue a la *boutique* a comprar un abrigo que necesitaba. Después, preparó cuidadosamente su equipaje, sin olvidar un *back-up* de su ordenador, siguiendo las sabias recomendaciones de su *coach*: era posible que necesitara esa información en algún momento.
>
> En el aeropuerto compró la última novela de un *best-seller* español. Estaba algo preocupada porque no dominaba demasiado la lengua inglesa lo que podía ser un *handicap* en su trabajo.

47. Localiza los extranjerismos en estos enunciados y escríbelos en tu cuaderno en cursiva o en la forma castellana correcta:

- Esta moda es muy fashion.
- Es la segunda vez que pierde su smartphone.
- Encontré un parking en el centro.
- No se pudo hacer la votación por falta de quorum.
- Hemos tenido un maravilloso weekend.
- Se sorprendió porque se presentó al casting sin ganas y la seleccionaron.
- Los alimentos light no siempre son sanos.
- Esta empresa es un holding que administra las propiedades de varias empresas importantes.

48. En castellano se utilizan muchas expresiones latinas. Explica por el contexto el significado de las que aparecen en estos enunciados:

- Renunció *motu proprio* a la herencia que le correspondería.
- Los exámenes se han aplazado *sine die*.
- Los méritos de cada uno se valorarán *in situ*.
- *A posteriori* se ha sabido que Pedro no tenía nada que ver con el asunto.
- Hyde era el *alter ego* del Dr. Jekyll.
- *A priori*, yo no tengo nada en contra de tu propuesta.
- La misa *corpore insepulto* se celebrará mañana.
- Este es, *grosso modo*, el argumento de la película.
- Había estudiado muchísimo, pero cuando leyó las preguntas del examen se quedó *in albis*.

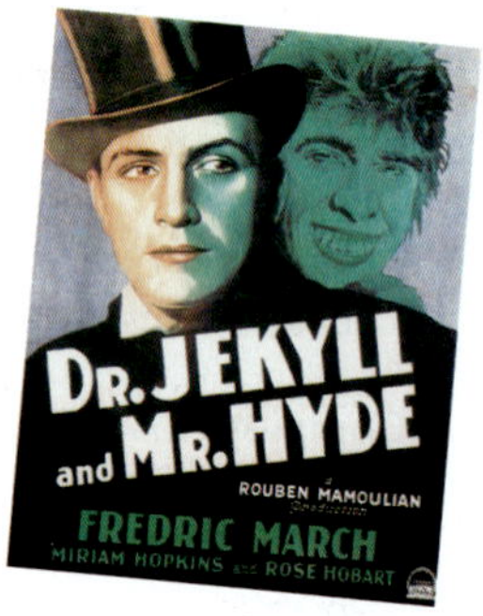

PRESTA ATENCIÓN

Se suelen cometer fallos en el uso oral de algunas expresiones latinas:

- *Realizó el encargo* ***motu proprio****,* y no: ***de*** *motu* ***propio****.*
- Misa ***corpore insepulto***, y no: ***de*** *corpore insepulto.*
- *Diseñó el plan* ***grosso modo****,* y no: ***a*** *grosso modo.*
- *El* ***modus operandi*** *de los ladrones siempre era el mismo,* y no: *modus* ***operandis****.*
- *Esta noticia es* ***vox populi*** *hace tiempo,* y no: ***voz*** *populi.*

2.6. Abreviaturas y siglas

Las **abreviaturas** llevan tilde si la palabra completa de la que proceden la lleva: *pág.* (página), *núm.* (número).

Las **siglas**, en cambio, nunca llevan tilde: *DNI, CIA,* excepto si la palabra ya está lexicalizada: *láser, elepé.*

Comprendo y aplico

49. Escribe en tu cuaderno las abreviaturas de los siguientes términos:

administración • apartado • céntimo
código • editorial • instituto
máximo • mínimo • prólogo

50. Señala en este texto las palabras que aparecen que no están correctamente escritas y escribe en tu cuaderno cuál sería la forma correcta:

> Sólo en este año hemos ganado tres concursos de música. La verdad es que nunca nos desanimamos, aunque haya que presentar el DNí y muchos más papeles y certificados. Aquéllos que luchan por sus sueños, aun cuando estos parezcan inalcanzables, tarde o temprano los conseguirán. Yo aun no me creo la enorme suerte que hemos tenido en esta última convocatoria. El premio es la grabación de un elepé y una campaña de promoción.

51. Escribe al lado de estas palabras y expresiones las abreviaturas que le corresponden:

- asuntos exteriores:
- abreviatura:
- afectísimo:
- antiguo:
- artículo:
- ayuntamiento:
- céntimos:
- carretera:
- descanse en paz:
- juegos olímpicos:
- autores varios:
- adverbio:
- ilustrísima:
- apartado:
- auxiliar:
- cuenta corriente:
- club de fútbol:
- departamento:
- firmado:
- licenciada:

52. Ordena esta tabla en tu cuaderno de trabajo, emparejando cada sigla con la realidad que representa:

Mercosur	Organización Mundial de la Salud
pin	pequeña y mediana empresa
OMS	Fundación del Español Urgente
CNV	producto interno bruto
Fundéu	número de identificación personal
pyme	Comisión Nacional de Valores
PIB	Mercado Común del Sur

53. Localiza en este fragmento del poema de Dámaso Alonso las siglas reales y las inventadas:

> **La invasión de las siglas**
>
> USA, URSS.
>
> USA, URSS, OAS, UNESCO:
> ONU, ONU, ONU
> TWA, BEA, K.L.M., BOAC
> ¡RENFE, RENFE, RENFE!
>
> FULASA, CARASA, RULASA,
> CAMPSA, CUMPSA, KIMPSA;
> FETASA, FITUSA, CARUSA,
> ¡RENFE, RENFE, RENFE!
>
> ¡S.O.S., S.O.S., S.O.S.,
> ¡S.O.S., S.O.S., S.O.S.!
>
> Vosotros erais suaves formas:
> INRI, de procedencia venerable,
> S.P.Q.R., de nuestra nobleza heredada.
> Vosotros nunca fuisteis invasión.
>
> Hable
> al ritmo de las viejas normas
> mi corazón,
> porque este gris ejército esquelético
> siempre avanza [...]

54. Localiza en esta figura de letras todas las siglas y los acrónimos que puedas y, después, explica su significado:

		I	B			
		I	U			
	I	C	E			
	I	T	V			
	I	C	I			
	I	C	A	I		
	I	R	P	F		
	I	S	B	N		
I	C	A	D	E		
I	C	O	N	A		
I	N	S	A	L	U	D
I	M	S	E	R	S	O

1. Lee el texto y realiza las actividades:

Consejos para escribir sin faltas de ortografía

El mejor modo de escribir sin faltas de ortografía es ser un buen lector. Leer novelas, prensa, manuales, tutoriales, libros de texto, etc., es la mejor forma de familiarizarnos con las palabras.

La persona que lee de manera frecuente tiene menos probabilidades de cometer errores ortográficos, ya que los lectores observan las palabras en su forma correcta de escritura e interiorizan cuál es el modo correcto de escribirlas.

Los dictados también son fundamentales: es importante seguir usando el papel y el boli y no reducirse únicamente a usar el teléfono móvil. El diccionario nunca puede faltar, en caso de duda, consulta en el diccionario la palabra que desees escribir.

Con la ortografía no hay que relajarse. Aunque con los sistemas de mensajería instantánea y las redes sociales se está dando por válida y "aceptando" la escritura con errores ortográficos, continúa usando las reglas ortográficas también en estos casos.

a. Resume sus ideas principales.

b. ¿Te parecen adecuados los consejos? ¿Crees que los sigues personalmente? ¿Usas frecuentemente el diccionario?

2. Imagina que eres docente y recibes estos correos:

1

¡Hola, profe! hoy no voy a clase.

porque e estado sólo en casa y de pronto oí una esplosion muy fuerte y olía mucho a quemado.

Abía mucho humo y grandes llamaradas salían de la casa del becino.

He llamado a los bomberos y ahora voy a hechar una mano.

2

Buenos días, don Pablo. Hoy me es imposible asistir a su clase por un accidente sucedido en la casa de mi vecino.

Estaba yo solo en casa, dispuesto para salir, cuando he oído una explosión y he visto una enorme llamarada que salía de su ventana, contigua a la mía. Así que acabo de llamar a los bomberos y ahora acudo a ayudarlo.

Saludos,

Ernesto Garrido

a. ¿Qué alumno te da mejor impresión? Justifica tu respuesta.

b. Corrige los errores del primer alumno. Indica de qué tipo son las faltas:

de puntuación | de ortografía de las letras | de acentuación | de confusión de palabras parecidas | de orden en las ideas | de estructura lógica de un texto

3. Lee este testimonio de una alumna de 4.° de la ESO y comenta:

Las tildes son muy importantes en la escritura, porque así podemos diferenciar palabras que se escriben igual pero tienen la silaba tónica en diferente lugar. Hay muchos jóvenes que no escriben con las tildes, reconozco que a mí a veces se me olvida ponerlas, pero lo intento, para escribir mejor y que se entienda a lo que quiero referirme. Es un problema que no se pongan tildes, porque pueden confundir los significados de muchas frases u oraciones.

"Tildes con humor" (adaptación), 3 de diciembre de 2014, *Sapere aude!* Web [Consulta: 11 de febrero de 2021].

a. ¿Te sucede a ti algo parecido con las tildes?

b. ¿Las escribes siempre que es necesario?

4. Lee este texto y contesta a las preguntas:

Funciones de la ortografía

La función esencial de la ortografía es garantizar y facilitar la comunicación escrita entre los usuarios de una lengua mediante el establecimiento de un código común para su representación gráfica.

En las lenguas de escritura alfabética, la ortografía cumple, además, un papel esencial como factor de unidad, puesto que impone una representación gráfica uniforme y común por encima de las numerosas variantes de pronunciación existentes, debidas a factores geográficos, socioculturales e incluso individuales. Este papel unificador de variedades orales diversas es especialmente importante en el caso de lenguas que, como el español, se extienden por un vasto territorio en el que las diferencias se manifiestan, incluso, a nivel fonológico (hay fonemas del español, como /z/ o /ll/, que solo se dan en el habla de una parte minoritaria de los hispanohablantes). Así pues, la ortografía contribuye decisivamente a evitar la dispersión en la representación gráfica de una misma lengua, dispersión que, llevada al extremo, haría difícil y hasta imposible la comunicación escrita entre sus hablantes y comprometería su identificación como miembros de una sola comunidad lingüística.

Además, la influencia que la representación escrita tiene sobre la pronunciación de los hablantes cultos actúa de cauce que evita una evolución descontrolada y fragmentaria de la lengua, especialmente en aquellas, como el español, en que la solidaridad entre grafía y pronunciación es más fuerte. Los hablantes alfabetizados ven en la lengua escrita el modelo de corrección y tienden a pronunciar las palabras de acuerdo con su forma gráfica, de manera que la existencia de una ortografía común en todo su ámbito dota de cierta estabilidad al componente fónico de la lengua, disminuyendo el ritmo de sus cambios en el plano oral y evitando que estos lleguen a quebrar su unidad esencial.

Rebeca Ramírez: "Funciones de la ortografía" (adaptación), 13 de noviembre de 2013, *Palestra filológica*. Web [Consulta: 11 de marzo de 2021].

a. Reflexiona sobre las afirmaciones del texto. ¿Estás de acuerdo en que la ortografía garantiza y facilita la comunicación entre los usuarios de una lengua?

b. ¿Crees que, si no existiera el efecto unificador de la ortografía, la lengua tendría una evolución descontrolada y fragmentaria? Justifica tu respuesta.

5. Elabora tu propio termómetro personal en el que reflejes tus habilidades de escritura y redacción:

CONCEPTO	TERMÓMETRO									
	1	2	3	4	5	6	7	8	9	10
Acentuación										
Puntuación										
Ortografía de las letras										
Riqueza de vocabulario										
Uso de sinónimos, antónimos, etc.										
Ordenación lógica de las ideas										
Progresión del pensamiento										
Estructura clara del texto										

a. Escribe en tu cuaderno de trabajo aquellos aspectos que crees que tienes que mejorar.

b. A continuación, escribe los aspectos a los que vas a prestar mucha atención de ahora en adelante.

20 cosas de letras sobre el número 2020

Nuestro sistema de numeración actual proviene de los matemáticos árabes, que lo introdujeron en Europa a través de al-Ándalus.

Empieza el año 2020 y los hablantes de español descubren que la cifra puede leerse de la forma habitual, *dos mil veinte*, o también *veinte veinte*. La peculiaridad de que este sea un año con un número veinte por duplicado tiene su gracia histórica, porque ocurre una vez por siglo (sucedió en 1919 y se repetirá en 2121).

El uno ha valido en español para mucho más que para nombrar la cifra. El hecho de ponerle plural a este número ("me comí unos mantecados") es bastante peculiar dentro de la gramática; en ese plural *unos* ya ha dejado de ser un numeral para hacerse un indefinido.

Dos admitió variación de género en castellano y leonés antiguos. Se decía *dos* (y a veces *dúos*) para el masculino y *dúas* o *dúes* para el femenino. El Cid, por ejemplo, hablaba de las "dúes fijas" que tenía.

Multiplicar por dos es calcular el doble y multiplicar por cuatro es calcular el cuádruple o cuádruplo. Estos números se llaman *multiplicativos* y contienen formas poco usadas como *quíntuplo*, *séxtuplo* o *céntuplo* (multiplicar por cien).

Junto con cardinales (ocho), ordinales (octavo) y multiplicativos (óctuplo), existen también los números fraccionarios, que expresan las partes en que se divide una unidad: si una tarta la dividimos en catorce partes, una de ellas es un catorceavo de tarta. El número ocho es el único que tiene un fraccionario acabado en *-avo*, en que coinciden el uso ordinal (el octavo de la lista) con el fraccionario (la octava parte de la tarta). El resto de fraccionarios que acaban en *-avo* no puede intercambiarse con números de orden (si dices "la catorceava edición del festival de cine", Melchor te trae carbón).

Junto con noveno, el español conoció la forma *nono* como ordinal. Este número se mantiene hoy solo para la designación de personajes (el *papa Pío IX* se lee *Pío Nono*).

Lola Pons Rodríguez: "20 cosas de letras sobre el número 20" (adaptación), 2 de enero de 2020, *El País*. Web [Consulta: 11 de febrero de 2021].

1. Observa las palabras destacadas en rojo del penúltimo párrafo del texto. Se refieren a los distintos tipos de numerales. Busca información si lo necesitas y, siguiendo el ejemplo, completa en tu cuaderno una tabla como esta con los números 3, 5 y 6:

CARDINALES	ORDINALES	MULTIPLICATIVOS	FRACCIONARIOS
siete	séptimo	séptuplo	séptimo

2. En una tabla como la que sigue, escribe en la columna que le corresponda las palabras en verde del texto y complétala siguiendo el ejemplo:

CARDINALES	ORDINALES	MULTIPLICATIVOS	FRACCIONARIOS
veinte	vigésimo	–	veinteavo o vigésimo

3.1. Cardinales, ordinales, partitivos y multiplicativos

Recuerda que los números cardinales expresan una cantidad exacta: *uno, dos, tres*... Se pueden escribir con cifras o con letras. Los números ordinales, en cambio, indican orden o sucesión: *primero, segundo, tercero*...

Los números partitivos (o fraccionarios) indican fracción o parte de un todo: *dos cuartos, cuatro quintos*... Se escriben con letras, menos cuando forman parte de tablas o cuadros estadísticos. Los multiplicativos, por su parte, indican el número de veces que contienen a otros: *doble, triple, cuádruple*...

Comprendo y aplico

3. Los números cardinales de cuatro cifras se escriben sin puntos ni espacios de separación (2379). Si tienen más de cuatro cifras, los números se separan de tres en tres por espacios en blanco (557 839 020). Escribe correctamente los cardinales de estos enunciados:

- Carlos trabaja en la oficina 35 67 del Banco del Ahorro. Su móvil es: 678546321.
- ¿Sabes de qué ciudad es el número de teléfono 912253819?
- En esta calle no existe el número 69 58.

4. En el caso de los números de una cuenta bancaria, las cifras se escriben de cuatro en cuatro, para facilitar la lectura. Corrige la escritura de este enunciado:

- Tiene 500.000 euros en su cuenta número 21909987853300669011 del Banco del Ahorro.

5. Los números de los años se escriben todos seguidos (*año 2020*). Pero si se nombra una cantidad determinada de años, este número se escribe como cualquier otro numeral (*14 000 años*).

Completa estos enunciados en tu cuaderno de trabajo escribiendo los números en cifras:

- El Pleistoceno finaliza aproximadamente en el (*diez mil*) ___ a. C., es decir, hace unos ___ años.
- Cada año, el dueño introduce novedades en su empresa. En (*mil novecientos noventa y nueve*) ___ se expandieron al mercado internacional y ahora, en (*dos mil veintiuno*) ___ tienen muy avanzada la venta por Internet.
- La escritura apareció en Egipto, aproximadamente, hacia el (*tres mil doscientos cincuenta*) ___ a. C.; así que tiene unos ___ años.
- En el año (*dos mil veinticuatro*) ___ se harán realidad nuevos inventos.

6. Lee este texto prestando especial atención a la escritura de los números:

> Un equipo internacional de científicos ha descubierto que durante unos 35,000 años se produjeron migraciones constantes. Los primeros humanos modernos llegaron a Europa hace 45.000 años y tuvieron que sobrevivir a la Edad de Hielo, un largo periodo que duró unos 12.000 años y cuyo pico de máxima intensidad se produjo hace entre 25.000 y 19.000 años. Los datos genéticos muestran un segundo episodio importante en la biografía europea, que se produjo con la entrada de humanos hace 14.000 años procedentes del este de Europa, de las actuales zonas de Grecia y Turquía. Esta población persistió en el continente durante miles de años hasta la llegada de los agricultores, unos 8000 años atrás.
>
> Otro resultado interesante del estudio tiene que ver con los neandertales. Los investigadores detectaron hibridaciones entre neandertales y sapiens, hace 45000 años, a medida que los humanos modernos se expandían por Europa.
>
> Cristina SAÉZ: "Así vivieron los primeros humanos modernos en Europa" (adaptación), 3 de mayo de 2016, *La Vanguardia*. Web [Consulta: 11 de febrero de 2021].

a. Observa que algunos números están escritos con punto y otros no. Escribe correctamente en tu cuaderno las formas incorrectas y justifica en cada caso tu respuesta.

7. Escribe en tu cuaderno estos enunciados completando lo que falta con los numerales adecuados escritos en letras:

- En la clase de mi hijo Juan hay un total de (*20*) ___ alumnos distribuidos en (*5*) ___ filas de (*4*) ___ pupitres. Hoy ha faltado un alumno en la (*núm. 5*) ___ fila y otro en la (*núm. 4*) ___ .
- El asistente a la conferencia planteó desde la (*núm. 15*) ___ fila más de (*17*) ___ preguntas.
- Este deportista es una fiera: es la (*núm. 24*) ___ vez que gana este torneo.
- En esta lista de participantes hay errores en el (*núm. 7*) ___ y en el (*núm. 52*) ___.

Aplico y razono

8. En tu cuaderno, escribe en letras los partitivos de estos enunciados:
   - Había doce invitados a la fiesta y cada uno comió (*1/12*) ▬ de la tarta de cumpleaños.
   - Tanto si sumas (*5/20*) ▬ o (*10/10*) ▬ obtendrás la unidad.
   - Andrés solo tiene de ese negocio una (*1 000 000*) ▬ parte.
   - (*3/5*) ▬ de la clase está a favor de cambiar la fecha del examen.
   - (*1/3*) ▬ está en contra y el resto no sabe, no contesta.

9. Escribe estos enunciados en tu cuaderno de trabajo, corrigiendo los posibles errores que detectes:
   - No tenía demasiadas esperanzas, pero la nota que obtuve me permitió quedar en el veinteavo lugar y así poder matricularme en el curso.
   - Mamá celebrará mañana su octogésimo cumpleaños.
   - La doceava persona que tomó la palabra prefirió tu iniciativa; en cambio, la décimo primera rechazó todas tus propuestas.
   - Compartió el décimo de lotería con tres amigos y a cada uno le tocó la tercera parte del premio.

10. Busca información, si la necesitas, y escribe en tu cuaderno los multiplicativos que corresponden a los cardinales del 2 al 10. A continuación, redacta una frase con cada uno de ellos.

11. Completa estos enunciados con los multiplicativos que correspondan:
   - Invirtió 5.000 euros y a los dos años recuperó 10.000. O sea, ganó el ▬ de lo invertido.
   - José tiene el ▬ de años que Cristina. Ella tiene 20 y él, 60.
   - Se anuncia una casa con una extensión de terreno ajardinado que es el ▬ que la tuya. La tuya tiene mil metros, la que se anuncia tiene cuatro mil.
   - Tenía una casa de 1000 m^2. Ha hecho obras y ha añadido a su vivienda ▬ de metros de los que tenía. Ahora tiene 3000 m^2.

PRESTA ATENCIÓN

Uso de partitivos por ordinales

Es frecuente que en los medios de comunicación leas o escuches mensajes como los siguientes: *El esquiador participó en la doceava* convocatoria de los Juegos de Invierno; El equipo local gana por onceava* vez el campeonato mundial.*

En estos casos, el sufijo partitivo *-avo/-ava* se usa incorrectamente. Para que la forma sea correcta, debe usarse el ordinal: *El esquiador participó en la decimosegunda convocatoria de los Juegos de Invierno; El equipo local gana por undécima vez el campeonato mundial.*

Presta atención a estos ejemplos y no cometas tú este frecuente error:

CARDINAL	ORDINAL	PARTITIVO
13	décimo tercero (13.°)	treceavo (1/13)
40	cuadragésimo (40.°)	cuarentavo (1/40)
100	centésimo (100.°)	centésimo (1/100)

12. Escribe estos enunciados en tu cuaderno de trabajo completando el número ordinal o partitivo que falta:
   - Es el (*19.º*) ▬ año que participo en esta reunión de empresas.
   - Son 11 socios y a cada uno le corresponde (*1/11*) ▬ de las ganancias.
   - Es su (*42.º*) ▬ cumpleaños.
   - ¿En cuántos meses del año puede celebrarse el (*31.º*) ▬ día del mes?
   - El (*5.º*) ▬ día que fui a comprar a su tienda me cobró (*1/3*) ▬ más de lo que costaba el producto.

VOCABULARIO

13. Escribe en tu cuaderno el cardinal y el ordinal o partitivo que corresponde a cada numeral. Fíjate en el ejemplo: *quincuagésimo*, 15, *quinceavo*:

treintavo • vigésimo • séptimo • catorceavo
octogésimo • cincuentaicincoavo • décimo

Aplico y razono

14. Indica en tu cuaderno a qué tipo de numerales corresponden las siguientes cifras:

1875	1/100	22.°
3/8	12578	1x3
1954	5308	14790
13856,55	8/3	82.°
20005,78	8,92	5/10
56.°	13012	82.°

15. Indica de qué tipo son los numerales que aparecen en los siguientes enunciados:

- Sara no escarmienta. Creo que estas son sus terceras nupcias.
- Este mueble antiguo vale el cuádruple o el quíntuple de lo que me ofreces.
- La tarta no es demasiado grande: a cada niño le toca una quinceava parte.
- ¿Sabes cuál es el undécuplo de 7?
- Los animales son muy generosos: te devuelven el céntuplo de lo que tú les das.

16. En cada uno de estos enunciados hay un error. Localízalo y escríbelo correctamente en tu cuaderno:

- Mi clave de wifi es el número 654324876.
- Se ha realizado la doceava carrera de motos en Salamanca.
- Si Elena te debe 1304 euros y a ella tú le debes 200, te tiene que dar 1004 para estar en paz.
- Federico nació en 1.970, aunque por su aspecto, no lo parece.
- Vive en Buenos Aires, en la avenida Libertador 2.865.
- Los años 2.013 y 2.014 fueron nefastos para su negocio.
- Carlota, aquí te mando la suma total que nos deben: 1355,05 euros.
- Hace unos 18.000 años, el hemisferio norte estaba cubierto por un espeso manto de hielo.
- Andrea terminará su carrera en 2025.
- Carlos estudió mucho para esta oposición y ha quedado en el quinceavo puesto.

17. Lee con atención el texto y contesta:

"Es letra de mujer"

La idea de que la mujer tenía un tipo de letra particular y reconocible ha sido tradicional en la historia cultural española hasta bien entrado el siglo XIX. En el *Monitor de las escuelas primarias*, publicado en Chile en 1853, se afirma que hay grafías que parecen "letra de mujer" y que era algo ofensivo que la letra de hombre pasara por ser de mujer.

Las razones de esta idea tópica están fundadas en el escaso acceso que tenía la mujer a la escritura. En 1850, un 75 % de la población española mayor de diez años no sabía leer ni escribir; la tasa de analfabetismo entre mujeres era aún mayor, y ello aunque en el siglo XVIII había crecido tímidamente la alfabetización femenina bajo el reinado de Carlos III y se fomentó en algo la escuela pública para niñas.

En el mundo antiguo, pocas mujeres aprendían a leer y muchas menos, a leer y a escribir. Influye en su trazo inhábil el que ellas tuvieran menor exigencia social de escribir y menor oportunidad para hacerlo. De hecho, muchas de esas mujeres, aun sabiendo escribir y leer, renunciaban o reducían la puesta en práctica de esa capacidad.

Lola Pons Rodríguez: "'Es letra de mujer': el desprecio hacia la caligrafía femenina" (adaptación), 10 de marzo de 2019, *El País*. Web [Consulta: 15 de febrero de 2021].

a. Explica qué idea tópica se tenía hasta el siglo XIX sobre la letra de las mujeres.

b. ¿Qué tipo de numeral es *diez*? ¿Puede escribirse con cifras en este texto? Justifica tu respuesta.

c. Fíjate en las dos ocasiones en que se nombran siglos. ¿Están correctamente escritos? Infórmate e indica si sería correcto escribirlos de otra forma, por ejemplo: *siglo 19* o *siglo 18*.

d. ¿Cómo se lee la secuencia *Carlos III*? ¿Sería correcto escribir *Carlos 3º*?

3.2 ¿Cómo se expresa la hora?

Existen formas diferentes para expresar la hora:

Con palabras. Se emplean los números del 1 al 12, añadiendo la indicación del tramo del día que corresponde.	Se emplean los números del 1 al 12 indicando si es antes del mediodía (a. m.) o después (p. m.).	Se emplean los números del 0 al 23.
• *A las tres y media de la tarde llamaron al timbre insistentemente.*	• *A las 3:30 p. m. (o 3.30 p. m.) llamaron al timbre cinco veces.*	• *A las 15:30 (o 15:30 h) llamaron al timbre insistentemente.*
• *Me desperté a las dos de la madrugada y ya no pude dormir.*	• *Me desperté a las 2 a. m. (o 2:00 a. m.) y ya no pude dormir.*	• *Me desperté a las 2:00 (o 2:00 h) y ya no pude dormir.*
• *Salimos más tarde de las diez de la noche.*	• *Saldré más tarde de las 10 p. m. (o 10:00 p. m.).*	• *Salimos más tarde de las 22:00 (o 22:00 h).*

- Para indicar con palabras las principales fracciones horarias se utilizan las expresiones *en punto*, *y cuarto*, *y media* y *menos cuarto*.
- Para separar las horas de los minutos, se pueden emplear los dos puntos o el punto: *20:30 h* o *20.30 h*.

Comprendo y aplico

18. En tu cuaderno, indica en palabras qué hora expresan las cifras siguientes. Fíjate en el ejemplo:

– *las 3.45 a. m.: las cuatro menos cuarto de la madrugada.*

las 5 a. m. • las 7.30 p. m • las 15.50 h
las 00:00 • las 17.00 • las 12:15 p. m.
las 9:30 • las 3.00 p. m. • las 16:45
las 18:15 • las 13:25 h • las 6:30 a. m.

19. Lee el diálogo siguiente:

> – ¿Qué hora es, Manuel?
> – Son… las dos de la madrugada…
> – ¿Y qué horas son estas de llegar?
> – No… ya… me retrasé sin querer…
> – Ni ya, ni yo. Te quedas sin fiesta el domingo.

a. La pregunta que demanda la indicación de la hora ¿se formula en singular o en plural?

b. En la segunda pregunta, se usa el plural. ¿Qué intención tiene esta pregunta?

c. En la expresión: *Es la una y diez*, el verbo va en singular. ¿En qué casos va en plural?

20. Lee el texto y contesta la pregunta:

> Andrés perdió el avión a Nueva York. En su pasaje especificaba que la salida era el viernes, a las 3.30 a. m. Cuando el viernes, después de cenar, acudió al aeropuerto, su avión ya había despegado aparentemente un día antes.
> – ¿Cuál crees que fue su error?

21. Fíjate en las horas que marcan estos relojes. Siguiendo el ejemplo de la primera columna de la tabla, en la que se expresan las distintas formas en que se pueden escribir, completa en tu cuaderno de trabajo el resto de las columnas:

Son las dos de la tarde.			
Son las 14.00.			
Son las 14:00 h.			
Son las 2 p. m.			
Son las dos de la madrugada.			
Son las 2.00.			
Son las 2:00 h.			
Son las 2 a. m.			

22. Indica qué quieren decir estos refranes:

– Ni tiempo ni hora, no se atan con soga.
– Una hora de contento vale por ciento.

PRESTA ATENCIÓN

¿Cuándo se escribe la hora en cifras y cuándo en letras?

Suele expresarse en letras:

- En cualquier tipo de textos (literarios, periodísticos...) en los que la precisión horaria no es un factor de especial relevancia: *Me llamó a las diez y media para saber si había llegado bien.*
- Cuando lo que se expresa es la hora aproximada: *Apareció alrededor de las cinco de la tarde; Vendré hacia las ocho; Serían las dos y pico cuando salió.*

Suele expresarse en números:

- En horarios, convocatorias, actas, informes técnicos o científicos y cualquier otro tipo de texto en que la precisión horaria es un factor relevante: *La cena se servirá a las 22.30 en el comedor principal.*

Cuando en la escritura se pueden usar tanto las letras como los números no es recomendable mezclarlos. Así, es correcto escribir: *a las 20:50* y *a las veinte horas y cincuenta minutos*; pero no lo es: *20 h y cincuenta minutos.*

23. Escribe estos textos en tu cuaderno de trabajo, corrigiendo los posibles errores que detectes en la escritura de los números:

- Los horarios de clase de inglés son muy variados. Yo he escogido los miércoles a las diez y 30 h.
- Pedro siempre se retrasa. Nos ha dicho que llegará hacia las 19:30 de la tarde.
- El tren sale a las 8 horas y treinta minutos de la estación central.
- Resumen de las actividades:

  - 8.30: desayuno en el hotel.
  - Nueve y media: inauguración del acto y primera mesa redonda.
  - 11 y cuarto: descanso y café.
  - 12.00 a. m.: segunda mesa redonda y coloquio.
  - 3 y treinta: almuerzo.

Aplico y razono

24. Indica en palabras qué hora expresan estas cifras:

5 a. m.	7.30 p. m.	15.30 h
23.45 h	16:00 h	4.00
10.00	10.15 p. m.	17:00

25. Escribe correctamente en tu cuaderno las expresiones que presenten alguna incorrección:

- Comimos a las doce de la tarde.
- La carrera comenzaba a las doce de la mañana, pero se retrasó media hora.
- A las seis de la noche todavía dormía.
- Se levanta a las ocho de la mañana y se acuesta a las diez de la tarde.
- ¿Cuántas horas van desde las siete de la mañana hasta las doce del mediodía?
- Desde la una del mediodía hasta las siete de la noche, María estuvo haciendo cola en el ayuntamiento.
- ¿Qué horas son? Es las diez y veinte.
- El horario de clases que más me gusta es el nocturno: va de las seis a las diez de la tarde.
- En este hotel, el desayuno se sirve de ocho y media a once y media y la cena, de nueve a doce de la noche.
- A las 7 y media de la noche empiezo a acumular cansancio y me acuesto antes de las diez.

26. Fíjate en estas frases hechas y sustituye las horas imprecisas por horas concretas del día:

- Besos y rosas a cualquier hora.
- El hijo de la cabra, de una hora a otra, bala.
- La vida mejora de hora en hora.
- Las cosas que no suceden en un año pueden suceder en una hora.
- Hora antes, hora después, media noche es.
- No llega más pronto quien más corre, lo importante es partir a buena hora.
- No llegues a casa ajena a la hora de comer, pues les harás poner plato y mantel.
- Ven a la fiesta, y baila hasta la hora de la siesta.

27. Teniendo en cuenta que en Zaragoza es la hora de la tarde que expresa el reloj, busca información e indica en tu cuaderno qué hora marcan en ese mismo momento los relojes de las ciudades siguientes:

- Río de Janeiro
- Berlín
- Riad
- Pekín
- Seúl
- Ottawa
- Bogotá

3.3 Mayúsculas y minúsculas

¿Cuándo se escriben mayúsculas?

Se escribe con mayúscula la palabra que va detrás de punto, la que sigue a los puntos suspensivos y a los signos de interrogación y exclamación cuando estos indican el final de un enunciado. Va tambien en mayúscula la palabra que sigue al encabezamiento de cartas o documentos y la que encabeza una cita textual.

También llevan mayúscula inicial todos los nombres propios; los tratamientos de cortesía y sus abreviaturas: *Vuestra Excelencia, V. E.*; los sustantivos y adjetivos que denominan organismos, instituciones, etc.: *Diputación Provincial de Mérida*; los nombres de las disciplinas académicas de carreras universitarias: *Física y Química;* la primera palabra de los títulos de libros, películas, canciones: *Bodas de Sangre*; y los nombres de épocas, acontecimientos religiosos, políticos o culturales: *el Siglo de Oro, Mayo del 68, el Romanticismo.*

Recuerda que...
Las palabras en mayúsculas siempre han de llevar la tilde si así lo exigen las reglas de acentuación.

Aplico y razono

28. Justifica en tu cuaderno las mayúsculas de este texto:

> Yo no deseaba hacer lo que Carmen me pedía, la verdad. Salí del paso como pude, ya te contaré... ¿Que cómo me las arreglé? No lo vas a creer. Pensé para mis adentros: "Más vale ponerse una vez roja que ciento amarilla". Pero me sentía incapaz de argumentar nada oralmente, así que le escribí esta nota:
>
> Querida Carmen: Entiendo lo que necesitas y deseas, pero me es imposible hacer lo que me pides.

29. Escribe estos enunciados en tu cuaderno con las mayúsculas que faltan:

- ana maría estudió en el colegio maría inmaculada de leganés.
- el profesor insistía: "sacad una hoja para hacer el examen de geografía e historia".
- ¿no has visto lo que pone bien clarito en el cartel? "prohibido el paso a menores no acompañados".
- ávila es una bella ciudad.
- a juan le encanta el cuento de blancanieves.

30. Localiza en el texto las mayúsculas que están mal escritas o faltan y explica por qué:

> Ana comienza este año los Estudios Universitarios y está hecha un verdadero lío. Le gustan muchos ámbitos de conocimiento: la Física, la Sociología, la Psicología, la economía, la medicina... Se le ocurrió pedir información en el ministerio de Educación y en la asociación de jóvenes investigadores, pero, al final, no le aclararon nada. En *El Correo de Andalucía* leyó una selección de carreras disponibles y la fecha del Boletín Oficial del Estado en que se habían publicado los requisitos para ingresar. Al final, se decidió por estudiar Psicología Clínica en la facultad de psicología.

CURIOSIDADES

- En los dígrafos *ll* y *ch* solo se escribe con mayúscula la primera letra.
- La *I* y la *J* mayúsculas se escriben sin punto.

31. Todos los nombres propios llevan mayúscula inicial. Escribe en tu cuaderno los nombres propios de este texto y di a qué se refiere cada uno de ellos:

> Álvaro Abril Montemayor fue un investigador español muy importante. Nació en un pequeño pueblo de Aragón, cercano a los Pirineos, pero desarrolló su labor investigadora en el Observatorio Astronómico de Greenwich de Londres. Este fue el primer observatorio del Reino Unido y uno de los más importantes en la historia de la ciencia, aunque hoy en día funciona como museo. Llegaron a nominarle para el Premio Nobel de Física por su contribución a una comprensión más amplia del Universo.

32. También llevan mayúscula los nombres propios de constelaciones, estrellas, planetas, signos del Zodíaco, puntos cardinales, divinidades , festividades religiosas, marcas comerciales, partidos políticos y acontecimientos deportivos. Escribe en tu cuaderno tres ejemplos de cada uno.

¿Cuándo se escribe minúsculas?

Se escriben con minúscula inicial todos los nombres comunes, los de los días de la semana, los meses y las estaciones del año (siempre que no constituyan un título o encabecen un párrafo o un escrito); los nombres de las notas musicales, los gentilicios y los nombres de los idiomas y los estilos artísticos.

¿Mayúsculas o minúsculas?

Los títulos, cargos y dignidades importantes se escriben con minúscula inicial cuando van acompañados del nombre de la persona a la que se refieren (*el papa Pablo VI, el ministro de Trabajo*) o cuando se usan de modo genérico (*Pablo vive como un rey*). En cambio, se escriben con mayúsculas cuando no aparece explícito el nombre de la persona y el cargo equivale a un nombre propio (*El Rey inauguró la feria de arte; el Delegado del Gobierno se indignó con los manifestantes; el Secretario General no admitió objeciones a sus propuestas*).

CURIOSIDADES

La abreviatura *Ud.* va con mayúscula, pero si se escribe con todas las letras se hace con minúsculas: *usted.*

Aplico y razono

33. Indica si está correctamente escrita la palabra *rey* en estos enunciados:

- El rey Alfonso XII era hijo de la reina Isabel II.
- La revolución atacó a Reyes y reinas por igual.
- Carmen ha conseguido un trabajo para su hijo que le permitirá vivir como un Rey.
- El Rey Hassan II de Marruecos colabora con las autoridades españolas en el tema de la inmigración.
- Benedicto XIII, el conocido popularmente como el *Papa Luna*, era terco hasta aburrir a su rey, a un santo y a un emperador.

34. Justifica el uso de mayúsculas y minúsculas en las palabras destacadas de estos enunciados:

- La ministra de Asuntos Exteriores ha tenido un encuentro con el papa Francisco.
- La Reina presidió el concierto inaugural del Palacio de la Ópera.
- Se han subastado dos Picassos desconocidos hasta ahora.
- En el Castillo de Fuensanta se ha descubierto un antiguo manuscrito.
- Esta pareja millonaria ha dedicado parte de su fortuna a financiar una ONG y otra parte a comprar coches de marca a los que son muy aficionados: Mercedes, Ferrari, Rolls-Royce, etc.

PRESTA ATENCIÓN

Homónimos con y sin mayúsculas

A veces, la mayúscula inicial en una palabra sirve para distinguir su significado: *Estado* (órgano de gobierno de un país), *estado* (situación en que se encuentra algo o alguien); *Hacienda* (administración pública que recauda los impuestos), *hacienda* (finca agrícola).

35. En tu cuaderno, completa con mayúscula o minúscula los siguientes enunciados:

- Este futbolista tiene deudas con (*H/h*) ___acienda.
- Déjate de (*R/r*) ___omanticismos y sé un poco más realista en tus relaciones personales.
- Este libro de matemáticas es una (*A/a*) ___ntigüedad.
- Tengo que ir a (*C/c*) ___orreos para mandarte el paquete.
- El (*R/r*) ___omanticismo es uno de los periodos artísticos que más me gustan.
- El (*E/e*) ___stado español forma parte de la Unión Europea.

36. Escribe con mayúsculas o minúscula inicial lo que representa cada imagen:

3.4 Palabras que se escriben juntas o separadas

Existen en nuestro idioma palabras y secuencias de palabras que suenan igual, pero que pueden escribirse juntas o separadas, según sea su significado. Fíjate en las siguientes:

- por que/porque/por qué/porqué;
- adonde/a donde/adónde/a dónde;
- como quiera/comoquiera;
- a penas/apenas;
- si no/sino;
- a sí mismo/así mismo/asimismo;
- de más/demás.

Comprendo y aplico

37. Completa en tu cuaderno las oraciones de cada grupo con una de las opciones propuestas:

- por que/porque/por qué/porqué
  - Tú preguntas el ___ de mi enfado: deberías saberlo de sobra.
  - Si me cuentas ___ está Adolfo aquí, entenderé qué es lo que sucede.
  - Pero... ¿___ te ríes? La verdad es que no le veo la gracia.
  - Yo nunca sé la causa ___ Elisa tiene tanto éxito en las reuniones.
- si no/sino
  - ___ deseas verme, dímelo claramente.
  - El ___ de los países pobres es depender de las ayudas internacionales.
  - Todavía dudo ___ sería mejor comprar el otro coche.
- a donde/adonde/a dónde/adónde
  - ¿Llegasteis sin problema ___ ibais?
  - ¿___ pensáis ir de vacaciones?
  - Los parajes ___ fuimos nos dejaron a todos impresionados.
  - Antes de salir, organizad la excursión y pensad ___ queréis llegar.
  - ¡___ hemos ido a parar!
- a sí mismo/así mismo/asimismo
  - Se ve ___ como un artista y hace unos discursos insoportables.
  - Me encantan las personas creativas y, ___, las afables y empáticas.
  - Aprendí todo de él: este bizcocho lo hacía ___ como lo estoy haciendo yo.
- como quiera/comoquiera
  - ___ que te presione, no le hagas caso.
  - Tiene mucho éxito como orador: ___ que hable convence a todo el mundo.
  - Dile a Ricardo que se vista ___. No hay normas de etiqueta para la cena.
- de más/demás
  - Ya me has dicho lo suficiente. Todo lo que añadas está ___
  - Si dices que ella está bien, lo ___ no me importa.
  - Tengo mucha prisa: ¿está completo todo lo ___?
  - Desconfía ___ de uno y ___ de dos.
- a penas/apenas
  - Ha sido condenado ___ de trabajos para la comunidad.
  - ___ suene el teléfono, cógelo sin demora.
  - El pobre animal hizo tal esfuerzo que cuando lo recogimos ___ podía moverse.
  - Tampoco ha sido tan grave como para condenarlo ___ importantes.

38. Lee atentamente este texto e indica en tu cuaderno qué expresiones son incorrectas y por qué:

> Jorge es un engreído: se ve asímismo como el más guapo y simpático de la clase. Elena le preguntó un día porque tenía tan buen concepto de sí mismo y no supo qué contestar.
>
> Las de más personas de la clase no se enteraron a penas del incidente, pero, igualmente, no sentían por él demasiada simpatía. No obstante, el asunto no fue a más porque los compañeros eran bastante tolerantes con las debilidades ajenas y como quiera que vieron a Jorge algo confuso lo dejaron estar.

39. Indica en tu cuaderno de trabajo de qué otro modo pueden escribirse estas palabras con un significado diferente y escribe un ejemplo para cada una:

tampoco • también • aparte • conque
adondequiera • quienquiera • adiós
acuestas • entorno • entretanto • sinrazón

PRESTA ATENCIÓN

Expresiones iguales... pero diferentes

Algunas secuencias de sonidos pueden reflejarse en la escritura de forma diferente, con una o más palabras (*tan poco/tampoco, a Dios/adiós*). Son expresiones homónimas que pueden dar lugar a confusiones ortográficas.

40. Fíjate en cómo se escriben dos expresiones homónimas: *a ver* (preposición + infinitivo de *ver*) y *haber* (verbo *haber*) y completa estos enunciados en tu cuaderno con la expresión adecuada:

- No me mires así: ___ si encima la culpa de lo que ha pasado va a ser mía.
- Iremos ___ si la novela que deseas está en la librería.
- ___ si vamos a tener que comprobar el ___ y el debe de la tarjeta de crédito.
- Va a ___ que arreglar el tejado: hay tejas rotas.
- Vamos ___ si va a ___ consenso.
- ___ si funciona este microscopio. Pon la muestra y observa atentamente: ¿qué ves?

41. Observa ahora las distintas formas de escritura de: *ahí* (adverbio de lugar); *hay* (pres. de indicativo del verbo *haber*) y *¡Ay!* (exclamación). Escribe las oraciones en tu cuaderno con la forma correcta:

- ¡___!, ¡___!, que me haces daño.
- En este baúl ___ muchos recuerdos de mi madre.
- ___ que tener en cuenta muchos detalles para ingresar ___.
- ¡___! Te dije que tenías que ordenar las mantas guardándolas ___.

VOCABULARIO

42. Escribe en tu cuaderno las diferencias de significado de estas palabras homónimas y redacta algunos enunciados en los que las utilices:

- *a cuestas/acuestas*
- *sin razón/sinrazón*
- *a bordo/abordo*
- *en torno/entorno*

Aplico y razono

43. Infórmate e indica en tu cuaderno si es posible o no escribir los términos destacados de otra forma:

- Ernesto tiene confianza conmigo y, muy **a gusto**, me contaría lo que le pasa. **A menudo** me sorprende que, **a pesar** de sus dificultades, siempre se repone y sigue adelante.
- **A veces** he visto luces durante la noche **a través** de las ventanas. El otro día percibí una sombra **en medio** de la ventana; pensé si sería un fantasma, **sin embargo**, deseché la idea enseguida.
- **De repente** te escondes y dejo de ver las luces de tus ojos, **o sea**, tu mirada resplandeciente.

44. El calambur es una figura retórica que consiste en jugar con el significado de una palabra o frase, agrupando de distinta forma sus sílabas:

¿Es conde y por eso esconde su dinero?

Completa cada uno de estos enunciados con otras agrupaciones de los términos destacados:

- Estos **comensales** tienen gustos extraños: ___.
- El **comandante** estaba preocupado por la grave enfermedad que aquejaba a la tropa; el ___ era uno de sus más graves síntomas.
- Esta **máscara** es la ___ de la tienda.
- La profesora recomendó a su alumna que no **se aburra** y que no ___.

45. Localiza tres parejas de palabras e indica qué significan en cada caso:

Llegué con retraso al avión y por poco no abordo a tiempo mi vuelo. Cuando subí a bordo, los viajeros me miraban raro.

Me siento, algo avergonzada, y justo cuando casi acabo el almuerzo, la azafata me pide que me levante un momento de mi sitio porque debía llevar a cabo una limpieza de la bandeja. Yo asiento muy amablemente, acabo con rapidez el postre y espero a que termine la limpieza para tomar asiento de nuevo. La verdad es que más allá de los inesperados contratiempos, los viajes en avión tienen un sinnúmero de ventajas.

Aplico y reflexiono

ACTIVIDADES

1. Identifica la clase de numeral a la que pertenecen los términos destacados en verde y explica en tu cuaderno de trabajo su significado:

> Esta es la primera entrada de 2019 de este blog y, a la vez, es la entrada número 50 desde que empezó a publicarse, o sea, la quincuagésima entrada. Al día de hoy hay el quíntuple del décuplo de las entradas que había el día que empecé a escribir y lo que se publica hoy es solo una cincuentava parte de lo que se ha publicado en toda la vida del blog.
>
> Para el párrafo anterior usé numerales, que son adjetivos o pronombres relacionados con una cantidad (cardinales), un orden (ordinales), un múltiplo (multiplicativos) o una partición (fraccionarios). Cada tipo tiene sus propias características y poseen algunas similitudes y algunas diferencias entre sí. Por ejemplo, decir que estamos en el dieciochoavo piso de un edificio es incorrecto, pues dieciochoavo es la forma de expresar el denominador de 1/18. Realmente estamos en el piso décimo octavo. Seguramente nos entendieron, pero... no está bien dicho. En casos de duda, es mejor decir que estamos en el piso dieciocho.
>
> Rebeca Ascencio: "Numerales cardinales, ordinales, multiplicativos y partitivos (fraccionarios) ¿Cómo distinguirlos y qué cuidados tener al usarlos?" (adaptación), 2 de enero de 2019, *Impulso matemático*. Web[consulta: 24 de febrero de 2021].

2. ¿De qué otras formas pueden reflejarse las siguientes horas? Escríbelo:

las dos de la madrugada | la una del mediodía | las doce de la noche

3. Fíjate en si la forma de expresar las horas y otros números en estos enunciados es la correcta. En caso contrario, escríbelos bien en tu cuaderno de trabajo:
   - La Torre del Big Ben tiene un reloj de 7 metros de diámetro en cada una de sus caras, puesto en marcha en mayo de 1.859. Aunque son pocas las ocasiones en las que ha fallado en puntualidad, los ciudadanos ingleses no olvidan la Nochevieja de 1962 en la que entraron con 10 minutos de retraso en el nuevo año debido a algunos fallos técnicos producidos en el Big Ben.
   - Es las cuatro y 30 de la tarde y yo aún no he podido comer.
   - A las 10 y treinta de la mañana quedamos Álvaro y yo para participar en la carrera, pero cuando llegamos, la prueba ya se había iniciado. Nos encontramos a unas 5 personas en nuestra misma situación.

4. En estos enunciados hay mayúsculas, minúsculas y numerales que están incorrectamente escritos. Localízalos y escríbelos correctamente en tu cuaderno:
   - El 17 de Febrero del año 2.027, elvira cumplirá veinte y un años y me gustaría prepararle una gran fiesta.
   - Alfonso décimo el sabio fue un importante Rey de España del siglo 13.
   - Ana, de 22 años, hermana de andrés, tiene el doble de años que él y andrés, a su vez, tiene 1/3 de los años que tiene su madre.
   - Las fiestas de Fin de Año de 1999 fueron fastuosas, pues en 2000 comenzaba un nuevo siglo y todos estaban muy esperanzados.
   - En Enero me dicen que vaya a rellenar la Solicitud en Febrero y, cuando vuelvo en febrero, aplazan todo para marzo.

5. Infórmate e indica cuáles de las expresiones y palabras destacadas de este texto se pueden escribir de forma diferente (juntas o separadas):

> Alrededor del mercado había muchos jóvenes esperando no se sabe qué. Tal vez llevaban allí varias horas porque a alguno de ellos se le veía claramente malhumorado. De pronto, el tiempo se estropeó y comenzó a caer aguanieve y en seguida los chicos, como en una carrera contrarreloj, corrieron a resguardarse dentro del mercado.

6. Lee detenidamente este texto y contesta después a las preguntas en tu cuaderno de trabajo:

Un experimento muestra que los monos son capaces de aprender ortografía

Los simios investigados consiguieron distinguir 308 palabras escritas correctamente

¿Es necesario ser capaz de hablar para aprender a leer? No, según un experimento realizado por investigadores de Marsella (Francia), que han demostrado que los babuinos son capaces de identificar palabras escritas. Dan, el mejor alumno de los seis monos que participaron en la investigación y que tenía 3 años cuando se realizó la prueba, aprendió a distinguir 308 palabras escritas correctamente a partir de 8000 vocablos que se le mostraron durante un mes y medio.

Los investigadores instalaron una pantalla táctil en el recinto en el que se hallaban los monos, a través de la cual se mostraba una sucesión muy rápida de palabras de cuatro letras en inglés. Los primates debían pulsar sobre una forma ovalada si la palabra estaba correctamente escrita y en una cruz en caso contrario. Por cada respuesta correcta, recibían unos granos de cereal de forma automática.

Los científicos realizaron entre 43 000 y 56 000 ensayos por cada mono y en la primera fase de la investigación las palabras bien escritas se presentaron con mayor frecuencia que las incorrectas. "En pocos días, los babuinos fueron capaces de distinguir palabras escritas con una ortografía muy similar", han explicado los científicos del laboratorio de psicología cognitiva que han participado en este trabajo.

Tras memorizar la ortografía de varias docenas de palabras, los monos empezaron a notar la diferencia entre los vocablos correctos y los incorrectos. Los investigadores consideran que eso demuestra que los monos son capaces de "identificar y memorizar patrones en la organización de las palabras con el fin de detectar anomalías".

Los investigadores comprobaron que los monos clasificaban las palabras erróneas según una desviación similar a la del ser humano. "Esto demuestra que identifican la estructura", concluyen los investigadores.

"Si extrapolamos los resultados a nuestra especie, estos sugieren que la lectura se basa, al menos en parte, en nuestra capacidad para percibir y memorizar los patrones entre los elementos (las letras) que componen un objeto (la palabra)", afirman Grainger y Fagot. Y que los alfabetos se han diseñado originalmente "para facilitar su aprendizaje".

"Un experimento muestra que los monos son capaces de aprender ortografía" (adaptación), 12 de abril de 2012, *elPeriódico*. Web [Consulta: 16 de febrero de 2021].

El hábitat de los babuinos es fundamentalmente terrestre y, en muchos casos, de sabana. Es por este motivo que desde hace décadas han sido utilizados como modelo para la reconstrucción de la conducta de los primeros miembros de nuestra especie.

a. Explica con tus palabras en qué ha consistido el experimento con los babuinos.

b. ¿En qué lugar se ha realizado el experimento?

c. ¿Cuántas palabras le mostraron a Dan y cuántas fue capaz de distinguir correctamente escritas?

d. ¿Cuántos monos participaron en el experimento? ¿Cuánto ensayos llevaron a cabo con cada primate?

e. Según los investigadores, ¿qué es lo que demuestra el hecho de que en pocos días los babuinos fueran capaces de diferenciar entre los vocablos bien y mal escritos?

f. ¿Qué conclusiones aporta este experimento en relación al estudio de la lectura en la especie humana? Explícalo en un texto breve.

g. Expresa brevemente por escrito qué te ha parecido el experimento. ¿Valoras su interés para los seres humanos, aunque fuera llevado a cabo con primates?

h. ¿Sabes de dónde viene la palabra *alfabeto*? ¿Estás de acuerdo con la última frase del texto? Explícalo.

i. Valora la presentación de esta noticia. ¿Te parece interesante el titular? ¿Crees que invita, tras una lectura rápida, a detenerse y leer el texto completo?

CÓDIGO DE LICENCIA *
VSQV8ATB

- Las actividades contenidas en este libro han de realizarse en un cuaderno aparte.
- Los espacios incluidos en las actividades son meramente indicativos y su finalidad es didáctica.

edubook
BASIC

1 Entra en la web: **activa.vicensvives.com**

2 Introduce el **código de licencia** de tu libro

Introduce tu licencia

3 **Sigue los pasos** y accede a tu cuenta de Edubook

* Licencia gratuita válida por cuatro años desde su activación. Disponible a partir del 1-9-2021
En caso de que la disponibilidad y activación de la licencia no sea posible por cualquier causa, el usuario no podrá reclamar a EDUBOOK por ningún concepto relacionado con la misma.

Natalia Bernabeu Morón
Catedrática de Lengua y Literatura

Elena Escribano Alemán
Catedrática de Lengua y Literatura

Félix Esteso Moya
Profesor de Lengua y Literatura de IES

Paloma Rodríguez Delgado
Catedrática de Lengua y Literatura

Asesora lingüística:
Edita Gutiérrez Rodríguez
Profesora del Departamento de Lengua Española y Teoría de la Literatura (Universidad Complutense de Madrid)

Ilustrado por: 123RF, ALBUM Archivo Fotográfico, Getty Image y iStock-Getty Images.

Agradecemos la posibilidad de utilizar su material fotográfico a:
©Agencia Europea del Medio Ambiente (pág. 17); **©Presidencia de la República Mexicana** (pág. 19); **©Parlamento de Andalucía** (pág. 25); **©Comisión Interamericana de Derechos Humanos / Daniel Cima** (pág. 70); **©Fronteiras do Pensamento** (pág. 74); **©Benjamin Reyes** (pág. 134); **©ElisaCabot** (pág. 134); **©Biblioteca Koldo Mitxelena Kulturunea - Diputación Foral de Gipuzkoa** (pág. 135); **©NASA /JPL-Caltech** (pág. 292).

Este libro está impreso en papel ecológico reciclable y con tintas exentas de elementos pesados solubles contaminantes. Directiva Europea 88/378/UE, norma revisada EN/71.

Los editores han hecho todos los esfuerzos posibles para asegurar que las direcciones web son las correctas en el momento de la impresión de este libro y no serán responsables de cualquier variación o imprecisión en las páginas web citadas en el presente Libro. Los Titulares del © y la Editorial no serán responsables del contenido de ningún sitio web mencionado en este libro.

Primera edición, 2021

1 2 3 4

Depósito Legal: B. 1.381-2021/ ISBN: 978-84-682-6449-3/ N.º de Orden V.V.: PA47.

Vicens Vives
Educación Secundaria

INCLUYE ACCESO A LA VERSIÓN DIGITAL

¡CONECTA con la LENGUA CASTELLANA Y LITERATURA!

ACCEDE A LA VERSIÓN DIGITAL

edubook
BASIC

PARA ESTUDIAR ONLINE DESDE TU ORDENADOR O TABLETA

Descubrirás una gran variedad de contenidos y recursos que te ayudarán a estudiar de manera diferente: VÍDEOS, AUDIOS, ACTIVIDADES INTERACTIVAS...

ACTIVA TU LICENCIA
NO NECESITA REGISTRO

ISBN 978-84-682-6449-3
9 788468 264493 16301